# 전파를 넘어 이야기로 아리랑TV 30년

디지털·AI 전환기의 K-브랜드 플랫폼 확장

# 전파를 넘어 이야기로
# 아리랑TV 30년

디지털 · AI 전환기의
K-브랜드 플랫폼 확장

최성배 지음

BEYOND THE AIRWAVES, INTO STORY

시간의물레

## 추천사

Endorsements

■ **김현식** | K-문화르네상스포럼 운영위원장

국제방송 플랫폼 아리랑TV는 지난 30년간 '대한민국 마케팅 주식회사'로 '코리아 문화경제의 광개토시대'를 개척해 왔다.

이제 그 정신은 "케데헌(K-Pop Demon Hunters)"로 이어져 '지구촌 문화개벽'으로 까지 일컬어지니, 한류의 초석을 깔며 헌신해온 아리랑TV 일원이었던 나는 참으로 자랑스럽다.

급변한 미디어 환경 속에 '신한류 창조'를 이룩하기 위해서는 AI기반 한류포털 구축 등 시스템과 운영의 혁신 및 재도약이 필요한 시점이다. 이 점에서 이 책은 30년 역사를 집대성 분석하며 새로운 미래를 제안하고 있는 탁월한 전략지침서가 아닐 수 없다.

■ **서일호** | TV조선 부장

아리랑TV는 지난 30년간 대한민국이 세계와 소통해 온 대한민국 국제방송의 상징이었다. 이 책은 그 여정 위에 'K-브랜드'라는 시대적 언어를 덧입혀, 문화와 외교, 기술이 융합된 국가 브랜드의 새로운 좌표를 제시한다.

콘텐츠가 외교가 되고, 미디어가 브랜드가 되는 시대에, 아리랑TV는 단순한 방송을 넘어 한국의 가치와 미래를 설계하는 전략 플랫폼으로 다시 서야 한다.

BTS가 음악을 넘어 '국가의 서사'를 전했듯, 아리랑TV 또한 한국의 정체성을 세계로 확장시키는 또 하나의 플랫폼이 될 것이다.

■ **김기호** | SBS비즈 앵커 / 전 아리랑TV 특임기자 겸 앵커

아리랑TV는 지난 30년간 대한민국의 목소리를 세계에 전해 온, 그 자체로 하나의 브랜드였다. 내부에서 쌓인 고민과 열정, 그리고 새로운 비전이 이 책에 고스란히 담겨 있다. 한 채널의 역사가 한 나라의 정체성이 '브랜드'로 진화하는 과정을 보여주는 기록이다.

방송이 외교가 되고, 콘텐츠가 국가 이미지를 설계하는 오늘, 아리랑TV는 다시 미래의 방향을 모색해야 한다.

공공성·전략성·글로벌 시장이라는 세 축 위에서 미래를 재정립한 이 작업은 대한민국이 세계와 소통하는 방식을 새롭게 정의하고 있다.

■ **김홍국** | 글로벌사이버대학교 특임교수 / 전 TBS 보도국장

아리랑TV는 지난 30년간 대한민국이 세계와 소통해 온 대표적 국제방송이며, 저자는 그 역사를 지켜온 산증인이다.

뉴스·문화·정책·외교 메시지를 전하며 글로벌 채널들과 경쟁해온 아리랑TV는 이제 새로운 역할을 요구받고 있다. 콘텐츠·기술·정책이 융합되는 전환기에 아리랑TV는 '국가 브랜드 커뮤니케이션 플랫폼'으로 정체성을 재정립하고, AI 시대의 문화·혁신·신뢰라는 국가 비전을 담아내야 한다.

이 책은 현장 경험과 연구를 바탕으로 한 저자의 전략을 집약한 성과물로, 공공성·경쟁력·국제협력의 조화를 통해 대한민국이 문화 선도국가로 도약하는 길을 제시한다. 일독을 권한다.

■ **정지은** | EBS 콘텐츠총괄본부장 프로듀서 / 다큐 자본주의 연출

아리랑TV의 30년은 한 방송사의 역사를 넘어, 우리가 '한국을 어떻게 세계에 설명해왔는가'에 대한 집단기억의 기록이다. 다큐멘터리가 현실을 해석하는 또 하나의 언어이듯, 아리랑TV의 여정 또한 문화와 정체성을 이야기하는 서사였다.

이 책은 그 시간을 단순히 나열하는 것이 아니라, 변화하는 미디어 환경 속에서 아리랑TV가 왜 'K-브랜드 플랫폼'으로 재정의되어야 하는지를 설득력 있게 보여준다.

콘텐츠의 힘으로 세계와 대화하는 시대, 아리랑TV가 어떤 방식으로 한국의 가치와 감성을 전달할지에 대한 깊은 질문과 답을 담고 있는 책이다.

■ **박선민** | 연출감독 / 교수

21세기는 콘텐츠가 곧 국가의 브랜드가 되는 시대다. 아리랑TV는 단순한 방송 채널이 아니라, 한국의 문화와 디지털 플랫폼이 만나는 거버넌스 공간으로 그 가치를 새롭게 봐야한다.

이 책은 그 여정의 설계도이자 서사로 저자는 오랜 기간 아리랑TV에서 근무하며 느꼈던 본인의 전문성을 조목조목 설득력 있게 풀어갔다.

한마디로 공공미디어 플랫폼 또한 국가 브랜드를 설계하는 새로운 축이 될 수 있음을 여실히 보여주는 책이다.

■ **김 훈** | 아리랑TV 보도센터장

저자의 『전파를 넘어 이야기로 아리랑TV 30년』은 대한민국 대표 국제방송 아리랑TV의 탄생과 역사를 객관적으로 기록한 동시에, 변화와 경쟁 속에서 발전해 온 현재를 조망하며 '성공적인 국제방송'으로 나아갈 미래의 방향을 제시한다.

독자들은 이 책을 통해 아리랑TV가 대한민국을 세계 속에서 '인정받는 나라'로 만들어가는 과정을 확인하고, 우리 언어와 우리 문화로 세계에 우뚝 선 대한민국의 모습을 그려보게 될 것이다.

■ **박 란** | 동아TV / 폴라리스TV / 디스토리 대표이사

K-브랜드는 문화와 산업, 감성과 전략이 융합된 플랫폼으로 성장했습니다.

아리랑TV가 대한민국의 얼굴로 국가 브랜드를 세계에 전해왔다면, K-브랜드의 한 축을 담당한 동아TV는 K-뷰티와 패션을 선도하며 한국의 라이프스타일을 세계와 연결해 왔습니다. 이러한 민간 미디어의 혁신이 없었다면 K-브랜드는 오늘의 세계적 영향력을 갖추기 어려웠을 것입니다.

『전파를 넘어 이야기로 아리랑TV 30년』은 아리랑TV의 30년을 돌아보며, '미디어가 국가를 말하고 콘텐츠가 브랜드를 만든다'는 본질을 일깨우는 설계도이자 선언문으로, K-브랜드의 미래 전략을 고민하는 모든 이에게 깊은 통찰을 제공할 것입니다.

■ **김선미** | 한국만화영상진흥원 만화콘텐츠실장

K-콘텐츠는 이제 한 국가를 넘어 세계 문화의 기준으로 자리 잡았다. 웹툰과 애니메이션, 캐릭터 IP가 세계로 확장되는 흐름 속에서, 아리랑TV는 단순한 방송이 아닌 국가 콘텐츠 플랫폼으로 도약하고 있다.

이 책은 아리랑TV 창립 멤버로서 30년을 함께해 온 저자의 경험을 바탕으로, 국제방송이 어떻게 국가 콘텐츠·IP 플랫폼으로 확장될 수 있는지를 설득력 있게 보여준다.

K-콘텐츠의 미래를 고민하는 정책 담당자와 기획자에게 유의미한 통찰을 제공하는 길잡이가 될 것이다.

■ **임경환** | 오르페오TV 대표

K-콘텐츠가 세계로 뻗어가는 시대, 아리랑TV는 여전히 대한민국을 대표하는 국제방송으로 자리하고 있습니다. 이제 그 역할은 단순한 방송을 넘어, 민간 콘텐츠와 협력하는 플랫폼 생태계로 확장되어야 합니다.

오르페오TV가 유럽의 클래식 음악과 공연문화를 한국에 소개하며 문화의 다리를 놓듯, 아리랑TV 역시 한국의 문화와 정체성을 세계로 전하는 상호 교류형 플랫폼으로 거듭나야 할 때 입니다.

이 책은 그 변화의 방향을 제시하는 지침서이자, 공공미디어와 민간 콘텐츠가 함께 만들어가는 K-브랜드 시대의 새로운 선언입니다.

■ **최현정** | 스피치·토론 전문가 / 경기대 미디어영상학과 겸임교수

국제방송은 단순한 정보 전달을 넘어, 한 국가가 세계와 어떻게 소통하고 신뢰를 구축하는지를 보여주는 공공 커뮤니케이션의 핵심 플랫폼이다.

이 책은 전파 경쟁의 시대를 지나 플랫폼·이야기 중심의 국제방송으로 전환되는 흐름 속에서, 아리랑TV가 지향해야 할 공공미디어의 역할과 전략을 설득력 있게 제시한다. 현장 경험과 학문적 성찰을 결합한 저자의 분석은 국제방송을 기술이나 제도의 문제가 아니라, 공감과 신뢰의 내러티브로 재 정의한다.

『전파를 넘어 이야기로 아리랑TV 30년』은 공공미디어가 국가 브랜드와 미래 전략을 설계하는 중요한 축이 될 수 있음을 분명히 보여주는 책이다.

# 목 차 Table of Contents

# 전파 위의 질문, 30년의 대답

아리랑TV는 지난 30년 동안 같은 질문을 받아왔다.

"왜 존재하는가?"

1997년 2월 3일, 국내에서 케이블 PP(Program Provider)로 첫 전파를 내보냈고, 1999년 8월 12일에는 해외 위성을 타고 세계 무대에 목소리를 올렸다. 그러나 그 시작은 단순한 개국 행사가 아니었다. 한국의 얼굴을 세계에 전하고자 했던 열망과 국가의 전략적 필요가 교차하던 한순간이었다.

아리랑TV 해외방송 개국을 준비하며, 디지털 등 방송 기술 점검을 위한 실무 일원으로 일본을 찾았고, 1999년 8월 아시아 권역 위성방송 개시 이후, 미국(뉴욕에서 LA까지), 중국, 중동, 유럽 등으로 이어지는 현장 점검의 여정을 이어갔다. 아리랑TV 수신기 기증 행사, 다언어 시스템 구축, 위성 업링크 지구국 및 방송 수신 상태 점검, 그리고 미국 DTV 개국 준비를 위해 세계 곳곳을 오가며 방송망을 직접 확인했다. 특히 2000년 2월, 중국 북경 인민대회당에서 열린 아리랑TV 해외위성방송 수신기 기증행사에서는 행사 기획 담당으로 참여했다. 이는 아리랑TV가 아시아 최대 시장인 중국에 진입하는 상징적 행사로, 당·정·언론·대학 등 14개 주요 기관에 수신을 허용하며 국제방송 외교의 새로운 가능성을 보여준 순간이었다. 그러나 그 문은 끝내 완전히 열리지 못했다. 정치적 제약과 제도적 장벽 속에서 아리랑TV의 중국 진입은 상징적 성취로 머물렀고, 이는 이후 아리랑TV가 맞닥뜨릴 구조적 한계의 단면이 되었다. 그럼에도 그 여정의 현장 하나하나에서, 세계로 향한 첫 신호의 울림은 분명했다. 현지 SO와 호텔, 그리고 일반 가정의 수신 화면에서 아리랑TV의 첫 신호가 또렷이 잡히던 그 순간—'대한민국의 목소리'가 세계로 울려 퍼지고 있음을 온몸으로 느꼈다. 그때 깨달았다. 방송은 단순한 송출이 아니라, 세상과 대화하고 마음을 잇는 문화 외교의 언어라는 것을.

그러나 그 길은 언제나 순탄하지 않았다. 아리랑TV는 국가홍보방송이라는 기대 속에서 출범했지만, 법적으로는 민법상 재단법인이라는 독특한 형태로 자리 잡았다. 국가가 설계했지만 제도적으로 끝까지 품지 못한 채널, 공공성과 전략성을 동시에 요구받으면서도 그 어느 쪽에서도 완전한 법적 보장을 얻지 못한 채, 아리랑TV는 30년 동안 정책의 경계선 위를 걸어왔다.

그동안 위성에서 IPTV, SNS, OTT, FAST 채널(Free Ad-Supported Streaming TV)에 이르기까지 새로운 플랫폼을 꾸준히 확장했지만, 콘텐츠 차별화, 브랜드 전략, 정책 연계라는 과제 앞에서는 늘 무게를 느껴야 했다. 한때 정부가 국가브랜드위원회를 중심으로 국가 이미지 제고와 한류 확산을 추진했지만, 아리랑TV는 그 전략의 중심에 서지 못했다. KBS World와의 중복 논란은 여전히 숙제로 남았고, '대한민국 대표 국제방송'이라는 이름은 명예보다 책임으로 다가왔다.

그러나 지금, 세상은 다시 한 번 변하고 있다. 한류의 세계적 확산과 국가 브랜드 전략의 진화, 그리고 '문화강국·소프트웨어 강국'이라는 국가 비전 속에서 아리랑TV는 새로운 전환점 앞에 서 있다. 무엇보다 디지털(Digital)과 인공지능(AI) 기술의 발전, 즉 DX(Digital Transformation)과 AX(AI Transformation)[1]은 국제방송의 패러다임을 근본적으로 뒤흔들고 있다. BBC, NHK, France 24 같은 세계 주요 국제방송들은 이미 AI 기반 콘텐츠 생성, 맞춤형 추천, 실시간 상호작용 서비스를 통해 플랫폼·기술·내러티브를 하나의 언어로 엮어내고 있다.

---

1) 본서에서 DX(Digital Transformation) 은 디지털 기술을 기반으로 조직·시스템·제작·유통 전반의 구조를 혁신하는 과정을 의미하며, AX(AI Transformation) 은 인공지능(AI)을 활용하여 의사결정·소통·콘텐츠 생산 등 전 영역의 지능화(智能化)를 촉진하되, 기술 자체에 머무르지 않고 이용자 경험(Audience/Experience)을 중심으로 한 혁신까지 포함하는 것을 의미한다. 즉, DX는 기술·데이터 인프라를 중심으로 한 구조적 전환, AX는 시청자와의 상호작용과 참여 방식을 혁신하는 경험적 전환을 포함한다. 두 개념은 상호 보완적으로 작동하며, DX가 기술적 기반을 제공하고 AX가 이를 통해 이용자 경험을 심화·확장하는 '기술–경험의 선순환 구조(Tech–Experience Loop)'를 형성한다.

국제방송은 더 이상 전파를 흘려보내는 송출 장치가 아니다. 시청자·참여자·협력자와 함께 이야기를 공동 설계하는 참여형·개방형 플랫폼으로 진화하고 있다. 아리랑TV 역시 영어 국제방송의 틀을 넘어, DX·AX 기반의 K-브랜드 전략 플랫폼으로 거듭나야 한다.

이 변화는 단순히 기술의 문제가 아니라, '대한민국이 세계와 어떻게 말할 것인가'에 대한 미디어 철학의 혁신이다. DX와 AX는 이제 단순한 방송 기술의 약어가 아니라, 디지털 구조 전환과 이용자 경험 혁신을 통해 국제방송으로서의 공공미디어가 새로운 문명 질서 속에서 국가의 이야기 방식을 재설계하게 하는 두 축이 되고 있다.

세계 곳곳에서 한국적 정체성과 보편적 가치가 만나는 사례들이 나타나고 있다. 넷플릭스의 〈K-Pop Demon Hunters〉 현상은 그 대표적인 예다. 애니메이션, K-팝, 신화적 상상력이 글로벌 차트 전략과 결합되며 하나의 문화 현상으로 자리 잡았다. 이는 문화가 곧 외교이며, 이야기가 곧 전략이 될 수 있음을 보여주는 장면이다.

BTS의 BT21 프로젝트 또한 음악을 넘어 스토리와 캐릭터, 디지털 콘텐츠로 확장되며 전 세계 팬덤 네트워크를 구축했다. 그것은 단순한 사업이 아니라, 한국적 서사를 세계적 언어로 재해석한 전략적 실험이었다. 아리랑TV 역시 국제방송이자 정책형 콘텐츠 제작사로서, 이와 같은 방향에서 한국의 이야기를 디지털과 AI 기반의 플랫폼 전략으로 재가공하고 확산할 수 있을 것이다.

돌이켜보면, 아리랑TV는 '주식회사 대한민국을 전 세계에 마케팅하는 채널'이라는 도발적인 정체성으로 출발했다. 세계화와 전파 경쟁의 시대, 한국의 문화와 경제를 함께 알리겠다는 전략적 사명이 있었다. 그 정신은 여전히 유효하다.

하지만 방식은 바뀌어야 한다. 시청률 경쟁의 지표가 아니라, 디지털과 인공지능이 융합된 K-브랜드 전략 플랫폼으로 나아가야 한다. 과거의 국가브랜드 전략이 민관 협력과 국제 네트워크를 강조했다면, 이제는 공공외교·디지털 협력 생태계·AI 파트너십이라는 언어로 다시 써야 한다.

아리랑TV의 지난 30년은 곧 우리의 이야기다. 뉴스와 드라마, 음악과 문화는 모두 한국이 세계와 소통해 온 방식의 단면이었다. '아리랑'이라는 이름이 한국인의 노래이자 정서였다면, 그 이름으로 세계를 향한 방송은 각 시대의 '한국의 얼굴'을 비춘 거울이었다.

이 책은 그 거울을 들여다본 기록이다. 필자는 언론학 연구와 25년간의 아리랑TV 정책·경영 경험을 토대로 세 가지 질문을 던진다.

- **첫째**, 아리랑TV는 왜 30년 동안 불안정한 제도 틀에 머물러 있었는가?
- **둘째**, 디지털 전환기에도 왜 국제방송의 경쟁력과 콘텐츠의 차별성을 확보하지 못했는가?
- **셋째**, 앞으로 아리랑TV를 어떻게 K-브랜드 시대의 국가 전략 플랫폼으로 재설계할 것인가?

이 책은 기관의 연대기가 아니다. 제도·전략·콘텐츠의 흐름을 하나의 시선으로 묶어, 디지털·AI 전환이 이끄는 국제방송 환경 변화와 문화강국 비전 속에서 K-브랜드 전략 플랫폼으로 재설계하기 위한 분석이자 제안, 그리고 보고서이자 이야기다.

물론 이 책은 완벽한 기록이 아니다. 필자는 내부 경험과 제한된 자료를 토대로 연구를 이어갔으며, 최근의 변화가 모두 반영되지는 못했을 수도 있다. 그럼에도 이 책이 갖는 의미는 분명하다. 아리랑TV의 30년은 한국이 국제사회와 어떻게 소통해왔는지를 보여주는 기록이며, 동시에 앞으로의 30년을 설계하는 출발점이다.

다가올 30년은 디지털 전환과 인공지능 전환, 그리고 K-브랜드 전략이 맞물려 한국의 미래 이야기를 새롭게 써 내려가는 시대다. 세계와 한국이 연결되는 새로운 플랫폼의 중심에서, 아리랑TV는 DX·AX의 두 축을 기반으로 다시 태어나야 한다.

이제 전파 위의 질문에, 그 답을 내놓을 시간이 왔다.

2025년 여름

**최성배**

# 1부

# 전파 위의 외교관들

## 국제방송이 국격이 되기까지

## 한국은 어떻게 세계와 말하기 시작했는가

밤하늘을 가르던 보이지 않는 신호들, 그것은 한 시대를 지배한 또 다른 외교의 언어였다. 총칼이 아닌 전파로 맞서던 냉전의 시절, BBC와 VOA, 라디오 모스크바의 목소리는 사람들의 마음을 흔들었다. 그때 전파는 단순한 기술이 아니라, 국가의 철학을 전하는 이야기의 통로였다. 그리고 1997년, 서울의 한 방송국에서 한국은 처음으로 그 언어를 사용하기 시작했다.

아리랑TV.

1997년 2월 3일, 영어로 송출된 첫 전파는 "한국은 왜 세계와 대화해야 하는가"라는 근본적인 질문의 선언이었다. 1990년대 말, 한국은 민주화와 세계화를 동시에 경험하며 새로운 정체성을 찾아야 했다. 아리랑TV는 그 여정의 첫 창이었다. 한국을 설명하는 창이자, 한국이 스스로를 정의하려는 실험장이었다. 케이블 방송으로 출발한 이 채널은 2년 뒤, 위성을 통해 아시아 전역에 신호를 보냈다. 그 순간 한국은 '듣는 나라'에서 '말하는 나라'로 바뀌었다.

### 1부는 그 목소리가 태어난 과정을 따라간다.

전파가 외교의 도구가 되던 시대에서 방송이 국가의 정체성을 재구성하는 언어로 진화하기까지의 궤적을 그린다.

- 1장은 국제방송의 기원을 되짚는다.
  총칼 대신 주파수로, 압박 대신 설득으로 이어진 '전파 외교'의 역사를 보여준다. 냉전이 끝난 뒤에도 남은 것은 힘의 크기가 아니라 신뢰의 강도였음을 밝힌다.

■ **2장은 아리랑TV의 탄생기다.**

1990년대 '코리아 채널' 구상에서 출발해, 영어 전용이라는 대담한 결단, 그리고 방송이 국가 이미지의 설계 도구로 사용되던 긴박한 시절의 풍경을 담았다. '정치보다 문화로 말한다'는 철학이 어떻게 한국형 국제방송의 핵심이 되었는지를 드러낸다.

■ **3장은 세계의 방송이 새로운 언어로 변해가는 전환점을 보여준다.**

BBC, NHK, France 24, CGTN 등은 더 이상 뉴스를 송출하는 기관이 아니라, 세계 담론을 기획하고 신뢰를 설계하는 내러티브 플랫폼으로 자리 잡았다. 한국 역시 이 변화 속에서 자신만의 전략과 목소리를 찾아간다.

■ **4장은 오늘의 이야기다.**

위기 속에서도 신뢰를 쌓아온 아리랑TV가, 문화와 정책, 그리고 외교의 접점에서 '설명하는 나라'에서 '공감받는 나라'로 변화하는 길을 제시한다.

아리랑TV가 걸어온 길은 기술의 이야기가 아니다. 한국이 세계를 향해 던진 첫 질문,
"우리는 누구이며, 어떤 언어로 세계와 이야기할 것인가?"
에 대한 오랜 탐색의 기록이다.

1997년의 그 첫 신호 이후, 한국의 목소리는 뉴스와 드라마, 음악과 다큐멘터리 속에서 끊임없이 형태를 바꾸며 확장되어 왔다. 그 안에는 시대마다 달라진 한국의 얼굴이 비쳤다. 개발과 민주화의 열정, 문화의 자부심, 그리고 공감의 감수성. 전파의 파동은 사라졌지만, 그 파동이 남긴 울림은 여전히 이어지고 있다.

이제 우리는 그 첫 목소리를 다시 들을 때다. 전파로 시작된 한국의 말하기가 어떻게 관계의 언어, 그리고 공감의 언어로 진화했는지. 그 길 위에서 1부는 한 나라가 세계와 대화하기 시작한 처음의 문장을 다시 열어 보인다.

| 제1장 |

# 라디오로 시작된 보이지 않는 전쟁: 국제방송이 국격이 되기까지

## 총칼 대신 전파, 국제방송의 출발과 첫 승부

미디어는 단순한 도구가 아니라 인간 능력의 확장이며, 세계관과 현실 인식을 형성하는 강력한 환경이다. 이러한 통찰은 마셜 맥루언(McLuhan, 1964)이 "미디어는 메시지다(the medium is the message)"와 "지구촌(global village)"이라는 개념으로 설명한 바 있다. 그는 인류가 하나로 연결되는 힘이 다름 아닌 미디어에 있음을 강조했으며, 오늘날 미디어가 사람들의 세계관을 규정하고 경험을 대신하며 현실 인식을 형성하는 가장 강력한 힘으로 자리잡았다고 주장하였다.

20세기 중반, 세계는 총칼보다 전파로 더 많은 전쟁을 치렀다. 특히 BBC World Service를 중심으로 한 라디오 정보 전파는 물리적 무기보다 더 강력한 영향력을 발휘했다. 제2차 세계대전 이후 냉전이 시작되면서 서구권과 동구권은 라디오 주파수를 이념 전파의 무기로 삼아 정보전을 벌였다.

미국은 Voice of America(VOA)와 Radio Free Europe(RFE)을 통해 철의 장막 너머로 민주주의와 시장경제의 내러티브를 전달했다. 동유럽 청취자들은 검열을 피해 밤마다 주파수를 맞추며 '진짜 뉴스'에 귀 기울였다. 이처럼 국제방송은 태생부터 외교전략의 일부

였고, 단순한 정보 전달을 넘어 국가 정체성과 가치 체계를 전하는 핵심 도구였다.

예를 들어, BBC World Service는 제2차 세계대전과 식민지 해체 이후 영국이 국제사회에서 신뢰와 영향력을 회복하는 과정에서 중요한 역할을 수행해 왔다. BBC는 「왕립헌장(Royal Charter)」을 통해 공영방송의 독립성과 공정성, 객관성을 제도적으로 보장받고 있으며, 이를 기반으로 영국의 가치와 관점을 세계에 전달해 왔다(Cull, 2008).

프랑스는 RFI, TV5 Monde, France 24를 통해 프랑스어권 국가와 문화권의 결속을 유지하고, 국제 뉴스 담론 속에 프랑스적 시각을 반영하는 전략을 병행하고 있다. 일본의 NHK World-JAPAN(이하 "NHK World)는 기술강국이자 평화국가로서의 정체성을 강조하며, 아시아의 공영방송 모델로서 신뢰성과 품질 중심의 이미지를 구축해 왔다. 카타르의 Al Jazeera English는 '아랍의 시각으로 본 세계'를 표방하며 서구 중심 뉴스 질서에 균열을 가져온 대표적 사례로 평가된다. 이러한 전략들은 조지프 나이(Joseph Nye, 2004)가 제시한 '소프트파워' 개념을 방송 외교에 실질적으로 적용한 예라 할 수 있다. 한편, 중국의 CGTN은 '일대일로(一帶一路, One Belt, One Road)'[2] 구상을 기반으로 자국 중심의 내러티브를 강화하며, 현대적 전략형 소프트파워 외교의 대표적 모델로 자리매김하고 있다.

대한민국도 이 흐름에서 예외는 아니었다. 1953년 8월 15일, 정부는 영어 기반의 라디오 국제방송인 'Voice of Free Korea(자유대한의 소리)'를 통해 매일 15분간 방송을 시작하며, 냉전기 외교 전략의 일환으로 국제 여론전의 무대에 첫발을 내디뎠다. 이후 1973년 4월 '라디오 한국(Radio Korea)'으로 개칭하고, 1994년 8월 국제화 시대에 부응해 'Radio Korea International(RKI)'로 이름을 바꾼 후, 2005년 3월 KBS와 코리아 브랜드의 세계화를 위해 'KBS World Radio'로 영문 명칭을 변경하였다. KBS World Radio는 현재 11개 언어로 뉴스와 문화 프로그램을 전 세계에 방송하고 있다.(KBS World Radio, 2025)

그러나 1990년대 중반, 기술 환경의 급격한 변화는 단파 라디오 기반 국제방송의 한계를 여실히 드러냈다. 특히 단파 라디오는 수신 품질과 접근성 측면에서 제약이 컸으며, 전 세계적으로 위성방송, 디지털 케이블, 인터넷 기반의 영상 콘텐츠가 급속히 확산되었다.

---

2) 중국이 추진중인 신 실크로드 전략은 중앙아시아와 유럽을 잇는 육상 실크로드(일대)와 동남아시아와 유럽, 아프리카를 연결하는 해상 실크로드(일로)를 뜻하는 말로, 시진핑 국가주석이 2013년 9~10월 중앙아시아 및 동남아시아 순방에서 사용 제시한 전략이다

이에 따라 보다 시청각적이고 직관적인 커뮤니케이션 수단에 대한 수요가 커졌고, 영상 기반 국제방송의 필요성이 제기되었으며, 이러한 문제의식을 바탕으로 아리랑TV의 출범이 본격화되었다.

아리랑TV의 출범은 단순한 기술적 진보에 대한 대응이 아니라, 대한민국이 글로벌 무대에서 자국의 내러티브를 자율적으로 구성하고 설명하고자 한 문화주권적 전략의 일환이었다. 이는 외국인의 시선에서 바라본 한국이 아니라, 한국인의 시선으로 세계와 소통하는 미디어를 지향한 시도였다. 당시 주요 국제방송들이 자국어 중심의 방송으로 출발한 것과 달리, 아리랑TV는 개국 단계부터 글로벌 시청자를 대상으로 한 영어 전용 채널로 출범하였으며, 이는 국제 커뮤니케이션 전략 측면에서도 매우 선진적인 사례로 평가된다.

심영섭(2015)은 아리랑TV가 영어 방송으로 출범해 국가 이미지를 홍보하는 해외홍보 방송으로 지정되었음을 지적하며 그 기능적 의미를 강조하였고, 김유경 외(2013)는 해외 시청자 실증조사를 통해 아리랑TV 시청 경험이 한국에 대한 긍정적 인식과 신뢰, 선호로 이어져 국가브랜드 가치 제고에 기여했음을 실증적으로 확인하였다.

이처럼 아리랑TV의 출범은 단순한 기술 대응이 아니라, 1990년대 한국이 세계화와 정보화를 맞아 세계공용어인 영어로 자신의 이야기를 세계와 공유하려 한 첫 시도였다. 다만 그 기획은 국가 이미지 제고와 해외홍보 중심의 정책적 성격이 강했으며, 제도적 기반과 재정 여건의 제약으로 인해 출범 당시 기대에 미치지 못한 점도 있었다.

그럼에도 불구하고 이러한 시도는 아리랑TV가 국내외 환경 변화 속에서 지속적으로 존속하며 방향성을 모색해 온 경험적 기반이 되었고, 결과적으로 디지털·AI 기술의 급속한 발전, 국제사회에서의 한국 위상 변화, 그리고 한류 확산이라는 시대적 흐름 속에서, 아리랑TV는 한국의 대표 국제방송으로 자리매김하며, 기존의 방송 중심 국가홍보에서 벗어나 대한민국의 가치와 비전을 세계와 공유하는 한국형 국제커뮤니케이션 채널이자 플랫폼으로 전환할 수 있는 기회를 맞이하게 되었다. 이러한 기회는 아리랑TV가 단순한 기술변화에 따른 미디어 혁신을 넘어, 한국의 정체성과 내러티브를 주체적으로 전개·확산하는 'K-브랜드 플랫폼'의 서막으로 평가될 수 있다.

다음 〈표 1-1〉은 BBC World, NHK World, Deutsche Welle(DW), VOA, Russia Today(RT), France 24 등 세계 주요 국제방송의 운영 형태와 법적 기반을 설명한 것이다.

〈표 1-1〉 한눈에 보는 세계 주요 국제방송

| 채널명 | 매체 | 설립연도 | 관련법 | 운영주체 | 재원 | 사용 언어수 |
|---|---|---|---|---|---|---|
| 통합형 공영방송 | | | | | | |
| BBC World(영국) | TV, R | 1932(R) 1991(TV) | 왕실 칙허장 및 BBC Agreement | BBC Trust | 정부예산 광고, 가입비 | 32(R) 1(TV) |
| NHK World(일본) | TV, R | 1935(R) 1995(TV) | 방송법 관련규정 | NHK | 정부예산, 수신료 | 18(R) 2(TV) |
| 독립형 공영방송 | | | | | | |
| RFI, TV5 Monde, France 24(프랑스) | TV, R | 1931(R) 1984/2006 (TV) | 방송법 관련규정 | AEF | 시청각 교부금 기타수입 | 13(R) 3(TV) |
| Deutsche Welle(독일) | TV, R | 1953(R) 1992(TV) | DW법 | DW | 정부예산 기타수입 | 30(R) 4(TV) |
| Voice of America(미국) | TV, R | 1942(R) 1982(TV) | 국제방송법 | BBG | 국고 | 44(R) 25(TV) |
| 아리랑TV | TV | 199(TV) | 민법 제32조 | 국제방송 교류재단 | 정부예산 방송통신 발전기금 자체수입 | 1(TV) |
| 국영방송 | | | | | | |
| CRI, CCTV News(중국) | TV, R | 1941(R) 2009(TV) | 방송TV관련규정 내 국제방송 관련규정 | CCTV | 정부예산 | 56(R) 7(TV) |
| RUVR, Russia Today(러시아) | TV, R | 1929(R) 2005(TV) | 비영리조직법(ANO) 근거, 실질적 국영 | VGTRK | 정부예산 | 39(R) 3(TV) |
| TRT World (튀르키예) | TV | 2015(TV) | TRT 법 | TRT (튀르키예 국영방송) | 정부예산 | 1(TV) |
| 민영방송 | | | | | | |
| CNN(미국) | TV, | 1980(TV) | FCC 방송 규정 | 타임워너 | 광고 | 5(TV) |
| Al Jazeera English(카타르) | TV | 1996(TV) | 방송법 관련규정 | 알 자지라 | 카타르 왕실 투자, 광고 | 2(TV) |

* 출처: 심영섭(2015), 『글로벌 미디어 환경에서 국제방송의 역할과 위상』, 90쪽; 최성배(2019), 『국제방송 채널 브랜드의 진정성이 채널 충성도와 국가브랜드 제고에 미치는 효과 연구: 국제방송 아리랑TV를 중심으로』, 경기대학교 박사학위논문, 16쪽. TRT World와 아리랑TV 항목은 각 방송사 공식 홈페이지 자료를 참고하여 저자가 추가·재정리함.

## 선전에서 신뢰로: '소프트파워'가 만든 경쟁 규칙

국제방송(International Broadcasting)은 국가가 자국의 문화, 가치, 정책, 정체성을 전 세계에 전달하기 위해 운영하는 전략적 채널이다. 냉전기에는 이념 경쟁의 최전선에 있었으나, 오늘날에는 공공외교와 신뢰 형성의 핵심 수단으로 자리매김하고 있다.

나이(2004)는 군사력과 경제력에 의존하는 하드파워와 달리, 설득과 매력에 기반한 영향력이 외교에서 점차 중요해지고 있음을 강조하며 '소프트파워' 개념을 정립하였다. 국제방송은 소프트파워를 구현하는 핵심 수단으로, 단순 송신을 넘어 관계 구축과 신뢰 확보를 담당한다.

니콜라스 컬(Nicholas J. Cull, 2008)은 공공외교의 핵심 활동을 경청(Listening), 홍보(Advocacy), 문화외교(Cultural Diplomacy), 교류외교(Exchange Diplomacy) 그리고 국제방송(International Broadcasting)의 다섯 가지 영역으로 제시하며, 이 가운데 국제방송을 외국 대중과 교류하고 국가 이미지를 형성하기 위한 공공외교의 핵심 수단으로 보았다. 그는 국제방송이 단순한 정보 전달을 넘어, 국가의 인식과 서사를 국제사회 속에서 조정하고 확산하는 역할을 수행한다고 설명하였다. 한편, 더글러스 보이드(Douglas A. Boyd, 1986) 역시 국제방송이 국가의 위상을 제고하고 국익을 증진하며, 정치·문화적 유대를 형성하는 전략적 도구임을 강조하였다.

이와 같은 맥락에서 국제방송은 국가 정보를 전달하는 창구를 넘어, 국가 이미지를 형성하고 재구성하는 핵심적 공공 커뮤니케이션 매체로 평가된다. 김유경 외(2013)는 국제방송이 외국인의 국가 이미지 인식에 직접적인 영향을 미치며, 신뢰·선호·호감과 같은 정서적 지표를 매개로 국가브랜드 제고에 기여함을 실증적으로 제시하였다. 국가브랜드는 특정 국가에 대한 단일한 인상이 아니라, 미디어 텍스트와 상징, 경험과 관계가 중층적으로 축적되며 형성되는 총체적 이미지로 이해될 수 있다(Smith, 1993). 특히 대다수 해외 수용자는 직접 경험보다 미디어를 통한 '텍스트 통로'에 의존해 국가를 인식하게 되며, 이 과정에서 국제방송은 국가 이미지 형성의 핵심적 행위자로 기능한다(Kunczik, 1997).

그러나 이러한 영향력은 자동적으로 작동하지 않는다. 진달용(2021)은 한류와 문화외교를 둘러싼 담론을 분석하며, 정부 주도의 문화 확산 전략이 일방적·선전적 방식으로 인식될 경우 소프트파워의 장기적 지속 가능성에 부정적 영향을 미칠 수 있음을 지적한다. 그는 소프트파워가 국가의 일방적 메시지 전달이 아니라, 수용자의 자발적 공감과 신뢰를 통해 형성·매개될 때 비로소 효과를 발휘한다는 점을 강조한다. 이러한 관점에서 국제방송은 단순한 홍보 수단이 아니라, 국가 서사가 강요되지 않고 해석·공유·수용되는 공적 대화의 장으로 기능할 때 국가브랜드 자산으로 전환될 수 있다. 국제방송은 관광·교육·문화산업·외교정책과 직결되는 국가 브랜드 전략의 핵심 축이며, 그 성과는 메시지의 양이 아니라 신뢰 기반의 서사 설계 방식에 의해 결정된다고 할 수 있다.

즉, 국제방송은 관광·교육·문화산업·외교정책과 직결되는 종합적 국가 브랜드 자산의 매개체로 기능하며, 그 효과는 일방적 메시지 전달이 아니라 신뢰와 공감을 축적하는 커뮤니케이션 방식에 의해 강화된다.

이에 미디어 기술의 발전으로 시공간의 제약 없이 콘텐츠 소비가 가능해지면서, 각국은 국가브랜드 이미지를 형성하고 개선하기 위한 정책적 지원을 지속적으로 강화해 왔다. 국제방송 개념은 시대와 맥락에 따라 다양하게 규정되어 왔다. 기존 연구들은 이를 해외 거주 외국인이나 자국민을 대상으로 국가의 정보와 이미지를 전달하고 정치적·문화적 영향력을 강화하기 위한 초국가적 방송으로 정의해 왔다(Browne, 1982; Boyd, 1986; Barker, 1997; Price et al., 2008; Schwanebeck, 2003; 박노성, 2007; 심영섭, 2018 등). 최성배(2019)는 이러한 국내외 연구자들의 정의를 종합하여, 국제방송을 '해외에 거주하는 외국인을 대상으로 자국 방송 콘텐츠를 제공함으로써 정치적·문화적 영향력을 강화하는 초국가적 방송'으로 정리하였다. 〈표 1-2〉는 주요 연구자들의 정의를 비교하여, 국제방송이 지닌 기능적·전략적 성격을 종합적으로 보여준다.

〈표 1-2〉 국제방송의 정의

| 연구자 | 국제방송의 정의 |
|---|---|
| Barker (1997) | 기술, 소유권, 프로그램 공급과 수용자의 측면에서 민족, 국가와 동일 언어권 사회의 범주를 넘어서 운용되는 텔레비전 방송 |
| Boyd (1986) | 국위를 향상시키고, 국익을 촉진하고, 종교적 또는 정치적 이념을 확산하고, 문화적 유대를 함양 |
| Browne (1982) | 국가의 주도로 해외에 거주하고 있는 자국민 혹은 자국에 관심을 갖고 있는 현지외국인을 주요한 수용자로 해외로 송출하는 방송 |
| Price et al. (2008) | 자국에 대한 이해와 홍보를 진작시킬 목적으로 영토밖의 공중을 대상으로 국가 혹은 민간의 지원을 받은 뉴스, 정보 그리고 오락방송 |
| Schwanebeck (2003) | 해외현지 외국인들을 대상으로 자국의 정보와 뉴스를 제공하는 것은 물론 자국에 거주하고 있는 외국인과 자국민에게는 국제사회를 상대로 정치, 경제적 이해관계를 유지하고 확대를 위한 방송 |
| 박노성(2007) | 해외에 거주하는 자국민과 외국인을 대상으로 한 방송 |
| 심영섭(2018) | 국제사회에서 자국의 이미지를 홍보함으로써 국가경쟁력을 강화를 위한 방송 서비스 |
| 유세경·정윤경·김종하 (2007) | 외국인들을 대상으로 국가의 모습을 알리고 긍정적, 우호적 이미지를 형성하며, 총체적인 국가경쟁력 강화에 기여하고자 정책적인 지원을 통해 설립, 운영된 방송 |
| 이은미 (2004) | 해외에 있는 수용자(해외동포 및 현지 외국인)를 대상으로 실시하는 의도된 초 국경 방송 |
| 황갑신 (2015) | 전 세계 수용자를 대상으로 국가경쟁력 제고 목적으로 방송되며, 다양한 미디어 플랫폼 환경에서 시청할 수 있는 초국가적 텔레비전 |
| 최성배 (2019) | 기존 연구들을 종합하여, 해외 거주 외국인을 대상으로 자국 방송 콘텐츠를 제공함으로써 정치적·문화적 영향력을 강화하는 초국가적 방송으로 정리 |

* 출처: 최성배(2019), 『국제방송 채널 브랜드의 진정성이 채널 충성도와 국가브랜드 제고에 미치는 효과 연구: 국제방송 아리랑TV를 중심으로』, 경기대학교 박사학위논문, 13쪽. 원자료를 재구성하고 저자 추가 분석·보완을 반영함.

국제방송은 정치·기술 환경의 변화 속에서 지속적으로 진화해왔다. 고대 로마의 도로망은 제국 통합을 위한 정보 인프라였고, 인쇄술과 해양 항로 개척은 유럽 제국주의 팽창을 확산하는 데 결정적 역할을 했다. 전신과 전화는 국경을 넘는 실시간 정보 체계를 가능케 했으며, 라디오와 텔레비전은 대중 커뮤니케이션을 통한 이념 전파와 여론 형성의 전환점을 마련했다. 특히 냉전기에는 미국의 VOA, 영국의 BBC World Service, 소련의 Radio Moscow, 중국의 Radio Peking(1983년 Radio Beijing으로 변경) 등이 '전파외교(Radio Diplomacy)'의 최전선에 서며 이념 대결을 주도했다.

이처럼 국제방송은 초기 송신 중심의 일방향 구조에서 이념 선전의 도구로 활용되었고, 이후 문화 전파와 가치 확산을 위한 전략적 수단으로 발전했다. 냉전 이후에는 다자외교의 한 축으로 재정립되었으며, 오늘날에는 디지털 전환과 함께 플랫폼 중심·상호작용 기반의 국제 커뮤니케이션 구조로 전환되고 있다.

기술 발전은 국제방송의 형식을 크게 바꾸어왔다. 인쇄술과 전신, 라디오를 거쳐 텔레비전 위성방송으로, 그리고 오늘날에는 소셜미디어·OTT·AI 기반 서비스로 확장되면서, 국제방송은 단순 송출형 채널에서 상호작용 기반 글로벌 플랫폼으로 전환되었다. 냉전기의 전파외교가 "누가 더 큰 소리를 내는가"의 경쟁이었다면, 21세기 국제방송은 "누가 더 설득력 있고 신뢰받는 이야기를 전하는가"의 경쟁으로 변화하였다.

그러나 기술이 아무리 변해도 국제방송의 본질은 달라지지 않는다. 그것은 국가의 내러티브를 효과적으로 전달하고, 신뢰와 영향력을 확보하는 일이다. 세계 주요 국제방송들은 각기 다른 역사·문화·정치 체제를 기반으로 다양한 전략을 펼치며 자국의 존재와 가치를 글로벌 무대에서 설득해왔다. 한국 역시 아리랑TV를 통해 이 경쟁에 참여하고 있으며, 문화 중심 편성과 다언어 콘텐츠를 통해 한국의 브랜드와 이미지를 전파하고 있다.

이러한 변화 과정을 고려할 때, 국제방송은 단순한 정보 전달 수단에서 이념 경쟁의 도구를 거쳐, 관계 구축과 신뢰 형성을 지향하는 공공외교 미디어로 진화해왔다고 정리할 수 있다. 즉, 과거 국제방송이 "더 큰 소리를 내는가"의 경쟁이었다면, 오늘날에는 "더 신뢰받는 이야기를 어떻게 전할 것인가"의 경쟁으로 변화한 것이다. 디지털·AI 전환의 흐름 속에서 국제방송은 AI 번역, 데이터 기반 공감도 분석 등 새로운 기술을 활용하며, 정보 전달을 넘어 참여와 신뢰를 매개하는 '공공외교 플랫폼'으로 진화하고 있다.

이은미(2004)는 국제방송의 발전 단계를 네 시기로 체계화하였다. 저자는 이를 기반으로 디지털 환경의 확장성과 공공외교 전략의 강화라는 최근의 변화를 반영하여, 두 개의 새로운 단계를 〈표 1-3〉에 추가적으로 제안한다. 특히 제6단계는 국제방송이 단순 송출형 채널을 넘어, 디지털·AI 융합 기반의 개방·참여형 글로벌 플랫폼으로 진화했음을 보여주는 핵심적 전환점이라 할 수 있다.

〈표 1-3〉 국제방송의 발전 단계

| 구분 | 주요 내용 |
|---|---|
| 제1단계<br>프로그램 교환 단계 | • 1923년 미국 상업방송 KDKA이 주도<br>• 한 국가 방송사에서 상대국 방송사로 프로그램을 송신하고 수신 방송사에서 중계하여 청취자에게 방송하는 방식 |
| 제2단계<br>대 식민지 해외방송 | • 1929년 네덜란드 동인도 회사에서 정규방송 서비스 처음 실시<br>• 1930년 독일이 영어 단파방송을 통한 대대적 선전방송 시작<br>• 1932년 영국이 세계 각처 식민지를 대상으로 해외방송 시작 |
| 제3단계<br>해외동포 대상 방송서비스 | • 1935년 스위스가 자국민과 재미 스위스 동포를 대상으로 처음 실시<br>• 해외 교민에게 신속 정확한 정보를 체계적, 지속적으로 제공하여 민족정체성과 공동체 의식을 유지 강화, 민족자긍심 부여 |
| 제4단계<br>외국인 대상<br>국가이미지 홍보방송 | • 초기모습: 1, 2차 세계대전 당시 동·서 양 진영에서 단파방송을 통해 정치적 선전을 위한 해외방송<br>• 1990년대 이후 : 세계 주요 국가들이 운영하는 TV국제방송 |
| 제5단계<br>공공외교·전략 커뮤니케이션<br>국제방송 | • 2000년대 이후 다채널·다언어 위성TV 체제를 기반으로 글로벌 영향력 확대<br>• 문화·정책·뉴스 콘텐츠를 활용해 국가 이미지, 가치, 정책 메시지를 전달하는 전략적 방송을 강화<br>• 국제방송이 공공외교 및 국가이미지 제고의 핵심 수단으로 제도적 기반 위에서 운영 단계 |
| 제6단계<br>DX·AX(디지털·AI 전환) 기반<br>개방·참여형 글로벌 플랫폼 | • 2020년대 이후 SNS·OTT·AI 기반의 복합 전략 등장<br>• 실시간 상호작용, 이용자 주도성 강화, 채널은 일방향 전달에서 개방·참여형 커뮤니케이션으로 진화<br>• 공공외교, 글로벌 담론 형성, 국가브랜드 확산 등 정책적 기능과 외교적 역할을 포괄하는 국제방송의 새로운 위상 형성 |

* 출처: 이은미(2004), 『해외방송 발전전략연구』, p.13-14의 제1~4단계 서술을 표로 재구성하였으며, 제5~6단계는 저자가 추가 정리·확장함.

## 국가 이미지는 어떻게 만들어지나: 브랜드 외교의 무대

오늘날 국제방송은 단순한 '정보 전달자'나 '이념 확산 수단'을 넘어, 국가 정체성과 전략의 최전선에 놓인 미디어 플랫폼으로 기능하고 있다. 국제사회는 전통적 외교 채널을 보완하거나 대체하는 수단으로 미디어 외교(media diplomacy)를 적극 활용하고 있으며, 그 중심에 국제방송이 있다. 이는 단순한 메시지의 내용 문제가 아니라, '누가, 어떤 방식으로 이야기하느냐'의 경쟁으로 진화하고 있는 것이다.

21세기 들어 국제방송은 국가브랜드 전략의 핵심 도구로 자리매김했다. BBC World는 '영국적 가치'와 공정성을 대표하며, France 24는 프랑스어권 결속을 매개하고 프랑스 문화·정책의 국제 확산과 EU 중심 내러티브 강화를 뒷받침한다. CGTN은 중국의 국가전략 내러티브를 확산하는 도구로, 러시아의 RT는 반(反)서구 담론을 강화하는 수단으로 기능하고 있다.

이러한 변화는 '공공외교 2.0'[3] 또는 '관계 중심 외교'(relational diplomacy)로 개념화되고 있다(Cull, 2013). 컬(2013)은 공공외교 2.0을 쌍방향 커뮤니케이션, 참여 기반 네트워크, 디지털 플랫폼 활용에 기초한 새로운 외교 방식으로 정의하며, 신뢰 구축과 관계 형성을 핵심 전략으로 제시하였다. 이는 국제방송이 디지털 플랫폼과 소셜미디어 환경 속에서 해외 시청자와의 상호작용과 감정적 연대를 중시하는 방향으로 재해석·적용될 수 있음을 보여준다.

2016년 「공공외교법」 제정[4]은 한류 확산과 디지털 미디어 시대의 도래로, 다양한 주체가 외교활동에 참여할 수 있는 제도적 기반을 마련한 조치였다. 이후 정부와 학계에서는 디지털·SNS 기반의 소통형 공공외교의 중요성이 점차 부각 되었다. 허재영(2024)은 일

---

3) 공공외교 2.0(Public Diplomacy 2.0): 니컬러스 컬(Nicholas J. Cull)이 제시한 개념으로, 쌍방향 커뮤니케이션과 참여 기반 네트워크, 디지털 플랫폼을 활용한 공공외교 형태를 의미한다. 전통적 일방향 홍보 중심의 외교에서 벗어나, 신뢰와 관계 형성을 핵심 전략으로 삼으며, 소셜미디어·온라인 커뮤니티 등 디지털 기술 기반의 대외 소통을 통해 해외 대중과의 상호작용(interaction) 을 중시하는 새로운 외교 방식이다.

4) 공공외교법 제정 배경은? 한류 확산과 디지털 미디어 시대의 도래로 문화·학술·시민 등 다양한 주체가 외교활동에 참여하게 되면서, 국제사회에서 한국의 위상을 높이고 공공외교 역량을 체계적으로 강화하기 위해 2016년 8월 제정되었으며, 이는 미국·중국·일본 등 주요국의 공공외교 강화 추세에 대응하여 국가·지자체·민간부문이 협력하는 협력기반형 소프트파워 외교를 추진하기 위한 법적 기반을 마련한 것이다.

방적인 정보 전달을 넘어, 소셜 미디어를 통한 상호소통과 참여 중심의 외교로 발전해야 함을 강조하며 공공외교의 전략적 전환 필요성을 제시하였다. 이러한 논의는 국제방송 또한 디지털 전환 환경 속에서 국가 내러티브를 신뢰성 있게 전달하는 공공외교 플랫폼으로 진화할 수 있음을 시사한다.

실제로 국제방송은 SNS가 가진 속보성과 단편성으로는 담기 어려운 심층 해설과 문화적 맥락을 제공할 수 있으며, 동시에 정부·공공기관[5] 메시지를 일관되게 조율하는 허브 역할을 수행함으로써 가짜뉴스와 정보 과잉 시대에도 신뢰성을 강화할 수 있다.

나아가 2020년대 이후 국제방송은 단순 송출을 넘어, 문화·기술·정체성을 복합적으로 결합한 전략 플랫폼으로 자리 잡고 있다. 국제방송은 자국 내러티브를 정제하여 전달하는 동시에, 글로벌 담론장에서 국가를 '화자(speaker)'로 세우며, 국제 여론 주도권 확보·공감 기반 외교·국가 위상 제고와 직결된다.

길보아(Eytan Gilboa, 2024)는 ICT와 소셜 네트워크 확산이 공공외교 채널 다변화를 불가피하게 만든다고 분석했고, 윤성현(Yun, S.-H., 2022)은 정부 커뮤니케이션 차원에서 메시지의 일관성과 상호작용이 디지털 플랫폼 활용의 핵심 원칙임을 강조하였다. 따라서 국제방송은 속도와 참여성에서 SNS에 뒤처질 수 있다는 약점을 보완하기 위해, 짧은 영상·카드뉴스 등 SNS 최적화 포맷과 함께 멀티플랫폼 전략을 병행해야 한다.

한국의 아리랑TV 역시 이러한 흐름 속에 위치한다. 한류, 민주주의, 분단 현실이라는 한국의 복합적 내러티브를 전 세계에 전달할 수 있는 잠재력을 갖추었으나, 제도적 기반과 재정적 지원 부족으로 국가브랜드 전략 실행력은 제한적이었다. 그러나 김유경 외(2013)의 연구에 따르면, 아리랑TV에 대한 평균 시청 시간이 길수록 한국에 대한 긍정적 평가와 채널 만족도가 높아졌다. 또한 최성배(2019)의 연구에서는 채널 브랜드 진정성이 시청자 충성도를 높이고, 이는 곧 국가브랜드 태도·이미지 제고로 이어진다는 결과가 도출되었다. 이는 아리랑TV가 단순 방송 채널을 넘어 K-브랜드 플랫폼으로 전환할 수

---

5) 공공기관은 정부가 투자하거나 출자하고, 일정 수준 이상의 재정 지원을 통해 설립·운영되는 조직이다. 「공공기관의 운영에 관한 법률」에 따라 기획재정부 장관이 지정하며, 국민에게 필요한 공공서비스를 제공하고 정책 집행을 지원하는 역할을 맡는다. 공공기관은 설립 목적과 기능에 따라 공기업, 준정부기관, 기타공공기관으로 나뉜다. 공기업은 자체 수입 비중에 따라 시장형과 준시장형으로 구분되며, 준정부기관은 기금을 운용하는 기금관리형과 정부 위탁업무를 수행하는 위탁집행형으로 나뉜다.

있음을 보여주는 실증적 근거이다.

국제방송은 더 이상 단순한 기술 매체가 아니다. 그것은 국가 이미지를 설계하고, 관계를 형성하며, 신뢰를 창출하는 외교의 핵심 도구다. 디지털·SNS 환경 속에서도 국제방송은 출처와 책임이 명확한 국가 차원의 공식 채널로서 신뢰도 높은 메시지를 제공할 수 있다. 동시에, 축적된 채널 아이덴티티와 내러티브를 통해 국가 브랜드 자산을 장기적으로 구축한다.

이 지점에서 브랜드 외교(Brand Diplomacy) 개념[6]이 중요하다. 브랜드 외교는 단순한 국가 이미지 홍보를 넘어, 문화·가치·정체성을 장기적으로 설계하고, 일관된 내러티브와 다층적 채널을 통해 해외 대중과 신뢰 관계를 구축하는 전략이다. 디지털 전환과 AI 혁신의 흐름 속에서 브랜드 외교는 더욱 복합적이고 참여적인 플랫폼 전략으로 확장되고 있으며, 아리랑TV는 이 변화 속에서 K-브랜드 국가전략의 문화외교 플랫폼으로 발전해야 할 분기점에 서 있다.

앞서 살펴본 바와 같이, 국제방송은 디지털·SNS 시대에도 국가 내러티브를 전달하고 국가 이미지를 설계하는 핵심 외교 도구로서 여전히 유효하다. 그러나 그 전략적 가치가 구현되는 무대는 이제 급변하는 디지털·플랫폼 생태계로 이동하고 있다. 따라서 국제방송은 단일 채널의 일방향 매체를 넘어, 다중 채널·다중 포맷·참여형 네트워크를 기반으로 한 '플랫폼 전략'으로의 전환이 불가피하다. 이러한 변화는 기술적 진보만이 아니라, 국제 여론 환경의 변동, 이용자 행태의 변화, 그리고 국가 간 정보 경쟁의 심화라는 복합적 요인에서 비롯된다.

실제로 세계의 주요 국제방송들은 각기 자국의 가치와 내러티브를 전략적으로 전달하며, 글로벌 여론장에서 국가 이미지를 설계하는 핵심 플랫폼으로 기능하고 있다. 아리랑TV 역시 단순한 송출 채널이 아니라, 한국의 전략적 메시지를 확산하고 국가브랜드를 통합적으로 관리하는 '참여·개방형 문화외교 플랫폼'으로 거듭나야 한다.

---

6) 브랜드 외교(Brand Diplomacy)란, 국가나 공공기관이 외교 활동을 수행함에 있어 정책·문화·콘텐츠 등 브랜드 자산을 전략적으로 활용하여 국제적 신뢰와 호감을 구축하는 커뮤니케이션 활동을 의미한다. 이는 단순한 '홍보(publicity)'를 넘어 국가 이미지(national image)와 가치(value)를 장기적 관점에서 관리·확산하는 외교 방식으로, Simon Anholt(2007)의 'Nation Branding' 개념과 Nicholas J. Cull(2019)의 'Reputational Security' 논의가 결합되며 발전하였다. 최근에는 이러한 브랜드 외교가 디지털·문화 기반의 공공외교(Public Diplomacy 2.0) 와 긴밀히 연계되어 논의되고 있다.

## 알고리즘을 이기는 이야기: 플랫폼 · AI 시대의 국제방송

디지털 전환은 단순한 기술 변화가 아니라, 국제방송이 글로벌 담론에 참여하기 위한 필연적 배경이다. 플랫폼 시대의 국제방송은 더 이상 송출과 전달에 머무르지 않고, 문화·정책·외교를 아우르는 전략적 의미를 갖는다. 따라서 아리랑TV가 직면한 플랫폼 전환은 기술적 적응 차원을 넘어, 국제방송 정체성의 재정의라는 관점에서 이해되어야 한다. 특히 오늘날 디지털화(DX)가 만든 구조적 전환과 AI 혁신(AX)이 이끄는 지능적 커뮤니케이션 체계의 결합은, 국제방송의 근본적 변화를 이끄는 핵심 동력으로 작용하고 있다.이러한 변화는 국제방송이 위성을 통한 일방향 송출 구조와 단순한 디지털화의 차원을 넘어, 참여와 상호작용을 기반으로 한 국가전략 플랫폼으로의 패러다임 전환을 의미한다.

오늘날 국제방송은 콘텐츠 송출을 넘어 문화·기술·정체성이 융합된 전략 플랫폼으로 진화하고 있다. NHK World, CGTN, France 24, DW 등은 자국의 내러티브를 글로벌 담론 속에서 주도하도록 설계되었다. 한국 또한 아리랑TV를 통해 공감 외교와 국가 위상 제고를 실현해야 하며, 이러한 플랫폼으로의 전환은 정책적·재정적 기반이 뒷받침될 때 지속가능성을 확보할 수 있다.

이러한 전환은 디지털 인프라와 함께 인공지능(AI) 기술의 확산에 의해 가속화되고 있다. '알고리즘 거버넌스(algorithmic governance)'[7]라는 개념이 보여주듯, AI는 단순한 기술을 넘어 국제 여론의 흐름과 메시지 확산 경로를 결정짓는 새로운 권력으로 작동한다. 또한 최근 과학기술외교 분야에서 논의되는 '데이터 외교(data diplomacy)' 개념을 국제방송 맥락으로 확장하면, 국가 이미지와 내러티브를 AI 기반 데이터 분석을 통해 정밀하게 설계·전달하는 방식을 설명할 수 있다. 이처럼 플랫폼 시대의 국제방송은 단순 전파 송출에 머무르지 않고, AI를 매개로 한 글로벌 담론 조율자로 진화하고 있다.

이러한 변화는 국가 간 협력과 경쟁을 동시에 촉진하고 있다. 예컨대 유럽 공영방송 연합(Eurovision)은 기술·콘텐츠 공동 개발을 추진하며 글로벌 유통망을 공유하는 반면, 중국의 CGTN이나 러시아의 RT는 자국 내 미디어 네트워크와 국가 통제형 유통체계를 통해

---

7) 알고리즘 거버넌스(algorithmic governance)'란, David Beer(2009), Antoinette Rouvroy & Thomas Berns(2013)가 제시한 개념으로, 데이터와 알고리즘이 사회·정치·경제적 의사결정 과정에 개입하거나 이를 관리·통제·조정하는 체계를 의미한다. 즉, 정부나 기관뿐 아니라 디지털 플랫폼과 AI 시스템이 일정한 규칙·로직·코드를 통해 인간의 행위와 사회적 흐름을 통치(govern)하는 새로운 형태의 권력 메커니즘을 말한다.(참고: 최은창, 「미래연구포커스」 제7호, 2017)

독자 노선을 강화하고 있다. 반면 BBC World, France 24, NHK World는 크로스미디어 전략(cross-media strategy)[8]을 통해 동일한 메시지를 TV, 라디오, 온라인, 모바일, SNS 등 다중 매체로 연계·확산하며 시너지 효과를 극대화하고, 다국어 유통망을 기반으로 글로벌 신뢰 자산 구축에 집중하고 있다. 특히 최근에는 BBC World와 NHK World가 AI 자막 번역 및 자동화 뉴스 편성 시스템을 실험적으로 도입하면서 글로벌 시청자와의 접점을 확대하고 있다 (출처: Advanced Television, 2025.08.19; ITU Report BT.2447-1, 2021).

이러한 흐름은 국제방송이 더 이상 단방향 송출 체제가 아니라, 시청자가 알고리즘과 데이터를 통해 참여·주도하는 개방·참여형 플랫폼으로 진화했음을 보여준다. 이는 단순 기술 문제가 아니라, 국제 여론 환경의 변화, 민주적 수용성, 문화적 감수성을 아우르는 복합 과제다. 국제방송은 국가 메시지를 전달하는 수단을 넘어 글로벌 이용자와의 관계를 형성하는 전략적 플랫폼으로 기능해야 하며, 이 과정에서 국제방송 생태계는 '관계의 경쟁'과 '신뢰의 확보'라는 이중 목표를 수행하게 된다.

아리랑TV 역시 이러한 글로벌 생태계의 일원으로서 단순한 콘텐츠 제작을 넘어, 플랫폼 전략, 알고리즘 대응, 언어 다양성 확보, 비영어권 국가와의 협업 등 다층적 과제를 안고 있다. 특히 디지털 미디어 환경에서는 '누가 더 많이 말하느냐'가 아니라 '누가 더 설득력 있게 메시지를 확산 시키느냐'가 중요한 시대인 만큼, 국제방송은 이제 말하는 기술보다 데이터와 동일한 메시지나 브랜드를 TV, 라디오, 온라인, 모바일, SNS 등 다양한 매체를 통해 연계·확산함으로써 시너지 효과를 극대화하는 전략을 의미한다." 알고리즘을 활용해 들리는 전략을 구축해야 하는 시대를 맞이하고 있다. 따라서 아리랑TV는 알고리즘과 데이터 기반 전략을 통해 글로벌 시청자와 공감·참여를 이끌어내는 새로운 국가전략 플랫폼으로의 도약이 불가피하다.

이제 우리는 물어야 한다. 이 복잡다단한 글로벌 국제방송 생태계 속에서, 아리랑TV는 과연 어떤 전략과 제도적 기반을 바탕으로 출범했으며, 어떠한 국가적 의지와 정책적 함의를 담아낸 결과물인가. 다음 장에서는 이러한 물음을 중심으로 아리랑TV의 출범 배경과 정책적 의미를 본격적으로 살펴본다.

---

8) 크로스미디어 전략(cross-media strategy): 동일한 메시지나 브랜드를 TV, 라디오, 온라인, 모바일, SNS 등 다양한 매체를 통해 연계·확산함으로써 시너지 효과를 극대화하는 전략을 의미한다. 예를 들어, France 24는 TV·라디오·온라인·모바일 앱을 연계하여 동일 뉴스를 다중 플랫폼에서 확산시킴으로써 국제사회에서 '프랑스적 시각'을 일관되게 전달한다.

### 〈자료〉 아리랑TV의 첫날

| 국제사회의 혁명적 변화에 대응 | 국내 「세계화」 의지의 확산 |
| --- | --- |
| ◦ 「국경 없는 경제」의 무한경쟁시대<br>◦ 인터넷 등 「지구촌 정보화」 본격 도래<br>◦ 무역外 문화·의식·교육 등 국제교류 급증 | ◦ 21C 선진국을 향한 국민의식개혁<br>◦ 「세계경영의 중심국가」 역할 인식<br>◦ 각 분야 모든 역량의 효율적 결집 필요성 |

| 세계방송 환경추이에 적응 | 방송·영상산업에의 지원 |
| --- | --- |
| ◦ 뉴미디어의 다양한 개발 확대<br>◦ 위성 등에 의한 越境방송 보편화<br>◦ 각국 정부차원의 자국홍보 및 문화전파 방송 확대 | ◦ 방송·영상시장의 개방압력 가중<br>◦ 대외 국가홍보 전문채널의 부재<br>◦ KBS, MBC, SBS등 우수 프로그램의 국제상품화 미흡<br>◦ 영상산업의 국제교류창구 미약 |

⬇

**우리 방송 프로그램의 세계화를 위한 채널 확보**
**세계적인 방송프로그램의 생산 및 국제유통 지원**
**방송사 우수 프로그램의 국제방송·교류로 국가 이미지 제고**

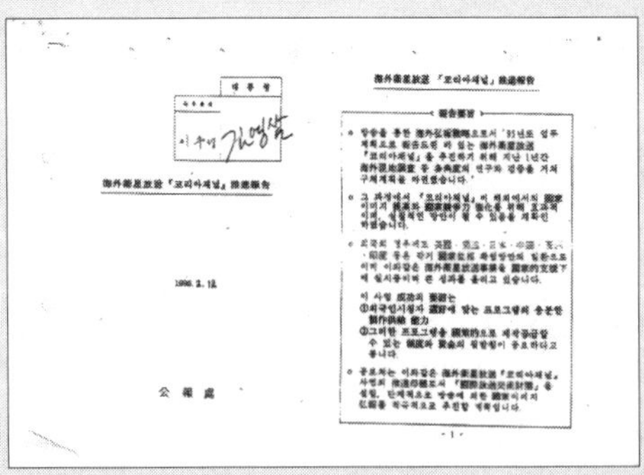

1996년 2월 문화체육부가 작성한 「코리아채널 추진계획」은 정부 차원의 국제방송 추진 의지를 명문화한 최초의 정책 문건으로, '아리랑TV 해외위성방송의 제도적 출발점을 제시하였다.

1996년 4월 10일 재단법인 국제방송교류재단(아리랑TV)이 공식 출범하였으며, 서울 서초동 본사 전면의 명패(오른쪽)는 대한민국 대표 국제방송'의 상징이자 그 역사적 기원을 보여준다.

| 제2장 |

# '아리랑'이 하늘을 울리다, 한국이 세계에 말을 건 첫날들

## 영어로 세상을 두드리다: 후발국의 과감한 선택

1990년대 중반, 대한민국은 냉전 종식 이후 급변하는 국제질서 속에서 국가 위상 재정립과 이미지 제고라는 새로운 과제에 직면해 있었다. 특히 북핵 문제와 통상 마찰로 인해 한국의 대외 이미지가 손상되면서, 이를 개선하기 위한 전략적 커뮤니케이션 수단의 필요성이 제기되었다. 이러한 흐름 속에서 등장한 것이 바로 '대한민국의 목소리를 세계에 직접 전달하는 국제위성방송' 구상이었다.

1995년 김영삼 정부는 공보처를 중심으로 '코리아 채널(Korea Channel)' 구상을 추진했다. 이는 단순한 홍보 방송을 넘어, 국가 브랜드 경쟁이 본격화되는 국제환경에서 '전파를 통한 외교'를 실현하기 위한 전략적 국제 커뮤니케이션 채널이었다. 같은 해 7월, 공보처는 '선진방송 5개년 계획'을 통해 방송 해외진출 방향과 국제위성방송 운영 모델을 〈표 2-1〉와 같이 제시했다.

〈표 2-1〉 선진방송 5개년('95~'99) 계획 중 국제 위성방송 실시 전문[9]

- 방송의 해외 진출을 통한「국가 이미지 제고 차원」에서 현지 외국인 및 교포대상의 국제위성방송을 적극 추진함
- 국가 주도의 독일방식, 공영방송 주도의 일본방식, 민간자율의 미국방식의 장·단점과 국내방송 여건을 고려함
- 국익증진 차원에서 공공성 있는 프로그램 중심으로 방송하고, 각국의 다채널 국제 위성방송과의 경쟁력 확보 및 디지털 위성방송 추세를 감안, 단계별로 채널을 확대함
- 무궁화 위성은 국내용이므로, 외국 위성을 이용해 추진하되, 국제위성방송과 무궁화 위성방송을 유기적으로 연계시켜 추진함
  - 국제위성방송 등에 관한 전략협의 기구로 방송계, 경제계 등 각계가 참여하는 「국제미디어교류협회」를 설립함
  - 국제위성방송의 프로그램 공급주체는 방송광고공사의 자회사로 방송시설·장비 임대를 하려고 하는 「(주)放送映像」을 「國際映像」으로 확대 개편해 활용함.
    → 광고공사가 최대 주주가 되고 방송사, 케이블TV, 프로그램공급자(PP), 대기업 등이 주주로 참여함.
  - 「國際映像」은 기존 방송사 등의 프로그램을 염가로 제공받아 외국어 자막·더빙 처리 후 해외에 프로그램을 공급하는 한편, 국내에서도 케이블TV 프로그램 공급자로 신규 허가를 받아 주한 외국인·관광객 대상으로 외국어 방송을 병행 실시토록 함.
  - 국제위성방송 사업은 장기적자가 불가피하므로 해외운영주체는 희망기업체가 「國際映像」과 계약을 통해 사업을 운영토록 함.
  - 미주지역의 기존 교포방송은 LA에 있는 KBS의 자회사인 KTE를 확대 개편해 KBS, MBC, SBS 프 로그램을 종합하여 염가로 제공하는 제도로 발전시킴

* 출처: 문화체육부(1995), 『선진방송 5개년('95~'99) 계획』 중 「국제 위성방송 실시」 전문. 저자가 원자료를 재구성·정리함.

1996년 4월 10일, 민법상 재단법인 '국제방송교류재단'이 설립되면서 아리랑TV의 법적·제도적 기반이 마련되었다. 이 재단은 '정치적 중립성', '비상업성', '외국인 대상 국제방송'을 기본 원칙으로 내세웠다. 형식적으로는 민법상 재단법인이었지만, 실제로는 정부가 특별법 제정이나 KTV와 같은 정부조직법상 소속기관 설립 방식을 피하고, 간접

9) 1995년 1월 공보처는 청와대 업무보고 시 「코리아 채널」개설 추진 계획을 보고하고 대외홍보위원회와 공보처의 연구검토 및 각계 전문가의 의견수렴 등을 거쳐 그해 7월 공보처에서 '선진방송 5개년 계획'에 코리아 채널의 추진 방향과 방송운영 형태에 대해 발표하였다

적으로 운영한 사실상의 '정부 직영형' 구조였다. 다시 말해, 민간 재단이라는 외형과 정부 의존적 운영이라는 실질 사이의 불일치가 내재된 구조였으며, 실질적으로는 정부 정책에 따라 기획·추진된 전략적 국제방송이었다.

재단 설립 취지서에서도 당시 국제정세 변화(WTO 체제, 농산물 시장 개방 등)에 대응하여, 한국의 문화·정치·경제·사회 전반을 해외에 체계적이고 지속적으로 알림으로써 국가이미지 제고와 국익증진을 도모해야 한다고 명시하였다. 특히 방송을 통해 세계인의 신뢰를 얻고, 대한민국의 긍정적 인식을 확산시키는 것을 핵심 목표로 삼았다.

1997년 2월, 아리랑TV는 케이블TV를 통해 영어 기반 국내방송을 시작했다. 당시 공공채널[10]로 지정되어 모든 케이블 수신가구에 의무 송출되었으며, 이는 국제위성방송 개시를 위한 전 단계 조치였다. 비록 송출은 국내에 국한되었지만, 편성과 기획의 초점은 분명히 해외 시청자를 향하고 있었다.

세계 주요 국제방송 사례를 보면, 대부분의 비영어권 방송은 개국 당시 자국어를 사용하다가 일정 시점 이후 영어방송을 확대[11]한 것과 달리, 아리랑TV는 개국 시점부터 영어를 기본 언어로 채택했다. 이는 국제방송사 역사에서도 보기 드문 사례로, 단순한 운영상의 선택이 아니라 후발주자로서 국제사회와 직접 소통하고 글로벌 시청자에 빠르게 도달하기 위한 전략적 결단이었다. 영어는 국제 여론 형성과 국가브랜드 확산에서 가장 효과적인 언어였으며, 공공외교와 브랜드 외교의 핵심 매개 언어로 자리매김해 왔다. 따라서 아리랑TV의 영어전용 방송 출범은 당시로서는 한국이 국제방송을 통해 전략적 내러티브를 글로벌 담론 속에 배치하려 한 초기 실험이자, 훗날 디지털 전환과 인공지능

---

10) 공공채널: 「방송법 시행령」 제54조에 따라 유료방송사업자(종합유선방송, 위성방송, IPTV 사업자)가 국가 또는 공공의 목적을 위해 의무전송 및 운용해야 하는 채널을 말한다. 1995년 케이블TV 도입 초기부터 KTV(국민방송)와 방송대학TV(OUN)가 공공채널로 지정되어 공익·교육 목적의 방송을 제공해 왔으며, 이후 1997년 아리랑TV의 국내방송 개국과 함께 아리랑TV도 공공채널로 추가 지정되었다. 그러나 2004년 국회방송(NATV)이 개국하면서 공공채널 구성에 조정이 이루어져, 아리랑TV는 공공채널에서 제외되었고 현재는 KTV, OUN, NATV가 공공채널로 지정·운영되고 있다

11) 세계 주요 국제방송의 영어 전용 채널 개시는 DW(1992년 영어 일부 편성, 2012년 영어 전용화), NHK World(1995년 일부 영어 방송, 2009년 영어 전용화), France 24(2006), CGTN(2000년, CCTV-9 개국, 이후 CCTV News를 거쳐 CGTN으로 재편), RT(2005년), TRT(2015년) 등에서 확인된다. 이처럼 대부분의 비영어권 국제방송은 개국 시점이 아니라 일정 시점 이후에 영어 채널을 전환·확대하였다.

혁신 시대의 국가브랜드 외교로 이어지는 흐름의 출발점으로 평가할 수 있다.

그리고 아리랑TV는 문화·시사·정보 콘텐츠를 중심으로 '한국의 얼굴'을 전 세계에 전달한다는 사명을 설정하고, 영어 뉴스·다큐멘터리·문화예술 프로그램에 집중하였다. 이를 통해 국제사회의 신뢰를 구축하고 '문화 중심 외교'를 구현하려 했다.

결국 아리랑TV는 방송법상 공영방송이나 정부 소속기관이 아님에도 불구하고, 정부가 전략적으로 기획·운영한 사실상의 국제방송이었다. 이러한 제도적 설계는 민간 재단이라는 외형과 정부 주도의 실질 운영이라는 불일치를 내포한 채 출범한 것으로, 아리랑TV의 정체성과 한계를 동시에 규정하는 기초가 되었다.

## 위성보다 빠른 열정: 30년을 관통한 방송 전략의 네 시기

아리랑TV의 방송운영 전략은 국제정세, 국내 정책 방향, 글로벌 미디어 환경 변화에 따라 유연하게 조정되고, 때로는 과감하게 방향을 전환해 왔다. 국내방송에서 해외방송, 그리고 디지털 환경에서의 멀티플랫폼 유통 강화까지, 각 전략은 독립적인 과제를 수행하면서도 전체 운영의 유기적 일부로 맞물려 작동했다. 이러한 변화를 살펴보기 위해 저자는 아리랑TV 방송 전략을 크게 네 개 시기로 구분해 본다.

① **준비기** (1996~1999)

이 시기는 국제방송교류재단을 설립하고, 국내방송과 해외위성방송 시험방송을 통해 방송 채널의 기본 틀을 마련한 시기였다. WTO 체제 출범과 OECD 가입으로 국가 이미지 제고가 중요한 정책 과제로 부상하던 시기, 아리랑TV는 정치적 중립성과 문화적 친화성을 강조한 방송운영 방향성을 확립하였다. 당시 국제적으로는 CNN·BBC World와 같은 글로벌 뉴스채널이 영향력을 확장하던 시기로, 한국 역시 국제사회에서의 발언권 강화를 위한 해외위성방송 채널 구축을 추진하였다.

1997년 아리랑TV는 '국내방송' 채널 개국을 통해 전국 케이블TV에 공공채널로서 의무 송출하게 했으며, 이는 해외위성방송 개국 전 국내 인지도를 높이고 제작 역량을 축적하기 위한 전 단계 조치였다.

초기 편성은 전통문화·예능·음악·관광 중심으로 구성되었고, 1999년 해외방송 개국을 앞두고 한국외국어대학교 연구진이 수행한 「해외위성방송의 편성 경향 연구」를 참조하여 BBC·TV5·CCTV 등 주요 국제방송 사례를 벤치마킹하였다. 이 과정에서 '비정치적·비상업적 국제방송'이라는 편성 철학이 정립되었다.

② **도약기**(1999~2005)

1999년 해외위성방송 개시와 함께 아리랑TV는 아시아를 넘어 전 세계로 송출망을 확대하며 글로벌 채널로 도약했다. IMF 외환위기 극복 과정에서 국가 이미지 회복과 문화수출 촉진이 정부 차원의 핵심 의제로 부상하던 시기였다. 김대중 정부의 '문화산업 진흥 5개년 계획'과 연계해, 해외에서 한국의 긍정적 이미지를 확산하는 '소프트파워' 전략의 일환으로 운영되었다.

대표적으로 2002년 한·일 월드컵을 계기로 스포츠·문화·관광 프로그램을 집중 송출하여 한국 브랜드 이미지를 강화하였다. 또한 2002년에는 BBC·DW 등 해외 공영방송 프로그램을 블록으로 편성해 국제 정보채널 성격을 보강했고, 2003~2004년에는 산업·경제 홍보 프로그램과 한국어 교육, 뉴스 심화 편성을 확대하여 공공성과 교육 기능을 강화했다. 2005년에는 드라마·K-pop을 집중 배치하는 '한류 패키지 편성'을 본격화하며 한국 이미지 확산 채널로서의 위상을 높였다.

③ **확장기**(2006~2015)

이 시기는 방송 권역을 5대 대륙으로 확대하고, 글로벌 송출체계를 본격적으로 구축한 시기였다. 권역별 시청시간대와 시차를 고려한 맞춤형 편성전략을 도입하고, 뉴스·시사 콘텐츠를 강화함으로써 '정보+문화'의 이중 편성 전략을 실현했다

2008년 다언어 자막 시스템 도입은 비영어권 시청자의 접근성을 크게 높였으며, 2010년대 초반에는 HD 송출체제, 위성 다변화, 지역별 파트너십 확대 등 방송 품질 고도화를 추진했다. 또한 북한·외교·국제정세 특화 프로그램 신설, 정책·경제 다큐멘터리

심화 등을 통해 글로벌 공공미디어로서의 신뢰성을 강화했다.

특히 2009년 출범한 '국가브랜드위원회' 활동과 맞물려 아리랑TV는 국가브랜드 확산 채널로 적극 활용되었다. G20 서울 정상회의(2010)를 비롯해 교황 방한, ITU 전권회의, 한-아세안 특별정상회의(2014), 세계경제포럼(WEF, 2015), 대통령 UN총회 연설 특별방송(2015) 등 주요 국제행사에서 해외홍보 주관 또는 전담 방송사로 활동하며, 국제무대에서 한국을 대표하는 국제방송으로서의 위상을 강화하였다.

#### ④ 전환기 (2016~현재)

디지털 전환의 확산으로 미디어 환경이 급격히 변화한 시기였다. 아리랑TV는 기존 위성방송 중심 구조를 유지하면서도 유튜브·SNS·OTT 등 멀티플랫폼 운영을 확대하였다.

2016년 이후 실시간 스트리밍, 모바일 최적화, SNS 전용 콘텐츠 등 접근성 강화 노력이 이어졌으나, 다언어 자막 서비스는 축소되면서 영어 중심 편성이 강화되었다. 글로벌 시장에서 영향력 확대는 기대에 미치지 못했으나, 유튜브 구독자 수 증가, SNS 채널 확산, FAST 채널 진출 등 디지털 기반 성과도 병행적으로 나타났다.

특히 최근 경영실적보고서(2023·2024)에 따르면, 아리랑TV는 ▲유튜브 전용 콘텐츠(쇼츠, 직캠 등) 제작 ▲FAST 채널 신규 운영 ▲생성형 AI를 활용한 이미지 제작 및 큐레이션(제작시간 평균 83% 단축) ▲AI 앵커 뉴스 및 XR/VR 기반 실험 콘텐츠 도입 등을 통해 디지털 전환을 가속화하고 있다. 또한 플랫폼 다변화, K-콘텐츠 제작 다변화, 글로벌 미디어 교류 협력 강화 등 중장기 전략과제(2024~2028)를 신설하며 조직적 시도도 병행하고 있다.

이러한 노력에도 불구하고, 글로벌 OTT와 SNS 플랫폼이 미디어 소비를 장악한 환경에서 아리랑TV의 디지털 전략은 여전히 과도기적 성격을 보이고 있다. 전담 부서의 권한과 위상, 글로벌 협상력, 데이터·알고리즘 활용 역량이 제한적이며, 재정적 기반 부족 또한 구조적 제약으로 작용한다.

이러한 상황에서 디지털·AI 시대의 도래는 미디어 환경 변화를 한층 가속화하며, 아리랑TV가 기존의 보완적 디지털 전략을 넘어 국가전략 플랫폼으로 전환해야 하는 시대적 숙제임을 더욱 분명히 드러내고 있다.

아리랑TV의 네 단계 전략 변화는 단순한 송출 범위 확대에 그치지 않았다. 콘텐츠 구성, 편성 방식, 플랫폼 운영의 구조적 진화를 수반하며, 각 시기의 경험과 성과는 다음 단계의 발판이 되었다.

특히 '확장기' 이후에는 세계 시청자 맞춤형 편성과 디지털 전환이 동시에 요구되었고, '전환기'에 들어서면서 이러한 요구가 DX·AX 환경과 맞물린 전략 실행으로 구체화되기 시작했다.

## 국가가 만든 실험실, '코리아채널' 프로젝트의 비밀

### 1) 국제방송교류재단 설립: 제도적 기반의 마련

1990년대 중반, WTO 체제 출범과 인터넷 확산, 글로벌 미디어 시장 개방 가속화는 대한민국에 새로운 대외 커뮤니케이션 전략을 요구했다. 김영삼 정부가 '세계화(G-7 프로젝트)'를 국가전략으로 제시하고, 공보처가 외교·문화홍보 기능 강화를 추진하던 시기였다. 당시 국제방송 시장에서는 일본의 NHK World, 중국의 CCTV-4, 미국의 CNN과 영국의 BBC World가 이미 글로벌 네트워크를 확장하며 '국경 없는 방송시대'를 선도하고 있었다. 한국 역시 국가 이미지 제고와 문화 확산, 대외정책 홍보를 동시에 수행할 수 있는 국제방송 설립이 국가적 과제로 대두되었다.

이러한 배경 속에서 1996년 3월 27일, '코리아 채널'을 신설·운영할 국제방송교류재단 설립 추진위원회(위원장: 이찬용 전 해외홍보관장)가 발족하였다. 이어 4월 8일 KOBACO, KBS, MBC, SBS, 무역협회 대표들이 발기인으로 참여한 설립총회가 열렸고, 4월 10일 공보처로부터 설립허가(제39호)를 받은 뒤, 같은 해 4월 15일 민법상 비영리 재단법인 국제방송교류재단(The Korea International Broadcasting Foundation, KIBF)이 공식 설립되었다.

재단의 재원은 정부 출연금과 민간 기부를 결합한 혼합 구조로 설계되었으나, 운영 초기부터 정부 의존도가 높았다. 이는 독립성과 안정성을 동시에 추구했던 초기 설계가 재원 구조의 불안정이라는 이중적 성격을 내포했음을 보여준다.

초기 재원은 총 704억 5천만 원이었으며, 그중 KOBACO의 공익자금이 700억 원으로 가장 큰 비중을 차지했다(1996~1999년 연차 출연, 목표액 1,000억 원이었으나 실제 700억 원 조성). 지상파 3사(KBS, MBC, SBS)가 각 1억 원, 한국무역협회 1억 원, 대한상공회의소 5천만 원을 출연해 총 4억 5천만 원을 확보했다. KOBACO의 공익자금은 재단의 기초 재정으로 활용되었으며, 이를 통해 방송 인프라와 초기 운영비가 안정적으로 조달되었다.

물적·기술적 기반 조성을 위해 재단은 서울 서초구에 방송국 겸 사옥을 마련했다. 1996년 5월 31일, KOBACO 자회사인 ㈜한국방송영상이 신축 중이던 지상 14층·지하 6층(연건평 7,249평) 규모의 건물을 매입하였고, 같은 해 11월 9일 준공을 마쳤다. 방송시설과 장비에는 약 200억 원이 투입되었으며, 당시 국내 방송사 중 최초로 디지털 방송 송출 및 제작 시스템을 구축했다. 주요 기술 성과로는 자동송출 시스템(1개 주조정실에서 여러 채널 동시 송출 가능), 뉴스시스템의 테이프리스(tapeless) 구현, 디지털 장비 도입률 80% 달성 등이 있었으며, 이는 향후 국제방송으로서의 기술적 신뢰성을 확보하는 기반이 되었다.

조직 구성은 '4이사 1실 4국 1센터 11팀' 체계로, 정원 146명 규모였다. 공보처와 KBS 등 정부 및 방송계 출신 인사를 혼합 채용하여 정책 전문성과 방송 실무 능력을 균형 있게 확보했다. 설립 직후에는 내부 전문 인력을 중심으로 사업 기획과 기술 인프라 정비를 병행하였으며, 1996년 5월 9일과 9월 2일 두 차례에 걸쳐 신입 및 경력 직원을 공개 채용해 개국 준비에 필요한 최소 인력을 충원했다.

추진 전략은 3단계로 설계되었다.

첫째, 국내에서 영어 CATV 방송을 개설해 상주 외국인과 관광객을 위한 공공방송 서비스를 시작하고, 둘째, 미주·유럽·아시아권으로 위성방송 '코리아채널'을 단계적으로 확장하며, 셋째, 장기적으로는 아시아 각국의 CATV와 협력해 프로그램을 공동 편성하고, 개발도상국 방송사에 한국 콘텐츠를 무상 제공하는 국제 교류 사업을 추진하는 것이었다.

이 전략은 단기적 시청률이나 광고 수익보다는 중장기적 파급력과 국가 이미지 제고를 목표로 했다. 특히 방송을 국내 미디어 수단이 아닌 '국가 커뮤니케이션 전략 수단'으로 인식하고, 국제사회의 다양한 이해관계자에게 한국의 정체성과 문화를 체계적으로 전파하려는 의도가 반영되어 있었다.

설립 초기 재단은 국제 위성방송 송출을 위한 제도·기술 기반 마련에 집중했고, 1년 이상의 준비 끝에 '아리랑TV'라는 브랜드를 탄생시켰다. 이는 단순한 방송국 개국이 아니라, 대한민국이 국제사회에서 자신의 목소리를 전달하기 위해 국가 차원에서 설계한 전략적 프로젝트였다고 평가할 수 있다.

다음에 제시된 〈자료〉 '국제방송교류재단 설립 취지서'는 단순한 기관 설립 문서가 아니라, 당시 정부가 국제위성방송을 어떤 전략적·외교적 자산으로 인식했는지를 보여주는 정책 선언문에 가깝다. 재단 설립 취지서의 정책적 함의는 다음과 같이 정리할 수 있다.

첫째, 세계화·정보화 시대의 국가 생존 전략: WTO 체제와 정보화 시대를 '혁명적 변화'로 규정, 방송을 국가 경쟁력 핵심 수단으로 명시, 둘째, 국가 이미지 제고와 문화 확산 강조: 경제·상품 경쟁력 이전에 문화와 국가 이미지를 강화해야 한다는 논리 제시, 셋째, '국경 없는 방송시대'에 대한 위기의식과 기회 인식: '국경 없는 방송시대'의 문화 침투 위험과 문화 확산 기회를 동시에 언급, 넷째, 국책사업 차원의 긴급성을 강조: 일본·중국·서구 사례 대비 한국의 늦은 출발을 '지금이라도 추진해야 한다'고 명문화, 다섯째, 민관 협력 구조: 정부·방송계·경제계·문화계의 자원 결합 모델을 통해 공공성과 자율성을 함께 추구하는 것이다.

이 설립 취지서는 결과적으로 아리랑TV의 제도적 DNA를 형성한 기초 문서였다.

여기서 나타난 '국가 이미지 제고·문화 확산·민관 협력'이라는 3대 기조는 이후 30년간 아리랑TV의 정체성과 전략 방향을 규정하는 준거점이 되었으며, 동시에 정부 예산 의존, 정책 연계 의무, 정치적 독립성이라는 3대 구조적 과제의 출발점이기도 했다.

〈자료〉 국제방송교류재단 설립 취지서(1996년 4월)

## 국제방송교류재단 설립취지서

세계경제의 무한경쟁체제와 함께 인터넷을 비롯한 지구촌 정보화 시대의 본격 도래 등 국제사회의 혁명적 변화는, 21세기 선진국 진입을 눈앞에 두고 있는 우리에게 새로운 변화와 대응전략을 요구하고 있다. 이에 정부와 각급 민간단체에서는 『세계화』의지의 확산을 통해 『세계경영의 중심국가』로 나아가기 위한 사회 전 분야의 역량결집에 온 힘을 다하고 있다.

특히 이미 눈앞에 펼쳐지고 있는 WTO 체제에 대응하여 우리 기업과 상품의 활로를 개척하기 위해서는 경제자체의 내외요인도 중요하지만 총체적인 국가 이미지 제고와 기업 및 상품의 대외 홍보강화는 물론 우리문화의 우수성 부각 등 한국을 이해하는 분위기의 저변확대를 통한 기본적인 국제경쟁력 강화가 무엇보다도 선행되어야 할 과제로 인식되고 있다.

또한 다매체 다채널의 뉴미디어 시대 및 위성을 이용한 『국경없는 방송시대』를 맞아 외국의 방송·영상시장 개방 압력과 전파월경을 통한 문화침투 등에 효과적으로 대응함과 동시에 우리문화를 세계에 확산시키는 일 또한 세계화를 지향하는 우리에게 중요한 과업으로 대두되고 있다.

이를 위해 사회 각계에서는 국책사업 차원에서 국제위성방송(코리아채널)과 국내 외국어방송(월드채널) 및 방송프로그램의 대외 교류협력 등 국제방송교류사업의 조기 시행 필요성을 강조하여 온 바 있다.

이러한 국제방송교류 사업은 이미 구미 선진국에서는 물론 아시아권의 일본과 중국에서도 범국가적 지원 아래 활발하게 시행중인 사업으로서 우리나라의 경우, 다소 때늦은 감이 없지 않으나 지금이라도 시급히 추진하여야 할 중차대한 과제가 아닐 수 없다.

이상의 국가적·시대적 필요성에 부응하여 우리는 공보처를 중심으로 지난 1년간, 해외 현지조사 등 다각도의 정밀한 연구검토와 검증을 거쳐 구체적인 사업 추진계획을 마련하여, 한국방송광고공사의 방송영상제작시설·장비 및 공익자금의 지원과 방송계의 프로그램 지원, 경제계의 기본재산 출연 등의 참여를 토대로 방송계, 경제계, 문화계 등이 광범위하게 참여하는 민관합작의 재단법인인 『국제방송교류재단』을 설립하고자 한다.

1996년 4월

발기인 대표 : 이 찬 용

발기인 : 홍 두 표, 강 성 구, 윤 세 영, 서 병 호

국제방송교류재단 창립발기인 총회(1996.4.8): 재단 정관 의결과 임원 추천, 사무소 설치 및
사업계획 의결 등을 통해 대한민국 국제방송교류사업의 제도적 · 정책적 출발점을 마련한 첫 회의 장면

아리랑TV 전 직원 연찬회 (1996.8.30): 창립 초기 전 직원들이 국제방송 철학과 조직 비전을 공유한 첫 연찬회 모습

### 2) 서울의 전파, 지구를 향하다: 국내 영어방송의 탄생기

국제방송교류재단 설립 직후, 정부는 아리랑TV의 국제방송 전략을 단계적으로 추진하기로 하였다. 그 첫 단계가 국내 영어방송이었다. 이는 국제 위성방송에 앞서 채널 브랜드 인지도와 운영 안정성을 확보하고, 편성·제작 역량을 축적한 뒤 글로벌 송출로 확장하기 위한 전략적 실험이었다.

1996년 11월 12일, 아리랑TV는 공보처 고시(제1996-3호, 1996.11.12)에 따라 '공공채널용 방송프로그램 제작기관'으로 지정되었다. 이에 따라 전국 모든 종합유선방송(SO)과 위성방송(SkyLife)은 아리랑TV 채널을 의무 전송하게 되었고, 영어 전용 방송채널로서 전국적 송출 기반을 확보하였다.

채널명 'Arirang'은 한국인의 정체성과 역사·문화적 의미를 담아, 국내외 시청자 모두에게 친숙하면서도 상징적인 이름으로 채택되었다.

1996년 개발된 첫 CIP는 태극 문양을 변형한 4태극 형태로, 민족정신(적색)·전통문화(황색)·역사(녹색)·미래(청색)를 상징하였다. 2005년 개편된 CI는 곡선형 영문 워드마크로, 현대성과 문화적 세련미를 강조하였으며, 현재까지 사용되고 있다.

1997년 2월 3일, 아리랑TV는 케이블TV 채널 50번을 통해 국내 영어방송을 공식 개국하였다. 전국 39개 아날로그 SO와 75개 디지털 SO를 통해 송출되었으며, 2002년부터는 SkyLife 위성방송, 2009년부터는 IPTV 3사(KT, SK브로드밴드, LG데이콤)를 통해 서비스가 확대되었다.

방송 대상은 국내 거주 외국인, 관광객, 유학생, 주한 외교사절단 및 국제기구 관계자 등이었으며, 내국인에게는 영어 노출 환경을 제공하여 국제화 교육 기능도 수행하였다. 초기 방송은 하루 12시간 편성으로 시작해 점차 확대되었으며, 2006년부터는 24시간 방송체제를 구축하였다. 주요 프로그램으로는 뉴스(「Arirang News」, 「Korea Today」), 문화·예술(「Performarts」, 「Let's Speak Korea」, 「Traveler's Korean」, 「FOODelicious」), 시사·교양(「In Focus」, 「Heart to Heart」, 「Global Report」), 대중문화(「Showbiz Extra」, 「Pops in Seoul」) 등이 있었다.

〈표 2-2〉는 아리랑TV 국내방송 개국 당시 방송운영 현황을 요약한 표이다. 아리랑TV 국내방송의 초기 편성의 핵심 전략은 국내 체류 외국인과 방한 외국인을 위한 균형 잡힌 종합편성과 내국인의 세계화 감각을 키우기 위한 글로벌 콘텐츠 제공이었다.

〈표 2-2〉 아리랑TV 국내방송 개국당시 방송운영 현황(1997. 2월)

| 항목 | 내용 |
|---|---|
| 편성목표 | • 방한 및 체류 외국인에 대한 한국이미지 고양<br>• 세계화 전략의 실질적 추진기반 조성 |
| 편성 전략 | • 국내 체류 외국인 대상 프로그램을 균형있게 구성, 종합편성을 지향<br>- 한국과 한국인을 올바르게 이해시키는데 역점을 둠<br>• 내국인의 세계화에 기여할 수 있는 프로그램 편성<br>- 외국 프로그램을 통하여 내국인(시청자)의 국제감각 고취<br>• 목표 시청자의 시청형태 습관화 유도<br>- 목표 시청자의 시청형태를 고려, 주시청 시간대에 프로그램 집중 편성 |
| 방송 시간 | • 평일 12시간(06:00~12:00, 18:00~12:00) / 토, 일 18시간(06:00~24:00)<br>• 방송시간 변동 경과 : '97. 2월 12시간 → 4월 18시간 → 7월 19시간 → 9월 20시간 → 10월 21시간 → '98. 1월 19시간 → '98. 10월 18시간 → '01. 4월 20시간 → '06. 1월 24시간 방송체제 구축 |
| 방송 언어 | • 영어 주 언어로(더빙 또는 자막)로 일부 프로그램에 중국어 자막 및 한국어 더빙<br>• 일부 프로그램(뉴스 중심) 일본어 방송('98년 IMF 구조조정시 폐지) |
| 편성비율<br>(본방율 43%) | • 장르별 : 보도 26%, 교양 24%, 문화예술 43%, 교육 7%<br>• 제작원별 : 자체제작 23%, 국내구매 50%, 해외구매 15%, 외주제작 12% |
| 주요프로그램 | • 「Arirang News」,「World News」등의 보도프로그램<br>• 외국인들을 위한 각종 정보와 시사 프로그램 : 「Info Stop」,「In focus」 등<br>• 한국의 전통문화를 소개, 편성 「뷰티 인 코리아」,「이미지 인 코리아」등 |
| 프로그램 수급방식 | • 자체 제작(외주 포함) + 국내 구매 |
| 방송 프로그램교류 | • '97년 5월부터 AFKN에 아리랑 뉴스 및 프로그램 제공(매일 3~4개 Item)<br>• 아리랑TV 코너 설치 및 CNN에 아리랑뉴스 매주 제공<br>• '97년 11월부터 홍콩 A-TV에 'Korea This Week' 매주 제공 |

* 출처: 아리랑TV 내부자료(1999.2.5), 『아시아 시장으로의 성공적인 진입을 위한 Arirang 위성방송의 편성기본전략』. 저자가 재구성·정리함.

아리랑TV 국내방송 변화 과정을 구체적으로 살펴보면, 2001년 4월부터 아리랑TV는 방송 목적을 '국가홍보'에서 '내국인의 세계화 감각 함양'으로 확대하였다. 이는 국민 영어억량 세고[12]와 외국 위성채널의 무분별한 국내 유입에 대한 정책적 대응 차원이었다.

12) 2000년 5월, 문화관광부 지시로 영어전용채널 검토를 통해, 아리랑TV 국내방송을 국내 체류외국인은 물론 내국인까지 시청 대상으로 하는 영어전용채널로 확대 개편

이에 BBC, DW, ABC, CNA 등 해외 공영방송사와 협력하여 뉴스·시사·정보 프로그램을 블록 편성 방식으로 도입하였고, 자사 제작 문화·사회 프로그램과 병행했다. 이 시기 KBS 공급 콘텐츠는 축소[13]되고, 아리랑TV 독자 편성이 강화되었다.

2003년 12월, 국회방송이 '공공채널'로 지정되면서 방송위원회는 아리랑TV를 공공채널 대상에서 제외하고, 대신 향후 '공익채널'[14]로 지정해 SO·RO·위성방송에서 의무송신이 이뤄지도록 추진하기로 결정하였다. 당시 아리랑TV는 「방송법 시행령」상 의무전송 공공채널은 3개 이상으로 되어 있으므로[15], 공공채널 수를 3개에서 4개로 지정해 줄 것을 방송위원회에 요청하였으나 반영되지 않았다. 이후 방송위원회는 2003년 12월 국회방송을 추가 지정하는 대신, 아리랑TV를 공공채널에서 제외하기로 결정하였다. 이후 정부는 2004년 '공익성 채널 분야'라는 개념을 방송채널정책 운용방안에 반영하고, 2005년부터 공익채널 제도를 도입하였다. 이에 따라 2005년 아리랑TV는 '한국문화(영어)' 분야의 공익채널로 지정되었으나, 케이블TV 사업자(SO)가 분야별 1개 채널(당시 분야별 약 3개 내외 지정)을 자율적으로 선택해 송출하는 방식으로 제도가 운영되면서, 아리랑TV는 결과적으로 의무전송 대상에서 제외되는 구조가 형성되었다. 그 결과 아리랑TV의 케이블 송출 가구 수는 〈표 2-3〉에서 보이듯 절반 이하로 감소하였다.

---

13) 2002년 3월부터 KBS 프로그램 공급 완전 중단 (전체 구매프로그램 중 KBS 구매비율(연도별) : '97년 34.4%, '98년 48.4%, '99년 16.8%, '00년 16.6%, '01년 4.9%)

14) 공익채널은 「방송법」 제70조 제8항 및 같은 법 시행령 제56조의2에 따라, 공익성과 사회적 필요성을 고려해 방송통신위원회가 매년 선정·고시하는 방송채널로서, 유료방송사업자는 지정된 각 분야별로 1개 이상을 의무 송출해야 한다. 2025년 현재 지정 분야는 사회복지, 과학·문화진흥, 교육·지역의 3개이며, 이는 제도 도입 초기(2005년)의 10개 분야가 통합·조정된 결과이다 (2006년 8개, 2007년에 6개, 2009년 3개 분야로 축소). 2025년 기준 선정된 공익채널은 ▲사회복지: 육아방송·다문화TV·소상공인방송 ▲과학·문화진흥: 아리랑TV·사이언스TV·토마토클래식 ▲교육·지역: EBS 플러스1·EBS 플러스2·EBS 잉글리시 등 9개이며, 장애인복지채널로 복지TV가 인정되었다. (출처: 방송통신위원회 「공익채널 선정 및 장애인복지채널 인정에 관한 고시」, 2025. 2. 26 시행)

15) 방송법 시행령 제54조(공공채널, 종교채널 및 장애인복지채널의 운용) ① 종합유선방송사업자 및 일반위성방송사업자는 법 제70조제3항의 규정에 의하여 방송위원회가 인정하는 공공채널과 종교의 선교목적을 지닌 채널(이하 "종교채널"이라 한다)을 각각 3개 이상 두어야 한다.

〈표 2-3〉 아리랑TV 수신가구 변화 (2006~2008)

| 구분 | 2006년 | | 2007년 | | 2008년 | |
|---|---|---|---|---|---|---|
| | 전체수신가구 | 아리랑TV | 전체수신가구 | 아리랑TV | 전체수신가구 | 아리랑TV |
| 케이블TV | 14,168,941 | 11,186,500 | 14,764,187 | 10,696,229 | 14,764,187 | 3,803,779 |
| SkyLife | 2,000,000 | 1,900,000 | 2,000,000 | 1,800,000 | 2,000,000 | 1,940,347 |
| 합계 | **16,168,941** | **13,086,500** | **16,764,187** | **12,496,229** | **16,764,187** | **5,744,126** |

* 출처: 아리랑TV 내부자료(2009). 저자가 연도별 국내 유료방송 수신가구 통계 내용을 정리·보완함.

공익채널로의 전환에 따라 아리랑TV 국내방송의 편성 전략 또한 큰 변화를 맞았다. 공익채널 전환 이후, 외국 방송 콘텐츠의 블록 편성은 단계적으로 축소하다, 2007년부터 아리랑TV는 외국 방송 콘텐츠 블록 편성을 전면 폐지하고, 한국문화 중심 편성으로 전환하였다. 자체 제작 및 외주 제작 비중이 확대되었고, 한국의 문화·관광·사회 정보를 핵심 콘텐츠로 편성하였다.

한편, 국내방송은 아리랑TV 해외 위성방송과 병행되는 구조로 운영되었으며, 두 방송의 목표와 시청 대상이 상이함에도 불구하고 제작비 예산 및 제작 인력의 한계, 운영 효율성 제고를 위해 90% 이상 동일한 콘텐츠로 편성되는 이원적(dual-track) 유통모델을 채택하였다. 이는 콘텐츠 일관성을 유지했지만, 국내방송의 전략적 차별화를 어렵게 하였고, 해외방송 종속형 편성 구조를 고착화하였다.

2008년 이후 아리랑TV 국내방송은 공익채널 체제를 유지하면서도, 방송 송출가구수 정체와 시청률 하락이라는 구조적 제약 속에 운영되고 있다. 특히 케이블TV 의무송신 제외로 인한 송출 가구 수 감소는 장기적으로 시청자 접근성을 약화시켰다. 편성 측면에서는 해외방송과의 콘텐츠 공유 비율이 여전히 80~90% 수준으로 유지되고 있으며, 국내 시청자 맞춤형 편성은 제한적이다. 다만, 일부 시사·교양·문화 프로그램은 한국어 자막이나 더빙을 병행해 내국인 시청 편의성을 높이려는 시도가 이루어지고 있다.

최근(2020년대 이후)에는 유튜브, OTT 등 디지털 플랫폼을 활용해 국내 시청자 접근성을 보완하려는 노력이 병행되고 있으나, 실제 성과는 제한적이며, 국내 전용 콘텐츠 확보와 홍보 전략 부재가 여전히 과제로 남아 있다. 또한 방송통신 환경 변화에 따른 케이블 가입자 감소, 위성방송 시청률 정체 등 전통 송출 기반의 한계가 뚜렷해지고 있어, 디지털-위성-케이블 통합형 플랫폼 전략 마련이 필요하다.

## 〈자료〉 아리랑TV 방송채널 명 및 로고 설명

■ 방송채널(Arirang) 명

아리랑은 국내에서나 해외에서 남녀노소 모든 한국인들에게는 가장 동질성을 일깨워 주는 말로서 여러 종류의 노랫 자락으로 전해 내려왔다. 이 「아리랑」은 외국인들에게도 가장 잘 알려진 한국을 대표하는 단어 중의 하나이다. 「아리랑」의 뜻을 설명하자면「아리랑」은 한국인이 고난을 극복하고 아리랑 고개를 넘으면 이상향·고향·안식처가 있다고 생각 되어진 우리의 희망·소망을 상징하는 말이다.

아리랑은 우리 민족에게 가장 오래된 말이며, 부르기 쉽고 방송에서 음악·의미·회화적 로고(LOGO)를 일치시킬 수 있다. 또한 발음이 세계인들에게도 자연스럽고 매력적인 국제적 발음이다. 즉, 아리랑은 모음으로 시작하여 'R', 'L' 사운드로 끊기지 않고 연속되는 발음으로, 어느 나라에서도 쉽게 발음할 수 있다.

아리랑은 우리 선조들이 만들어낸 원초적 소리로서, 일종의 감탄사이기도 하다. 아리랑은 즐거울 때는 웃음으로, 슬플 때는 울음으로, 기백 있고 용기 있을 때는 기개로 표현되며, 모든 감정의 의미를 포용할 수 있는 언어이다. 일부에서는 아리랑 노래의 가사가 소극적이고 애처롭다고 하지만, 결코 그렇지 않다.

오히려 「아리랑」은 절묘하게 한국을 상징하는 이름이며(3박자 구조), 대한민국 국제방송 채널명으로서 최선의 선택(Best Choice) 이다. (이어령 초대 문화부장관. 「이어령 교수 특별강연」, 1996.10.1)

■ CIP 설명

1996. 12월 ~ 2005. 5월 | 개발업체 : 심팩트

아리랑의 심볼마크는 세계 각처에서 한국을 대표하고 있는 민족적 무늬인 태극을 디자인 모티프로 하여 민족정신(적색), 찬란한 전통문화(황색), 유구한 역사(녹색), 한국의 발전적인 미래(청색)를 상징화한 4태극이 널리 퍼져나가는 형태로 방송을 통한 우리 문화의 우수성 부각과 국제사회에 한국과 한국인의 올바른 이미지를 구축하는 아리랑TV의 목적을 형상화한 것임.

arirang

2005. 6월 ~ | 개발업체 : 디자인 파크

아리랑국제방송의 새로운 심볼 마크는 영문 'arirang'을 디자인한 워드마크이다.'아리랑'의 음감을 곡선 형태의 워드마크로 시각화한 공감각적 디자인으로 현재의 한국을 전 세계에 알리는 방송으로서 현대적, 문화적 세련감을 표현하였음.

아리랑TV New CI 선포식(2005.6.27)

아리랑TV 만이 가지고 있는 독특한 점(국내에서 유일하게 세계 공용어인 영어로 프로그램 제작, 방송)을 부각 시키고, 현대적이고 세련된 이미지 창출을 위해 CI 개편 추진

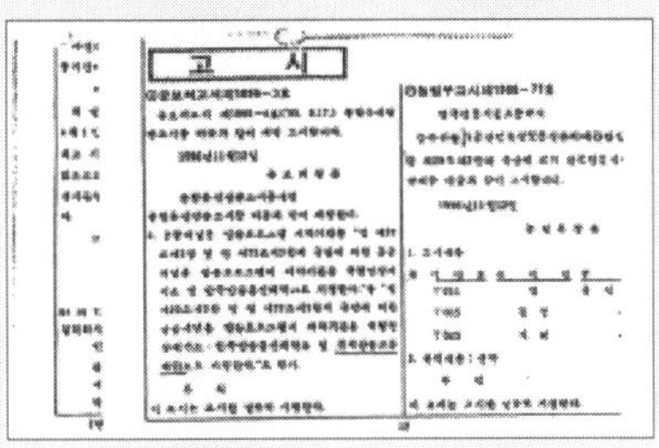

고 시

▲ 아리랑TV 국내방송 개국식(1997.2.3):: 대한민국 최초의 영이전용 국내방송이자 향후 국제방송으로 발전할 'Arirang' 체널의 출범을 알린 장면.

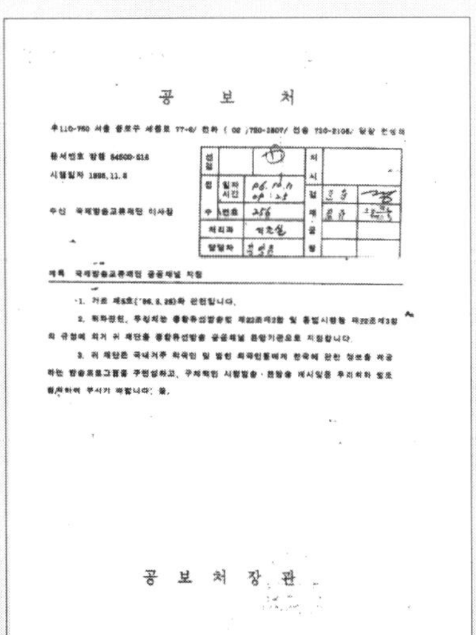

공 보 처

공 보 처 장 관

◀ 아리랑TV 국내방송 공공채널 지정 관련 공보처 공문(1996.11.8) 및 정부 고시(제1996-3호): 국내 체류 외국인과 방한 외국인에게 한국 관련 정보를 제공하는 케이블TV 의무전송 공공채널로 지정한 문서

### 3) 아시아 위성을 향해 쏜 첫 신호, 해외방송의 개국일기

아리랑TV는 국내 영어방송 개국과 동시에 설립 초기부터 해외 위성방송을 핵심축으로 하는 국제방송 전략을 병행 추진하였다. 당시 한국 사회는 냉전 종식 이후 급속한 세계화와 정보통신 혁명이라는 거대한 변화를 맞고 있었다. 1990년대 중반은 CNN, BBC World 등 글로벌 뉴스 채널이 국제여론 형성의 핵심 창구로 부상하던 시기였고, 아시아 각국도 국가 이미지를 해외에 확산하기 위한 방송 채널 구축에 나서고 있었다.

공보처는 1996년 2월 12일 대통령에게 보고한 「해외위성방송 '코리아 채널' 추진계획」에서, 국내 영어 케이블 방송을 1단계, 해외 위성방송 '코리아 채널'을 2단계로 설정한 이원 구조를 제시하였다. 이를 통해 아리랑TV를 국가홍보방송으로 육성하고, 세계 단위의 글로벌 채널로 확장하려는 전략적 청사진을 마련하였다.

국제방송교류재단은 설립과 동시에 글로벌 송출 기반 확보를 위한 사업을 본격화하였고, 이로써 아리랑TV는 대한민국의 독자적 국제방송 실험이라는 상징적 의미를 지니며 출범하게 되었다.

'코리아 채널'로 명명된 초기 해외 위성방송 사업은 1996년부터 본격 추진되었다. 당시 아시아 지역은 외환위기 전까지 고도성장과 개방 정책을 바탕으로 아시아 각국 간 정보·문화 교류가 활발히 확대되던 시기였다. 정부는 아시아, 미주, 유럽 등 세계 주요 3대 권역을 대상으로 두 차례 사업 설명회를 개최했고, 그 결과 아시아 3개사, 미주 9개사, 일본 3개사, 중국 1개사, 유럽 1개사 등 복수의 민간 사업자가 참여 의사를 밝혔다.

그러나 1997년 7월, 아시아 지역을 제외한 대부분의 신청 업체가 중도에 이탈했고, 남은 아시아 지역에서도 우선 협상대상자로 선정된 SISTV(대우, 금호텔레콤, 한국일보 등으로 구성된 그랜드 컨소시엄)가 IMF 경제위기 여파로 1998년 7월 사업을 포기하게 되었다. 이는 당시 외환위기가 단순한 국내 경제위기가 아니라 해외 문화·언론 진출 계획에도 직접적 타격을 준 대표 사례였다.

이에 정부는 권역별 지역사업자 중심에서 재단 주도의 직접 운영체제로 전환하였고, 같은 해 10월 22일 문화부는 「해외홍보방송 추진방향 및 정책적 지원계획」을 발표해 아리랑TV를 해외홍보방송의 공식 운영주체로 지정했다.

다음 〈표 2-4〉는 1998년 10월 문화부가 발표한 「해외홍보방송 추진방향 및 정책적 지원계획」의 주요 내용을 요약한 표이다. 아리랑TV를 해외홍보방송의 공식 운영주체로 지정하고, 아시아권 영어방송을 시작으로 유럽·미주권까지 단계적으로 확대하는 3단계 권역별 방송 전략, 초기 공익자금 지원을 통한 재원 조달 계획, 국내외 프로그램 공급·제휴 방안 등이 담겨 있다.

〈표 2-4〉 문화부, 해외홍보방송 추진방향 및 정책적 지원 계획 요약

- 운영주체 : 국제방송교류재단
- 사업추진전략
  - 방송권역 : 정치·외교·경제적으로 중요 지역인 아시아권부터 시작, 권역별로 단계적 확대
    → 1단계 : 아시아권 영어방송('99년 하반기)
    → 2단계 : 유럽권 영어방송 및 아시아권 중국어방송(2000년)
    → 3단계 : 미주권을 포함한 기타 권역(2001년 이후)
  - 예산 및 재원조달 : 공익자금 지원(사업초기)
    → 무료방송 원칙, 가능한 수입원 별도 검토, 국내외 광고유치로 운영비 일부 보존
  - 본방송 개시 시기 : '99. 8월
- 정책적 지원계획
  - 예산지원 : 공익자금 30억 원
    → 사업개시 5년 후 자립을 목표로 연차적으로 공익자금 지원 비율 줄이고, 광고 등 자체재원 확충방안 마련
  - 국제방송교류재단을 중심으로 KBS라디오 국제방송 및 일부 케이블TV 공공채널 통합운영 추진 검토
  - K-TV 프로그램 수급 지원 및 KBS, MBC 프로그램의 무상 또는 염가 제공방안 협의 추진

* 출처: 문화관광부(98.10.22), 『방송 84600-30호』, 「해외홍보방송 추진방향 및 정책적 지원계획 통보」 공문. 저자가 요약·정리함

1년여의 준비 끝에 1999년 6월 7일, 아리랑TV는 하루 평균 6시간 규모의 시험방송을 시작하며 해외위성방송 개국을 위한 기술적·편성적 검증 단계에 들어갔다. 이어 같은 해 8월 12일 오후 5시, AsiaSat 3S(C-Band) 위성을 통해 아시아·태평양 전역을 대상으로 하는 'World 1' 채널을 공식 개국하였다.

방송 권역은 아시아와 오세아니아 전역을 비롯해 동유럽, 북동부 아프리카 등 약 60개국에 이르렀으며, 이는 단순한 방송 개시가 아니라 대한민국이 자국의 목소리로 세계와 직접 소통하기 시작한 첫 국제방송 실험이자, 국가브랜드 전략의 실질적 출발점이라는

상징적 의미를 지닌다.

아리랑TV가 해외위성방송 개국을 준비하던 시기, 한국은 '국민의 정부' 출범 이후 문화산업을 전략 산업으로 육성하며, 국제무대에서의 발언권 강화를 위한 문화·정보 채널 확보를 국가적 과제로 삼고 있었다. 그러나 개국을 앞둔 1999년 1월, 「방송개혁위원회」(위원장: 강원용)가 설치되어 대외방송 체계 전반의 개편을 논의하면서, KBS 사회교육방송·국제방송·아리랑TV를 통합하여 '국책방송'을 설립하는 방안이 추진되었다. 이 과정에서 아리랑TV는 초기 단계에서 방송개혁위 실행위 결정으로 재단 해산 및 기능 흡수 위기에 직면했으나, 최종적으로 방송개혁위원회가 국책방송 설립의 필요성을 공식 결정하면서 아리랑TV를 그 주체로 포함하는 방향으로 정리되었다. 결국 해당 계획은 예산 문제와 KBS의 반대 등으로 실제 실행에는 이르지 못했지만, 아리랑TV는 이 논의를 계기로 '국가 주도형 국제방송'의 정책적 정체성을 확립하게 되었으며, 이후 위성방송 개국을 통해 그 비전을 실질적으로 구현하기 시작했다.

같은 해 1999년, 아리랑TV는 아시아위성(AsiaSat-3S)을 통해 아시아 권역을 대상으로 한 영어기반 해외위성방송 시대를 열었다. 이는 영어를 모국어로 사용하지 않는 국가로서는 이례적인 선택이었으며, 개국 초기부터 다국적 시청자를 직접 대상으로 삼은 점에서 국제방송 운영의 새로운 모델로 주목받았다. 대부분의 국제방송이 자국어 채널을 먼저 송출한 뒤 영어 채널을 보완적으로 운영한 것과 달리, 아리랑TV는 해외 송출 단계에서도 영어 단일 채널 체제를 유지하며 한국의 문화·정책 메시지를 세계 표준 언어로 방송하였다.

이후 아리랑TV는 방송 범위를 아시아에서 유럽, 중동, 아프리카, 미주로 확장하는 '세계방송 체제 구축' 전략을 수립하고 단계적으로 추진하였다. 2000년 9월 26일, 기존 아·태 지역에 한정되었던 방송권역을 유럽과 미주 전역으로 확대했으며, 당시 해외 지상파 프로그램의 지역별 판권 제한으로 인해 미주권 전용 'World 2' 채널을 별도로 개국하였다.

당시 아리랑TV의 세계방송 전략은 단순히 송출 범위를 확대하는 데 그치지 않고, 한국이 주도적으로 자국의 문화와 가치, 정책 정보를 세계에 전달할 수 있는 독립적 국제 미방송을 구축했다는 점에서 전략적 전환점으로 평가된다. 특히 아리랑TV는 위성망, 지역

케이블망, IPTV 등을 유기적으로 연계함으로써 해외 시청자 접근성을 극대화하였고, 권역별 시차와 문화적 수용도를 반영한 맞춤형 편성 전략을 통해 지역 특화형 글로벌 방송 체계를 구축하였다. 이는 단순한 국제 홍보를 넘어, 글로벌 여론 형성과 문화외교의 실질적 매개체로서의 기능을 수행하기 위한 방송 전략의 진화를 상징한다.

세계방송으로의 확장은 한국 공공외교 정책의 본격적인 전환을 촉발한 계기로 작용하였다. 이와 함께 아리랑TV는 방송 콘텐츠의 다언어화 전략(중국어, 스페인어 등)을 중장기 과제로 설정하고 단계적 도입 가능성을 모색하였다. 결과적으로 아리랑TV는 단순한 '위성방송 개시' 수준을 넘어, '전 세계 방송체제 구축'이라는 중장기 전략적 비전을 실현하는 대한민국대표 국제방송으로 발전하게 되었다.

2004년에는 AsiaSat3S 위성 임차 종료 이후 PanAmSat 2·10 위성으로 교체해 아프리카 지역까지 방송권역을 확대하여, 전 지구적 위성방송망 구축을 완료하였다. 같은 해 8월 20일에는 이라크 자이툰 부대 파병을 계기로 아랍권 대상 아랍어 채널을 개국했다. 이는 파병에 따른 반한 감정을 완화하고, 현지 주민과의 친밀감을 높이며, 파병군의 안전 확보에 기여하려는 전략적 목적이 있었다. 당시 아랍권 방송 경쟁 환경은 중국의 CCTV9, 미국의 Al Hurra, 독일의 DW-TV Arabic 등 세계 주요국이 이미 진출한 상태였다. 아리랑 아랍 채널은 기존 World 채널 내에 1일 본방 2시간, 재방 4시간 규모의 블록 방송 형식으로 편성되었으며, 이는 아리랑TV가 글로벌 다언어 채널로서 위상을 강화하는 계기가 되었다. 이로써 아리랑TV는 영어 중심 국제방송 체제를 넘어, '다문화·다언어·다권역' 전략을 본격적으로 실행에 옮기는 발판을 마련하였다..

2006년 1월 2일, 기존 World 1과 World 2 채널을 하나의 해외통합 채널(World)로 재편하였다. 이는 지상파의 프로그램 판매 거부로 미주 판권 문제에 대응해 개국했던 World 2 채널의 유지 필요성이 사라지고, 두 채널 편성의 98% 이상이 중복되어 운영 효율성을 높일 필요가 있었기 때문이다.

다음 〈표 2-5〉은 2006년 1월 1일 기준 아리랑TV 해외방송 현황을 정리한 표이다. World 채널과 Arab 채널의 개국 시점, 방송 권역, 사용 언어 및 자막 서비스, 방송 시간, 사용 위성·신호 등의 주요 운영 정보를 제시하고 있다. 특히 2004년 아랍어 채널 개국과 2006년 World 1·2 채널 통합 이후의 운영 체제를 반영하고 있다.

〈표 2-5〉 아리랑TV 해외방송 현황(2006년 1월 1일 현재)

| 구 분 | World | Arab |
|---|---|---|
| 개국 | 1999.8.12 (World 1) / 2000.9.26 (World 2)<br>⇒ 20216.1월 World로 통합 | 2004. 8. 20 |
| 방송 권역 | 아시아, 유럽, 미주전역, 오세아니아, 아프리카 | 아랍권역 |
| 사용 언어 | 주 언어 : 영어(더빙, 자막)<br>부 언어(자막, 2008년부터 개시) : 중국어, 스페인어, 러시아어, 베트남어, 인니어, 아랍어<br>보조언어(더빙) : 한국어 | |
| 방송 시간 | 1일 24시간 | 1일 24시간 |
| 사용 위성 | IntlSat(舊PanAmSat)2, 8, 9, 10 /<br>Hotbird3 / Astra 1KR | AsiaSat3S<br>ArabSat2D |
| 사용 신호 | PAL | PAL |
| 방송 권역 | 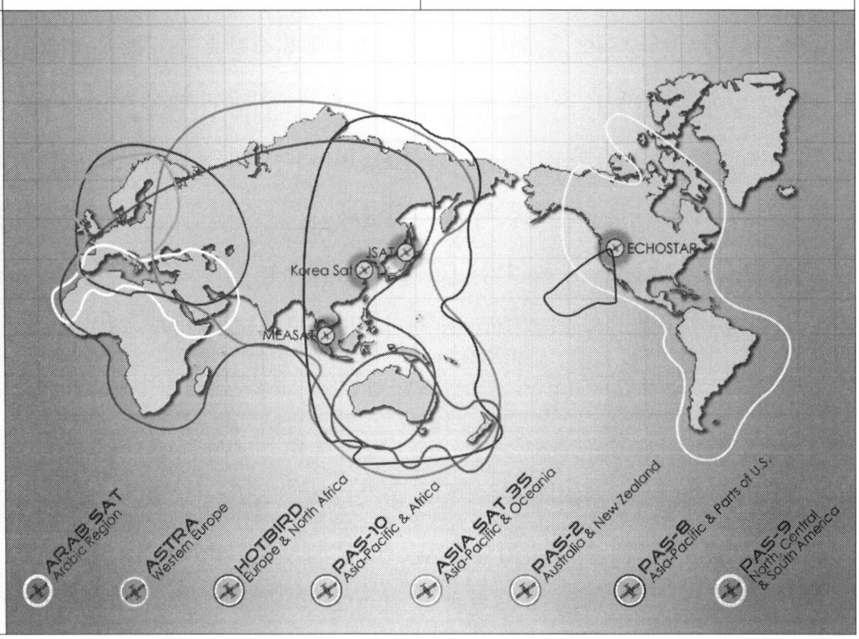 | |



* 출처: 국제방송교류재단(2006), 『2006년도 국정감사 업무보고』

2015년 7월에는 뉴욕 UN 본부 전용 송출망을 통해 ‘Arirang UN’ 채널을 개국하였다. 이를 통해 전 세계 외교관과 국제기구 인사들을 대상으로 한국의 정책과 문화를 균형 있게 전달하는 글로벌 공공외교 채널로 확장했으며, 이는 다자외교 환경에서 미디어가 정책 외교의 핵심 도구로 부상하던 국제 흐름과 맞물린 결정이었다.

해외방송 편성 전략은 지역별 시차, 문화적 수용도, 시청 환경 등을 고려한 차별화된 콘텐츠 구성, 반복 편성 체계, 뉴스·시사·문화 중심의 인포테인먼트(Infotainment) 강화로 요약된다. 이를 통해 아리랑TV는 단순한 해외 송출을 넘어, 국가 이미지 제고 및 외국인의 한국 이해 증진이라는 공공외교 목적을 구체적으로 실현하고자 하였다.

아리랑TV 해외방송은 단순한 홍보를 넘어 재외동포 유대 강화, 외교정책 지원, 한국산 제품 및 브랜드 인지도 제고 등 다층적 효과를 창출했다. 일본 외무성 국제방송 인지도 조사에서 세계 7위에 오르며 대표 국제채널로서의 위상을 입증했고, 최성배 외(2020)는 국제방송 아리랑TV의 시청 목적이 한국에 대한 정보와 문화를 알고 간접적 경험을 하기 위함이며, 이를 달성하기 위한 통로로 아리랑TV가 선택된다고 분석하였다. 황갑신(2023)은 아리랑TV 음악 프로그램 「I'm LIVE」의 유튜브 채널을 분석한 결과, 2022년 8월 기준 전 세계 96개국 이상에서 시청이 이루어지고 있음을 확인하였다. 그는 이를 통해 「I'm LIVE」가 국내를 넘어 글로벌 시청자층과 팬덤을 형성하고 있다고 평가하였다. 이러한 다국가 시청 분포는 아리랑TV 콘텐츠가 디지털 환경에서 국제방송으로서의 확산 가능성을 보여주는 사례로 해석된다.

아리랑TV는 이러한 상징적 정체성을 바탕으로 국가브랜드 형성에도 기여하였다. 김명중(2002)은 아리랑TV를 한국 정보의 '포털'로 규정하며 시청과 한국 이미지 간의 상관관계를 제시하였고, 이진로(2014)는 아리랑TV 시청이 국가이미지 제고와 관광·제품 구매 등 국익으로 이어지는 선순환 효과를 확인하였다. 이는 아리랑TV의 이미지가 곧 한국의 이미지로 치환되며, 채널 운영이 국가브랜드 전략의 중요한 축임을 보여준다.

최성배 외(2020) 또한 국제방송 채널 브랜드의 진정성이 시청자 충성도와 국가브랜드 제고에 직접적인 영향을 미친다고 실증하였다. 이러한 논의를 종합하면, 아리랑TV는 국가이미지와 국가브랜드 형성에 기여하는 전략적 미디어임을 알 수 있다. 〈그림 2-1〉은 이러한 관계를 시각적으로 도식화한 것이다.

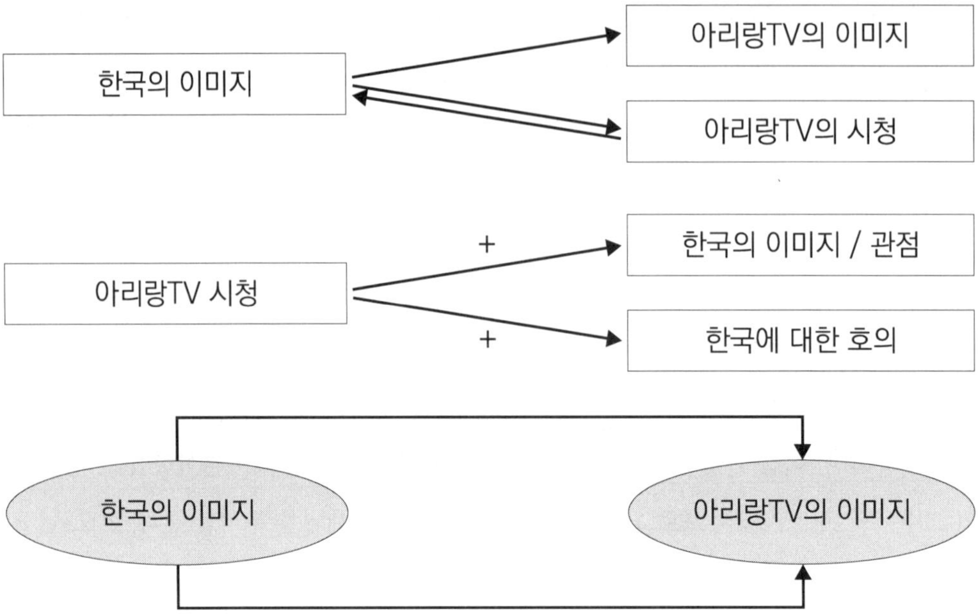


〈그림 2-1〉 한국의 이미지와 아리랑TV의 관계

* 출처 : 김명중(2002), 『아리랑TV, 국가홍보방송의 위상과 발전방안』, 〈국가홍보방송의 제도적 활성화를 위한 공청회〉 발제문, 국회의원 정범구 의원실, 15쪽.

이러한 성과는 아리랑TV가 전통적 위성방송을 넘어 디지털 플랫폼까지 아우르는 복합적 매체로 자리매김하고 있음을 보여주며, 국제방송의 다층적 가치와 미래적 확장 가능성을 입증하는 사례라 할 수 있다.

아리랑TV가 2024년 국정감사 업무보고자료에서 밝힌 바에 따르면, 2024년 말 기준 전 세계 107개국 1억 4천6백만 수신 가능 가구를 확보했으며, 59개국 99개 방송사와 교류 협정을 체결하였다. 특히 아시아, 북미, 유럽, 중동, 아프리카, 오세아니아 등 주요 권역에 전용 위성을 배치하여 세계 각지의 재외동포와 현지 시청자들에게 안정적인 방송 서비스를 제공해왔다.

그러나 법적 위상 불명확, 재정 지원 체계 불안정, KBS World와의 기능적 중첩 문제 등 구조적 한계도 여전히 존재했다. 그럼에도 아리랑TV의 해외방송 전략은 1990년대 말부터 이어진 정부의 문화·공공외교 기조와 연동되어, 문화 주권 실현과 국가브랜드 경쟁력 강화의 핵심 수단으로 자리매김했다.

## <자료> 아리랑TV 해외위성방송 개국 치사

### 致　　辭

황규환 사장을 비롯한 아리랑TV 임직원 여러분, 이 자리에 함께 하신 내빈 여러분,

오늘, 우리 방송사상 처음으로 우리 한국을 세계에 알리는 본격적인 해외위성방송을 시작하게 된 것을 매우 기쁘게 생각합니다.

어려운 여건 속에서도 「아리랑TV 해외방송」이 개국하기까지 온 정성을 쏟아오신 관계자 여러분의 노고에 격려와 감사의 말씀을 드립니다.

특히 최첨단 디지털 방송을 차질없이 준비하고, 개국 전에 이미 아시아·오세아니아 지역의 2백만에 이르는 시청자를 확보한 그 열성을 높이 평가하는 바입니다.

우리는 방금 위성을 통해 「아리랑TV 해외방송」의 첫 전파를 세계인에게 내보냈습니다.

문화의 세기이자 지식 정보화의 시대인 새로운 밀레니엄에 이 위성방송은 세계와 더불어 살아가려는 우리의 의지를 그대로 나타내주고 있습니다.

세계화를 향한 지구촌 건설의 노력이 이 「아리랑TV」를 통해서도 더욱 확대되기를 기대합니다.

이번 아리랑TV의 위성방송은 우리 나라에 있는 외국인은 물론, 아태지역의 국민들에게 한국을 알리는 문화 외교채널로서 커다란 역할을 해주리라고 믿습니다.

해외에 살고있는 우리 동포들에게도 반가운 소식을 전하고 민족의 정체성을 북돋을 수 있는 좋은 수단이 될 것이라고 생각합니다.

외국인 시청자들은 아리랑TV의 유익한 여러 프로그램을 통해 우리의 삶의 모습과 문화, 또 우리 기업과 생산제품을 접하면서 한국에 대해 보다 친밀감을 갖게 되고 이해의 폭도 더욱 넓혀가게 될 것을 믿습니다.

앞으로 관계자 여러분 모두는 아리랑 위성방송이 우리 한국의 이미지를 세계에 전하는 메신저라는 사명과 자부심을 갖고, 모든 정성을 다해 노력해 주실 것을 부탁드립니다.

특히 아시아 지역에 대한 북한의 위성방송이 곧 개시되는 점을 고려하여, 아리랑 방송이 한국의 진면목을 바르게 알리는데도 열 과 성을 기울여 주시기를 당부합니다.

또한, 머지않아 미주·유럽 등 전세계 구석구석에서 우리 아리랑TV를 볼 수 있도록 하는 데에도 힘써 주시기를 바랍니다.

우리 국민도 아리랑TV가 한국의 얼굴로서 「세계인의 사랑받는 방송」으로 발전해 나길 수 있도록 큰 성원과 사랑을 보내 주시기를 부탁 드립니다.

아무쪼록 오늘 역사적인 개국을 맞은 아리랑TV 해외방송의 앞날에 무궁한 발전이 있기를 기원하면서 여러분 모두의 건승을 희원합니다. 감사합니다.

1999. 8. 12.　　국무총리 김종필

아리랑TV 해외위성방송 개국식(1999.8.12): 대한민국 최초의 TV 국제방송으로,
아시아·오세아니아 등 60여 개국 송출을 시작한 역사적 개국 장면.

아리랑TV 세계방송 개시 기념식(2000. 9. 26): World 1 채널권역을 아·태에서 유럽·북동부 아프리카로 확대하고,
미주 권역 대상 World 2 채널을 신설하여 글로벌 커버리지 체제를 완성

### 4) 정치 대신 문화로 말하다, 아리랑의 콘텐츠 철학

아리랑TV는 국제방송 분야의 후발 주자임에도 불구하고, 출범 단계부터 기존 채널들과는 다른 길을 선택하였다. 개국 초기부터 정치적 논쟁을 의도적으로 배제하고, '비정치·문화 중심 채널'이라는 정체성을 전면에 내세운 것이다. 이는 BBC World, DW 등 세계 주요 국제방송과 비교할 때 아리랑TV만의 고유성과 전략적 색깔을 드러내는 대표적인 차별점이었다 특히 아리랑TV는 영어를 모국어로 사용하지 않는 국가 가운데 최초로 영어 국제위성방송을 개국하였으며, '문화 중심 콘텐츠 전략'과 '민간재단 운영'이라는 두 가지 요소를 결합한 당시로는 세계적으로도 이례적인 모델을 구축하였다. 단순한 후발주자가 아니라, 국제방송의 새로운 방향성을 제시한 실험적이자 선도적인 사례로 평가할 수 있는 이유이다.

〈표 2-6〉에서도 확인되듯, 아리랑TV는 출범 당시 민법상 재단법인 형태로 설립되었다. 이는 장기적 제도 설계의 결과라기보다, 당시 정치 환경과 제도적 제약 속에서 불가피하게 선택된 형태였다. 당시 야당이던 새정치국민회의는 국영방송 신설에 강력히 반대하고 있었기 때문에, 특별법 제정이나 국가 직영 체제는 현실적으로 추진이 어려웠다. 이에 따라 정부는 국제방송 개국의 시급성을 감안하여, 법적 절차가 간단하고 신속한 설립이 가능한 민법상 재단법인 방식을 '임시적 운영 틀'로 채택하였다.

이 구조는 이후 제도적 한계와 재정적 제약이라는 과제를 남기는 동시에, 일정 수준의 독립성과 유연성을 확보하는 기반이 되었다. 정부의 지속적 재정 지원이 불확실한 상황에서, 아리랑TV는 저비용 운영체계, 문화 중심 콘텐츠, 그리고 중립적 정체성을 결합하여 국제방송 시장 내에서 '정치적 중립성'과 '문화적 신뢰성'을 중시하는 글로벌 흐름과 보조를 맞췄다. 이러한 특성은 아리랑TV를 단순한 국가홍보 채널이 아닌, 신뢰 가능한 문화교류형 국제방송으로 인식하게 만드는 요인이 되었다.

〈표 2-6〉 세계 주요 국제방송과 아리랑TV의 차별성

| 구분 | 아리랑TV | NHK World | CGTN (구 CCTV-9) | RT | France 24 |
|---|---|---|---|---|---|
| 개국 시점 | 1997(국내방송), 1999(해외위성방송) | 1995(일본어), 2009(영어 국제방송 본격화) | 2000년 | 2005년 | 2006년 |
| 초기 언어 | 영어 | 일본어 중심 → 영어 전환 | 영어 | 영어 | 프랑스어 + 영어 동시방송 |
| 편성 철학 | 비정치·문화 중심, 실용적 공공외교 | 중립 보도 + 문화 중심 | 국가 중심 내러티브 강조 | 정치 중심 국제 뉴스 | 이념 중립, 글로벌 뉴스 중심 |
| 운영 구조 | 민법상 재단법인 (정부 위탁, 해외홍보운영 채널) | 공영방송(NHK), 시청자 부담금 | 중국 국무원 산하 직속 | 러시아 정부 직속 미디어 그룹 운영 | 프랑스 정부 소유, France Médias Monde 산하 자율 편성 |

* 출처: 각 방송사 홈페이지 및 공식 발표자료를 토대로 저자가 재구성함.

아리랑TV 해외방송의 편성 운영은 단순히 프로그램을 배치하는 차원을 넘어섰다. 핵심에는 "무엇을, 누구에게, 어떻게 전달할 것인가"라는 질문이 있었다. 개국 초기부터 아리랑TV는 권역별 시차와 생활 패턴, 그리고 문화적 수용성을 종합적으로 분석하여 시차 편성, 반복 편성, 띠 편성 등 다양한 전략을 도입했다. 이를 통해 아시아, 유럽, 미주 등 주요 대륙의 프라임 타임에 뉴스, 시사, 문화·오락 프로그램을 집중적으로 배치하며, 다국적 시청자들이 보다 쉽게 접근하고 몰입할 수 있는 환경을 조성했다. 이러한 노력은 단순한 송출이 아니라 시청자를 중심에 둔 '공공외교형 미디어 편성'을 구현하려는 시도의 일환이었다.

아리랑TV의 뉴스 편성은 국제사회 속에서 한국이 어떤 위치에 서 있는지를 반영하는 동시에, 시사성과 공정성을 균형 있게 담아내는 것을 지향했다. 주중에는 「Biz Today」와 같은 경제·산업 전문 프로그램을 배치해 한국의 산업 구조와 경제 동향을 알렸고, 주말에는 뉴스 매거진 형태의 심층 시사 콘텐츠를 통해 주요 이슈를 깊이 있게 다뤘다. 이와 함께 「Let's Speak Korean」, 「The Culture Avenue」, 「In Style」, 「Company Close-Up」 같은 프로그램을 통해 한국어 학습, 문화예술, 산업 트렌드 등 다양한 생활문화 코드를 전 세계 시청자에게 자연스럽게 전달했다. 이러한 뉴스와 문화의 병행 전략은 단순히

정보를 제공하는 차원을 넘어, 한국 사회와 문화를 이해할 수 있는 문맥을 함께 제시했다.

언어 전략 역시 중요한 축이었다. 아리랑TV는 영어를 기본 방송 언어로 하되, 다양한 언어권 시청자의 접근성을 높이기 위해 다국어 자막 서비스를 병행하였다. 이러한 언어 전략을 기술적으로 뒷받침하기 위해 2008년에 다언어 자막 서비스 시스템(DVB-Subtitle)[16]을 본격 도입하였다. 기존의 화면 내 자막 삽입 방식은 기술적으로 다언어 처리가 가능하지만, 시각적 가독성과 화면 공간 제약으로 인해 통상 2개 언어 이내로 제한되는 한계를 지니고 있는 반면, 이 시스템은 영상 및 음성 신호에 복수의 자막 데이터를 부가하여 송출함으로써, 언어 수의 제한 없이 수신자(SO 사업자 또는 시청자)가 원하는 언어를 직접 선택할 수 있는 구조를 구현하였다. 이를 통해 중국어, 스페인어, 러시아어, 베트남어, 인도네시아어, 아랍어 등 다양한 언어권 시청자가 각자의 언어로 아리랑TV 콘텐츠를 시청할 수 있게 되었고, 이는 글로벌 시청자 접근성을 획기적으로 개선한 사례로 평가된다. 나아가 이러한 기술적 혁신은 단순한 자막 확장을 넘어, '이해 가능한 한국(Understandable Korea)'을 구현하기 위한 문화외교 전략의 실질적 실행 기반이 되었다.

특히 2000년대 중반 이후 아리랑TV는 '문화+정보 중심 채널'로서의 정체성을 강화하며, K-콘텐츠 산업, 한국의 사회 발전상, 민주주의 경험 등 복합적인 국가 정체성을 균형 있게 다루었다. 이를 통해 '이해 가능한 한국(Understandable Korea)'이라는 실용주의 문화외교 전략을 구현해 갔다.

아리랑TV의 편성전략은 제한된 재원 속에서 효율성을 극대화하는 방향으로 설계되었다. 반복편성, 권역별 시차 편성, 문화 중심 띠 편성은 단순한 비용 절감을 넘어, 글로벌 방송환경에서 시청자 접근성과 콘텐츠 노출 빈도를 높이는 효과를 가져왔다.

이러한 전략적 판단은 〈표 2-7〉에서 나타나듯, 개국 초기 편성 과정에서 권역별 시차, 마케팅 결과, 현지 방송환경, 정치·종교적 민감성 회피 등 다양한 요소를 종합적으로 고려한 결과였다. 특히 당시 국내방송과 달리, 해외방송 편성은 정기 개편보다 채널 진입률과 시청자 접근성을 최우선으로 두었다.

---

16) 다국어자막서비스시스템: 기존의 자막 방식이 화면 내 자막 삽입 방식으로 최대 2개 언어까지만 제공 가능한 데 비해, 아리랑TV의 다언어 자막 서비스는 영상 및 음성 신호에 복수의 자막 데이터 신호를 부가하여 송출하는 시스템으로, 수신자(SO 사업자 또는 시청자)가 원하는 언어를 선택할 수 있고 언어 수에 제한 없이 자막을 제공할 수 있다는 점에서 전 세계를 방송권역으로 하는 위성방송에 매우 유용한 시스템이다.

〈표 2-7〉 아리랑TV 해외방송 편성의 특수성 및 고려요인

| |
|---|
| ■ 마케팅 전략에 근거한 편성전략 수립<br>- 주요지역 마케팅 결과 반영, 편성 스케쥴 작성<br>- SB 시간대 현지 공유에 따라 정시 운행<br><br>■ 주요 권역별 시차를 감안한 시차편성<br>- 주요 지역별 '권역 편성', '시차편성', '반복편성' 실시<br>- 지역별 Summer Time 등 시차를 감안<br><br>■ 정기개편에 대한 인식의 전환<br>- 국내방송의 개편(생활시간대, 스포츠시즌)은 무의미<br>- 채널진입 및 수급요인을 감안하여 부분적으로 조정<br><br>■ 공격적 편성보다는 '방어적 편성'<br>- 현지 방송상황의 다양성을 감안, 경쟁적 편성보다는 띠 편성, 구획편성 등 방어적 편성 실시<br>- 다채널, 저 관여, 노출 부족 등을 감안하여 정시 편성 실시<br><br>■ 편성 · 제작시 유의사항<br>- 정치적, 종교적으로 민감한 내용 지양<br>- 계절성, 시의성을 상대적으로 완화(국내 대비)<br><br>■ 방송권역의 광역성에 대비한 프로그램 수급전략<br>- 프로그램 수급전략 마련(언어별 방영권, 비독점 방영권, 수출지원 등)<br>- 단순구매보다는 전략적 제휴방안(재제작물 권리 이양, 시간대 임대)을 모색 |

* 출처: 아리랑TV 내부자료.(1999), 『Arirang 위성방송의 편성기본전략(안)』을 토대로 저자가 재구성함.

아리랑TV는 2007년 중장기 종합편성전략을 수립하며, 자사의 방송 정체성과 권역별 목표를 시각적으로 구체화한 채널 포지셔닝 모델을 제시하였다.

〈그림 2-2〉는 아리랑TV가 당시 설정한 전략적 좌표를 보여준다. 세로축은 정보(Information)–오락(Entertainment)의 장르 스펙트럼을, 가로축은 로컬(Local)–국제(International)의 콘텐츠 지향성을 나타낸다. 이 구조에서 아리랑TV는 해외 보도·교양 채널(CNN, Discovery 등)과 해외 오락 채널(STAR TV 등) 사이의 중간 지점에 위치하며, '국제 정보+문화 오락'을 결합한 형태로 포지셔닝되었다.

또한, 시청 타깃을 1차적으로 해외 오피니언 리더와 한국 관련 관심층, 2차적으로 한류 팬으로 구분하고, 주력 장르를 1차적으로 한국 정보, 2차적으로 드라마·가요·트렌드

정보로 설정했다. 이 포지셔닝은 단순한 이미지 표방이 아니라, "무엇을, 누구에게, 어떻게 전달할 것인가"라는 편성·메시지 전략의 기본 설계도를 시각화한 것이었다.

특히 주목할 점은, 아리랑TV가 초기(1990년대 후반)에는 엔터테인먼트 중심의 '문화 친화형 채널'로 출발했다가, 2007년을 기점으로 정보·교양 중심 축으로 이동하며 '정책·지식 기반 채널'로 재편된 전환점을 맞았다는 점이다.

이후 최근에는 다시 K-콘텐츠와 한류문화 중심의 프로그램이 강화되며, 편성의 무게 중심이 점차 문화·예술 영역으로 복귀하고 있다. 이러한 변화는 2024년 문화체육관광부의 「디지털 대전환 시대, 해외홍보 추진계획(2024~2027)」에서 제시된 '문화기반 홍보 확대' 기조와도 일맥상통한다.

따라서 이 도식은 과거 편성전략의 기준선을 이해하는 동시에, 데이터 기반의 글로벌 시청자 분석을 토대로 정책과 문화의 균형적 재포지셔닝 방향을 제시하는 자료로서 의미가 있다.

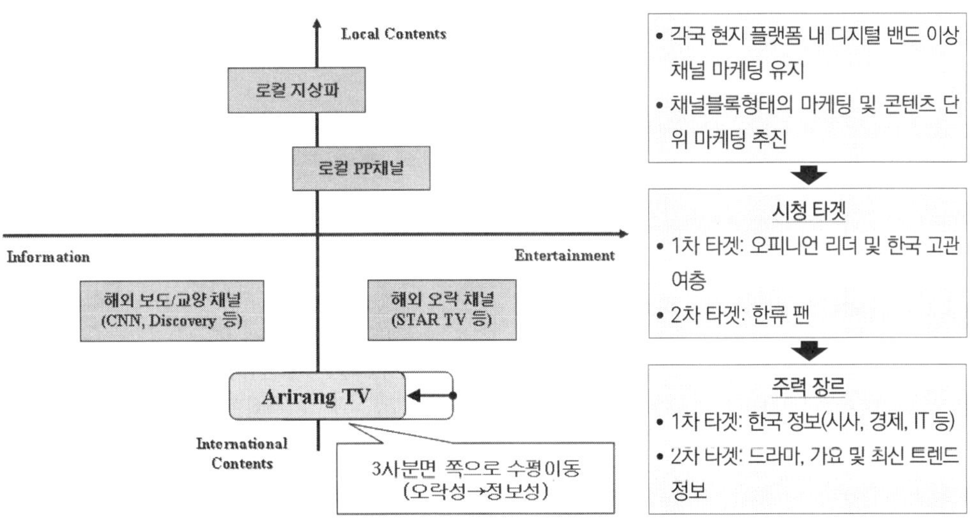


〈그림 2-2〉 ArirangTV World 채널 포지셔닝

* 출처: 아리랑TV 내부자료(2006.12.15), 『ArirangTV 중장기 편성전략과 2007년 기본편성(안)』, 22쪽.

〈그림 2-2〉가 아리랑TV의 전략적 좌표와 장르·권역별 포지셔닝을 시각적으로 보여준다면, 〈표 2-8〉은 이를 시기별 편성 전략 변화로 구체화한 자료다.

1999년 개국 당시 아리랑TV는 '찾아보는 채널'을 지향하며, 한국 관련 정보와 오락을 결합한 'Infortainment' 채널로 자리매김하고자 했다. 편성의 초점은 국가 이미지 제고, 재외동포·한국 관심층 대상 정보 제공, 국제친선과 문화관광 진흥 등 비교적 전통적인 국제방송 목표에 맞춰져 있었다.

그러나 2007년 중장기 종합편성전략 수립 이후에는 편성의 성격에서 변화가 두드러졌다. 기존의 24시간 송출 체제를 유지하면서, 국가정책·외교지원 프로그램의 비중이 상시적으로 확대되었고, 다국어 자막을 통한 시청권 확대가 본격화되었다. 장르별 편성에서도 뉴스·시사·문화예술 비중이 높아지고, 오락 중심에서 정보·문화 중심으로 무게가 이동했다. 또한 외주·자체 제작 비중이 늘어나며 제작 자율성도 강화되었다.

이러한 변화는 〈그림 2-2〉에서 제시된 전략 좌표를 기반으로, 정책적 필요와 방송환경 변화에 맞춘 편성 구조의 진화를 보여준다. 다음 〈표 2-8〉은 1999년 개국 시점과 2007년 전략 전환 이후의 편성 목표·전략·비율 변화를 항목별로 비교한 것이다.

〈표 2-8〉 아리랑TV 해외방송 편성전략의 시기별 비교 (1999년 개국 vs 2007년 중장기전략)

| 항목 | 1999년 해외위성방송 개국 | 2007년 중장기 종합편성전략 발표 |
|---|---|---|
| 편성목표 | 시청자가 '찾아보는' 채널로의 Positioning<br>('Korea's Essence Channel' | 대한민국 정보·오락(Infortainment)채널 |
| 편성 전략 | 국가 이미지 및 경쟁력 제고 목표<br>채널 커버리지 내 소외 시청권의 최소화<br>외동포 및 한국 관심층에 대한 배려<br>한국관련 뉴스의 소스 창구 역할의 수행 | 한국 문화관광 중흥기 및 한국문화 세계화 촉진<br>국제친선 방송 공익성 강화<br>신 성장시대 수출산업 진흥<br>국가정책 및 외교지원 특별편성 체제 연중 상시화 |
| 편성 방식 | 반복편성, 띠편성, 시차편성 중심<br>주력 장르 편성 밴드화 구축 | 띠(Stripe) 편성 방식 + 15분 단위 운행 패턴 |
| 방송 시간 | 24시간 종일 방송 (주 168시간) / 지역별 시차 고려해 1~4권역 편성(대만·홍콩·중국·필리핀이 기준권역) | 24시간 방송체계 구축 / World 채널 통합 및 다채널 운영 기반 확보 |
| 방송 언어 | 영어를 주 언어로(더빙 또는 자막)로 일부 프로그램에 중국어 자막, 한국어 더빙 | 영어 + 다언어 자막 병행 (중국어, 스페인어, 러시아어, 인니어, 베트남어, 아랍어) / 한국어(더빙/드라마, 다큐 등 일부 프로그램) |

| 편성 비율 (본방기준) | 본방 30%(3,020분)<br>보도 11.5%(1,160분), 교양 32.3%(3,260분), 오락 56.2%(5,660분) | 본방률(30.5%)<br>보도 20.0%(615분), 교양 33.2%(1,020분), 오락 46.8%(1,440분) |
|---|---|---|
| 주요 프로그램 | Arirang News, Biz Today, Let's Speak Korean, 「In focus」, Sound & Motion, Company Closeup, Performarts | Arirang News, Heart to Heart, The Korea, In Frame, Arirang Prime 등 |
| 프로그램 수급방식 | 자체제작 38%, 외주제작 12%, 국내구매 42%, 해외구매 8% | 자체제작 47.6%, 외주제작 30.6%, 국내구매 21.8%, 해외구매 0% |

* 출처: 아리랑TV 내부자료(1999, 2007). 두 시기의 편성 관련 자료를 토대로 저자가 비교·정리함.

결과적으로 아리랑TV의 편성전략은 단순한 방송 스케줄을 넘어, 국가 이미지와 외교 목표를 동시에 담아내는 구조적 설계였다. 이러한 전략은 오늘날 K-브랜드 국가전략의 중요한 기반이 되었으며, 앞으로 맞춤형 권역·세대·플랫폼 전략을 정교하게 설계하는 출발점이 되고 있다.

최근 K-브랜드 국가 전략이 본격적으로 추진되면서, 아리랑TV는 K-콘텐츠의 문화적 외연을 확장함과 동시에, 한국형 민주주의, 시민성, 정책 철학을 세계에 전달하는 문화 외교의 핵심 미디어로서 위상을 더욱 강화해야 할 시점에 있다. 이를 위해 아리랑TV는 지금까지 축적해 온 운영 경험을 토대로, 권역·세대·플랫폼별 맞춤형 편성 전략을 한층 세밀하게 다듬고, 정책·문화 중심 콘텐츠의 편성 비중을 확대해야 한다. 이를 통해 '지속 가능하고, 이해 가능한 한국(Understandable Korea)'을 전 세계에 전달하는 전략 미디어로 거듭나야 한다.

이러한 목표를 달성하기 위해서는 제도적 정비와 전략적 리포지셔닝이 병행되어야 한다. 특히 정부-재단-콘텐츠 제작자 간의 삼자 협치 체계 구축, 아리랑TV의 법적 지위 명료화, 정치·비정치 콘텐츠의 이원화 전략 수립, 글로벌 시청자 데이터를 기반으로 한 편성 체계 고도화가 핵심 과제로 제시된다.

〈자료〉 아리랑TV 다언어 자막서비스(DVB-Subtitle) 실시 (2007~2008)

■ 개요

- 글로벌 방송 경쟁이 심화되는 환경에서, 한국을 대표하는 국제방송으로서 아리랑TV의 채널 경쟁력 강화를 위해 다언어 자막서비스(DVB-Subtitle) 도입은 필수 과제로 인식됨
- 2006년 해외방송 효과성 조사에서 제시된 '글로컬라이제이션(Glocalization)' 전략에 따라, 2007년 DVB 기반 다언어 시스템 도입을 결정하고, 유관부서로 구성된 「다언어서비스 확대 T/F」를 발족함.
- 다언어 자막서비스는 1개 채널로 전 세계를 방송권역으로 하는 국제방송의 필수 경쟁요소로서, 시청자의 언어 접근성을 개선하고, 국가 마케팅 채널로서의 위상 제고에 기여함.

■ 추진일정

- 2007. 4월 – DVB 기반 다언어 자막시스템 도입 결정
- 2007. 8~9월 – 3차 단계별 테스트(주조정실–Dacom 위성지구국–송출시스템 연동)
- 2007. 10월 – 실제 위성방송 환경에서 종합테스트 및 시연회 실시
- 2007. 11월 – 서비스 언어 확정 (영어, 중국어, 스페인어, 아랍어, 러시아어, 인니어, 베트남어, 불어)
- 2007. 12월 – 다언어 자막장비 및 송출시스템 구축 완료
- 2008. 3.3. 21:30 – 국내 최초 다언어 자막서비스 방송 개시 ('왕의 여자' 제46편)

■ 시스템 구성 및 자막운영

- 송출되는 영상·음성 신호에 다중 언어 자막 데이터를 부착(MUX)하여 송출하는 DVB-Subtitle 방식
- 시청자가 언어를 선택하여 시청할 수 있는 다언어 인터랙티브 시스템 구현
- Arirang World - 영어 기본 Open 자막 + 기타 언어 Close 자막 병행
- Arirang Korea - 국내 환경을 고려, 영어 Open 자막만 송출

■ 기술적 특징

| 구분 | 기존 방식 | 다언어 자막서비스(DVB-Subtitle) |
|---|---|---|
| 자막 표현 | 영상 위 직접 삽입 (최대 2개 언어) | 영상 · 음성 신호에 자막 데이터 병합 |
| 서비스 방식 | 고정형(Open) | 선택형(Close) |
| 확장성 | 언어 수 제한 | 언어 수 무제한 (수신기 선택 방식) |
| 적용 효과 | 제한적 수신 환경 | 전 세계 위성·케이블망 대응 가능 |

■ 추진성과 및 의의

- 국내 최초 DVB 기반 다언어 자막서비스 도입: 영어 포함 7개 언어 실시간 송출 체계 구축
- 기술 자립화: 해외장비 의존 없이 국내 기술로 다언어 송출 구현, 연간 약 3억 원 외화 절감 효과
- 글로벌 시청자 접근성 제고: 언어권별 맞춤 서비스 제공으로 시청자층 및 수신가구 확대
- 국가브랜드 경쟁력 강화: 다언어 자막을 통한 문화·정책·콘텐츠 확산으로 한국의 글로벌 홍보력 강화

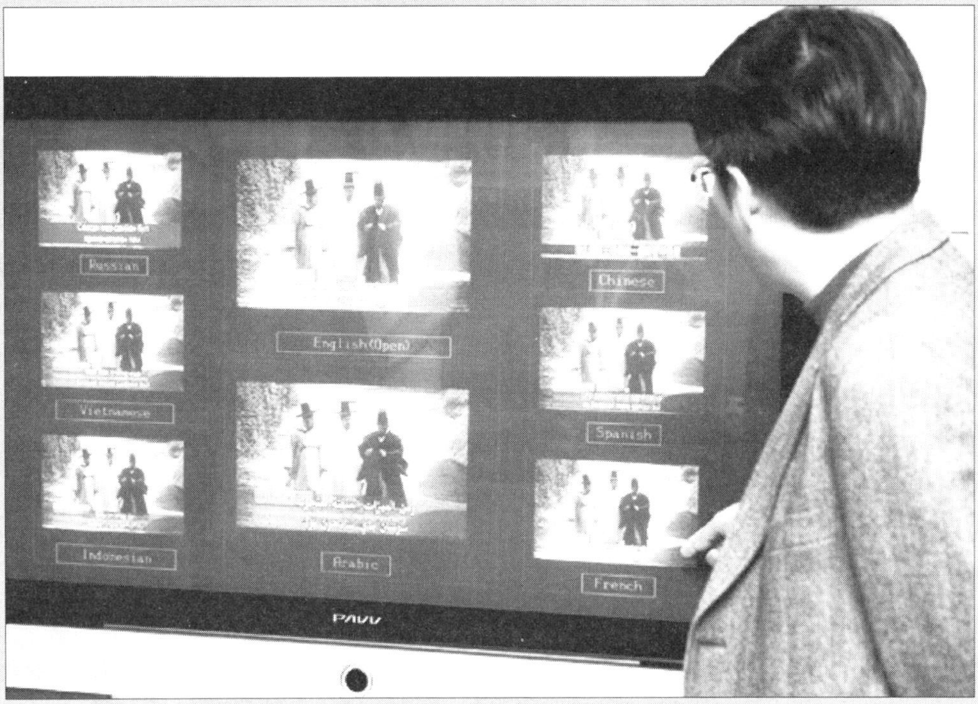


다언어 자막서비스 시연 장면(2007.10.19) :
DVB- Subtitle 기반 시스템을 통해 7개 언어 자막을 동시에 선택·송출하는 기능 시연 모습.

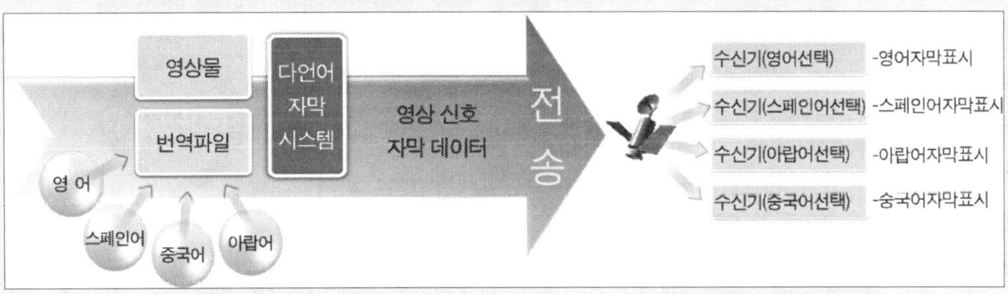


다언어 자막서비스 송출 개념도 - 영상 신호에 언어별 자막 데이터를 병합하여 송출하고,
수신자는 DVB-Subtitle 수신기를 통해 원하는 언어 자막을 선택 시청하는 구조

### 5) 위성 너머, 지구의 심장으로: 세계로 뻗은 아리랑의 길

국제방송의 경쟁력은 단순히 신호를 멀리 보내는 데서 비롯되지 않는다. 진정한 성공의 기준은 '얼마나 많은 시청자에게 도달했는가', 즉 위성 송출망과 케이블·IPTV 등 현지 재송신망, 그리고 디지털 플랫폼까지 아우르는 복합적 방송망(Network)과 유통망(Distribution) 을 얼마나 촘촘하게 구축했는가에 달려 있다.

아리랑TV는 방송 초기부터 이러한 원리를 명확히 인식하고 있었다. 단순 송출 중심의 채널에서 벗어나, 위성 송출망과 현지 플랫폼 네트워크를 결합한 복합형 글로벌 커버리지 전략을 추진했다. 이는 단순히 해외로 '보내는 방송'을 넘어, 시청자 접근성을 높이기 위한 노력을 전개한 것이다.

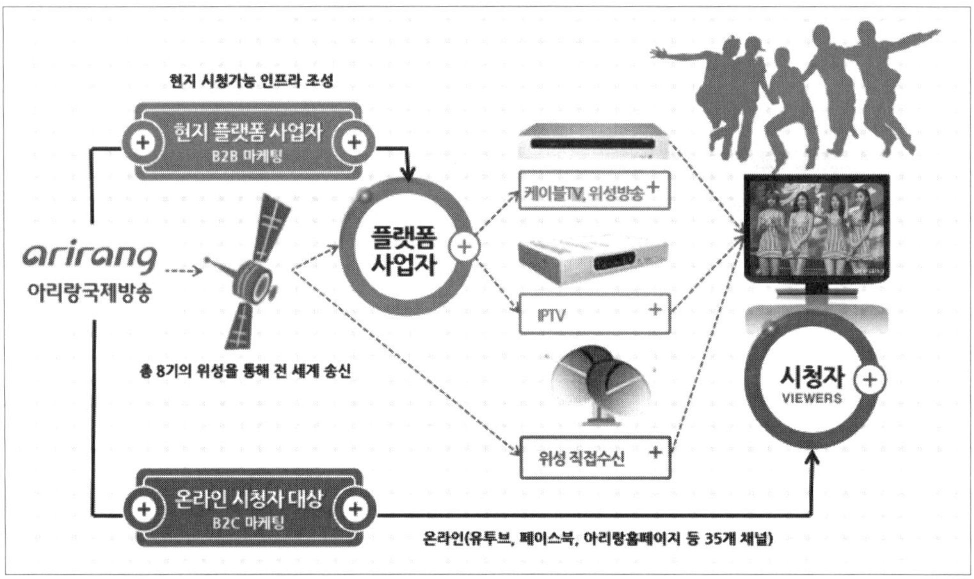


〈그림 2-3〉 아리랑TV 글로벌 수신방식

* 출처: 국제방송교류재단(2023), 『아리랑TV 업무보고자료』.

〈그림 2-3〉은 아리랑TV의 해외방송이 위성 송출, 케이블 재송신, IPTV, 온라인 스트리밍 등 다층적 경로를 통해 전 세계 시청자에게 전달되는 과정을 보여준다. 즉, 전통적인 위성 직접수신(DTH 방식)과 현지 플랫폼 사업자(케이블TV, IPTV, 위성사업자)를 통한 재

송신(SCN 방식), 그리고 디지털 온라인 플랫폼(유튜브, OTT 등)을 통한 수신방식을 결합한 '복합형 글로벌 네트워크 모델'로서, 아리랑TV의 국제방송 운영 전략의 구조적 특성을 시각적으로 설명하고 있다.

이러한 글로벌 네트워크 확장은 두 개의 축으로 구성된다. 첫째, 권역별 위성 송출망(Transmission Network)을 통해 아시아, 유럽, 미주, 중동, 아프리카 등으로 방송권역을 확장하는 것, 둘째, 현지 방송사업자 및 플랫폼(케이블TV, IPTV, 위성사업자 등)과의 제휴를 기반으로 한 채널마케팅형 유통망(Distribution Network)을 확대하는 것이다. 이 두 축의 결합은 아리랑TV가 단순 송출 중심의 '공급형 방송'에서 벗어나, 글로벌 시청자 접점을 실질적으로 확보하는 '도달형 국제방송'으로 발전하기 위한 전략적 기반이 되었다

아리랑TV는 1999년 해외위성방송 개국을 준비하면서 '팔리는 방송(Marketable Channel)'을 목표로 한 해외마케팅 기본전략(1999.1.27) 을 수립·발표하였다. 이 전략의 핵심은'통합마케팅 전략 → 시장지향적 방송 전개 → 수신가구 극대화'를 핵심 미션으로 설정한 것이었다. 당시 위성방송팀은 다음과 같은 채널 배급 우선순위를 확립하였는데, ▲1순위: 현지 케이블 베이직 채널(SCN)을 통한 24시간 재전송, ▲2순위: 현지 방송사와의 계약에 따른 블록 재전송, ▲3순위: Ku-Band 기반의 DTH(위성 직수신) 서비스, ▲4순위: 플랫폼사업자와의 재전송 계약을 통한 송출, ▲5순위: 디지털 유료채널을 통한 24시간 송출 순 이었다. 이와 같은 단계적 배급 전략은 '국가홍보형 국제방송'으로서의 공공적 성격을 전제로 한 것이며, 유료채널이 아닌 무료채널(Free-To-Air) 중심의 확산 구조를 기반으로 더 많은 세계 시청자에게 접근하기 위한 전략적 순서를 제시한 것이었다. 즉, 아리랑TV 해외위성방송의 근본 목표는 '시장 점유'보다 '공공 접근성 확보'에 있었으며, 이는 이후 아리랑TV가 '시청자 중심의 국제방송'으로 자리매김하는 핵심 철학으로 이어졌다.

이러한 방향성을 바탕으로 아리랑TV는 IPTV · 호텔망 · OTT · FAST(Free Ad-Supported Streaming TV) 등 신규 플랫폼으로 채널 공급 대상을 다변화하고, 외국 방송사와의 프로그램 상호교류, 블록 편성, 현지 뉴스 공급 등을 결합한 복합형 유통 전략으로 발전시켜 왔다. 그 결과 아리랑TV는 2024년 기준 전 세계 107개국, 약 1억 4,600만 수신 가구를 확보하였으며, 영국 최대 위성방송 플랫폼 SKY를 비롯해 프랑스 Orange IPTV, 홍콩

NowTV, 태국 TrueVisions, 아프리카 Moreplex, 미국의 최대 위성방송 DirecTV와 디지털 지상파(로스앤젤레스 · 뉴욕 · 시카고 · 애틀랜타 · 산호세 · 워싱턴 D.C.), 독일의 SKY Deutschland, 북미 지역의 LG FAST 채널 등 주요 방송·플랫폼 사업자를 통해 채널을 재전송하며 글로벌 유통망을 지속적으로 확장하고 있다.

이러한 채널마케팅 기반의 확장은 위성 송출망 확대와 유기적으로 맞물려 추진되었다. 즉, 위성은 광역 송출 인프라로서 'Coverage'를 제공하고, 채널마케팅은 현지 유통망과 가입자를 확보하는 'Penetration'을 담당하는 구조였다. 이 두 축의 결합은 아리랑TV가 단순 송출 중심의 '공급형 방송'에서 시청자 접점을 확대하는 '참여형 국제방송 플랫폼'으로 발전하는 데 결정적 역할을 했다.

결국 아리랑TV의 글로벌 방송 네트워크는 단순한 기술적 송신망이 아니라, 국가 이미지 · 문화 · 정책을 전달하는 시장기반형 국제커뮤니케이션 인프라로 기능하게 되었다. 이러한 채널마케팅 기반 확장은 아리랑TV가 '보내는 방송'에서 '도달하는 방송'으로 그리고 '보여주는 채널'에서 '연결되는 플랫폼'으로 진화하게 한 핵심 동력이었다.

그러나 진정한 글로벌 확장을 위해서는 이러한 유통망을 뒷받침할 안정적 송출 인프라, 즉 위성 기반의 글로벌 네트워크 구축이 필수적이었다. 아리랑TV는 이에 따라 1999년 해외 위성방송을 개시하며, 단순 송출을 넘어 전 세계 커버리지를 확보한 위성 네트워크 구축을 전략적으로 추진했다.

위성방송은 지상에서 송출한 방송 전파를 정지궤도(약 36,000km) 위성에 올려 재송신함으로써, 수용자가 직접 수신(DTH, Direct-to-Home) 하거나, 위성 공동 수신(SMATV, Satellite Master Antenna TV)또는 지역 케이블망 재송신(SCN, Satellite Cable Network)방식으로 시청하는 구조다. 이러한 글로벌 방송망을 안정적으로 운영하려면, 위성 중계기(Transponder) 임차, 위성 사업자와의 계약, 기술 표준 호환성 확보 등 다층적 인프라 협력이 필수적이었다.

〈표 2-9〉는 아리랑TV가 위성체를 선정할 때 적용한 일반기준을 보여준다. 방송권역 전체를 아우를 수 있는 광역 커버리지, 다양한 수신 환경에 대응할 수 있는 송출 방식의 탄력성, 안정성과 호환성이 확보된 기술 표준이 우선 고려됐다. 이는 단순히 "멀리 보내기"가 아니라, "누가, 어떻게, 무엇을 받을 것인가"까지 계산한 전략적 설계였다.

〈표 2-9〉 위성 중계기 선정 일반기준 및 위성방송 기본 개념도

▣ 위성중계기 선정 기준

| 선정기준 | 주 요 내 용 |
|---|---|
| 전파도달 범위의 광역성 | 가능한 계획한 방송권역을 동시에 커버할 수 있는 위성체를 사용함으로써 지리적, 언어적으로 광범위하게 분포되어 있는 목표 수용자 층을 등을 대상으로 위성방송 서비스를 효과적으로 제공 |
| 수신방식의 탄력성 | 지역 케이블방송사를 통한 재전송수신(SCN), 위성 공시청 안테나(SMATV)를 통한 공동수신, 개별가구 직접위성수신(DTH)등 방송권역내 아리랑TV의 예상 수용자 층의 다양한 방송수신 여건을 광범위하게 충족시켜 줄 수 있는 위성 전송기술을 채택함으로써 수용자층의 규모 극대화 |
| 수신자 확보의 용이성 | 아시아 지역 위성체 중에서 단일 위성체를 통해 다수의 위성방송 채널을 동시에 제공하고 광범위한 수용자 층을 확보하고 있는 위성체를 사용함으로써 아리랑TV의 수신자층 확보를 용이하게 한다. |
| 기술의 안정성과 호환성 | 위성방송 기술의 안정성과 호환성을 최우선적으로 고려, 방송권역의 위성방송 사업자에 의해 광범위하게 채택되고 있는 기술표준방식을 채택하여 위성기술의 급속한 발전에 따른 기술표준의 불확실성을 최소화하고 안정된 방송서비스 제공 |

▣ 위성방송 기본 개념도

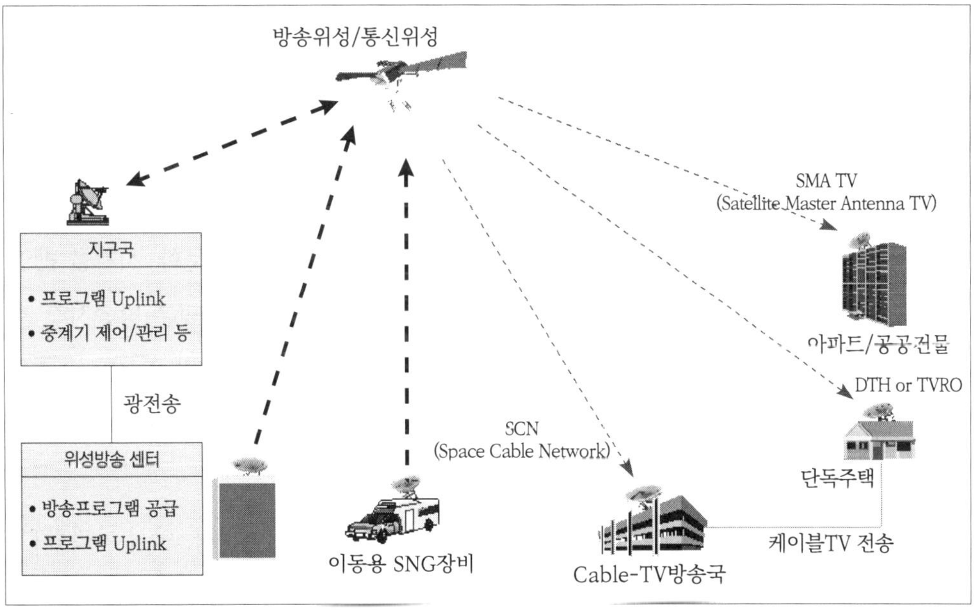


* 출처: 국제방송교류재단(2001), 『아리랑TV 해외위성방송 백서』 중 관련 내용을 종합하여 저자가 재구성함.

아리랑TV의 첫 글로벌 도약은 1999년, 아시아·태평양 전역을 아우르는 AsiaSat 3S(C-Band) 송출로 시작됐다. 당시 위성 사업자는 한국통신(현 KT)으로, 이를 통해 아리랑

TV는 명실상부한 국제방송 채널로서의 첫 발걸음을 내 딛었다. 이 시점부터 아리랑TV는 단순히 "한국을 해외에 내보내는 채널"이 아니라, 전 세계를 무대로 한 방송 네트워크 구축을 목표로 삼게 된다.

2000년에는 진출 범위를 단숨에 유럽과 미주로 확대했다. 유럽·북아프리카 시청권 확보를 위해 Hotbird-3(Ku-Band)를 임차했고, 미주권 진입을 위해 PanAmSat 8·9(C-Band)를 통해 송출을 시작했다. 이는 초기 단계부터 다권역 병행 전략을 선택한 사례로, "하나의 위성망-하나의 권역" 구조를 넘어선 복합 네트워크 운영의 시작이었다.

2004년에는 AsiaSat 3S 계약 종료를 계기로 아리랑TV 위성 송출망 재편이 이뤄졌다. 방송권역을 아프리카까지 확장하기 위해 PanAmSat 10(C-Band)로 교체했고, 오세아니아 전용 PanAmSat 2(Ku-Band)를 추가했다. 같은 해 아랍어 방송을 계기로 ArabSat 2D(Ku-Band)를 신규 도입하고, 방송 전파를 ArabSat 2D 까지 링크하기 위해 기존 AsiaSat 3S(C-Band) 사용도 연장했다. 이 시기 아리랑TV는 글로벌 권역별 위성 송출망 구성을 통해 아시아, 유럽, 아프리카, 미주, 오세아니아를 아우르는 다층적 방송 커버리지를 확보하였다.

2006년에는 서유럽 DTH 서비스 강화를 위해 Astra 1KR(Ku-Band)를 계약하며, 유럽 내 가구 단위 수신 접근성을 한층 높였다. 이후 PanAmSat-IntelSat 합병에 따라 위성망은 IntelSat-10, 2, 8, 9 체계로 재편되었고, 이를 통해 송출 안정성과 통합성을 동시에 확보했다.

이러한 확장은 단순한 전송 범위 확대가 아니었다. 각 권역의 언어·문화·시차를 반영한 맞춤형 편성이 가능해졌고, 주요 언어 자막 제공, 현지 시청패턴에 맞춘 방송시간 조정, 지역별 콘텐츠 큐레이션이 본격적으로 추진됐다. 결과적으로, 글로벌 위성망 구축은 아리랑TV가 '물리적 거리의 제약'을 넘어, 권역별 맞춤 전략을 실행하는 글로벌 방송 채널로 자리 잡는 토대가 되었다.

〈표 2-10〉은 2008년 기준 아리랑TV의 위성 송출망 현황을 보여준다. 당시 아리랑TV는 아시아·아프리카·유럽·미주·오세아니아를 아우르는 다층적 글로벌 네트워크를 구축하고 있었으며, 유럽 DTH망과 아랍권 전용 채널 같은 특화 망도 병행했다. 이러한 구조는 단순한 송출 범위를 넘어, 국제사회 주요 이슈나 한국 정부의 정책, 그리고 문화·산업 콘텐츠를 글로벌 시청자의 일상 속으로 자연스럽게 유입시키는 유통 기반이 되었다.

그러나 위성망은 본질적으로 비용·유지·정책 의지라는 세 변수를 동시에 관리해야 하는 인프라다. 디지털 기술 확산과 SNS 기반 뉴스 소비 확대에 따라, 위성 중계의 비중이 상대적으로 줄었다는 시각도 존재한다. 그럼에도 불구하고 위성망이 지니는 전략적 가치는 여전히 유효하다.

첫째, 인터넷 접근성이 낮거나 정부 검열이 강한 지역에서, 위성은 유일하고 안정적인 정보 전달 수단이 된다. 둘째, 유료방송, IPTV, 호텔망, OTT 등 다양한 플랫폼에 콘텐츠를 안전하고 신속하게 공급하는 핵심 경로다. 셋째, 글로벌 표준 신호 체계를 통한 송출은 국가 이미지를 신뢰성 있게 형성하는 기반이 된다.

따라서 글로벌 위성망은 단순한 기술적 장치가 아니라, 아리랑TV의 국제방송 정체성과 문화외교 기능을 동시에 지탱하는 전략적 채널이다. 인터넷 중심의 미디어 환경에서도, 위성은 국가 주도의 안정적 전송 수단이자, 정보 장벽을 넘어서는 '신뢰 가능한 공공외교 채널'로서 기능한다.

〈표 2-10〉 아리랑TV의 연도별 위성 송출 확대 및 커버리지 현황 요약 (2008년 현재)

| 구분 | 위성명 | 종류 | 권역 | 계약업체 |
|---|---|---|---|---|
| 글로벌 네트워크 | IntelSat-10 | C-Band | 아시아, 유럽, 아프리카 | Dacom |
| | IntelSat-2 | Ku-Band | 오세아니아 | Dacom |
| | IntelSat-8 | C-Band | 아시아, 태평양 | Dacom |
| | IntelSat-9 | C-Band | 북미, 중미, 남미 | Dacom |
| DTH (유럽) | Hotbird-3 | Ku-Band | 유럽권역 | R.R.Sat |
| | Asitra1KR | Ku-Band | 서유럽권역 | GlobeCast |
| 아랍어 방송용 | ArabSat2D | Ku-Band | 아랍권역 | SamaCom |
| | AsiaSat3S | C-Band | 아시아, 중동 | KT |

* 출처: 아리랑TV 내부자료(2008). 저자가 당시 위성 송출 및 커버리지 현황을 정리함.

하지만 확장 속도 면에서는 아리랑TV가 주요 경쟁 채널에 뒤처진 것도 사실이다. 〈표 2-11〉에서 보듯, 2016~2019년 사이 아리랑TV의 위성 중계기 수는 오히려 1개 줄어든 반면, CGTN(중국), France 24(프랑스), Al Jazeera English(카타르) 등은 공격적인 투자로 송출 채널을 대폭 확대했다. 이는 단순한 기술력 차이를 넘어, 정책적 우선순위·정부 투자 의지·글로벌 전략 집중도에서 비롯된 구조적 격차를 드러낸다.

향후 과제는 명확하다. 위성과 디지털 플랫폼을 연계한 하이브리드 글로벌 송출 전략을 강화하고, 권역별 시청자 분석에 기반한 다언어 자막, 시차 편성, 현지 제작 비율 확대를 통해, 위성망의 지속가능성과 전략성을 동시에 확보해야 한다.

〈표 2-11〉 세계의 주요 국제방송 위성 중계기 운영 현황(2016년:2019년)

| 채널명 | 2016년 | 2019년 | 증감 |
|---|---|---|---|
| VOA TV(미국) | - | 25 | - |
| DW(독일) | 20 | 21 | +1 |
| NHK World(일본) | 18 | 23 | +5 |
| CGTN(중국) | 40 | 65 | +25 |
| France 24(프랑스) | 26 | 45 | +19 |
| RT(러시아) | 33 | 39 | +6 |
| Al Jazeera English | 29 | 47 | +18 |
| 아리랑TV(한국) | 10 | 9 | △1 |

* 출처: 최성배(2019), 『국제방송 채널 브랜드의 진정성이 채널 충성도와 국가브랜드 제고에 미치는 효과 연구: 국제방송 아리랑TV를 중심으로』, 경기대학교 박사학위논문. 16쪽.

〈자료〉 아리랑TV, 아시아에서 세계로: 남북 위성방송 첫 격돌

아리랑TV 해외위성방송을 위한 정부의 첫 지원은 1999년 30억 원으로, 이는 해외위성방송 준비와 운영을 위한 일몰성 예산(특정 기간 지원 후 자동 종료되는 예산 구조)이었다. 당시 기획예산처는 해외위성방송 실시에 회의적 입장을 보이며 해외위성방 사업에 대한 재정 지원에 부정적이었다. 이에 아리랑TV와 문화관광부는 "개국 초기만 지원해주면, 이후에는 광고·스폰서십·국제 제휴 등 자체 수익사업을 통해 재원을 마련해 운영하겠다"는 다소 희망 섞인 전망과 약속을 내세워 어렵게 개국 예산을 확보할 수 있었다. 이 때문에 정부는 단년도 지원에 그치고, 이듬해부터는 별도 예산을 끊는 구조를 설계한 것이다. 현실적으로는 광고 수익만으로 국제방송 운영을 자립하는 것은 매우 어려웠지만, 당시로서는 개국 예산 확보를 위한 전략적 타협이었다. 이후 해외위성방송 운영 및 방송 권역 확대는 사실상 스스로 감당해야 하는 과제로 남겨졌다.

북한은 1999년 7월 2일부터 태국의 Thaicom-3 위성 중계기를 임차해 해외위성방송을 시작했다는 보도가 나왔다(MBC, 1999; 조선일보, 1999). 평일 6시간, 휴일 14시간 분량으로 송출된 방송은 조선중앙TV 신호를 그대로 올린 것으로, 김정일 국방위원장의 동정과 정치 선전 뉴스, 군사·경제 성과를 과시하는 보도, 주민 교양용 교육 프로그램, 혁명가극·예술공연 등 체제 선전 성격이 강한 내용이 주를 이루었다(MBC, 1999). 커버리지는 아시아·유럽·아프리카·오세아니아 등 126개국에 달했고, 9월에는 본방송 개시가 예고되었다. 이후 북한은 위성방송을 꾸준히 확대해왔으며, 2015년부터는 인텔샛(Intelsat)을 통해 미주 지역에도 송출을 개시하였고, 같은 해 2월 9일부터는 조선중앙텔레비전 위성 방송을 디지털 고화질(HD)로 전환하였다(통일교육원, 2023).

이러한 보도가 나오자 국내 언론과 정치권에서는 "북한이 먼저 해외위성방송에 나섰는데 한국은 뒤처진 것 아니냐"는 우려가 제기되었다. 이에 문체부와 아리랑TV는 "AsiaSat-3S 위성을 임차해 이미 1999년 6월 7일부터 아시아권역을 대상으로 하루 6시간씩 시험방송을 실시하고 있으며, 8월 12일 공식 개국을 앞두고 있다"는 점을 강조하며 대응했다. 이 사건은 단순한 해명에 그치지 않고, 아리랑TV가 방송권역 확대의 계기로 적극 활용한 전환점이었다. 국회와 기획예산처 등 정부 기관을 설득하고, 여론을 조성해 정책적 지원과 예산 확보의 명분을 강화한 결과, 아리랑TV는 단순한 아시아권 방송을 넘어 이듬해부터 본격적인 세계방송 체제 구축 전략을 추진할 수 있었다.

다만 당시 아리랑TV의 방송 커버리지는 아시아에 국한됐고, 북한은 미주를 제외한 아시아·유럽·아프리카 지역까지 포함하고 있었다. 바로 이 비교 구도는 정부와 아리랑TV가 "우리는 반드시 미주까지 포함하는 진정한 세계방송으로 가야 한다"는 명분을 확보하는 데 결정적 계기가 되었다.

결국 2000년 9월 26일에는 유럽과 미주 전역으로 방송 권역을 확대했다. 이 과정은 단순한 송출 확대가 아니라, 남북 간 경쟁 구도 속에서 확보한 정책적 명분이 아리랑TV가 국제방송으로서 새로운 위상을 갖는 결정적 전환점이 되었다. 지금 돌이켜 보면 다소 시대착오적인 남북 방송 체제 경쟁의 산물처럼 보일 수 있지만, 그 당시 아리랑TV에게는 생존과 위상 확보를 동시에 걸어야 하는 절박한 계기였다. 북한의 위성방송 개시가 없었다면 아리랑TV의 세계방송 전환은 훨씬 늦추어졌을지도 모른다. 결과적으로 이 경험은 아리랑TV가 단순한 영어 채널을 넘어, 앞으로 '세계 속의 한국'을 이야기하는 K-브랜드 플랫폼으로 도약하는 발판이 될 것이다.

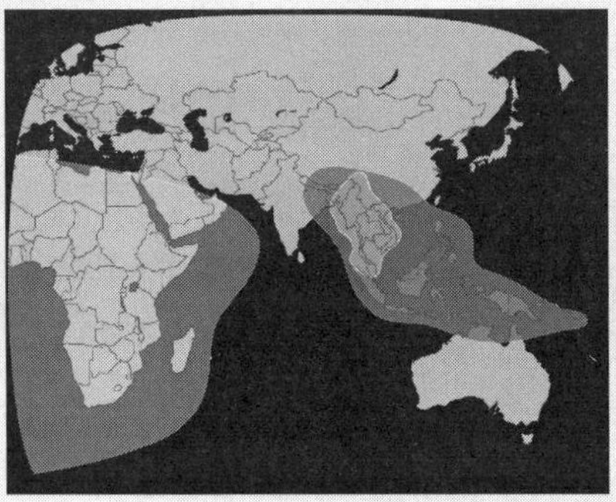

(북한) Thaicom3 커버리지

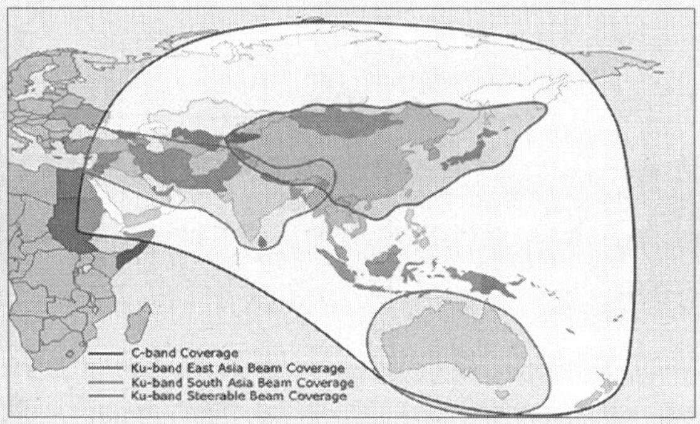


(아리랑TV) AsiaSat3s 커버리지

### 6) 들리는 외교, 아리랑 FM: 라디오가 남긴 실험의 흔적

아리랑FM은 2003년 제주 지역을 대상으로 개국한 영어 전문 공공 라디오 채널로, 아리랑TV의 국제방송 기능을 보완하는 생활 밀착형 매체로 기획되었다. 출범의 배경은 2002년 국무총리 주재 민·관 합동 국가이미지제고위원회에서 '영어 라디오 방송'을 국책사업으로 채택한 데서 비롯되었다. 이후 청와대 정책비서관실, 문화관광부, 방송위원회, 정보통신부 등이 협의체를 구성해 사업 추진을 논의했으나, 수도권 FM 주파수 확보에 실패하면서 제주 지역이 우선 개국 지역으로 결정되었다.

수도권 진출이 무산된 상황에서 제주가 선택된 이유는 주파수 여건과 지역 특성이 맞물린 결과였다. 당시 제주 지역은 비교적 가용 주파수가 확보되어 있었고, 외국인 관광객 비중이 전국에서 가장 높은 지역이었다. 2002년 한·일 월드컵 이후 급증한 해외 관광 수요, 국제자유도시 조성 계획 등 국가 차원의 개발 정책도 제주 개국의 명분이 되었다. 장기 체류 외국인 커뮤니티는 제한적이었지만, 관광·비즈니스 목적의 단기 체류 외국인 유입이 꾸준히 이어졌기 때문에 외국인 대상 생활·관광 정보 제공과 재난방송 기능을 수행할 영어FM의 정책적 필요성이 높게 평가되었다.

방송발전기금의 지원으로 시설이 구축되었고, 2003년 9월 1일 정식 개국하였다. 개국 초기 아리랑FM은 외국인 대상 관광·생활 정보 제공, 재난방송, 영어교육 등 공공서비스 기능을 전면에 내세웠다. 이는 영상 중심 구조의 아리랑TV를 보완하는 오디오 기반 국제 커뮤니케이션 실험으로도 평가되었다. 이후 위성 DMB(2005년), 지상파 DMB(2005년 말)로 방송 채널을 다변화하며 수도권 확대를 시도하였고, YTN FM 지분 참여(4.5%, 1일 50분, 5분×10회 블록전송)를 통한 수도권 진입 전략도 병행했다.

그러나 정책 혼선과 주파수 부족, 방통위의 전략 부재, 지자체 중심의 영어FM 우선 정책으로 전국화는 좌절되었다. 특히 2008년 방송통신위원회는 아리랑TV와 언론단체들의 강한 반대에도 불구하고 서울·부산·광주 등 지방자치단체를 사업자로 하는 영어 FM 라디오 방송을 일방적으로 허가하였다. 이로써 아리랑FM은 전국망 구축의 기회를 상실했고, 아리랑TV는 서울·부산·광주 등 일부 지역에서 제한적인 블록 전송 방식으로만 대응할 수밖에 없었다. 이 과정에서 청취 기반 확대, 콘텐츠 제작 투자, 채널 정체성 강화 등 중장기 발전을 위한 기회도 상당 부분 잃었고, 결과적으로 글로벌 오디오 채널로의 성장 잠재력에도 제약이 가해졌다. 이러한 한계는 정부의 라디오 지원 축소와 청취율 저조로 이어졌으며, 내외부적으로는 아리랑FM 사업의 존속 여부를 재검토해야 한다는 '사업 포기론'까지 제기되는 상황에 이르렀다.

〈표 2-12〉에서 보듯, 전국언론노조 · 언론단체 · 아리랑TV 등은 당시 방통위 결정이 "주파수 부족 논리를 뒤집은 졸속 결정"이며 "중복 투자로 인한 예산 낭비"라고 강하게 비판했다(경향신문, 2008.5.8).

〈표 2-12〉 지자체별 영어FM 허가 철회 관련 언론보도 자료(경향신문 2008.5.8)

| **"지자체별 영어FM 허가 철회를"**<br><br>방송통신위원회가 지난 2일 밝힌 '지자체별 영어FM 라디오' 추진 정책이 거센 비판을 받고 있다. 전국언론노조는 8일 "수도권에 가용할 FM 주파수가 더 이상 없다고 했던 옛 정통부가 방통위로 옷을 갈아입자마자 대통령의 '영어 프렌들리'를 받들어 밀실에서 '관제 영어FM방송' 허가를 졸속 결정했다"며 즉각 철회를 요구했다. 언론노조는 또 "오래전부터 장애인 FM 방송을 설립하게 해달라는 장애인단체의 요구는 무시한 채 갑자기 없다던 주파수를 만들어내 방송사업을 특정정당 소속인 지방자치단체장에게 넘기려는 것은 방송의 독립성을 훼손하는 위험한 조치"라고 비판했다.<br><br>현재 영어라디오를 운영 중인 문화부 산하 아리랑TV도 "방통위가 자신들이 관리하는 방송발전기금이 아니라, 지자체가 자체 예산으로 방송을 설립하겠다는 의사에 고무되어 타당성 조사도 없이 불쑥 허가를 결정했다"고 주장했다. 아리랑TV는 "지방 거주 외국인들의 지역정보 수요는 거의 없는 실정이라 지자체별 영어FM 설립 논리가 군색하다. 방송사마다 초기 설비 투자에 60억원, 운영비로 매년 40억 원 이상이 들기 때문에 중복투자에 따른 혈세 낭비가 심하고 부실 방송만 양산할 것"이라고 덧붙였다.<br><br>방통위는 지난 2일 전국 광역 지자체를 사업자로 하는 영어 라디오방송(FM)을 허가키로 하고 올해 안에 서울·부산·광주에 먼저 개국하겠다고 밝혔다. 전국언론노조 최상재 위원장은 "관영·관치 방송 탄생에 찬성한 방통위원 명단과 회의록을 즉각 공개하라"고 요구했다. 〈김정섭기자〉 |
|---|

* 출처: 김정섭(2008.5.8), 「지자체별 영어FM 허가 철회를」, ≪경향신문≫.

정책 혼선과 예산 분절은 더 큰 구조적 위기를 초래하였다. 방송발전기금 중심의 운영 구조는 지자체 재원 기반 영어 FM들과 비교해 '특혜 시비'의 대상이 되었고, 기획재정부는 공공기관 선진화 방안의 일환으로 YTN FM 지분 매각을 추진해 실제로 매각이 완료되었다. 이어 DMB 방송마저 종료되면서, 조직 내부 조차에서 라디오 FM 운영의 지속성에 대한 회의론이 제기되기도 하었다. 국책 방송으로서의 상징성과 정책 연계성에도 불구하고 아리랑FM은 제도적 고립과 정책 축에서 점차 밀려났다. 현재도 연중무휴 24시간 영어 방송을 유지하고 있으나, 송출권역의 제약과 정책적 지원 부재 속에서 존재감은 점점 희미해지고 있다.

그러나 단순 폐지나 축소가 아니라, 아리랑FM의 경험은 디지털 오디오 시대에 걸맞은 글로벌 확장 전략으로 이어져야 한다. 제주 인프라와 축적된 콘텐츠 자산을 기반으로, 위성 라디오·스트리밍·팟캐스트 등을 결합하는 방안을 모색한다면, 'K-Voice'(가칭)와 같은 국제 오디오 네트워크를 구상할 수 있다.

이 모델은 국내 수신자 중심의 한계를 넘어, 외국인 청취자를 직접 대상으로 한 K-콘텐츠 해설, 아티스트 인터뷰, 국제 이슈 해설 등 글로벌 오디오 서비스로 발전시켜야 한다. 나아가 아리랑TV의 K-이니셔티브와 연계하여 '한국 가치(K-Values)'를 확산하는 공공외교형 플랫폼으로 발전시킬 필요가 있으며, 영상 미디어의 한계를 보완하는 '귀로 듣는 외교미디어'로 체계화해야 한다. 이러한 전환이 실질적 성과로 이어지기 위해서는 제도적 기반 정비와 정책적 지원의 동반이 필수적이다.

〈표 2-13〉 아리랑FM의 디지털 오디오 전환 전략: 정책 조건과 과제

| 구분 | 내용 |
|---|---|
| 정책적 지원 | 문화체육관광부·방송통신위원회의 공동 정책 의지 및 중장기 지원 체계 확립 |
| 플랫폼 전환 | FM 중심 운영에서 위성·스트리밍·팟캐스트 기반 다중 플랫폼으로 전환 |
| 콘텐츠 강화 | 외국인 대상 맞춤형 오디오 콘텐츠(재난정보, 관광정보, 한류 해설 등) 제작 확대 |
| 협력 네트워크 | 글로벌 오디오 플랫폼 및 국내외 콘텐츠 파트너와의 연계 강화 |
| 정체성 확립 | 영상 위주의 아리랑TV를 보완하는 '청취 중심 글로벌 공공미디어'로 재정의 |

아리랑FM은 과거 전국화 실패라는 뼈아픈 경험에도 불구하고, 디지털 기반 글로벌 오디오 미디어로의 재탄생 가능성을 여전히 품고 있다. 이 매체를 단순한 '계륵'으로 남길 것인지, 아니면 '오디오 공공외교의 전략 플랫폼'으로 도약시킬 것인지는 향후 정책 방향과 전략적 재구성의 의지에 달려 있다. 올바른 정책 지원과 플랫폼 혁신이 결합된다면, 아리랑FM은 K-브랜드 시대에 부합하는 '청취 기반 국제방송'의 새로운 표준이 될 수 있다.

### 〈자료〉 아리랑FM 개국 기념 노무현 대통령 서신

**■ 한반도의 평화와 문화의 울림이 제주에서 시작되다**

*"2003년 9월 1일, 노무현 대통령은 국내 최초의 영어 라디오 방송 '아리랑FM'의 개국을 축하하며, 제주가 '국제자유도시이자 문화외교의 거점'으로 도약하길 바라는 메시지를 전달했다."*

**대한민국 대통령**

**국제방송교류재단 「아리랑 FM」 개국 축하 메시지**

국제방송교류재단 임직원과 「아리랑 방송」 애청자 여러분, 반갑습니다.

국내 최초의 영어 라디오 방송인 「아리랑 FM」의 개국을 진심으로 축하합니다. 「아리랑 FM」은 지난 월드컵대회의 성공을 바탕으로 국가이미지를 한층 높여나가기 위해 출범하게 되었습니다.

이제 「아리랑 FM」은 21세기 동북아 시대를 열어나가는 한국의 역동적인 모습을 전하는 「한국 바로 알리기」의 일익을 담당하게 됩니다. 세계 공용어인 영어를 통해 우리 기업의 해외진출과 해외 관광객의 유치에 기여하게 될 것으로 기대합니다. 뿐만 아니라 우리 국민의 국제화 역량을 키우는 데도 큰 힘이 될 것입니다.

이와 함께 「아리랑 FM」이 국제자유도시로 발돋움하고 있는 제주에서 첫 전파를 발사하게 된 것도 매우 뜻깊은 일입니다. 제주도가 동북아 문화·관광·레저 산업의 중심도시로 성장하는 데 기여하기를 바랍니다.

「아리랑 FM」이 크게 발전할 수 있도록 애청자 여러분의 아낌없는 사랑과 성원을 부탁드립니다.

감사합니다.

2003년 9월 1일

대 통 령 노 무 현

아리랑FM 개국식 (2003.11.1): 국내 체류 외국인과 외국어 청취자를 위한 영어FM 개국행사.
아리랑TV와 함께 대한민국 국제방송의 라디오 부문 출범을 의미한 역사적 장면

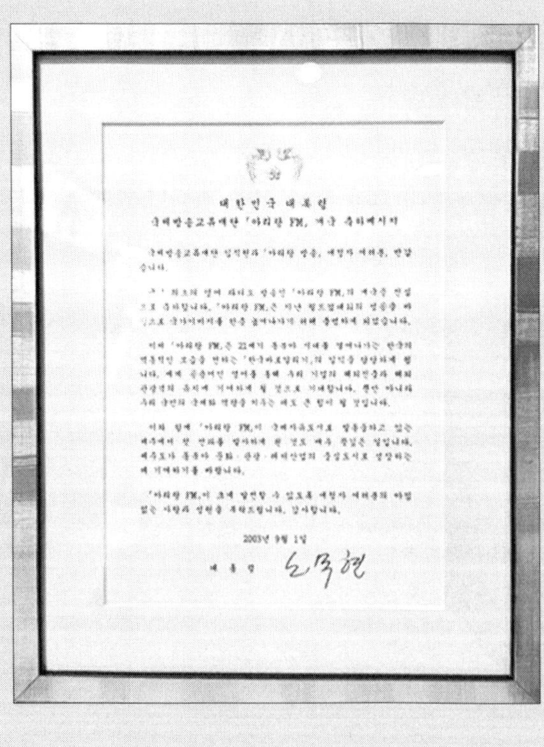

대한민국 대통령
국제방송교류재단 「아리랑 FM」 개국 축하메시지

2003년 9월 1일
대 통 령

노무현 대통령 「아리랑FM」 개국 축하 메시지 (2003.9.1)
노무현 대통령은 국내 최초 영어 라디오 방송 「아리랑 FM」의 개국을 축하하며, "제주도가 동북아 문화·관광·레저 산업의 중심도시로 성장하는 데 기여하길 바란다"고 전했다.

### 7) 겨울연가가 세계로 간 이유, 콘텐츠 수출의 숨은 손

1998년 12월, 아리랑TV는 문화관광부의 정책 기획에 따라 '영상물수출지원센터'를 설립했다. 당시만 해도 국내 방송사와 제작사 대부분이 해외 수출을 위한 전문 인프라를 갖추지 못했고, 해외 진출은 각사의 역량에 의존하는 산발적 시도에 불과했다. 이러한 상황에서 정부가 나서 수출 기반을 제도적으로 설계한 첫 시도였으며, 아리랑TV는 단순한 방송 채널을 넘어 해외 시장 개척의 실질적 전진기지로 자리 잡았다.

센터가 개소하자마자 수행한 일은 분명했다. 국내 지상파와 독립제작사의 드라마, 다큐멘터리, 교양 프로그램을 대상으로 수출용 후반 작업을 전담한 것이다. 음악과 효과음을 분리하고, 영어 더빙과 다국어 자막을 삽입하며, NTSC · PAL 등 각국의 방송 규격에 맞춘 편집을 진행했다. 당시 제작사 입장에서는 이러한 가공비용이 상당한 부담이었기에, 센터의 존재는 한류 콘텐츠 해외 진출의 문턱을 낮춘 결정적 계기였다.

1999년에는 KBS, MBC, SBS와 주요 케이블 채널, 중소 제작사를 아우르는 '방송프로그램 수출협의체'가 발족하였다. 이 협의체는 정기적으로 수출 전략을 논의하며 산업계 협력의 틀을 마련했으며, 아리랑TV 산하 영상물수출지원센터가 사실상 사무국 역할을 수행하였다. 센터는 해외 바이어 대상 프로그램 번역 · 재가공, 패키지 제작, 배급 지원을 맡아, 전 세계 수백 개 해외 방송사와 배급사를 대상으로 한 '사이버 카탈로그' 마케팅을 병행하였다. 이를 통해 협의체의 전략 논의가 실제 성과로 이어질 수 있는 실행 기반이 마련되었다.

이러한 활동은 곧 성과로 이어졌다. 동남아, 중동, 동유럽 등 신흥 시장에 본격적으로 진출했으며, 〈가을동화〉, 〈겨울연가〉, 〈올인〉, 〈인어 아가씨〉 같은 '1세대 한류 드라마' 다수가 이 과정을 거쳐 세계 곳곳에 퍼져나갔다. 정책과 산업이 결합해 실질적 성과를 낳은 대표 사례였다. 센터는 불과 3명의 전담 인력으로 출발했지만, 5년 만에 약 1,500편, 총 1,050시간에 달하는 영상물 가공을 완료했으며, 이는 당시 한국 전체 방송물 해외 수출 물량의 60% 이상을 차지했다. 이 시기의 아리랑TV는 한류 콘텐츠의 해외 인지도를 높이고, 국가 이미지를 끌어올리며, 콘텐츠 산업 성장을 견인하는 조용하지만 강력한 엔진 역할을 했다.

그러나 2006년 정책 패러다임 변화로 센터의 기능은 한국방송영상산업진흥원(KOBDI)으로 이관되었고, 2009년에는 한국콘텐츠진흥원(KOCCA)으로 흡수·통합되었다. 이는 방송·영화·게임·음악을 아우르는 통합형 수출지원 체계를 구축했다는 점에서는 의미가 있었으나, 방송영상물 전문 조직으로서의 위상과 정체성은 크게 약화 되었다. 드라마·다큐·교양 등 방송영상물만을 전담하던 조직과 인력은 해체되었고, ME 분리·다국어 더빙·규격 변환 등 핵심 후반 작업 기능은 민간 위탁으로 전환되면서 품질과 신속성이 저하되었다. 외교부·문화원 등 공공외교 네트워크와의 연계도 약화 되면서, 아리랑TV가 구축해온 해외 방송사·배급사 네트워크는 단절되었다.

즉, 아리랑TV에서 영상물수출지원사업의 분리는 단순한 기능 이전이 아니라, 아리랑TV가 '제작-가공-유통'을 일체적으로 수행하며 형성해온 산업 생태계 중심의 위치를 상실한 사건이었다. 이후 아리랑TV는 자사 제작물의 글로벌 송출에서는 여전히 강점을 유지했지만, 국내 전체 방송영상물의 해외 진출을 조율·지원하는 공공기관으로서의 위상은 현저히 약화 되었다.

그럼에도 불구하고, 영상물수출지원센터의 경험은 단순히 상실로만 끝나지 않았다. 이 센터는 아리랑TV가 단순 방송 송출기관을 넘어, 콘텐츠 공공외교와 산업정책을 동시에 실천한 상징적 무대였다. 가공·유통·마케팅을 하나의 체계로 묶어낸 이 초기 실험은 오늘날 KOCCA의 수출지원사업, 해외 공동제작, K-콘텐츠 유통망 정책의 출발점이 되었다.

최근 들어 'K-이니셔티브'가 국가전략 차원에서 K-콘텐츠의 글로벌 진출을 강조하면서, 과거 센터의 경험은 다시금 주목받고 있다. 번역과 자막, 후반 작업 지원, 공공 기반 해외 유통체계 마련 등 정책 목표를 실행하기 위해서는 디지털 환경에 맞춘 현대적 버전의 영상물수출지원센터가 필요하다는 목소리도 높아지고 있다.

오늘날 이 역할이 아리랑TV로 돌아오는 것은 단순한 복원이 아니다. 아리랑TV는 이미 전 세계 100여 개국 송출망, 다국어 제작 인프라, 외교부·KOICA·세종학당 등과의 공공외교 협업 경험을 갖춘 유일한 국제방송사다.

이 축적된 자산 위에 영상물수출지원 기능을 현대적으로 재정비한다면, 아리랑TV는 방송 송출과 디지털 유통을 결합한 K-콘텐츠 글로벌 확산 허브로 도약할 수 있다. OTT·SNS·국제방송 등 다층 채널을 연계한 디지털 기반 유통 생태계를 구축함으로써, 공공성(문화외교 · 다언어 접근성)과 산업성(시장 확산 · 제작 생태계 지원)을 함께 강화하게 될 것이다.

과거 '겨울연가' 등 1세대 한류 드라마 수출을 실무 지원하며 쌓아온 국제 마켓(MIPCOM, MIPTV) 네트워크와 현재의 디지털 · 공공외교 역량이 결합할 때, 아리랑TV는 다시금 국가 콘텐츠 수출의 핵심 거점으로 자리매김할 수 있을 것이다.

### 8) 번역의 힘, 그리고 혁신의 위기: 아리랑TV미디어의 명암

아리랑TV의 방송 프로그램이 국제 시청자를 대상으로 다언어로 유통되기 위해서는 고품질의 번역, 더빙, 자막 등 다국어 로컬라이제이션 기능이 필수적이다. 이에 따라 2000년대 초반, 아리랑TV는 내부 통번역센터를 분사하여 민간 합작법인 형태의 전문 자회사를 설립하는 경영 혁신을 추진하였다.

아리랑TV미디어(구 아리랑TV 통번역센터)는 2001년 3월, 아리랑TV의 통번역 기능을 분사하여 설립된 자회사로, 방송 번역과 영상 재제작을 전담하는 전문 조직으로 출범하였다. 출범 당시 통번역센터는 내부 사업팀 소속으로 약 100명의 인력풀을 운영했으나, 상근 인력은 정규직 2명에 불과했고 이들의 평균 연봉 역시 2,160만 원 수준에 머물렀다. 나머지는 프리랜서 인력이었다. 여기에 프로그램 재제작 비율 증가, 번역 수요 확대, 인건비 부담, 경영 효율화 요구 등이 복합적으로 작용하면서, 비핵심 부문을 분사하고 민간 자본을 도입하는 조직 전환이 추진됐다.

2000년 분사 결정을 거쳐 2001년 3월, '㈜아리랑TV 통번역센터'가 민간 합작법인 형태로 설립되었다. 초기 자본금은 2억 원, 지분은 재단 35%, 민간사업자(코리아베이스 · 유니텔 등) 65%로 구성되었다. 애초 아리랑TV는 자회사의 안정적 운영을 위해 100% 지분 확보를 추진했으나, 당시 정부가 공공기관의 자회사 설립을 억제하고 경영합리화를 강조하던 정책 기조에 따라, 불가피하게 민간 합작 형태를 선택해야 했다. 이후 유니텔과 개인 지분은 재단이 인수하여 현재는 재단 65%, 트래이저인터내셔날 35%로 조정되었으며, 해당 민간 지분은 이후 개인에게 승계되었다. 이러한 과정은 공공성과 민간성을 절충하는 구조적 실험이자, 정부 정책 환경이 아리랑TV의 자회사 운영 방식에 직접적인 제약을 가한 사례였다.

설립 이후 이 법인은 방송 번역, 영상 편집 및 재제작, 다언어 콘텐츠 제작, 방송 제작, 인력 파견 및 마케팅 대행 등 다양한 사업을 수행했다. 초기에는 번역 단가 인하를 통한 제작비 절감, 외부 사업 수주, 콘텐츠 판매 대행 등으로 매출이 성장했고, 한때 연 30억 원대 매출과 15명 내외의 소규모 고효율 조직으로 운영되기도 했다. 그러나 2007년 기준 매출의 66%가 여전히 아리랑TV 의존 구조였으며, 사업 다변화에는 한계가 있었다.

최근 수년간 정부 지원 예산이 정체되고, 아리랑TV 제작비도 감소하면서 자회사의 매출도 동반 하락했다. 내부적으로는 '존립 필요성이 불분명한 조직'이라는 회의론이 확산되며 자존감이 위축되었다.

2024년 현재 아리랑TV미디어는 약 147명(전문직 90명, 기능직 40명, 일반직 17명)의 인력을 보유하고 있다. 그러나 외부 사업 매출은 2023년 약 64억 2천만 원 수준에 머물며 감소세를 보이고 있으며, 방송 번역·영상 재제작 중심의 단일 사업 구조는 한계에 직면하였다. 이와 관련해 아리랑TV 일부 직원들 사이에서는 자회사 기능을 본사로 통합하거나 폐지하는 방안이 경영 합리화에 도움이 될 수 있겠다는 이야기들도 나오고 있는 것으로 전해진다.

이에 아리랑TV미디어는 하청형 구조에서 벗어나 고부가가치 콘텐츠 서비스 기업으로의 전환을 목표로 기능 고도화를 추진 중이다. 2024년 말 보고된 2025년 중점 추진 과제는 다음과 같다.

첫째, 디지털 기반 콘텐츠 전문 조직 전환: XR, AI 번역, 버추얼 휴먼 등 차세대 기술 기반 융합 사업 확대, 방송 번역 중심 구조에서 콘텐츠 기획·제작·재가공 중심 디지털 미디어 프로덕션 기능 강화

둘째, 외부 수익사업 확대 및 민간 협업 강화: 공공기관 자막·영상 서비스 위탁사업 수주 확대, 국내외 민간기업과의 공동 제작·마케팅 파트너십 추진

셋째, 아리랑TV 편성정책과의 연계 강화: 뉴스·시사 중심 다언어 번역, 인공지능 기반 콘텐츠 큐레이션 도입, 글로벌 유통을 위한 후가공·현지화 서비스 정비

이러한 전략은 자회사의 독립 생존력 확보와 동시에 아리랑TV의 글로벌 경쟁력 강화에도 기여할 수 있다. 다만, 과거 '통·번역 전문기관'으로서의 역할은 이미 시대적 임무를 마쳤다는 평가 속에, 민간 콘텐츠 시장과 공공 수요를 아우르는 하이브리드형 사업자로의 정체성 전환이 요구된다.

기존 인프라를 활용한 다국어 자동 번역 솔루션, AI 내레이터, 외국인 대상 로컬라이징, K-콘텐츠 인터뷰형 디지털 콘텐츠 등 차별화된 서비스 기획·운영이 필요하다. 동시에 공공기관 및 글로벌 파트너십을 강화하고, 나아가 본사의 방송시설 인프라와 콘텐츠 자산을 활용한 연계형 신규 사업 발굴도 적극 모색해야 한다.

예컨대, 아리랑TV가 다년간 축적한 다국어 영상 콘텐츠와 방송 제작 인프라, 글로벌 브랜드 인지도를 기반으로 K-콘텐츠 기반 글로벌 영상 교육 콘텐츠, 한국문화 다국어 해설 콘텐츠, 재외동포 대상 디지털 채널 운영, 외국인 대상 지역 특화 관광 홍보 콘텐츠, 방송시설 인프라 대여, 방송제작전문인력 파견 사업 등의 신사업을 추진할 수 있다.

아리랑TV 본사가 보유한 방송시설과 콘텐츠 아카이브는 고품질 제작 인프라이지만, 공공기관이라는 특성상 직접적인 상업적 활용에 제약이 있고, 수익사업 추진에 조직 구성원의 적극성이 부족하여 잠재력이 충분히 발휘되지 못했다. 반면, 아리랑TV미디어는 민간 합작 자회사로서 상대적으로 유연한 사업 추진이 가능하다는 장점을 지닌다. 따라서 본사와의 임대(임차) 또는 위탁·사용권 계약을 통해 스튜디오, 편집실, 장비, 다언어 아카이브를 적극 활용한다면, 기존 하청형 구조를 넘어 외부사업 확대와 수익 다변화를 동시에 꾀할 수 있을 것이다.

이러한 자산 활용 전략은 세 가지 방식으로 구체화될 수 있다.

첫째, 임대 계약을 통해 외부 방송사·제작사·기관에 스튜디오·편집실·장비를 대여하는 방식이다. 둘째, 위탁 운영 계약을 통해 본사 자산을 활용한 특정 사업을 자회사가 전담 수행하는 방식이다. 셋째, 공동 사업 계약을 통해 본사와 공동으로 콘텐츠를 기획·제작하고 수익을 배분하는 모델이다.

우선 추진 가능한 사업 분야로는 ▲외부 기관·민간기업 대상 시설 대관 ▲아카이브 영상 재편집 및 OTT·유튜브 유통 ▲정책형 협력 프로젝트(외교부·문체부 K-브랜드·관광·문화 홍보 콘텐츠) ▲다언어 로컬라이징 서비스 등이 있다. 이를 통해 자회사는 독립적인 수익원을 확보하고, 본사는 유휴 자산의 활용도를 극대화하며, 양측 모두 상생 구조를 구축할 수 있다.

실행 로드맵은 단기(6개월 이내)에는 본사 자산 목록화와 우선 활용 가능 자산 선별, 계약 체결로 시작하고, 중기(1~2년)에는 외부사업 포트폴리오 확장과 민간·공공 매출 비중

균형 확보, 장기(3년)에는 '글로벌 K-콘텐츠 허브'로 자리매김하는 것을 목표로 한다. 이러한 전략은 단순한 생존이 아니라, 본사의 플랫폼 전략과 맞물린 지속 성장 기반을 마련하는 결정적 수단이 될 수 있다.

또한 KBS미디어, CJ올리브네트웍스, EBS미디어 등 방송사 산하 자회사의 운영 사례를 벤치마킹하여, 아리랑TV미디어도 기획·제작·유통·마케팅을 결합한 통합 콘텐츠 비즈니스 구조로 전환을 시도할 필요가 있다.

예컨대, KBS미디어는 콘텐츠 수출, 공연, 출판·교육 콘텐츠로 수익을 다변화했고, CJ올리브네트웍스는 IT·AI 기반 콘텐츠 큐레이션과 커머스 플랫폼으로 외연을 확장했다. 아리랑TV미디어 역시 미방영 클립, 인터뷰 원본, 행사 영상 등 콘텐츠 자산을 재활용해 유튜브·OTT 클립형 하이라이트 유통, 외부 기관·지자체 브랜디드 콘텐츠 수주, 아카이브 기반 디지털 큐레이션 서비스를 추진할 수 있다. 이는 단기 수익 확보뿐만 아니라, 장기적으로 아리랑TV의 글로벌 플랫폼 전략을 지원하는 디지털 콘텐츠 허브로 자리매김하는 기반이 될 수 있다.

아리랑TV미디어는 현재 '도태냐 혁신이냐'의 기로에 서 있다. 실질적 수익성과 전략적 기여를 입증하지 못하면 본사로부터의 지지도 약화될 수 있다. 조직 정비와 비즈니스 혁신 없이는 생존이 어려운 상황에서, 지금이야말로 본사 전략을 실행하는 유연한 민간형 콘텐츠 조직으로 새롭게 거듭나야 한다.

아리랑TV미디어가 직면한 위기는 단순히 매출 감소나 인력 구조 문제에 국한되지 않는다. 본사 의존 구조, 변화하는 미디어 환경, 조직 위상 약화, 재정 압박, 정책 연계 부재 등 복합적인 요인이 동시에 작용하며 구조적 전환을 요구하고 있다.

특히 아리랑TV의 제작비 축소와 글로벌 콘텐츠 시장의 경쟁 심화는 자회사가 기존의 하청 중심 구조에서 벗어나지 않는 한 생존 자체를 위협할 수 있다. 따라서 이러한 복합 위기를 체계적으로 진단하고, 영역별 맞춤형 전략을 마련하는 것이 필수적이다.

다음 〈표 2-14〉에서는 아리랑TV미디어의 위기를 내부 구조, 사업 환경, 조직 위상, 재정 여건, 정책 연계 등 다섯 가지 축으로 구분하고, 각 항목별로 전략적 대응 방향을 제시하였다. 이는 단기적으로는 자회사의 생존 기반을 확보하고, 장기적으로는 본사의 글로벌 플랫폼 전략과 긴밀히 연계된 지속 성장 구조를 마련하기 위한 실천 로드맵이 될 것이다.

〈표 2-14〉 아리랑TV미디어의 위기 요인 및 전략적 대응 방향

| 구분 | 주요 위기 요인 | 대응 전략 |
|---|---|---|
| 내부 구조 | 본사 의존도 70% 이상, 수익구조 단일화 | 외부사업 확대 추진, 민간·기관 대상 번역·영상서비스 고도화, 아리랑TV 기존 시설 인프라 및 콘텐츠 자산 활용 사업화. 이를 위해 본사-자회사 간 위탁사업 구조의 제도적 정비 선행 |
| 사업 환경 | 아리랑TV 제작비 축소, 콘텐츠 수요 변화 | XR·AI 번역·버추얼 휴먼 등 기술융합형 신사업 발굴, 국내 방송사 자회사 벤치마킹 기반(예: KBS미디어, CJ올리브네트웍스) 신규 콘텐츠 유통모델 개발 |
| 조직 위상 | 조직 축소 위협, 내부 회의 확산 | 핵심 기능 중심 조직 재설계, 자회사 존립 당위성 강화 |
| 재정 여건 | 매출 감소, 인건비 비중 과다 | 고부가가치 사업 중심 구조 전환, 인력·기술 효율화 및 패키지 상품 개발을 통한 단가 경쟁력 확보 |
| 정책 연계 | 정부지원 정체, 전략적 방치 | 외교부·문체부와 연계한 글로벌 콘텐츠 번역·기획 협력 확대, K-브랜드·지역관광 홍보 콘텐츠 등 정책형 파트너십 사업 강화 |

## 세계가 보낸 편지: 아리랑TV를 본 사람들의 이야기

아리랑TV는 제도적 위상이나 정책 기반을 넘어, 실제 성과와 시청자 반응 측면에서도 국제방송으로서의 공공외교 기능을 실질적으로 수행해왔다. 다음 〈표 2-15〉는 아리랑TV가 거둔 주요 성과와 이를 뒷받침하는 시청자 반응 사례를 종합적으로 요약, 정리한 것이다.

이러한 정량·정성 지표는 아리랑TV가 단순히 콘텐츠를 송출하는 방송 채널을 넘어, 세계 속 한국의 이미지를 전달하고 정서적 연결을 형성하는 공공외교 주체임을 보여준다. 특히, 수치 이상의 의미를 지닌 실제 사례들은 감동과 공감을 불러일으키며, 국제방송의 존재 이유를 뚜렷하게 드러낸다.

〈표 2-15〉 아리랑TV의 주요 성과 및 시청자 반응 사례

<table>
<tr><th>구분</th><th>구체 항목</th><th>내용 요약</th></tr>
<tr><td rowspan="2">정량적<br>성과</td><td>수신 가능 가구 수</td><td>전 세계 약 1.4억 가구 대상 위성·케이블 송출</td></tr>
<tr><td>YouTube 총 조회수</td><td>누적 20억 회 이상, 구독자 약 700만 명 (2024 기준)</td></tr>
<tr><td>수출지원<br>확대</td><td>아리랑TV 기업지원 프로그램<br>성과 사례 (BizSmart 등)</td><td>- ㈜에프지뷰티: 방송 후 영국 바이어와 연결, 싱가포르 바이어와 거래 재개<br>- 하나산업: 방송 직후 필리핀 기업과 4.6만 달러 계약<br>- 나인테일즈: 방송 후 수출 20배 증가, 미국 홈쇼핑 진출<br>- 청해 S&F: 중국 이지아베이와 수출계약 체결<br>- 청맥: 미국·중국에 보리커피 등 수출, 4만 달러 매출 달성</td></tr>
<tr><td rowspan="2">콘텐츠<br>수출</td><td>중소기업 지원 프로그램<br>해외 수출 등</td><td>- 미국, BizSmart 시리즈 전편 방영<br>- Company Close-up, SmartBiz Accelerator 등 산업기술·창업환경 소개 콘텐츠 다국적 수출</td></tr>
<tr><td>특집 다큐 및 이슈 기반 포맷 수출</td><td>- 환경·기술·청년 등 주제 다큐 시리즈 해외 방송 진출<br>- 글로벌 시청자 대상 기획 콘텐츠 제작 지속<br>- 주요 포맷: Tech Korea, Future Dreamers, Road to Peace 등</td></tr>
<tr><td>플랫폼<br>다변화</td><td>글로벌 FAST 및 OTT 플랫폼 진출 (Roku, LG Channels, Amazon Fire TV, Samsung TV Plus 등)</td><td>해외 거주 한국인·외국인 대상 글로벌 시청 편의성 확대<br>전 세계 100여 개국 OTT 채널망 확보</td></tr>
<tr><td rowspan="4">시청자<br>반응</td><td>“이제 한국이 더 가까워졌어요”<br>(탄자니아)</td><td>전통문화 프로그램에 감동, 현지 교육에 활용</td></tr>
<tr><td>“아리랑TV는 내 인생을 바꾼 친구”<br>(우즈베키스탄)</td><td>한국어 공부 계기로 유학 결심</td></tr>
<tr><td>“한국을 세계에 전한 진짜 방송”<br>(프랑스)</td><td>전쟁 아닌 평화에 초점 맞춘 뉴스 보도 칭찬</td></tr>
<tr><td>“문화로 다가오는 한국”<br>(남아프리카공화국)</td><td>‘K-Culture’를 통해 아시아에 대한 인식 변화</td></tr>
<tr><td>시청자<br>참여</td><td>시청자 자발적 참여</td><td>시청자 자막 제작, 번역 참여, 후원 영상 제작 등<br>지속적 유대 형성, 다니엘라 아리랑TV 방송 서명운동</td></tr>
<tr><td>글로벌<br>영향력</td><td>국제 수상 사례</td><td>CNN 월드리포트 어워즈(2004), 문화다양성상 등</td></tr>
</table>

* 출처: 아리랑TV 내부자료(2024), 『BizSmart 프로그램 실적 보고서』 및 『hank You Arirang』 등을 종합하여 저자가 정리함.

그리고 다음에 소개할 세 가지 대표 사례는 방송이 단순한 정보 전달을 넘어, 시청자의 삶과 진로, 그리고 인식 변화를 만들어낸 생생한 기록이다.

첫 번째 사례는, 2011년 방영된 다큐멘터리 「Daniela's Arirang Story」는 한 개인의 삶에 아리랑TV가 미친 영향을 보여주는 대표적 사례다. 루마니아 출신의 소녀 다니엘라는 아리랑TV 한국어 교육 프로그램과 전통문화 콘텐츠에 매료되어 한국어를 공부하고 유학을 결심, 이후 한국예술종합학교에 입학했다. 그는 첼리스트로 활동하며 어머니와 함께 한국 전통음악을 직접 연주한 CD를 제작, 음악을 매개로 한국과의 문화 교류를 실현했다. 이 사례는 감성 기반 공공외교가 현실의 인생 여정으로 확장된 상징적 장면이다.

두번째 사례는, 2004년 이라크 파병 당시 자이툰 부대 특파원 파견 사례이다. 2004년, 아리랑TV는 국내 언론 중 유일하게 이라크 아르빌에 파병된 자이툰 부대에 조기 특파원을 파견했다. 대부분의 외신이 전쟁과 폭력, 혼란을 부각하는 가운데, 아리랑TV는 한국군의 평화 재건 활동과 인도적 기여를 집중 조명했다. 이 보도는 한국을 단순한 군사 파병국이 아닌 평화를 지향하는 국가로 부각시키며, 국제방송의 공공외교 가능성을 보여준 대표적 사례로 남았다.

세 번째 사례는, K-팝 글로벌 진입 교두보 역할 사례이다. 1998년부터 방영된 'Pops in Seoul'은 K-팝 세계화 초기, 신인 아티스트들이 해외 팬덤을 형성하는 첫 무대가 되었다. 방탄소년단(BTS)을 포함한 수많은 K-팝 아티스트들이 이 프로그램을 통해 해외 팬들과 첫 접점을 만들었고, 이후 세계적 아티스트로 성장하는 기반을 마련했다. 아리랑TV는 정치적 의제를 배제하고 대중문화 중심의 콘텐츠를 지속적으로 제작·유통하며, K-컬처 확산의 전략 거점으로 기능했다.

이들 사례는 아리랑TV가 방송을 통해 감동을 전하고, 시청자의 삶과 진로에 실질적인 변화를 이끌어내며, 세계인과의 정서적 연대를 형성해온 과정을 생생하게 보여준다. 이는 단순한 정보 전달의 차원을 넘어, 아리랑TV가 '글로벌 소통 채널'로 자리매김했음을 실증하는 결과라 할 수 있다. 특히, 아래에서 소개하는 세 가지 구체 사례는 앞서 언급한 성과를 상징적으로 보여주는 장면들로, 각 사례를 통해 아리랑TV의 국제방송으로서의 공공외교 실천과 그 영향력을 보다 서사적이고 입체적으로 확인할 수 있다.

## 사례 1 다니엘라 스토리: 아리랑TV를 사랑한 한 불가리아 가족의 이야기

### "우리 가족의 삶을 바꾼 한 방송, 아리랑TV"

불가리아 흑해 연안 도시 바르나(Varna)의 다니엘라 키릴로바(Daniela Kirilova)는 우연히 텔레비전 채널을 돌리다 한국어 교육 프로그램 「Let's Speak Korean」을 발견했다. 클래식 음악가이자 첼리스트인 그녀는 남편(트럼본 연주자), 딸 카멜리아(첼로 연주자)와 함께 아리랑TV를 접하게 되었고, 그 인연은 곧 한 가족의 삶 전체를 바꾸는 계기가 되었다. 아리랑TV는 이들 가족에게 단순한 외국 방송이 아니었다. 그들은 아리랑TV를 통해 한국 전통문화와 언어, 음식, 음악에 대해 매료 되었고, 그 관심은 곧 애정과 헌신으로 전환되었다. 'Sound & Motion' 같은 전통예술 프로그램, 김치를 만드는 예능 'More Than Kimchi', 한국의 클래식 음악까지, 온 가족은 매일같이 시청하며 한국을 일상처럼 받아 들이게 되었다.

### "방송 중단? 우리 손으로 아리랑TV를 되찾겠다"

그러던 어느 날, 현지 케이블방송사 M-sat은 일방적으로 아리랑TV 송출을 중단하자, 다니엘라는 아리랑TV 시청을 원하는 주민 219명의 서명을 받아 M-sat에 직접 전달했고, 수차례의 항의 방문 끝에 아리랑TV의 방송이 재개되었다.  이는 단순한 민원 행동을 넘어, 공공외교의 주체로 선 시민의 강한 실천이었다.

### "음악으로 전하는 한국 사랑: 가족이 만든 아리랑 CD"

아리랑TV를 통해 한국에 대한 사랑이 깊어진 키릴로바 가족은 한국민요 「아리랑」을 포함한 21곡의 한국 음악을 직접 연주해 'For the Love of Korea'라는 제목의 CD를 제작하였다. 이 프로젝트는 작은 중학교 음악실에서 몇 개의 마이크와 오래된 컴퓨터로 이루어졌으며, 디자인도 어머니와 딸이 직접 만들었다. 이 CD는 조영창 첼리스트와 아리랑TV에 전하기 위한 헌정작이었다. 음악을 통한 진심의 표현이자, 방송과 맺은 우정의 기록이었다.

### "음악으로 전하는 외교, 방송으로 이어지는 인연"

2005년 11월, 아리랑TV는 다니엘라와 딸 카멜리아를 한국으로 초청해 〈아리랑의 친구들 – 불가리아에서 온 대사들〉 공연을 열었다. 이 공연에서 두 사람은 「아리랑」과 「청산에 살리라」를 연주하며 진심 어린 우정을 전했고, 이후 카멜리아는 한국예술종합학교에 유학해 한국인과 결혼과 음악 활동(경기필하모닉 단원)을 이어가고 있으며, 어머니 다니엘라도 서울팝스오케스트라 단원으로 한국에 정착했다. 이들의 사연은 언론에 소개되었고, 아리랑TV는 2011년 이를 바탕으로 다큐멘터리 「Daniela's Arirang Story」를 제작해 전 세계 시청자와 감동을 나누었다.

### "다니엘라는 왜 중요한가?"

다니엘라 가족의 이야기는 한국이 국제방송을 통해 이룬 감정 기반 공공외교의 대표 사례다. 방송 한 채널의 콘텐츠가 해외 시청자의 삶을 움직였고, 그 울림은 문화교류와 예술, 교육, 외교로까지 이어졌다. 이는 단순한 감동 실화가 아니라, 아리랑TV가 어떻게 세계와 연결되고 있는지를 보여주는 국제방송의 실천적 가치를 담은 살아 있는 장면이다.

이 이야기는 단순히 '한국을 좋아하는 외국인'의 사례가 아니라, 아리랑TV가 어떻게 세계인의 삶을 움직이고, 한국과의 다리(Bridge)가 되는지를 보여주는 국제방송의 실천적 가치이자 살아 있는 공공외교 장면이다.

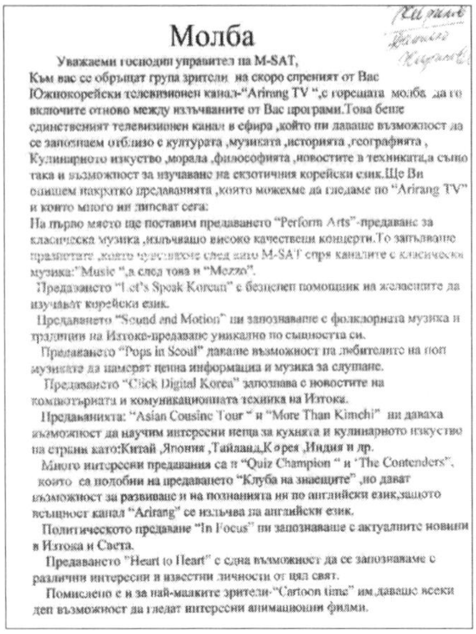

Молба

Уважаеми господин управител на M-SAT,

Към вас се обръщат група зрители на скоро спреният от Вас Южнокорейски телевизионен канал-"Arirang TV ",с горещата молба да го включите отново между излъчваните от Вас програми.Това беше единственият телевизионен канал в ефира ,който ни даваше възможност да се запознаем отблизо с културата ,музиката ,историята ,географията , Кулинарното изкуство ,морала ,философията ,новостите в техниката,а също така и възможност за изучаване на екзотичния корейски език.Ще Ви опишем накратко предаванията ,които можехме да гледаме по "Arirang TV" и които много ни липсват сега:

На първо място ще поставим предаването "Perform Arts"-предаване за класическа музика ,излъчващо високо качествени концерти.То запълваше празнотата ,която чувствахме след като M-SAT спря каналите с класическа музика:"Music ",а след това и "Mezzo".

Предаването "Let's Speak Korean" е безценен помощник на желаещите да изучават корейски език.

Предаването "Sound and Motion" ни запознаваше с фолклорната музика и традиции на Изтока-предаване уникално по същността си.

Предаването "Pops in Seoul" даваше възможност на любителите на поп музиката да намерят ценна информация и музика за слушане.

Предаването "Click Digital Korea" запознава с новостите на компютърната и комуникационната техника на Изтока.

Предаванията: "Asian Cousine Tour " и "More Than Kimchi" ни даваха възможност да научим интересни неща за кухнята и кулинарното изкуство на страни като:Китай ,Япония ,Тайланд,Корея ,Индия и др.

Много интересни предавания са и "Quiz Champion " и 'The Contenders", които са подобни на предаването "Клуба на знаещите" ,но дават възможност за развиване и на познанията ни по английски език,защото всъщност канал "Arirang" се излъчва на английски език.

Политическото предаване "In Focus" ни запознаваше с актуалните новини в Изтока и Света.

Предаването "Heart to Heart" е една възможност да се запознаваме с различни интересни и известни личности от цял свят.

Помислено е и за най-малките зрители-"Cartoon time" им даваше всеки ден възможност да гледат интересни анимационни филми.

아리랑TV 시청을 요청한 주민 219명 서명문

"3代모여 아리랑 연주하고 김치도 담가요"

'한국사랑' 불가리아 키릴로바씨 문화관광부 초청받고 한국 찾아

"반나서, 반갑, 습니다."

16일 난생 처음 한국을 방문한 불가리아의 음악교사 다니엘라 키릴로바(44·Daniela Kirilova)씨는 한국어로 첫 인사를 건넸다. 작은 해안 도시 바르나에서 첼로를 가르치던 키릴로바씨는 딸 카멜리아(17·Kamelia)와 함께 뜻하지 않던 '민간외교사절' 자격으로 한국 문화관광부와 아리랑TV 초청을 받았다. 모녀의 한국 나들이는 오로지 한국 전통 음악과 드라마에 대한 유별난 사랑 덕분이다. 키릴로바씨는 이렇게 자랑했다.

"우리 가족은 모두 한국문화 팬이에요. 우리 어머니와 나 그리고 내 딸이 가끔 함께 '아리랑' 같은 한국 음악을 연주합니다. 한국 드라마는 매일 케이블TV로 보고요. 김치도 몇번 담가 먹어 봤어요." 불가리아의 '한류(韓流) 3대'다.

그런 키릴로바씨는 작년 1월, 돌연 케이블 방송사가 한국 프로그램을 방송하던 아리랑TV의 재전송을 중단하자, 이웃과 함께 '한국 프로그램을 다시 보게 해 달라'는 서명운동까지 벌였다. 결국 212명의 서명을 받아 방송을 재개시켰다.

그의 유별난 "한국 문화 사랑"이 국내에까지 알려진 끝에 이번 초청이 이뤄졌다. [illegible]

16일 한국을 방문한 불가리아의 다니엘라 키릴로바씨와 딸 카멜리아. 이들은 "인터넷으로 한국 민요와 가곡을 듣고 필요에 맞게 편곡해 연습해 왔다"고 했다.

지역 케이블서 한국 TV방송 끊자 서명운동도

[illegible] 의 모든 것을 너무 좋아하게 됐다"고 했다.

이번에 키릴로바 모녀가 초대받은 자리는 17~19일 서울 코엑스에서 열리는 방송관련 국제행사인 '2005 BCWW(Broadcasting Worldwide)'. 문화관광부가 주최하고 국제방송교류재단이 주관하는 이 행사는 26개국 4000여명의 방송관계자들이 참가해 방송 프로그램들을 팔고사는 국제 시장이다. [illegible] 17일 BCWW 리셉션장에서 키릴로바 모녀의 첼로 연주회도 열기로 했다. 모녀는 불가리아에서 연습한 '아리랑', '청산에 살어리랏다', 드라마 '가을동화'의 배경음악 등을 연주할 예정. [illegible] 한국과 불가리아의 가곡도 연주한다. 키릴로바씨는 "앞으로도 더 많은 불가리아 사람들에게 아름다운 한국의 선율을 느끼게 하고 싶다"고 말했다.

## 사례 2 아리랑TV 특파원의 독점 보도, 그리고 국제방송의 존재 이유

### "한국을 세계에 설명한 이야기, 그리고 그 다음"

2004년 아리랑TV는 2002년 대선을 외국인 시청자들이 쉽게 이해할 수 있도록 구성한 분석 보도로 『CNN 월드리포트 어워즈』 정치보도 부문 특별상을 수상했다. 당시 CNN은 "세계 곳곳에서 드라마를 보는 것 같았다"는 반응을 전하며 높은 평가를 내렸다.

수상자인 김기호 기자는 곧 자이툰부대의 이라크 파병 현장에 특파원으로 파견돼, 전쟁이 아닌 '평화적 기여'를 조명한 보도로 다시 주목받았다. 특히 노무현 대통령의 현지 방문 당시 아리랑TV는 전 과정을 단독 보도하며 국제방송으로서의 위상을 입증했다. CNN 수상과 자이툰 보도는 모두 '한국을 세계에 설명한' 국제방송의 사례로 남았다.

### "한국의 이야기를, 한국의 시선으로"

2004년 이라크 아르빌. 자이툰부대는 한국군의 첫 대규모 해외 파병 부대였고, 아리랑

TV는 한국 언론 중 유일하게 현지에 특파원을 조기 파견해 '한국의 시선'으로 평화 재건 활동을 조명했다. 아리랑TV는 자이툰 부대의 평화 재건 활동, 민간 의료 봉사, 인도적 지원 등을 집중적으로 조명했다. 이와 달리 당시 다수의 외신은 미군과 연합군의 폭격, 자살폭탄 테러, 납치 사건 등 이라크의 참혹한 현장에 초점을 맞추고 있었다. 아리랑TV는 이러한 전쟁 보도 경쟁 속에서도, '한국은 점령군이 아니라 평화 재건군'이라는 내러티브를 국제사회에 설득력 있게 전달했다. 이는 단순한 방송 송출이 아니라, 한국의 이미지를 외교적 자산으로 전환시키는 콘텐츠 외교이자, 국제 커뮤니케이션 전략의 한 축이었다.

특히 2004년 말, 노무현 대통령이 자이툰부대를 방문했을 당시, 대통령 전용기가 이라크에 도착하는 순간부터 전 과정을 독점 보도하며, 대한민국의 대표 국제방송으로서 위상을 입증했다. 이는 아리랑TV가 한국의 메시지를 국제사회에 전달할 수 있는 핵심 채널로 자연스럽게 자리 잡게 된 계기였다.

### "아랍어 방송으로 넓어진 전략"

당시 아리랑TV는 자이툰부대가 주둔한 이라크를 포함한 중동 전역에 아랍어 위성방송을 개시하며 전략적 확장을 시도했다. 2004년부터 ArabSat2D 위성을 통해 한국군의 평화활동과 한국 문화·한국 기업 정보를 아랍어로 방송함으로써 중동 지역 주민들의 인식 전환을 이끌고자 했다.

특히 알자지라 방송의 간판 앵커 자말 라얀(Jamal Rayyan)은 "한국은 점령군이 아니라 평화 재건군이라는 점을 중동 사회에 설명해야 한다"고 인터뷰에서 말하며, 아리랑TV와 같은 한국 주도의 미디어 외교의 필요성을 강조하기도 했다.

### "그 누구도 아닌, 우리가 말해야 한다"

전쟁과 평화, 갈등과 중재가 얽힌 국제무대에서 '누가 말하느냐'는 '무엇을 말하느냐'만큼 중요하다. 아리랑TV는 당시 국제방송으로서, 정부가 공식적으로 말하지 못하는 감정적 설득과 이미지 전달을 담당했다. '우리 군의 진짜 목적은 무엇인가?', '한국은 어떤 나라로 기억되길 원하는가?'라는 질문에 대해, CNN이나 BBC가 아닌 한국이 직접 대답해야 한다는 인식이 있었다. 아리랑TV는 그 목소리의 출구였고, 이라크 현장에서 그 사명을 증명해냈다.

이 사례는 아리랑TV가 단순한 대외 방송이 아닌, 한국형 공공외교의 실천 채널이라는 사실을 강하게 각인시킨 계기였다. 단일 보도임에도 불구하고 국제 사회의 인정을 받았고, 대한민국의 국가 내러티브를 주도적으로 형성할 수 있다는 가능성을 증명해낸 것이다.

## 사례 3 K-팝을 세계로 연결한 무대, 아리랑TV_ BTS도 거쳐 간 '글로벌 진입 통로', 그리고 K-컬처 글로벌 확산의 출발점

### "BTS, 아리랑TV에서 시작된 글로벌 여정"

K-팝 열풍이 아직 본격화되지 않았던 2010년대 초반, 방탄소년단(BTS)은 데뷔 직후 아리랑TV의 대표 K-팝 프로그램인 「Pops in Seoul」과 「After School Club」 등에 다수 출연하며 글로벌 활동의 첫 걸음을 내디뎠다. 당시 BTS는 국내에서는 무명에 가까운 신인이었지만, 아리랑TV를 통해 영어방송을 기반으로 해외 팬들과 실시간 소통하며, 초기 글로벌 팬덤을 자연스럽게 형성해갔다.

특히 이들은 팬들의 요청으로 사연을 소개하거나 짧은 영어 인사, 무대 뒤 인터뷰 등을 진행하며 '글로벌 커뮤니케이션' 능력을 방송을 통해 훈련받았다. 유튜브 채널이 본격화되기 전, 아리랑TV는 전 세계 K-팝 팬들에게 BTS를 처음으로 소개한 방송 중 하나였으며, 이들의 영상은 팬들에 의해 SNS로 확산되며 입소문을 탔다. 이후 BTS는 세계적인 슈퍼스타로 성장했지만, 그 출발선에는 아리랑TV라는 글로벌 국제방송이 존재했다는 점에서 그 의미는 작지 않다. 아리랑TV는 그들에게 무대뿐 아니라 '세계와 연결되는 문'이자, 자국어가 아닌 언어로 자신을 소개할 수 있는 전략적 훈련의 장이었다.

### "비정치적이고 문화 중심적인 외교 전략의 실천장"

아리랑TV는 '국제방송'이라는 정책적 틀 위에 있으면서도, 실제 콘텐츠에서는 정치적 메시지보다 문화와 일상의 매력에 주목하는 전략을 택해왔다. 특히 K-팝 콘텐츠는 외교 목적이 아닌 순수 음악 소비와 팬덤 형성을 통해, 정서적 공감과 자발적 참여를 유도하는 대표적 공공외교 자산으로 기능해왔다.

BTS는 이러한 전략의 대표적 수혜자이자 주체였다. 아리랑TV는 BTS가 데뷔 초 국제 팬들과 직접 연결되는 장을 마련해줌으로써, 단순한 홍보를 넘어 글로벌 공감대 형성과 문화 간 연결성을 이끌어내는 채널 역할을 수행했다. BTS뿐 아니라 수많은 K-팝 아티스트들이 아리랑TV를 통해 전 세계 시청자에게 자신을 소개했고, 이는 이후 글로벌 음악 시장 진출의 발판이 되었다.

### "방송이 만든 정서적 외교, 팬덤이 이룬 문화전파"

아리랑TV의 음악 프로그램은 Pops in Seoul, Showbiz Korea, Simply K-Pop 등으로 확대되었고, 전 세계 팬들은 자막과 실시간 커뮤니티 참여를 통해 K-팝을 한국어로가 아닌 '영어로 소비'하는 방식으로 수용해나갔다. 특히 BTS 팬덤은 초기부터 아리랑TV 영상을 SNS에 공유하며, 비주류 신인을 세계 스타로 만드는 데 중요한 교두보로 활용했다. 이는 단순한 방송 콘텐츠가 어떻게 글로벌 팬덤과 문화외교의 접점이 될 수 있는지를 보여주는 상징적 사례였다.

**“정책을 넘어선 채널의 자생적 성과”**

아리랑TV는 「Pops in Seoul」을 시작으로 수많은 신인 K-팝 아티스트들의 글로벌 진출 통로가 되어왔다. 이는 정부가 의도한 외교 수단이 아니라, 콘텐츠 자체의 힘과 채널의 자율적 실천이 이룬 K-컬처 확산의 실질적 출발점이었다.

K-팝을 비롯한 다양한 문화 콘텐츠를 통해 아리랑TV는 ‘한국은 함께 즐길 수 있는 나라’라는 정서적 이미지를 전파하며, 세계 속에서 한국 문화의 공감대를 확장해왔다.

이러한 사례들은 모두 아리랑TV가 방송을 통해 한국의 국가 정체성과 문화를 세계에 전한 K-컬처 글로벌 확산의 출발점이자, 한국 대중문화의 세계화를 이끈 연결 고리임을 보여준다.

| 제3장 |

# 전파에서 플랫폼으로: 세계는 어떻게 말하고, 아리랑은 어떻게 진화했는가

## 선전의 시대가 끝나고, 스토리의 시대가 왔다

국제방송은 자국의 뉴스를 해외에 전달하는 기능을 넘어, 외교 전략의 핵심 수단으로 진화해왔다. 20세기 냉전기의 국제방송은 미국의 VOA, 구소련의 라디오 모스크바(Radio Moscow), 중국의 라디오 베이징(Radio Beijing) 등 주요 강대국의 '이념 전파' 매체로 작동하였다.이들은 자국 체제의 우월성과 정책 정당성을 해외에 설득하기 위한 수단이었으며, 쌍방향 여론전이 벌어진 냉전기의 보이지 않는 공간에서 중요한 역할을 수행해 왔다. 그러나 국제방송은 이러한 이념 중심의 일방향 선전에서 벗어나, 디지털 기술 확산과 글로벌 미디어 환경의 다변화 속에서 다원적 정보 경쟁 체제로 전환되었다.

특히 21세기에 들어 국제방송은 단순한 정보 전달을 넘어 국가 브랜드 형성과 감성 기반 공공외교(emotional public diplomacy) 의 전략 매체로 자리 잡았다. 국가의 문화·가치·정책을 일관된 내러티브로 구성해 확산하는 브랜드 외교의 핵심 플랫폼으로 기능하게 된 것이다.

이러한 전략적 전환은 주요국의 국제방송 운영 방식에서 구체적으로 드러난다. 미국의 VOA(Voice of America) 는 민주주의와 자유시장경제의 신념을 확산시키는 장치로 기능하고 있으며, 영국의 BBC World Service 는 인권과 공정성, 민주주의 가치를 국제 표준으로 정착시키려는 방향을 견지하고 있다. 프랑스는 France 24 를 통해 외교부와 연계된 다언어 뉴스를 제공하며, 독일의 DW(Deutsche Welle) 는 유럽 통합과 인권 담론을 중심으로 글로벌 정체성을 강화해 왔다. 일본의 NHK WORLD는 전통문화와 기술혁신을 결합해 일본의 현대적 이미지를 구축하고 있으며, 러시아의 RT는 2022년 이후 우크라이나 전쟁을 계기로 반(反)서방 내러티브를 강화한 바 있다. 중국의 CGTN 은 '일대일로(一帶一路, Belt and Road Initiative)' 전략과 연계하여 아프리카·중남미 등 글로벌 남반구 권역을 중심으로 자국 내러티브를 확산시키고 있으며, 카타르의 Al Jazeera English는 이라크전 보도를 계기로 서방 중심 프레임과 다른 시각을 제시하며, '글로벌 사우스(아시아·아프리카·중남미 등 비서방권 지역)' 의 관점을 대변하는 보도를 확장해 왔다.

이처럼 국제방송은 뉴스 형식을 활용하지만, 궁극적으로는 자국의 내러티브를 세계 담론 지형 속에 정착시키려는 전략 기제로 기능한다. 정보 전달을 넘어 '인식의 경쟁장'을 선점하려는 국제 여론전의 첨병이자, 문화적 위상 제고·외교적 입지 강화·경제적 파트너십 확대 등 다층적 효과를 동시에 추구하는 복합 플랫폼으로 진화한 것이다.

이러한 전략적 전환은 각국 국제방송의 운영 방식 속에서 뚜렷하게 드러난다.

다음 〈표 3-1〉은 세계 주요 방송사의 전략 유형과 대표 사례를 비교 정리한 것이다. 이를 통해 국제방송이 단순 보도를 넘어 국가 내러티브 경쟁의 장에서 어떤 방식으로 진화했는지 확인할 수 있다.

〈표 3-1〉 주요 국제방송의 전략 유형과 대표 사례

| 방송사 (국가) | 전략 축(요지) | 대표 포맷·운영 유형(예) |
|---|---|---|
| CGTN(중국) | 권역 거점 강화, 개발·협력 담론 (일대일로 등) | 아프리카 등 권역별 거점 스튜디오 운영, 현지 특화 뉴스·매거진 |
| RT(러시아) | 대안/반(反)주류 내러티브 강조 | 갈등·제재 이슈 관련 장편 다큐, 논쟁적 시사 토크 |
| Al Jazeera English(카타르) | 중동/글로벌 사우스 시각의 국제보도 | 현장 중심 리포트, 장편 탐사·매거진, 글로벌 토론 프로그램 |
| France 24(프랑스) | 다언어(영·불·아·서) 24시간 국제뉴스 | 지역권 특화 뉴스 블록, 인터뷰·토론·매거진 결합 |
| NHK WORLD(일본) | 문화·생활·기술 브랜딩과 뉴스 결합 | 일본문화·장인·지역 탐구 시리즈, 글로벌 뉴스 라인업 |

* 출처: BBC, France 24, DW, NHK WORLD, CGTN, RT, Al Jazeera English 등 주요 국제방송 공식 홈페이지 및 보도자료, 김명중 외(2014), 심영섭(2018) 등의 선행연구를 종합하여 저자 재구성.

〈표 3-1〉에서 보듯, 각국 방송사들은 특정 가치(민주주의·인권, 반서방 담론, 개발 협력, 문화외교 등)에 집중하며 장기적 내러티브를 구축해왔다. 이러한 전략적 차별화는 아리랑TV의 강점과 한계를 분석하는 중요한 비교 지점이 된다.

아리랑TV는 국제방송의 공통 전략 요소 가운데 문화 중심 내러티브와 비정치적·비갈등적 접근을 강점으로 한다. NHK World의 문화외교형 모델과 유사하게 전통문화·현대사회·대중문화를 결합한 콘텐츠를 제작·송출하며, 한국의 평화 지향적 이미지를 부각해왔다. 그러나 다음과 같은 과제가 존재한다.

첫째, 글로벌 담론 선점력 부족이다. 세계 주요 국제방송이 민주주의, 인권, 개발협력 등 특정 외교 의제를 중심으로 장기적 내러티브를 구축하는 데 비해, 아리랑TV는 문화·관광·산업 등 다양한 콘텐츠를 다루지만 전략 메시지가 분산되어 있어 '한국형 대표 내러티브'의 명확한 설정이 필요하다.

둘째, 정책 연계성 한계이다. France 24와 CGTN은 외교부 등 정부 정책과 연계된 보도·기획을 수행하지만, 아리랑TV는 제도적·재원적 제약으로 인해 정책 홍보의 지속성과 기민성 확보가 어렵다.

셋째, 플랫폼 다변화 수준이다. CGTN, NHK WORLD 등은 TV·OTT·디지털 네트워크를 통합한 멀티플랫폼 전략을 강화하고 있다. 아리랑TV 역시 OTT·FAST 채널로의 확장을 추진 중이나, 글로벌 SNS·크로스미디어 전략에 대한 기획·투자 역량 강화가 필요하다.

넷째, 타겟 세분화 전략의 미흡이다. 주요 국제방송은 권역별·언어별 채널을 운영해 현지 맞춤형 콘텐츠를 제공하는 반면, 아리랑TV는 영어 단일 채널 중심으로 운영되고 있어 다언어·권역별 확장이 제한된다. 물리적 채널 증설이 어렵다면, AI 기반 다언어 서비스 및 디지털 세분화 전략으로 보완해야 한다.

결론적으로 아리랑TV는 문화 중심의 긍정 내러티브라는 분명한 차별성을 지니고 있다. 그러나 향후에는 ▲전략 메시지의 집중화 ▲정책 연계 강화 ▲다언어·다권역 확장 ▲디지털 플랫폼 통합을 통해 글로벌 경쟁력을 한층 강화해야 한다.

즉, 세계 주요 국제방송의 성공 사례를 참고하되, 한국의 제도적 현실과 문화적 정체성에 부합하는 '한국형 국제방송 플랫폼' 으로 재정립하는 것이 필요하다. 이것이 바로 '선전의 시대'를 넘어 '스토리의 시대'에 걸맞은 국제방송의 미래 전략이다.

## 전파보다 공감이 강하다: 감성 외교와 플랫폼 전쟁

21세기 국제방송은 급변하는 기술 환경과 국제 정세 속에서 플랫폼·콘텐츠·내러티브 전반의 구조적 전환을 겪고 있다. 전통적으로 국가 중심의 일방향 '정보 수단'이었던 국제방송은 이제 다원적 외교 플랫폼, 디지털 감성 매체, 국가 이미지 경쟁의 장으로 재정의되었으며, 그 과정에서 다음 다섯 가지 변화가 두드러진다.

첫째, 공감 중심의 감성 외교 확대이다. 단순 정보 전달을 넘어 문화·예술·일상 정서를 매개로 한 공감 기반 스토리텔링이 강화되고 있다. 이는 국가 이미지 제고와 수용자 호감도 형성에 효과적으로 작용하며, '감성 공공외교(Emotional Public Diplomacy)'의 핵심 수단으로 자리 잡고 있다.

둘째, 멀티플랫폼 기반 글로벌 유통 확대이다. 위성 중심 송출은 유튜브, SNS, OTT, 팟캐스트 등 디지털 네트워크로 빠르게 이동했다. 주요 국제방송은 모바일 최적화·알고리즘 추천·크로스미디어 전략을 결합해 도달 범위와 영향력을 비약적으로 확장하고 있다.

셋째, 수용자 맞춤형 콘텐츠 강화이다. 국가별·언어별·세대별 수요에 대응하기 위해 권역 특화 프로그램, 다언어 자막, 현지화 제작이 보편화 되었다. 국제방송은 '보편 속 차별화' 전략을 통해 문화적 다양성과 현지 적합성을 동시에 확보하고 있다.

넷째, 글로벌 내러티브 경쟁 심화이다. 국제 이슈 해석의 주도권을 선점하려는 '내러티브 전쟁'이 격화되고 있다. 단순 뉴스 보도가 아니라 자국의 가치와 관점을 세계 현안에 투영하는 서사 전략이 핵심 과제로 부상하였다.

다섯째, 정책·외교와의 구조적 연계 강화이다. 현대 국제방송은 외교·문화·경제 등 정부 정책과 긴밀히 맞물려 있으며, 국가 프로젝트와 이슈 대응 콘텐츠를 통해 '정책의 미디어화(Mediatization of Policy)'를 구현하고 있다.

이러한 변화는 국제방송을 단순 홍보 채널이 아닌 국가전략 실행의 미디어 허브로 재편시키고 있다. 각국은 이를 위해 조직 개편, 예산 확대, 글로벌 인프라 강화, 브랜드 전략 내재화를 추진하며 국제방송의 위상과 기능을 재정의하고 있다.

이 같은 재편은 개별 방송사의 전략 변화 차원을 넘어, 공공 커뮤니케이션 질서 자체가 플랫폼 논리에 의해 재구성되고 있음을 보여준다. van Dijck, Poell, de Waal(2018)

은 이를 '플랫폼 사회(platform society)'로 개념화하며, 미디어·정치·문화 전반이 데이터화·알고리즘화·플랫폼 거버넌스를 중심으로 조직되는 구조적 전환이 진행되고 있음을 지적한다. 나아가 Seaver(2019)는 이러한 플랫폼 환경에서 알고리즘이 중립적 도구가 아니라, 데이터·조직·의사결정·문화적 가정이 결합된 사회적 시스템으로 작동함을 강조한다.

이러한 구조적 변화는 공공미디어 현장에서 이미 전략적 실천으로 구체화되고 있다. BBC의 팀 데이비 사장은 AI 시대의 공영방송을 신뢰 회복과 사회적 자본 형성을 수행하는 공공 커뮤니케이션 인프라로 재정의하며, 플랫폼 환경에서 공영미디어의 역할을 민주주의와 공공 가치의 핵심 기반으로 제시하였다(이민희, 2025).

플랫폼 전환은 단순한 유통 구조의 변화에 그치지 않고, 수용자가 콘텐츠를 소비하고 관계를 형성하는 방식 자체를 재편한다. 이재원(2021)은 방탄소년단(BTS) 팬덤 사례를 통해, 소셜 미디어 환경에서 팬덤이 개인적 소비를 넘어 사회적 연결성과 공동체 정체성을 생산하는 참여적 커뮤니케이션 구조로 작동함을 분석하였다. 이는 국제방송 역시 시청자를 일방적 '대상'이 아니라, 플랫폼 안에서 의미를 함께 구성하는 행위자로 재정의해야 함을 시사한다.

이러한 맥락에서 국제방송의 변화는 단순한 디지털 채널 확장이 아니라, 국가 내러티브가 작동하는 방식 자체가 플랫폼 구조로 이동하는 과정으로 이해될 필요가 있다.

아리랑TV 역시 이러한 전환 흐름 속에서 제도적 제약과 재정 한계에도 불구하고, 유튜브·SNS·다국어 콘텐츠 영역에서 의미 있는 시도를 이어왔다. 그러나 이를 전략적 우위로 발전시키기 위해서는 디지털 플랫폼 기반 유통 강화, 특화 콘텐츠 집중, 글로벌 파트너십 확장 등이 필수적이다.

〈표 3-2〉에서 보듯, 주요국은 국제방송을 제도적으로 '국가전략 매체'로 규정하며 외교·정책과 긴밀히 연계해 운영하고 있다. 프랑스, 일본, 중국, 러시아, 미국 모두 안정적 재원과 제도적 기반을 통해 국가 내러티브를 세계에 확산시킨다. 이처럼 국제방송의 전략 재편은 기술 진화를 넘어 정책·조직·콘텐츠의 총체적 변화를 요구한다. 이러한 변화 속에서 아리랑TV가 어떤 방식으로 대응하고 있는지, 그리고 무엇을 보완해야 하는지는 다음 절에서 구체적으로 살펴보기로 한다.

〈표 3-2〉 주요국의 국제방송 정책 재정의 및 공식화 사례

| 방송사(국가) | 공식 선언 또는 정책 방향 | 주요 내용 |
|---|---|---|
| France 24 (프랑스) | 2006년 정부 주도로 개국 → 2008년 AEF(Audiovisuel extérieur de la France) 산하 통합 → 2013년 AEF가 France Médias Monde로 개명(현 소속) | "프랑스의 시각에서 세계를 해석한다(Expliquer le monde)"를 슬로건으로, 문화외교 및 언론 다양성 정책과 연계 운영 |
| NHK WORLD (일본) | 1995년 일부 영어방송 → 2009년 영어 전용화 → 2018년 'NHK World-Japan'으로 공식 리브랜딩. 2011년 동일본대지진 이후 국제 공공방송 기능 강화 | 재난·공공정보 국제발신 강화, 'Cool Japan' 전략과 연계한 글로벌 문화홍보 확대 |
| CGTN (前 CCTV-9) (중국) | 2016.12 국무원 발표에 따라 CCTV-9 → CGTN 개편, 2018년부터 China Media Group(CMG) 체제 | "차이나 드림(中国梦)"·'일대일로(一帶一路)' 홍보, 글로벌 네트워크 확충 및 국가 중심 내러티브 강화 |
| RT (러시아) | 2005년 정부 승인하에 ANO TV-Novosti 설립 및 개국, 2009년 이후 'RT' 브랜드로 단일화 | "러시아의 시각으로 본 세계(Russia's perspective on global news)"를 표방, 대외 미디어 대응 전략 강화 |
| VOA, RFE/RL 등 (미국) | 2018년 Broadcasting Board of Governors(BBG) → U.S. Agency for Global Media(USAGM) 로 개편, 「Strategic Plan 2018–2022」 수립 | "자유·민주주의·인권·표현의 자유" 가치 확산을 목표로 다언어 방송 및 디지털 플랫폼 전환 가속 |

* 출처: France 24, NHK World, CGTN, RT, VOA 등 주요 국가의 국제방송 홈페이지 및 공식 정책자료를 종합하여 저자가 정리함.

## 디지털 아리랑의 길: 세계 속 한국의 목소리를 다시 설계하다

글로벌 국제방송의 전략적 흐름은 디지털 기반 플랫폼으로의 유통 확대, 권역별 맞춤형 제작, 정책 연계형 내러티브 강화라는 공통 분모를 갖는다. 주요 국제방송들은 이러한 전략을 통해 국가전략과 수용자 요구를 동시에 반영하며, 글로벌 영향력 확대라는 목표를 실질적으로 구현하고 있다.

그러나 이러한 흐름과 비교할 때 아리랑TV의 전략은 디지털 시도에도 불구하고 여전히 통합적 설계 수준에 미치지 못하며, 정책 목적과 글로벌 유통 구조 간의 연계성에서도 뚜렷한 격차가 존재한다. 이는 곧 전략 전환과 구조적 혁신 논의로 이어질 수밖에 없다.

국제방송 환경은 디지털 전환과 글로벌 내러티브 경쟁 심화 속에서 급격히 재편되고 있다. 이러한 변화에 대응하기 위해 아리랑TV는 위성 중심 송출 방식에서 벗어나 유튜브·SNS·OTT 등 디지털 플랫폼을 활용하며 전략적 유연성을 모색해왔다. 다언어 자막, 모바일 최적화 콘텐츠, OTT 연계 프로그램 등 다양한 실험이 이루어졌으며, 아리랑 주요 유튜브 채널 구독자(예: Arirang TV·Arirang News·ARIRANG K-POP) 합산 약 330만+(2025.9 기준) 돌파는 디지털 확장의 가시적 성과로 평가할 수 있다.

그럼에도 불구하고 플랫폼 간 연계성, 권역별·언어별 타깃화, 정책 목적과의 구조적 연결 등에서는 여전히 글로벌 주요 방송사 대비 한계가 분명하다. NHK World는 '미디어–기술–정책'을 융합한 통합 전략을, CGTN은 해외 지사를 기반으로 한 권역별 맞춤형 제작을 실행하는 반면, 아리랑TV는 KBS World·KTV 등 국내 유사 채널과의 중복, 디지털–위성 전략의 분리, 정부 지원의 제도적 불확실성 등 복합적 제약에 직면해 있다.

이러한 한계는 아리랑TV의 디지털 전환을 단순한 플랫폼 확장이나 기술 보완의 문제로 접근해서는 해결될 수 없음을 보여준다. 디지털 전환은 단순한 기술 도입이 아니라 데이터 구조, 의사결정 체계, 조직 문화 전반의 재구성을 포함하는 총체적 변화 과정이다(손대권·하헌구, 2025).

특히 최근에는 인공지능(AI) 기술이 콘텐츠의 기획–제작–유통–소비 전 과정을 재편하면서, 콘텐츠 산업은 단순 제작 중심 구조에서 데이터·플랫폼 기반 생태계로 전환되고 있다. 한국콘텐츠진흥원(2024)은 AI가 콘텐츠 산업의 생산성 제고와 맞춤형 유통, 글로벌 확장성을 동시에 강화하는 핵심 동력으로 작용하고 있으며, 이에 따라 공공영역 역시 기술 도입을 넘어 조직·정책·거버넌스 차원의 구조적 전환이 필요하다고 지적한다.

따라서 아리랑TV의 DX·AX 전환 역시 새로운 기술을 추가하는 문제가 아니라, AI·데이터 기반 공공 커뮤니케이션을 작동시키는 플랫폼 구조 자체를 재설계하는 과제로 이해되어야 한다.

이러한 현실은 단순한 기술 적응을 넘어, 아리랑TV의 전략적 정체성(Strategic Identity)을 근본적으로 재정립할 필요성을 제기한다. 구체적 방향은 다음과 같다.

첫째, 플랫폼 전략의 다층화이다. 위성 중심 구조에서 벗어나 OTT·모바일·SNS 등 다중 경로를 결합한 글로벌 유통망으로 전환하고, 물리적 채널 대신 디지털 세그먼트 채널을 활용해 비용 효율과 효과성을 동시에 확보한다.

둘째, 내러티브 기획 역량 강화이다. 단순 홍보성 콘텐츠를 넘어 문화·기술·민주주의를 아우르는 K-이니셔티브 내러티브와 연계한 장기 콘텐츠를 제작하고, 국제 담론 개입이 가능한 서사 전략을 구체화한다

셋째, 글로벌 파트너십 확대이다. ASEAN, 유럽, 아프리카 등 권역별 공공미디어와 공동제작 체계를 확립하고, 해외 특파원·프리랜서 네트워크를 활용한 현지 밀착형 제작을 강화한다.

넷째, 정책·조직·예산 구조 혁신이다. 넷째, 정책·조직·예산 구조 혁신이다. 아리랑TV를 단순한 문화홍보 채널을 넘어 국가브랜드 전략 플랫폼으로 재정의하고, 정부 간 협업 체계를 제도화하며, 공동제작·외신 협업에 필요한 인력과 예산을 확대한다.

다섯째, 유사채널 정체성 조정이다. KBS World·KTV 등과의 포지셔닝을 명확히 분화하여 정책 홍보·문화 교류·한류 확산 등 역할을 구체적으로 분담한다.

결국 아리랑TV는 단순히 정부 정책을 '소개'하는 채널을 넘어, 대한민국의 전략을 기획·공유·확산하는 국가브랜드 전략 플랫폼으로 발전해야 한다. 이는 단순한 OTT 진출이나 디지털 확장을 넘어, 국제방송의 전략적 진화 속에서 아리랑TV가 자리매김해야 할 새로운 정체성을 보여준다.

| 제4장 |

# 한국형 국제방송의 길, 문화와 정책이 만날 때

## 국격의 언어를 만든 채널, 아리랑TV의 오늘

21세기 국제방송은 단순한 뉴스 전달을 넘어, 국가의 가치와 이미지를 세계에 설득하는 공공외교의 핵심 플랫폼으로 자리 잡고 있다. 각국은 자국의 정체성과 정책 비전을 미디어를 통해 전파함으로써, 여론 공간에서 '국가 간 인식 경쟁'을 주도하고 있다. 즉, 국제방송은 외교·문화·산업이 교차하는 복합적 전략 미디어로 진화해온 것이다.

이러한 맥락에서 아리랑TV는 대한민국이 국제사회에 한국의 목소리를 전달하고 국가 브랜드를 전략적으로 높이기 위해 출범한 대표적 국제방송이다. 출범 당시에는 대외홍보 성격이 강했으나, 점차 국가 이미지 제고와 국제사회 이해증진을 위한 국제방송으로 발전해왔다.

출범 이후 아리랑TV는 북핵 위기, 정상외교, K-방역 등 굵직한 국제 현안과 함께 대한민국의 문화·사회·기술 역량을 전 세계에 전달하며 외교적 설명력과 신뢰 자산을 축적해왔다. 특히 '비정치적·비상업적 국제채널'이라는 원칙 아래 외국인 시청자에게 문화·예술·사회·기술을 중심으로 공감과 이해를 기반으로 한 소통을 구현해왔다. 이러한 접근은 한국을 처음 접하는 외국인들에게 긍정적 인식을 심어주는 '문화적 관문(gateway)'으로 기능하며, 아리랑TV만의 차별적 정체성을 확립해왔다.

예컨대 BBC World가 비판적 저널리즘과 정부 정책 감시 역할을, CGTN이 중국 외교 노선 중심의 서사를, RT가 지정학 이슈 중심의 정치 선전을 전개하는 데 비해, 아리랑TV는 문화적 친화성과 공감적 접근을 중심 정체성으로 삼아왔다는 점에서 차별성을 가진다. 실제로 해외문화홍보원(2021)의 국가이미지 조사에서 응답자의 73.4%가 '한국문화와 한류 콘텐츠가 국가 이미지 형성에 긍정적으로 기여했다'고 답한 결과는, 아리랑TV의 문화 중심 편성이 해외 시청자들의 긍정적 이미지 확산에 일정 부분 기여했음을 보여준다.

그러나 외교전략과의 구조적 연계성은 상대적으로 낮은 편이다. 방송 인프라와 콘텐츠 제작 기반은 확보했으나, 외교부·KOICA·세종학당 등과의 제도적 연계는 제한적으로 이루어져 왔다. 이러한 한계는 아리랑TV가 문화 중심 채널로서 성과를 내고 있음에도, 정책적 신뢰성과 외교적 설명력을 뒷받침하는 전략 채널로 발전하기에는 미흡하다는 한계를 드러내왔다.

〈표 4-1〉에서 보듯 아리랑TV의 강점은 상대적으로 높은 문화 콘텐츠 비중과 정서적 공감력에 있다. 그러나 국제 여론전이 격화되는 오늘날에는 단순한 문화 홍보를 넘어, 정책·외교 메시지와의 유기적 결합이 절실하다.

따라서 아리랑TV는 단순한 국가홍보 채널을 넘어, 공공외교 기능을 포함한 국가 브랜드 확산형 한국형 국제방송으로 발전해야 한다. 문화적 친화성과 정책적 설명력을 결합함으로써, 대한민국의 전략적 내러티브를 세계에 전달하는 K-브랜드 국가 플랫폼으로 자리매김해야 할 것이다.

〈표 4-1〉 주요 국제방송의 정체성 비교

| 구분 | BBC World(영국) | CGTN (중국) | NHK WORLD (일본) | RT (러시아) | 아리랑TV (대한민국) |
|---|---|---|---|---|---|
| 설립 목적 | 글로벌 뉴스 및 정보 제공 | 국가 이미지 및 외교 전략 홍보 | 일본 문화·정책 홍보 | 러시아 입장 전달 | 국가 이미지 제고 및 국제사회 이해 증진 |
| 정치적 독립성 | 높음 (법률상 독립 보장, 독립 이사회 운영) | 매우 낮음 (정부 직속 통제) | 중간 (외무성 협력 있으나 편성 자율 보장) | 매우 낮음 (정부 자금·정책 직접 지원) | 중간 (민법상 재단이나 · 정부보조금 의존) |

| 콘텐츠 중심축 | 뉴스·시사 중심 | 뉴스·정책, 문화 | 뉴스·문화 혼합 | 지정학 이슈 중심 | 문화, 뉴스 혼합 |
|---|---|---|---|---|---|
| 외교전략 연계성 | 정부 일정과 무관, 신뢰 기반 공공외교 | 정부 전략 반영, 국가 홍보 중심 | 일본 문화외교·관광정책 연계 | 대외 이미지 전략 중심 | 제한적이나 강화 필요 |
| 문화 콘텐츠 비중 | 낮음 (뉴스·시사 중심) | 낮음 (정책 중심 뉴스) | 중간 (문화·시사 병행) | 낮음 (정치·지정학 이슈 중심 뉴스 편성) | 중간~높음 (문화·예술 대중 문화중심, 뉴스혼합) |
| 공공외교 성격 | 신뢰 기반 정보제공형 | 정치·경제 중심 | 문화·지식 교류형 | 전략 선전형 | 정서·문화 기반 공감형(비정치적 접근 강조) |

* 출처: BBC World, CGTN, NHK World, RT, 아리랑TV 등 주요 국제방송의 홈페이지 및 공식 자료를 토대로 저자가 구성함.

## 콘텐츠, 외교가 되다: 한류가 만든 새로운 언어

2000년대 이후 한류의 세계적 확산은 한국의 문화산업을 넘어 국가 브랜드 형성의 핵심 동력으로 자리 잡았다. K-드라마, K-팝, K-푸드, K-뷰티 등 다양한 한류 콘텐츠는 한국에 대한 세계인의 관심을 높이는 데 그치지 않고, 국가 이미지 형성, 태도 변화, 행동과 관계의 형성으로 이어지는 다층적 공공외교 효과를 축적해 왔다(김태환, 2023). 이러한 성과는 국제기구 차원에서도 정책적·구조적 성과로 평가되고 있다.

UNCTAD(2024)는 한국의 K-콘텐츠 확산을 정부 지원과 저작권 정책을 기반으로 한 창조경제(creative economy)의 대표적 사례로 분석하며, 문화콘텐츠가 산업 경쟁력과 국가 브랜드 자산으로 전환되는 경로를 제시한다. 아울러 김수진·이혜은(2023)의 연구는 K-pop 팬덤의 참여와 확산이 한국에 대한 호감과 신뢰를 매개로 국가 명성을 강화하는 효과를 지닌다는 점을 실증적으로 제시하며, 한류가 수용자 인식 차원에서도 장기적 국가브랜드 자산으로 작동함을 보여준다.

이러한 흐름 속에서 아리랑TV는 해외 시청자의 언어·문화적 맥락을 고려한 글로벌 친화형 콘텐츠를 통해 한류의 확산과 국가 이미지 형성에 기여해 왔다.

먼저, 문화·교육 혼합형 콘텐츠인 〈Let's Speak Korean〉은 대표적인 한국어 교육 프로그램으로, 언어교육과 대중문화를 접목시켜 한국어 학습과 한국문화에 대한 호감을 동시에 유도하였다. 이는 아리랑TV가 단순 홍보를 넘어 외국인 시청자에게 '문화적 진입로(cultural gateway)'로 기능했음을 상징하는 대표 사례였다.

아울러, 글로벌 대화형 포맷을 통한 신뢰 구축의 대표 사례로 〈Heart to Heart〉를 들 수 있다. 이 프로그램은 정치·경제·문화·예술 등 다양한 분야의 인물을 초청해 한국 사회의 목소리와 담론을 세계에 전달해왔다. 20년 넘게 이어진 장수 인터뷰 프로그램으로서, 아리랑TV의 공감적 소통 방식과 '비정치적 대화 중심 채널'이라는 정체성을 상징적으로 보여주는 대표 콘텐츠로 평가된다.

한류 콘텐츠의 확산과 함께 문화 설명형 다큐멘터리도 확대되었다. 〈Arirang Prime〉, 〈Korea Today〉, 〈The Innerview〉 등은 한국의 산업, 기술, 사회 이슈를 문화적 맥락 속에서 소개하며, 단순 홍보가 아닌 설명력 있는 문화외교 콘텐츠를 구축하였다. 특히 반도체·디지털 경제·스마트시티 등을 다룬 기획 시리즈는 한국의 '기술 브랜드(Tech Brand)' 이미지를 강화하는 데 기여하였다.

정책 연계형 프로그램으로는 〈Foreign Correspondents〉와 〈Peace & Prosperity〉가 대표적이다. 전자는 외신 기자들의 시각을 통해 국제사회의 논점을 조명하며, 공공외교의 장으로서 한국의 입장을 객관적 언어로 해석하는 기능을 수행했다. 후자는 남북관계·평화전략을 국제사회 시각에서 분석하며, 정부 정책을 글로벌 언어로 설명하는 전형적인 정책형 공공외교 미디어 포맷으로 자리 잡았다.

대중문화 기반 콘텐츠 외교의 대표적 사례는 〈Simply K-Pop〉이다. 이 프로그램은 글로벌 팬덤을 겨냥해 케이팝 공연을 온라인·SNS·유튜브와 결합한 양방향 확산형 콘텐츠로 진화했다. 특히 실시간 팬 참여와 해외 인터뷰는 참여형 공공외교 모델의 가능성을 입증했다. 또 다른 사례인 〈After School Club〉은 방송과 인터넷을 결합한 실시간 참여형 프로그램으로 자리매김하였다. SNS(트위터, 유튜브 라이브 등)를 통해 전 세계 팬들이 질문과 메시지를 직접 보내고, 출연 아티스트가 방송 중 실시간으로 응답하는 구조를 도입해 시청자가 '관객'이 아닌 '참여자(co-creator)'로 콘텐츠 생산에 관여할 수 있도록 했다.

이 포맷은 국경과 시간대를 넘어선 글로벌 팬덤 커뮤니케이션의 새로운 표준으로 평가된다.

최근에는 융복합형 문화외교 콘텐츠도 확산되고 있다. 예컨대 〈All That Korea〉는 음식·예술·전통·디지털 문화를 종합적으로 소개하며 정서적·생활 밀착형 문화외교 채널로 자리매김했다.

실증적 분석에서도 이러한 경향이 확인된다. 한국콘텐츠진흥원(2025)의 「방송영상 & OTT 트렌드」 보고서에 따르면, K-콘텐츠의 글로벌 확산은 K-팝 팬덤과의 융합을 통해 촉진되고 있으며, 동남아시아·인도 등 지역에서 팬덤 기반 참여형 플랫폼 전략이 가장 높은 효과를 보였다. 보고서는 이러한 팬덤 중심의 참여형 확산 구조가 단순한 산업 경쟁력을 넘어 문화외교와 국가브랜드 확산의 핵심 메커니즘으로 작동한다고 분석한다. 이러한 결과는 아리랑TV가 한류 콘텐츠를 기반으로 한 국가 브랜드 전략 플랫폼으로 기능할 수 있음을 실증적으로 뒷받침한다. 또한 최성배 외(2020)의 연구는 아리랑TV의 브랜드 진정성이 높을수록 시청자의 신뢰·채널 충성도·국가브랜드 태도에 긍정적 영향을 미친다는 점을 실증적으로 제시하였다. 이는 아리랑TV가 한류 콘텐츠를 기반으로 한 국가 브랜드 전략 플랫폼으로 기능할 수 있음을 보여준다.

이처럼 아리랑TV는 한류 콘텐츠를 다양한 포맷으로 재구성함으로써 어느 정도 콘텐츠 외교 채널로서의 입지를 확립했다. 특히 방송 언어를 영어로 채택한 것은 비영어권 시청자에게도 접근성을 높였으며, 문화 콘텐츠가 국가 브랜드 형성에 미치는 영향력을 보여주는 유의미한 국제방송 모델로 평가된다.

그러나 앞으로는 이러한 성과를 바탕으로, 문화 중심 접근을 넘어 국가 브랜드와 정책 메시지를 결합한 전략형 국제방송으로 발전할 필요가 있다. 이를 위해서는 단순한 K-팝·드라마 중심 확산을 넘어, 다언어 기반 글로벌 팬덤 소통, 국제 공동제작, AI 기반 자막·스트리밍 기술 도입 등 전략적 진화가 요구된다.

무엇보다 문화와 정책 메시지를 유기적으로 융합해, 한류 콘텐츠가 단순한 문화 소비를 넘어 국가 브랜드와 가치 확산의 매개체로 진화해야 한다.

## 외교를 번역하는 방송, 정책이 스토리가 될 때

아리랑TV는 외교부, 문화체육관광부, 산업통상자원부, 통일부 등 주요 부처의 대외정책 홍보 수단으로 활용 되어 왔다. 특히 외교 현안, 남북관계, 통상·산업 이슈 등 국가 핵심 사안에 대해 국제사회에 한국 정부의 입장을 신속하고 정확하게 전달하는 국가정책 커뮤니케이션의 주요 매개체로서 역할을 수행해 왔으나, 아리랑TV를 둘러싼 경영 여건과 제도적·정책적 제약으로 인해 그 기능이 체계적으로 정착하기에는 한계가 있었다.

그럼에도 불구하고 아리랑TV는 단순한 정부 홍보를 넘어, 국가정책 메시지를 글로벌 맥락 속에서 해석하고 전달하려 노력해 왔으며, 세계 주요 국제방송과 비교할 때 제한된 자원과 제도적 여건 속에서도 정부 대외 커뮤니케이션 기능을 점진적으로 확대한 사례로 평가된다.

최근 2018년 남북정상회담과 2019년 북미정상회담 당시, 아리랑TV는 정상회담 당일 생중계와 함께 뉴스 특집, 전문가 해설, 현장 인터뷰를 집중 편성하였다. 이는 국제사회의 높은 관심 속에서 한국 정부의 공식 입장을 명확히 설명하고, 외신 보도의 한계나 왜곡을 보완하는 전략적 대응이었다. 또한 2024년 총선에서는 한국의 선거제도와 민주주의 시스템을 다각도로 소개함으로써, 글로벌 시청자에게 한국 민주주의의 제도적 투명성과 절차적 신뢰성을 이해시키는 공공외교 역할을 수행하였다.

아리랑TV는 국제행사에서 대한민국 정부의 공식 해외홍보 주관방송사(host broadcaster)로 지정되어 '전략 커뮤니케이션 거점' 역할을 수행해왔다. 2010년 서울 G20 정상회의, 2012년 서울 핵안보정상회의, 2014년 ITU총회, 2018년 평창 동계올림픽 등이 대표 사례다. 이들 행사에서 아리랑TV는 행사 생중계, 특집방송, 정상 인터뷰, 다큐멘터리 제작 등을 통해 정부 메시지와 국가 브랜드를 국제사회에 전달했다. 예를 들어 G20 회의에서는 CNN, NHK World, CGTN, BBC World 등 글로벌 네트워크와 연계한 영문 해설 기반 보도 콘텐츠를 제작·송출하였다.

이러한 활동은 단발적 이벤트 보도를 넘어, 한국 정부의 정책 방향과 가치관을 일관되게 전달하는 공공 커뮤니케이션 플랫폼으로서의 정체성을 형성하였다. 외신 의존도가 높은 국제 커뮤니케이션 환경에서, 한국의 입장을 독립적으로 해석하고 발신할 수 있는 드문 국제방송으로서의 존재 가치를 입증한 셈이다.

선행 연구에 따르면, 아리랑TV는 채널 브랜드 진정성을 기반으로 해외 시청자에게 국가 신뢰도와 이미지 형성에 긍정적으로 기여해왔다(최성배 외, 2020). 이러한 맥락에서 볼 때, 뉴스·시사 프로그램과 국제행사 보도는 한국의 외교·경제·문화 이미지를 복합적으로 제고하며, 정책 이해도 향상에도 기여한 것으로 해석할 수 있다.

다만 이러한 기능이 안정적으로 정착하기 위해서는 정권과 무관하게 메시지의 지속성과 일관성을 유지할 수 있는 제도적 기반이 필요하다. 또한 정책 홍보 콘텐츠가 일방향 서사에 치우치지 않도록, 글로벌 시청자에게 맥락과 균형 잡힌 시각을 제공하는 편성 자율성이 보완되어야 한다.

향후 아리랑TV는 정책 전달 중심 구조를 넘어, 양방향 소통형 프로그램, 다문화 감수성, 시청자 맞춤형 편성전략을 강화함으로써 참여형 공공외교 플랫폼으로 발전해야 한다. 시청자는 단순한 수용자가 아니라 토론과 질문, 콘텐츠 확산 과정에 참여하는 '글로벌 시민 외교 주체'로서 함께하는 구조로 전환되어야 한다. 이러한 변화를 통해 아리랑TV는 문화와 정책을 아우르는 한국형 국제방송, 그리고 K-브랜드 국가전략을 실현하는 실질적 커뮤니케이션 허브로 자리매김할 수 있을 것이다.

## 위기 속의 신뢰: 세월호부터 코로나까지, 세계가 본 한국의 대응

아리랑TV는 국내외 위기 상황에서 한국 정부의 대응 메시지를 국제사회에 전달하는 국제방송으로 기능해왔다. 위기 보도는 단순한 사실 전달을 넘어 국가 이미지와 신뢰도 형성에 직접적인 영향을 미치는 핵심 커뮤니케이션 영역으로, 아리랑TV는 글로벌 시청자에게 신속하고 정확한 정보를 제공함으로써 국가 신뢰 자산 형성에 기여하는 국책방송으로서의 역할을 수행하였다.

2014년 세월호 참사 당시 아리랑TV는 사고 진행 상황과 정부의 대응 조치를 영어로 실시간 보도하며 국제사회의 오보 가능성을 최소화했다. 이를 계기로 아리랑TV는 재난방송본부를 설치하고 방송본부장을 총괄본부장으로 지정하여 ▲편성·보도 ▲기술·운영 ▲뉴미디어 ▲글로벌 배급 ▲지원 부문이 유기적으로 협력하는 재난 대응형 방송 시스템을 제도화하였다. 특히 재난 상황을 ▲예비 단계(기상특보·사회재난 초기) ▲확대 단계(대규모 재난 가능성) ▲전면 단계(광범위 확산)로 구분하고, TV·라디오·뉴미디어·글로벌 송출을 연계한 단계별 대응 체계를 구축하였다.

이는 단순 대응을 넘어 위기 보도의 전문성을 제도적으로 내재화한 사례로, 당시 수립된 '글로벌 채널 경쟁력 강화' 및 '뉴미디어 서비스 확대'라는 중장기 경영전략과도 긴밀히 연동된 조치였다(국제방송교류재단, 2014 경영실적보고서).

2020년 코로나19 확산 시기에는 이러한 제도적 기반을 바탕으로 질병관리청의 방역지침과 한국의 대응 모델을 심층 보도하였다. 매일 생방송 뉴스와 특집 프로그램을 통해 'K-방역' 사례를 국제사회에 소개하고, 유튜브·SNS 등 디지털 플랫폼을 병행하여 해외시청자의 접근성을 확대하였다. 특히 비대면 방송시스템을 긴급 구축하고 방역대책본부 및 비상방송추진단을 운영함으로써, '공존과 나눔을 통한 미래형 국제방송'이라는 새로운 가치 체계를 제시하였다(국제방송교류재단, 2020 경영실적보고서).

이러한 활동은 단순 보도를 넘어, 사회적 가치 지수와 해외시청자 평가지수 제고라는 경영성과로도 연결되었다. 또한 2010년 천안함 사태, 2011년 후쿠시마 원전 사고, 2022년 우크라이나 전쟁 등 국제적 위기 상황에서도 아리랑TV는 한국 정부의 입장과 대응 방향을 신속히 전달하여 국제 여론 형성과 정책 이해도 제고에 기여하였다.

이에스더(2021)의 한·미·중 국제방송 비교 연구에 따르면, 아리랑TV는 코로나19 팬데믹 보도 과정에서 해외 시청자에게 한국의 대응 모델을 신속하게 전달하며 국가 신뢰도 제고에 긍정적으로 작용한 것으로 평가되었다. 그러나 현장 취재 인프라, 다국어 해설 콘텐츠, 국제 이슈 대응 속도 등에서 여전히 구조적 한계가 존재한다. 이를 보완하기 위해서는 ▲위기보도 전문 인력 양성 ▲국제 네트워크 강화 ▲팩트체크 기반 콘텐츠 시스템의 제도화가 필요하다. 다만 아리랑TV의 현재 경영 여건(정부 지원금 정체, 인력 충원 한계, 제작비 축소 등)을 고려할 때, 단기간 내 전면적인 체계 구축은 현실적으로 어렵다. 따라서 외부 협력 네트워크의 활용, 단계별 전문 인력 재교육, 디지털 기반 팩트체크 시스템의 시범 도입과 같은 점진적·선택적 접근 전략이 현실적 대안이 될 수 있다.

이러한 방식은 제한된 자원과 인력을 감안하면서도, 위기 대응 채널로서의 핵심 기능을 유지·강화할 수 있는 지속가능한 실행 전략으로 평가된다. 나아가 세월호 이후 마련된 제도적 재난방송 체계를 지속적으로 발전시킨다면, 아리랑TV는 단순한 국가홍보 채널을 넘어, 국제 위기 상황에서 대한민국의 대응 역량과 정책 메시지를 통합적으로 조정·전달하는 국가전략형 국제방송으로 기능할 수 있을 것이다.

## '설명하는 나라'에서 '공감을 설계하는 나라'로, 아리랑의 미래 비전

아리랑TV는 설립 이후 공공외교, 정책 커뮤니케이션, 문화 확산, 위기 대응 등 다양한 기능을 수행해왔으나, 글로벌 미디어 환경의 급격한 변화 속에서 여전히 정체성의 모호성과 전략적 과제의 누적이라는 근본적 도전에 직면해 있다. 이제 아리랑TV는 단순한 방송 채널을 넘어, 디지털 기반의 문화 중심 한국형 국제방송으로 전환해야 한다.

그동안 아리랑TV는 정부 예산 지원의 한계를 주요 원인으로 지적해왔으나, 보다 근본적으로는 내부 전략 부재와 혁신 역량의 취약성이 병존하였다. 기획력과 전략적 사고가 약화되었고, 디지털 감수성과 현장 대응력 역시 글로벌 미디어 환경 변화에 충분히 대응하지 못했다. 다양한 프로그램이 제작되고 있음에도 국제사회의 공감과 영향력을 확보한 대표 콘텐츠는 드물었으며, 정책 채널로서의 정체성 또한 명확히 확립되지 못했다. 이러한 한계를 극복하기 위해서는 다음과 같은 정책적 전환 과제가 요구된다.

첫째, 정책적 신뢰성과 운영 투명성의 강화이다. 이는 단순히 외부 간섭을 배제하는 수준을 넘어, 국제사회로부터의 신뢰 회복과 글로벌 영향력 제고를 위한 기본 조건이다. 아리랑TV의 기관 성격 및 방송 목적을 고려할 때, 정책 부처와 방송 전문가 등이 함께 참여하는 '편성자문단 또는 위원회'를 구성하여, 정책 연계성과 공공성의 균형을 확보하는 자문형 편성 구조를 제도화할 필요가 있다. 이러한 체계는 정치적 독립성보다는 정책적 신뢰성과 공공성 중심의 운영 원칙을 확립함으로써, 아리랑TV가 한국형 국제방송으로서의 책무를 실질적으로 수행하는 현실적 대안이 될 것이다. 아울러 이사회 운영의 투명성 제고, 외부 평가제도 도입, 내부 감시체계 강화 등 제도적 장치 마련을 통해 조직 운영 전반의 투명성과 책임성을 강화해야 한다.

둘째, 디지털 전환과 플랫폼 다변화 전략이 필요하다. 유튜브, OTT, 글로벌 SNS 등과의 연동성을 강화하고, 각 플랫폼 특성에 맞는 숏폼·다큐 시리즈·참여형 포맷 등 신유형 콘텐츠 제작을 본격화해야 한다. 특히 AI·데이터 기반의 콘텐츠 추천 및 자막 자동화, 실시간 번역 기술 등 DX·AX 융합 전략이 필요하다.

셋째, 시청자 데이터 기반 전략 수립이 요구된다. 글로벌 수용자 설문, SNS 반응 분석, 빅데이터 기반 시청 행태 분석을 통해 콘텐츠 타깃화와 기획의 정량화·정책화를 추진해야 한다.

넷째, 국제협력 네트워크의 확장이 필요하다. 아리랑TV는 재외동포 언론, 국제문화기관, 글로벌 컨퍼런스 등과의 전략적 제휴를 강화함으로써 공공외교의 지평을 넓히고, 국제협력형 콘텐츠 생태계를 구축해야 한다. 이를 위해 국제기구(UN, UNESCO 등), 해외 공공미디어, 다국적 문화 플랫폼과의 공동 프로젝트를 추진하고, 글로벌 이슈 캠페인·문화교류 프로그램 등을 통해 '협력 기반형 국제방송 모델'을 실현할 필요가 있다.

아리랑TV가 글로벌 신뢰 기반의 국가전략형 국제방송으로 도약하기 위해서는 콘텐츠 개편만으로는 부족하다. 관련 법·제도의 제정 및 정비, 조직 구조 개편, 독립 이사회 제도화 등 조직·제도·운영 전반의 혁신 차원의 구조적 전환이 병행되어야 한다.

아리랑TV는 일정 수준의 성과를 거두었지만, 세계 주요 국제방송에 비해 글로벌 영향력과 전략적 파급력 측면에서는 여전히 미흡하다. 이러한 결과는 단순히 정부 지원 부족 때문만이 아니라, 내부 전략 부재, 콘텐츠 기획력 한계, 디지털 전환에 대한 준비 부족 등 조직 내부의 구조적 취약성에서 그 원인을 먼저 찾아보아야 한다. 즉 아리랑TV가 국제사회에서 한국을 대표하는 국제방송으로 자리매김하지 못한 원인에 대한 성찰이 선행되어야 한다.

일부에서는 아리랑TV의 존재 이유를 되묻거나 '계륵'에 비유하기도 하지만, 이제는 위성방송 중심의 시대를 넘어 디지털·데이터 기반의 국가전략형 국제방송으로 기능과 가치를 재정립해야 한다.

앞으로 아리랑TV는 K-브랜드가 지향하는 가치와 방향에 부합하며, 문화와 정책을 아우르는 국가전략형 국제방송으로 도약해야 한다. 한국의 정책·문화·가치를 세계와 공유하고, 상호 공감과 이해의 장을 확대하는 역할을 수행해야 한다.

궁극적으로 아리랑TV가 지향해야 할 비전은 단순히 한국을 설명하는 방송이 아니라, 한국과 세계가 교차하며 새로운 의미와 가치를 창출하는 '크로스컬처형 K-브랜드 플랫폼'으로 진화하는 것이다.

이것이 바로 한국형 국제방송이 추구해야 할 미래 비전이자, K-브랜드 시대에 걸맞은 글로벌 국제방송으로 국가전략적 방향이다.

## 〈자료〉 2010 서울 G20 정상회의 해외홍보 협력방송사 지정에 관한 양해각서(MOU)

2010년 서울 G20 정상회의를 계기로, 아리랑국제방송은 G20 정상회의의 준비위원회와 공식 해외홍보 협력방송사 양해각서(MOU)를 체결하였다.

이를 통해 아리랑TV는 정상회의의 주요 일정과 대한민국의 외교 메시지를 전 세계에 전달하는 글로벌 국제방송으로서의 역할을 수행하였다.

아리랑TV는 'G20 글로벌 미디어 파트너'로서 행사 기간 동안 ▲TV: 총 313편, 9,840분(164시간) 편성, ▲라디오: 총 43편, 559분 방송, ▲G20 서울 정상회의 관련 프로그램 국내외 방송사 제공: 57개국 99개 방송사에 프로그램 제공(총 4,478건 다운로드) 등 전 영역에서 해외홍보방송으로서의 역할을 수행했다.

본 협약은 대한민국이 주최한 국제행사에서 아리랑TV가 해외홍보의 공식 주체로 참여한 대표적 사례로, 아리랑TV가 글로벌 국제방송으로서의 제도적 위상을 확립한 상징적 전환점이 되었다.

**2010년 서울 G20 정상회의 해외홍보방송에 관한**
**G20 정상회의 준비위원회와 국제방송교류재단간의 기본협력약정**

G20 정상회의 준비위원회(이하 '준비위원회'라 한다)와 (재)국제방송교류재단(이하 '아리랑국제방송' 이라 한다)은 2010년 서울 G20 정상회의(이하 '정상회의'라 한다) 해외홍보방송에 관하여 다음과 같이 합의한다.

**제1조(목적)**
이 약정은 준비위원회가 아리랑국제방송을 정상회의 해외홍보방송사로 선정함에 따라 해외홍보방송 운영에 관한 사항을 규정함을 목적으로 한다.

**제2조(아리랑국제방송의 협력사항)**
아리랑국제방송은 해외홍보방송 업무의 효율적 수행을 위하여 아래 사항을 협력한다.
1. 정상회의 전 각종 홍보 영상물 및 특집프로그램 제작 · 방송
2. 아리랑국제방송의 해외협력 방송망을 활용한 정상회의 소개 특집 방영
3. 정상회의 개최 2일 전부터('10. 11. 9) 종료일('10. 11.12) 까지 매일 정상회의 관련 뉴스, 주요인사 회견 및 대담, 홍보영상물 등으로 구성된 G20 Summit Hour 프로그램 편성 · 방영
4. 뉴미디어를 활용한 정상회의 소식 실시간 중계
5. 정상회의 취재 해외방송사 대상 관련 프로그램 제공 등 지원

**제3조(준비위원회의 지원사항)**
준비위원회는 아리랑국제방송의 해외홍보방송 업무의 효율적 수행을 위해 아래 사항을 지원한다.
1. 준비위원회는 G20 Summit Hour 방영을 위해 국제미디어센터 내에 스튜디오를 설치할 수 있도록 필요한 적정 규모의 공간을 제공한다.
2. 준비위원회는 제2조 업무추진에 소요되는 경비의 일부를 예산의 범위내에서 보전할 수 있다. 이 경우 경비보전은 사후정산을 원칙으로 한다.

**제4조(정보제공 및 비밀보호)**
1. 준비위원회와 아리랑국제방송은 약정이행에 필요한 정보를 상호 신속히 제공하여야 한다.
2. 준비위원회와 아리랑국제방송은 약정이행을 위해 제공한 정보나 약정이행 과정에서 습득한 정보를 약정이행 이외의 용도로 타인에게 제공하거나 누설해서는 안된다.
3. 아리랑국제방송은 민감한 정보의 보호를 위해 필요한 보안조치를 취해야 한다.

**제5조(세부약정 체결)**
준비위원회와 아리랑국제방송은 이 기본협력약정에 따른 세부사항의 이행을 위해 가능한 조속한 시일내에 세부약정을 체결한다.

**제6조(분쟁조정)**
이 약정의 해석 및 이행에 대한 이견 등 제반분쟁은 상호협의 하에 조정한다.

**제7조(개정 · 종료)**
1. 이 약정은 상호 서면합의로 개정할 수 있다.
2. 이 약정은 특별한 사유가 없는 한 정상회의 종료 후 3월까지 유효하며, 불가피한 경우에는 양측 합의로 조기 종료할 수 있다.

**제8조(시행)**
이 약정은 서명한 날로부터 효력을 발생한다.

2010년 7월 22일

| (재)국제방송교류재단 사장 | G20 정상회의 준비위원회 위원장 |
| --- | --- |
| 정 국 록 | 사 공 일 |

G20 정상회의 종합 추진단 정기회의(사장 직속): 편성·뉴스·라디오·해외배급 등
전 부문이 참여하는 통합 점검회의로 주 1회 정기적으로 개최

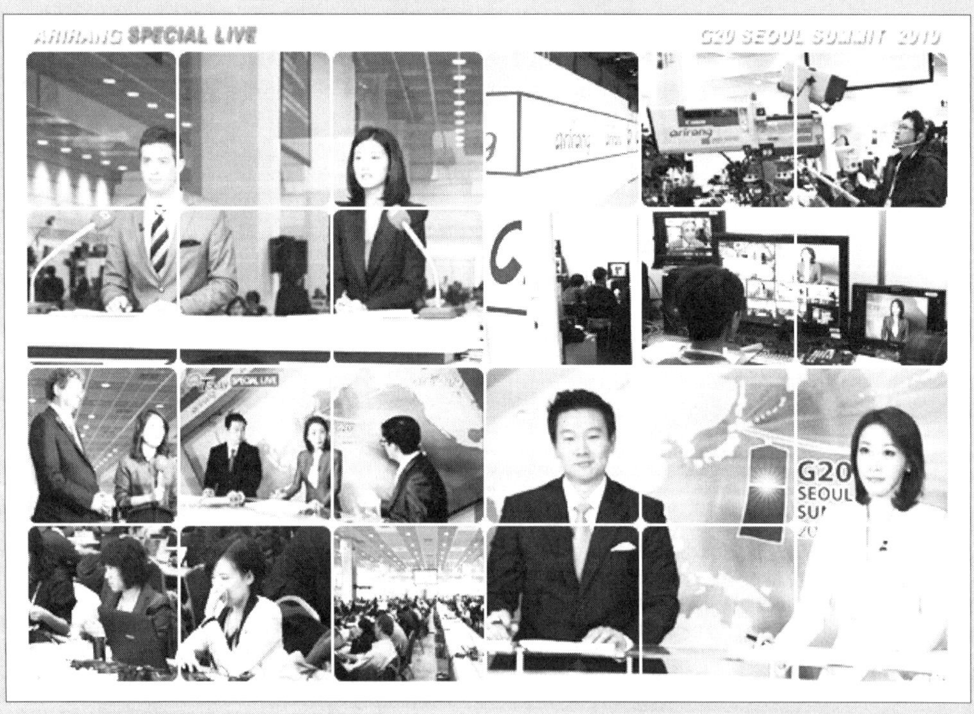


G20 서울 정상회의 특별방송 현장 (Arirang Special Live): 코엑스 미디어센터에서 특집 뉴스와 현장 생중계를
전 세계로 송출, 국제방송이 외교 커뮤니케이션 주체로 참여한 대표적 사례

# 2부

## 플랫폼으로 진화한 외교

### 제도와 거버넌스, 그리고 DX·AX 시대의 전략 전환

## 화면 뒤의 구조, 보이지 않는 전쟁터

한 나라의 이야기는 언제나 화면 뒤의 구조에서 결정된다. 우리가 매일 마주하는 뉴스 한 장면, 다큐 한 편, 혹은 문화 프로그램의 미소 뒤에는 법, 돈, 사람 – 세 개의 보이지 않는 축이 작동하고 있다. 아리랑TV의 지난 30년은 바로 이 세 축이 만들어낸 긴장과 타협의 기록이었다.

한국은 1990년대, 급격한 민주화와 세계화의 물살 속에서 '국가의 얼굴'을 새로 만들어야 했다. 1988년 서울올림픽이 끝나고, OECD 가입과 북핵 위기를 거치며, 정부는 깨달았다.

"이제 세계가 우리를 말하기 전에 우리가 먼저 세계에 말해야 한다."

그 목소리를 내기 위해 만든 실험이 바로 아리랑TV였다.

하지만 시작부터 구조는 모순적이었다. 법적으로는 '민법상 재단법인', 현실적으로는 '정부 예산으로 운영되는 공공기관'. 공공성과 자율성, 정책과 콘텐츠, 이상과 현실이 끝없이 엇갈리는 이중 구조 속에서 아리랑TV는 늘 흔들렸다. 정권이 바뀌면 편성도 바뀌고, 사장이 바뀌면 전략도 달라졌다. 그 사이에서도 이 방송은 매번 '국가의 신뢰를 지키는 공공창구'로서의 정체성을 잃지 않으려 했다.

### 2부는 바로 이 '보이지 않는 전쟁터'를 들여다본다.

카메라 뒤의 사람들, 정책과 예산의 실핏줄, 부처 간의 책임 공방, 그리고 아리랑TV가 마주한 제도적 모순의 실체를 탐사한다. 이것은 방송이 아니라, 국가 거버넌스의 이야기다.

- 5장은 '화면 뒤의 구조'를 파헤친다.
  법과 제도의 불일치, 정부 의존형 재정 구조, 이중적 신분이 낳은 긴장을 그려내며, "왜 아리랑TV는 늘 불안정한가"라는 질문에 답한다.

■ **6장은 세계 무대 위에서 한국의 좌표를 그린다.**

BBC, NHK, DW, CGTN 등과 비교하며, 아리랑TV가 '문화와 정책을 함께 말하는 플랫폼'으로 성장해야 하는 이유를 설득력 있게 보여준다.

■ **7장은 '한국을 설계하는 콘텐츠'의 세계다.**

프로그램이 아닌 이야기의 전략 지도, 뉴스보다 깊은 해설형 저널리즘, 권역별 맞춤 편성, 오리지널 포맷 브랜드화 등 콘텐츠가 곧 '국가의 언어'가 되는 과정을 그린다.

■ **8장은 디지털 전환(DX)과 AI 전환(AX)의 시대로 들어선다.**

데이터가 방송을 바꾸고, 시청자가 방송을 움직이는 새로운 질서 속에서 아리랑TV가 '참여형 플랫폼'으로 나아가는 로드맵을 제시한다.

■ **9장은 10년 뒤를 내다보는 청사진이다.**

DX·AX 기반의 거버넌스 혁신과 디지털 전환을 통해, 대한민국이 '이야기를 설계하는 플랫폼 국가'로 진화하기 위한 전략 비전을 제시한다.

결국 2부에서는 이렇게 묻고 있다.

"방송은 누가 만들고, 플랫폼은 누가 설계하는가?"
"국가의 전략은 언제부터 이야기의 언어로 쓰이기 시작했는가?"

아리랑TV의 역사는 단순한 기관의 역사가 아니다. 그것은 대한민국이 '설명하는 나라'에서 '설득하는 나라'로 변화해 온 30년의 기록이다. 법의 문장 안에서 예산의 숫자 속에서, 조직의 구조 뒤에서 한국은 조금씩 자신만의 언어를 만들어왔다.

2부는 그 언어가 어떻게 탄생하고, 왜 지금 '플랫폼'이 대한민국의 외교 언어가 되었는지를 보여주는 이야기다. 전파로 시작된 한국의 말하기가 이제 데이터와 공감으로 이어지는 구조가 되었음을, 그 생생한 증거가 바로 여기에 있다.

| 제5장 |

# 화면 뒤의 구조: 법 · 돈 · 사람이 방송을 만든다

## 민간? 공공? 출발부터 꼬인 두 개의 간판

아리랑TV는 법적으로는 민법상 재단법인이지만, 실제 운영은 정부의 재정 지원과 행정 감독에 의존하는 구조로 설계되었다. 이로 인해 법적 지위와 기능 간의 불일치가 발생하였고, 이러한 구조적 긴장은 지난 30년 동안 아리랑TV의 제도적 한계를 규정해온 근본 요인이 되었다.

실제로 강익희(2000)는 아리랑TV가 국제방송이라는 설립 목적에도 불구하고 당시 국내방송 중심의 편성 구조 속에서 내국인 영어 학습 채널로 기능하고 있다는 비판을 제기하였다. 이 평가는 해외위성방송이 개시(1999년)된 지 불과 1년 차에 제기된 것으로, 국제방송 체계가 아직 정착되지 못한 초기 과도기의 한계를 반영한 것이었다. 그는 또한 편성 · 재정 · 조직 운영 전반에서 공공성과 자율성, 재정 안정성 간의 충돌이 구조적으로 내재되어 있음을 지적하였다.

1990년대 초중반 대한민국은 경제성장의 고도화와 민주주의의 제도화를 달성하며, 국제사회 속 국가 위상을 새롭게 규정해야 하는 시점에 있었다. 1988년 서울올림픽, 1993년 APEC 및 OECD 가입 등은 한국이 세계무대에서 자국의 가치와 정책을 직접 설명할 공공커뮤니케이션 채널의 필요성을 자각하게 한 전환점이었다. 당시 외신 보도에서 한국의 입장이 충분히 반영되지 못하거나 주변화되는 사례가 빈번했으며, 국가 설명력의 부재는 정부 차원의 구조적 문제로 인식되기 시작했다.

1994년 제1차 북핵 위기에서도 한국 정부의 시각은 국제 공론장에서 제한적으로만 다뤄졌다. 이러한 한계를 극복하기 위해 김영삼 정부는 국정 아젠다로 '세계화(Globalization)'를 천명하고, 국가 이미지 재정립과 영향력 강화를 위한 해외위성방송 채널 구축을 추진하였다.

그 결과 1996년 4월, 공보처는 민법상 재단법인 국제방송교류재단을 설립하고, 영어 해외위성방송 아리랑TV 개국을 주도하였다. 이는 한국이 처음으로 자국의 시각과 문화를 능동적으로 설명할 수 있는 시청각 기반의 국가홍보방송이었다.

그러나 출범 과정은 순탄치 않았다. 정치권과 언론계는 '정부 주도 방송은 국영방송으로 전락할 수 있다'는 우려를 제기했고, 특히 당시 야당인 새정치국민회의는 정치적 중립성 훼손 가능성을 문제 삼으며 재단 설립에 반대했다. 그럼에도 공보처는 설립을 강행했고, 재단은 출범 직후부터 운영 논란에 휘말렸다. 1997년 국회 문화체육공보위원회 국정감사에서는 정실 인사, 이사회 파행, 예산 낭비 등이 지적되었으며(중앙일보, 1997.10.16), 언론에서는 이를 "공보처 외곽기구 확대를 위한 졸속 추진"이라 비판하며, 재단을 '공보처의 사생아'라 혹평했다(미디어오늘, 1998.04.15).

재정 구조는 애초부터 제약을 안고 있었다. 정부는 1,000억 원 규모의 출연금을 계획했으나 실제 확보액은 704억 5천만 원에 그쳤고, 이 중 700억 원은 KOBACO의 공익자금, 나머지 4억 5천만 원은 방송사와 경제단체가 분담하였다. 이후 재단은 기금 이자와 자체 수익사업으로 운영경비를 충당하고, 제작비와 시설 구축, 운영비는 방송발전기금(후에 국고 및 방송통신발전기금)으로 보완하는 구조를 갖추었다. 정부는 사업 개시 5년 후 자립을 목표로 광고·협찬 등 자체 재원 확대를 계획했으나, 콘텐츠 경쟁력 부족과 전문 인력 확보 난항으로 재정 기반은 점차 약화되었다.

아리랑TV는 민간 형식을 취하되 공공 기능을 수행하는 이중 구조로 출범했으며, 이는 곧 법적 형식(민법상 재단법인)과 운영 실질(정부 의존형 방송) 간의 불일치로 이어졌다.강익희(2000)는 이러한 제약으로 인해 아리랑TV가 정부 재정 의존에서 벗어나기 어려울 것이라 경고하며, 향후 독립성과 자립성이 제도적으로 제약될 가능성을 지적하였다. 이후 이러한 우려는 실제 운영 과정에서 상당 부분 현실화되었으며, 결과적으로 그의 분석은 아리랑TV 제도 구조의 장기적 한계를 예견한 초기 진단으로 평가된다.

2000년대 중반까지 재단은 기금 과실금, 수신료, 협찬, 프로그램 판매, 임대사업, 영어교육 등 다양한 수입원을 모색했으나, 정부 재원 지원 한계와 경쟁력 있는 콘텐츠 부족, 전문인력 확보 난항, 공공채널 제외 등의 요인이 복합 작용하며 재정 기반은 점차 약화되었다. 특히 2004년 이후에는 출연금 원금까지 운영 재원으로 전환하여 사용함으로써, 설립 당시 출연금 704.5억 원은 매년 30~40억 원씩 전입되어 결국 소진되었다. 2007년 기준 전체 수입 134억 원 중 60%가 자체 수입이었으나, 이마저도 상당 부분이 국고보조사업과 임대수익에 의존하였다.

이러한 재정 구조의 취약성은 이후에도 개선되지 못한 채 지속되었으며, 2024년 현재까지도 외부 사업 매출이 일정 규모를 유지함에도 불구하고 재정의 구조적 한계는 여전히 반복되고 있다. 결국, 이러한 재정 불안의 근본 원인은 법적 지위와 기능 간의 불일치에 있으며, 방송발전기금 축소와 불안정한 예산 편성 구조는 그 한계를 더욱 심화시켜 왔다.

특히 2024년에는 국고지원 인건비 예산의 50%(약 58억 원)가 삭감되면서, 기관의 재정 운영이 존립을 위협할 정도로 심각한 압박을 받았다. 이후 국회와 주무부처 협의를 통해 일부 예산이 복원되었으나, 이는 일시적 방편에 불과했다. 결과적으로, 설립 초기부터 이어져 온 법적 지위의 모호성과 재정 기반의 취약성은 오늘날까지도 아리랑TV의 구조적 한계로 남아 있다(국제방송교류재단, 2024 경영실적보고서).

결론적으로 아리랑TV는 민간성과 공공성, 자율성과 정책 연계성이라는 상충하는 가치가 병존한 채 출범하였다. 법적 지위의 불명확성과 재정 기반의 취약성이 결합되면서, 지속 가능한 운영 체계 확립이 어려운 구조가 고착화되었다.

이로 인해 정책 수행력, 콘텐츠 경쟁력, 장기 브랜드 전략 수립 등 핵심 운영 요소 전반에서 제약이 발생하였으며, 이러한 구조적 불일치는 이후 정부 정책 설계와 재정 운용 간 괴리로 이어져, 아리랑TV 발전 전략의 근본적 장애 요인으로 반복되어 왔다.

## 돈은 여기, 권한은 저기: 정책·재정이 엇갈릴 때

아리랑TV는 2007년부터 「공공기관의 운영에 관한 법률」의 적용을 받는 위탁집행형 준정부기관[17]으로 지정되었으며, 2023년에는 기타 공공기관[18]으로 재분류 되었다. 회계와 감사에서는 공공기관 수준의 엄격한 책임성을 요구받지만, 법적 위상은 여전히 공영방송이나 국가기관과 구별되는 독자적 형태를 유지하고 있다.

이러한 제도적 지위는 설립 초기부터 지속되어 온 법적·기능적 불일치 구조의 연장선에 있다. 법적으로는 민법상 비영리 재단의 형태를 유지하면서도, 실제 운영은 정부 예산과 정책 지원에 크게 의존해 왔기 때문이다. 특히 문화체육관광부와 방송통신위원회가 각각 정책과 재정을 분담하는 이원적 구조는 운영 주체와 책임 소재를 불분명하게 만들며, 정책 방향과 재정 운용 간 괴리를 심화시켰다. 그 결과 아리랑TV는 국가 홍보형 전략 채널로 일정한 기능을 수행했지만, 동시에 제도적 제약과 이중적 책임 구조를 안게 되었다.

정부는 출범 초기부터 해외홍보방송을 국가전략 차원에서 지원하기 위해 공익자금 30억 원을 투입하여 위성 임차료 등 해외 방송 기반을 마련하고, 아시아를 시작으로 유럽과 미주로 확장하는 3단계 방송권역 확대 전략을 추진하였다.

개시 5년 후 재정 자립을 목표로 공익자금 지원을 축소하고 광고·협찬 등 자체 수입원을 확대하려는 계획도 수립했으나, KBS·MBC 프로그램의 무상 제공, KBS 라디오 국제방송 및 일부 케이블 채널과의 통합 운영 등은 실현되지 못했다. 이러한 정책 설계와 재정 운용 간의 괴리는 이후에도 구조적 문제로 이어졌으며, 그 근본 원인은 아리랑TV의 제도적 기반에 내재되어 있었다.

1996년 설립 당시 아리랑TV의 제도와 운영 구조는 단순한 방송 개국을 넘어 공공외교

17) 준정부기관: 정부가 투자·출자하거나 재정지원을 통해 설립·운영하는 공공기관 중 공기업이 아닌 기관으로, 기획재정부 장관이 지정하는 기관이나. 2023년부터 적용된 현행 기준에 따르면, 직원 정원이 300명 이상이면서 공기업이 아닌 공공기관 중에서 공기업보다 기업적 성격이 약하고 주로 정부 업무를 위탁·집행하는 기관을 말한다.

18) 기타 공공기관: 공기관은 성격에 따라 크게 공기업, 준정부기관, 기타 공공기관으로 나뉜다. 자체 수입 비율이 50% 이상이면 공기업, 50% 미만이면 준정부기관으로 분류된다. 기타 공공기관은 이 같은 수입 기준을 적용하기에 적절하지 않거나 자율성을 보장해줘야 할 공공의 목적이 있다고 판단될 때 정부가 지정한다.

전략과 방송정책이 교차한 복합적 산물이었다. 당시 공보처가 방송정책과 정부홍보 기능을 모두 담당했기에 정책 기획과 재정 집행의 정합성이 유지되었으나, 1998년 공보처 폐지 이후 상황은 급변했다. 방송정책 기능은 방송위원회(후일 방송통신위원회)로, 홍보 기능은 문화관광부(현 문화체육관광부)로 분리되면서, 아리랑TV는 문화부 산하기관이면서도 재정의 상당 부분을 방통위 발전기금으로 지원받는 이원 구조에 놓이게 되었다.

이 구조는 곧 역할과 책임의 분산으로 이어졌다. 문화체육관광부는 편성과 콘텐츠 정책에 관여했지만 예산 통제력은 제한적이었고, 방통위는 발전기금을 통해 막대한 재정을 지원하면서도 "직접 관할권이 없다"는 이유로 정책 개입 여지가 제한적이었다. 방통위 내부에서는 이러한 "정책 관할 없이 재정만 지원하는 구조"에 대한 불만이 꾸준히 제기되었으며, 이로 인해 아리랑TV 법제화 논의가 반복적으로 교착되는 주요 원인으로 작용하였다.

최근 들어  지원이 축소되면서, 운영 예산의 대부분이 문화체육관광부 국고와 재단 자체 수익으로 충당되는 구조로 이동하고 있다. 이 변화는 방통위의 영향력을 약화시키는 대신 문화부의 책임성을 강화하는 효과를 가져왔지만, 동시에 아리랑TV의 법적 지위와 정책적 위상을 명확히 규정해야 할 필요성을 더욱 부각시켰다.

이 문제는 국회 상임위원회와 국정감사에서도 꾸준히 제기되어 왔다. 정부 예산을 사용하는 방송임에도 불구하고 제도적 감시 체계가 미흡하다는 비판이 이어졌고, 경영 투명성과 책임성 강화를 요구하는 지적이 반복되었다. 국회에서는 특별법 제정을 통해 법적·제도적 위상을 확립하려는 시도가 여러 차례 있었으나, 정권 교체 시점마다 논의가 중단되거나 무산되어 안정적 제도화로 이어지지 못했다.

한편 아리랑TV는 협찬, 콘텐츠 판매, 시설 임대, 국제행사 중계 등 다양한 자체 수익원을 통해 운영 예산의 일부를 충당해 왔다. 이러한 자립적 수익 구조는 다른 공공기관과 비교해도 드문 사례로 평가되지만, 동시에 정부가 이를 예산 축소의 명분으로 활용하면서 '자립성과 지원 축소가 동시에 작용하는 이중 구조를 형성하였다.

결국 아리랑TV는 국가 전략 채널로서의 기능을 수행하면서도, 정부조직 체계 안에 명확히 자리 잡지 못하고 공영방송 체계에도 포함되지 못한 채 제도적 사각지대에 놓여 있다. 이는 방송의 정체성과 사회적 책무, 공공외교 전략의 일관성에도 부정적 영향을 미쳤다. 특히 방통위 발전기금 축소와 문화부 국고 전환은 아리랑TV의 법적 위상과 정책 거버넌스를 재정립해야 할 필요성을 한층 더 부각시켰다.

따라서 글로벌 미디어 경쟁이 심화되는 현 시점에서 아리랑TV의 법적 지위, 재정 구조, 정책 거버넌스 전반을 재정비해야 한다. 안정적 재원 확보, 명확한 법적 지위, 문화·방송·외교 부처 간 협력 구조가 뒷받침될 때, 아리랑TV는 국가 브랜드 외교와 K-콘텐츠 확산의 핵심 전략 채널로서 제 역할을 다할 수 있을 것이다.

## 정책의 흐름에 흔들리는 방송, 연속성을 잃은 구조적 이유

아리랑TV는 정부 예산에 기반한 민간 재단의 형태를 취하고 있으나, 운영 전반에서 정부 정책 변화에 취약한 구조를 지니고 있다. 프로그램 편성 방향은 외교·문화정책 기조에 따라 영향을 받아왔으며, 정권 교체나 사장 교체 시마다 경영진 교체와 콘텐츠 방향이 달라지는 '운영상 불연속성' 문제가 반복되어 왔다.

법적으로 사장의 임기는 3년이지만 실제 평균 재임 기간은 2년 내외에 불과하며, 이로 인해 장기 전략의 일관성과 조직 정체성의 연속성이 약화되었다. 이러한 현상은 단순한 인사 교체의 문제가 아니라, 정부 예산 의존 구조와 인사 종속 체계가 결합된 제도적 불안정성에서 비롯된 결과라 할 수 있다.

정부는 예산 지원과 정책 정합성을 이유로 아리랑TV 운영에 일정 부분 영향을 미쳐 왔으며, 이사회 구성과 경영진 선임 절차 또한 정부 의존적 구조에 놓여 있다. 민법상 재단법인의 형식을 유지하고 있으나, 실질적으로는 정부의 지원과 인사 관여가 병존하는 체제가 지속되었다.

그 결과, 사장 교체 때마다 경영 기조와 프로그램 편성 방향이 달라지고, 국가홍보라는 대의에는 공감하면서도 그 구현 방식이 정권 기조 또는 사장의 철학에 따라 변동되는 구조적 불안정성이 반복되었다. 이는 정부의 직접 통제보다는 제도적으로 내재된 인사·예산 의존성과 조직의 전략적 일관성 부족이 맞물린 구조적 문제로 해석된다. 결국 아리랑

TV는 정권 변화가 곧 경영 방향의 변화를 의미하는 구조 속에서 장기적 비전의 축적보다는 단기 성과 중심의 운영 관행이 강화되는 악순환을 겪어왔다.

국제방송은 본질적으로 정책과 문화의 경계를 넘나들며 국가 이미지를 형성하는 전략 커뮤니케이션 수단이므로, 정책적 방향성과 더불어 장기적 기획력과 자율적 창의성의 병행이 필수적이다. 그러나 아리랑TV는 국고 중심의 재원 구조와 협소한 자체 수익 기반, 그리고 공공기관식 행정체계로 인해 변화 대응력과 기획 실행력이 제약되는 한계를 보여왔다. 제한된 재원·인력·조직 구조 속에서 국제방송으로서 요구되는 수준의 기획력과 지속성을 충분히 발휘하기 어려웠다. 이러한 현실은 국제방송으로서의 본연의 역할, 즉 한국의 정책·문화·가치를 심층적이고 지속적으로 전달해야 할 공공적 사명을 제약하는 요인이 되어왔다.

해외 주요 국제방송들은 이러한 문제를 제도적으로 해결해 왔다. BBC World는 「Royal Charter」와 정부 간 「Framework Agreement」를 통해 정부 재정 지원을 받으면서도 편성·편집 독립성을 제도적으로 보장받고 있다(BBC, 2016; UK Government, 2022). NHK World는 일본 「방송법」에 근거해 수신료 기반 재원을 확보함으로써 정치적 간섭을 최소화하고 재정·편집의 자율성을 유지한다(NHK, 2023). DW는 「Deutsche Welle Statutes and Guidelines」에 따라 독립 전문가 중심의 이사회 구조를 운영하며, 정치적 중립성과 전략적 일관성을 제도적으로 보장한다(DW, 2022). VOA는 미국 글로벌 미디어청(USAGM) 산하에 속해 있으나, 「VOA Charter」와 연방 법률에 따라 편집 독립성과 보도의 신뢰성을 유지한다(VOA, 2023). 이들 사례는 모두 공공성과 자율성의 균형을 제도적으로 보장함으로써 국제방송의 신뢰성과 영향력을 강화하는 구조를 구현하고 있다는 점에서 아리랑TV의 제도 개편 방향에 중요한 시사점을 제공한다.

아리랑TV는 설립 초기부터 뉴스·시사, 문화·관광·산업 등 다양한 분야를 종합 편성하며 대한민국의 이미지를 세계에 전달해 왔다. 그러나 국제방송의 역할이 확대되는 과정에서 재원과 인력, 제도적 제약으로 인해 콘텐츠의 심층성과 지속성을 확보하기 어려웠다. 앞서 언급했듯이 한정된 자원과 경직된 조직 운영 체계로 인해 국제방송으로서의 본연의 목적을 충분히 실현하기 어려운 구조적 한계를 보여왔다.

이러한 문제를 해결하기 위해서는 몇 가지 제도 개편이 필요하다.

첫째, 법적 지위의 명확화가 필수적이다. 특별법 제정을 통해 아리랑TV의 법적 지위를 '국가브랜드 제고를 위한 전략형 국제방송'으로 규정하고, 공공성과 자율성의 균형을 제도적으로 확립해야 한다.

둘째, 공동 거버넌스 체계 확립이 필요하다. 문화체육관광부, 방송통신위원회, 외교부가 공동으로 참여하는 다부처 협력형 거버넌스 모델을 구축하여 정책의 일관성과 실행력을 높여야 한다.

셋째, 이사회 독립성과 기능성을 강화해야 한다. 현재 아리랑TV의 이사회는 당연직 중심의 구성과 비정기적 운영으로 인해 실질적 심의·감독 기능이 제한되어 있다. 이러한 구조에서는 경영 감시와 정책 자문 기능이 제대로 작동하기 어렵다. 따라서 KBS, EBS 등 공영방송이 운영하는 정기 이사회 체제를 벤치마킹하여, 일정 주기(예: 격주 또는 월 1회) 회의 개최를 제도화하고, 주요 경영·편성·재정 현안을 정례적으로 심의·의결하는 시스템을 구축할 필요가 있다. 아울러 당연직 중심 구조를 개선하고, 학계·언론계·산업계·국제방송 전문가 등 외부 인사로 구성된 독립 이사제를 도입함으로써 이사회의 전문성과 객관성을 강화해야 한다. 이러한 정기적·독립적 이사회 체계가 정착될 때, 아리랑TV는 단순한 재단 운영 수준을 넘어 공공성과 전략성을 병행하는 책임 거버넌스 모델로 전환될 수 있을 것이다.

넷째, 사장 임명 절차의 투명성 강화가 필요하다. 2023년 아리랑TV가 기타 공공기관으로 재지정되면서, 사장 임명이 「공공기관의 운영에 관한 법률」에 따른 공모 절차를 거치지 않고 문화체육관광부 장관이 직접 임명할 수 있는 체계로 변경되었다. 이로 인해 전문성이나 기관 운영 능력이 충분히 검증되지 않은 인사가 임명될 가능성도 배제하기 어렵다. 이에 따라 이사회와 외부 전문가가 함께 후보를 추천·심의하는 공모제를 제도화할 필요가 있다. 공공기관의 장은 기관의 방향성과 정체성을 결정짓는 핵심 축인 만큼, 공모제 도입을 통해 사장 선임의 투명성·전문성·정책 연속성을 확보하고, 정권 변화에도 흔들리지 않는 안정적 경영 거버넌스 체계를 확립해야 한다.

다섯째, 유사 채널과의 기능 분담을 명확히 해야 한다. KBS World 등과의 중복을 최소화하고, 아리랑TV를 글로벌 정책·문화 융합형 전략 채널로 정체화해야 한다.

여섯째, 정책 연속성 확보 체계를 구축하여야 한다. 국가 중장기 전략과 글로벌 미디어 환경 변화를 반영한 5~10년 단위 발전계획을 수립하고, 국회 보고 및 성과 평가 체계를 정착시켜 정책의 지속성과 실행력을 보장해야 한다.

아리랑TV는 출범 초기부터 대한민국의 대외전략과 긴밀히 연계된 국제방송으로 설계되었다. 이제는 단기적 편성 효율을 넘어, 국가 브랜드 전략을 실행하는 국제방송으로서의 법적·제도적 기반 확립이 필수적이다. 이러한 제도적 안정성 위에서만 아리랑TV는 정권 변화에 흔들리지 않는 지속가능한 전략형 국제방송으로 자리매김할 수 있을 것이다.

## 함께한다면서 따로 간다: 부처 협업이 멈추는 지점

문화체육관광부는 아리랑TV의 법적 소관 부처로서 이사회 구성과 정관 변경에 영향력을 행사했지만, 편성 방향이나 예산 배분에서 주도권을 충분히 확보하지 못했다. 그러나 동시에 아리랑TV의 제도적 위상 강화를 위해 나름의 정책적 노력을 기울인 사례도 있다.

2007년 「아리랑국제방송 활성화 기본계획」을 수립하고, '국제방송교류재단법' 제정 추진, 해외광고 대행권 부여, 아리랑FM 전국화 등 10대 핵심 과제를 제시하며 아리랑TV의 법적·제도적 기반을 강화하고자 하였다. 그러나 정부 및 지자체의 해외광고 대행 추진사업을 제외하면 대부분의 과제가 실행 단계로 이어지지 못하였고, 결과적으로 문체부는 정책 책임은 있으나 실행 권한이 제한된 '불완전한 관리 구조' 속에 머무르게 되었다.

방송통신위원회 역시 방송통신발전기금을 통해 재정을 지원했으나 제도적 관할권이 없어 정책 기획에는 실질적으로 관여하지 못했다. 최근 발전기금 지원이 축소(2024년 기준 운영예산의 약 20%)되고 국고 지원이 확대되면서 문체부의 영향력이 상대적으로 강화되고 있으나, 두 기관 모두 실질적 책임을 분담하지 않는 구조적 한계는 여전히 지속되고 있다.

방송통신위원회는 국회 논의 과정에서 "아리랑TV처럼 문체부 소관 기관에 방송발전기금을 지원하는 구조는 적절하지 않다"고 지적하며, "관계부처와의 협의를 통해 소관 불일치 문제를 해소하겠다"는 입장을 밝힌 바 있다(전자신문, 2024.9.23).

그러나 실제 역할은 여전히 제한적이었다. 방통위 주무국장인 방송정책국장이 재단의 당연직 이사로 참여하고 있음에도 대면 회의 참석은 거의 하지 않고 주요 현안에 대한 의견 제시도 드물어, 거버넌스 참여가 형식에 그쳤다. 이러한 제한적 참여는 제도적 책임 회피로 이어졌으며, 결과적으로 정책 조율이나 전략 방향 제시에 기여하지 못했다. 즉, 방통위는 재정 지원자로서는 비중이 크지만, 정책적·전략적 파트너로서는 기능하지 못하는 이중적 위치에 머물러 온 것이다.

방통위는 아리랑TV를 국가 차원의 국제방송으로 간주하며, 방송통신발전기금 중심의 재정 구조를 국고 지원 체계로 전환해야 한다는 입장을 제시해 왔다. 그러나 법제화에 명시적으로 찬성하지도, 공식적으로 반대하지도 않으며, 재정 일원화와 책임 명확화를 조건으로 한 유보적 태도를 유지하였다. 이러한 '권한과 책임의 불일치' 구조는 아리랑TV의 정책 연계성과 거버넌스 일관성에 지속적인 단절을 초래하였다.

외교부와의 협력은 더욱 미흡했다. 아리랑TV가 실질적으로 공공외교 채널의 역할을 수행하고 있음에도, 협력은 국제행사 중계 정도 수준에 머물렀다. 외교부 공공문화외교국장이 아리랑TV의 당연직 이사로 참여하고 있으나, 제도적 참여와 별개로 실질적 협업 체계는 구축되지 못했다. 정권 교체 시마다 협력 구상이 단절되면서 글로벌 현안 대응의 메시지 일관성이 약화되었고, 한국의 외교·정책 서사를 체계적으로 전달하지 못하는 한계를 드러냈다. 나아가 디지털·AI 시대에는 플랫폼 정책, 데이터 거버넌스, AI 활용 규제 등 과학기술정보통신부를 비롯한 타 부처와의 연계도 불가피하다.

따라서 향후 아리랑TV의 국제방송 전략은 문화·방송·외교를 넘어 과학기술·데이터 정책과의 융합형 협력 구조를 제도적으로 마련해야 한다. 이는 단순한 행정 협력을 넘어, 국가 전략 단위의 통합형 거버넌스 구축 과제로 접근해야 한다. 앞으로 아리랑TV의 정책 연계성과 효율성을 높이기 위해서는 다음과 같은 개선이 필요하다.

첫째, 문화체육관광부의 정책 기획·운영 책임을 명확히 하고, 방송통신위원회는 방송통신발전기금 지원의 법적 근거와 책임성을 강화하며, 외교부는 공공외교 협력 파트너로 참여할 수 있도록 공동 기획·사업 평가 시스템을 제도화해야 한다.

둘째, 방송통신발전기금의 배분 기준에 국제방송 지원 항목을 신설할 필요가 있다. 디지털·AI 시대의 국제방송은 단순한 해외홍보가 아니라 국가 브랜드와 공공외교 경쟁력 제고를 위한 전략적 공공서비스로 기능한다. 따라서 납부자 환류 원칙을 훼손하지 않는

범위에서 국제방송의 공공외교적 가치와 전략적 역할을 평가 요소로 반영해야 한다. 아울러 축소되는 기금 지원을 보완하기 위해 문화체육관광부 국고 예산과 연계한 복합재원 구조를 병행해야 한다.

셋째, 외교부와의 협력을 제도화하여 콘텐츠 공동 제작과 전략 기획을 확대하고, 상설 협의체를 정례 운영해야 한다.

넷째, 문화체육관광부는 이사회 운영과 사장 임명 등 주요 인사 절차를 투명하고 공개적인 구조로 전환하여 정치적 개입 가능성을 차단해야 한다. 동시에 국제방송 및 경영 분야의 전문성을 갖춘 인재를 발굴·등용할 수 있는 제도적 장치를 마련함으로써, 인사 과정의 전문성과 공정성을 강화해야 한다. 이를 통해 주무부처로서의 정책 책임성과 감독 기능을 명확히 하되, 아리랑TV의 운영 자율성과 제도적 독립성이 함께 보장될 수 있는 균형점을 확보해야 한다.

다섯째, 'K-이니셔티브' 비전 아래 아리랑TV를 국가 브랜드 외교의 핵심 매개체로 명확히 규정하고, 이를 기반으로 부처 간 정책 공감대와 협력 체계를 확립해야 한다.

결론적으로, 아리랑TV는 단순한 방송기관이 아니라 국가의 정책·문화·외교를 종합적으로 매개하는 전략형 국제방송 채널이다.

따라서 부처 간 역할 불일치와 정책 단절을 해소하고, 정책 연계성과 거버넌스 책임성을 명확히 하는 제도적 기반을 구축하는 것이 글로벌 미디어 경쟁 속에서 아리랑TV가 지속 가능한 성과를 창출하기 위한 핵심 조건이라 할 수 있다.

### 〈자료〉 문화체육관광부 아리랑방송 활성화 기본계획 발표(2007.12.12)

■ 개요

- 아리랑국제방송은 1997년 개국 이후 10년간 사업영역 확장과 국제적 인지도 제고 성과를 거두었으나, 경쟁 심화, 재정 압박, 위상 약화 등 구조적 위기에 직면함
- 문화부는 아리랑TV를 명실상부한 국가대표 국제방송으로 육성하기 위해 재정 기반 안정화, 수익사업 확대, 정책 지원 등 종합적 활성화 대책 마련 추진
- 문화부, 유관기관 및 외부 전문가로 구성된 「아리랑국제방송 활성화 T/F」(총괄: 문화부 문화미디어진흥단장)를 2007년 10월부터 약 3개월간의 논의를 거쳐 10대 핵심 추진과제와 비전·채널운영 전략을 발표함

■ 활성화 계획 주요내용

- 비전: 세계를 아우르는 아시아 최고 글로벌 방송 네트워크 구축

  "2012년까지 전 세계 1억 5천만 시청가구 확보 및 국제문화교류 협력 강화"

- 3대 정책기조 및 10대 핵심 추진과제

| 정책기조 | 핵심 추진과제 |
|---|---|
| 정부차원의 정책 지원 | 법·제도적 위상 제고, 정부 및 지자체의 해외광고 대행 추진, 아리랑 영어FM 전국방송 추진, 문화관광체육 국내외 영상홍보사업 연계 확대 |
| 조직역량 강화 | 다문화시대 기획 프로젝트 보강, 제작시스템 개선 및 HD 장비 구축, 해외채널의 마케팅 활성화 |
| 운영체계 개선 | 채널명 교체 등 브랜드 강화, 국제경쟁력 강화를 위해 필요한 우수인력 확보,기금을 활용한 수익사업 전개 |

■ 추진 성과 및 의의

- 재단 설립 이래 최초로 정부 차원의 활성화 대책 마련 성과 및 이를 계기로 정부 등 사회 각계의 관심 계기 마련
- 정책적 독점사업(해외광고 대행사업) 발굴 등으로 자체사업 수입 확대에 기여
- 정부 입법의「국제방송교류재단법」제정 추진('08. 2월 관보 게재를 통한 입법을 예고), KBS 및 방통위에서 반대 의견을 제출하여 소관 부처 간 법안 협의 조정 등 법안 제정을 위해 노력하였으나, 법률제정에는 이르지 못했음. 이를 계기로 아리랑TV 제도적 위상 강화와 법제화 필요성에 대한 정부 공감대를 확산시키는 계기가 됨

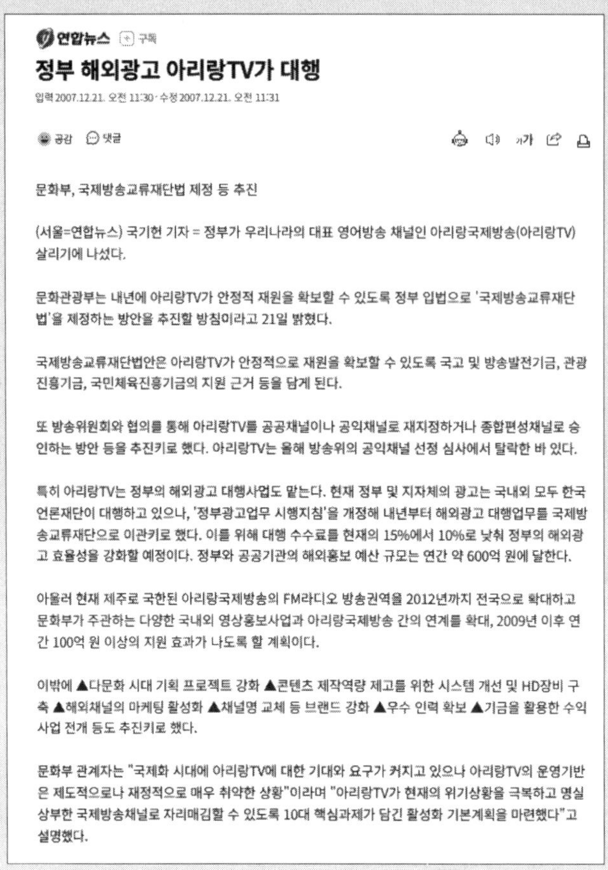

연합뉴스 구독

## 정부 해외광고 아리랑TV가 대행

입력 2007.12.21. 오전 11:30 · 수정 2007.12.21. 오전 11:31

공감 댓글

문화부, 국제방송교류재단법 제정 등 추진

(서울=연합뉴스) 국기헌 기자 = 정부가 우리나라의 대표 영어방송 채널인 아리랑국제방송(아리랑TV) 살리기에 나섰다.

문화관광부는 내년에 아리랑TV가 안정적 재원을 확보할 수 있도록 정부 입법으로 '국제방송교류재단법'을 제정하는 방안을 추진할 방침이라고 21일 밝혔다.

국제방송교류재단법안은 아리랑TV가 안정적으로 재원을 확보할 수 있도록 국고 및 방송발전기금, 관광진흥기금, 국민체육진흥기금의 지원 근거 등을 담게 된다.

또 방송위원회와 협의를 통해 아리랑TV를 공공채널이나 공익채널로 재지정하거나 종합편성채널로 승인하는 방안 등을 추진키로 했다. 아리랑TV는 올해 방송위의 공익채널 선정 심사에서 탈락한 바 있다.

특히 아리랑TV는 정부의 해외광고 대행사업도 맡는다. 현재 정부 및 지자체의 광고는 국내외 모두 한국언론재단이 대행하고 있으나, '정부광고업무 시행지침'을 개정해 내년부터 해외광고 대행업무를 국제방송교류재단으로 이관키로 했다. 이를 위해 대행 수수료를 현재의 15%에서 10%로 낮춰 정부의 해외광고 효율성을 강화할 예정이다. 정부와 공공기관의 해외홍보 예산 규모는 연간 약 600억 원에 달한다.

아울러 현재 제주로 국한된 아리랑국제방송의 FM라디오 방송권역을 2012년까지 전국으로 확대하고 문화부가 주관하는 다양한 국내외 영상홍보사업과 아리랑국제방송 간의 연계를 확대, 2009년 이후 연간 100억 원 이상의 지원 효과가 나도록 할 계획이다.

이밖에 ▲다문화 시대 기획 프로젝트 강화 ▲콘텐츠 제작역량 제고를 위한 시스템 개선 및 HD장비 구축 ▲해외채널의 마케팅 활성화 ▲채널명 교체 등 브랜드 강화 ▲우수 인력 확보 ▲기금을 활용한 수익사업 전개 등도 추진키로 했다.

문화부 관계자는 "국제화 시대에 아리랑TV에 대한 기대와 요구가 커지고 있으나 아리랑TV의 운영기반은 제도적으로나 재정적으로 매우 취약한 상황"이라며 "아리랑TV가 현재의 위기상황을 극복하고 명실상부한 국제방송채널로 자리매김할 수 있도록 10대 핵심과제가 담긴 활성화 기본계획을 마련했다"고 설명했다.

정부 해외광고 아리랑TV 대행 – 문화체육관광부, 해외매체 대상 정부광고 대행권을 아리랑TV에 위임 추진 (연합뉴스, 2007.12.12)

「아리랑방송 활성화 기본계획」 장관 보고용 표지 – 문화체육관광부 문화미디어진흥단(방송광고팀), 2007.12.12.

## ‘이중 신분’의 대가: 책임은 무겁고 자율은 가볍다

아리랑TV는 설립 이후 국제방송이라는 국가전략 기능을 수행해 왔으나, 법적으로는 여전히 민법상 재단법인의 형태를 유지하고 있다. 국가홍보와 공공외교를 담당하는 공공기관적 기능을 수행하면서도, 형식적으로는 민간 재단 구조를 유지하는 이중성은 곧 ‘법·기능 불일치’라는 구조적 문제를 고착시켰다.

그 결과 국제방송으로서의 공공적 책무성과 방송기관으로서의 자율성을 동시에 확보할 수 있는 법적 틀을 마련하지 못한 채 운영이 지속되어 왔다. 이러한 제도적 모순은 기관 운영 전반에 깊은 영향을 미쳤다. 아리랑TV는 법적으로는 민간 재단이지만, 실제로는 기타공공기관으로 지정되어 주무부처인 문화체육관광부의 경영평가, 감사원의 회계감사, 국회의 국정감사 등 공공기관 관리 체계를 적용받고 있다.

사장 임면은 재단법인임에도 불구하고 문화체육관광부 장관의 권한으로 규정되어 있으며, 이사회 역시 당연직 이사를 제외한 추천직 이사가 장관 추천 인사로 구성되어 있다. 또한 주요 기관 의사결정 과정에서도 문체부의 영향력이 크게 작용해 왔다.

기관 평가는 공공기관 기준에 따라 이뤄지지만, 프로그램 성과는 시청률이나 광고 수익 등 상업적 지표로 판단되는 이중 구조가 병존하면서, 책임과 권한의 불일치로 인해 정책 수행력과 방송 자율성이 모두 제약받는 구조가 장기화되었다.

이러한 구조적 모순은 국회 상임위원회와 정치권에서도 반복적으로 지적되어 왔으며, 아리랑TV의 법적 위상 재정립과 제도 개선 필요성이 꾸준히 제기되어 왔다. 이는 단순히 행정적 관리체계의 문제가 아니라, 국가 전략 채널로서의 법적 정체성이 불명확한 데서 비롯된 구조적 한계라 할 수 있다. 이 문제를 이해하기 위해서는 해외 주요 공영 국제방송의 제도 설계를 참고할 필요가 있다.

BBC World Service와 NHK World뿐 아니라, 독일의 DW, 미국의 RFE/RL과 VOA, 프랑스의 France 24 등 주요 국제방송 역시 법률 또는 헌장에 기반해 편성 독립성과 운영 자율성을 제도적으로 보장받고 있다. 이들 사례는 공공성과 자율성의 균형을 법적으로 정합화했다는 점에서, 아리랑TV의 제도 개편 방향을 모색하는 중요한 비교 기준이 된다.

따라서 아리랑TV는 다음과 같은 입법적·제도적 개편 경로를 단계적으로 검토해야 한다.

첫째, 특별법 제정을 통해 국제방송의 법적 지위를 명확히 하고, 재원 구조·편성 자율성·다부처 거버넌스 체계를 법률에 명시해야 한다.

둘째, 방송법 개정 연계를 통해 '국제방송' 조항을 신설하고, 국내 공영방송과 구분되는 별도 운영·재정·편성 규정을 마련해야 한다.

셋째, 하이브리드형 법인 구조를 도입해야 한다. 재단법인의 자율성과 공공기관의 책무성을 병합하는 복합형 법인 모델을 통해 운영 안정성과 제도적 유연성을 동시에 확보할 필요가 있다.

이러한 제도 개편은 단순히 예산 안정성을 확보하기 위한 조치가 아니라, 아리랑TV를 국가 브랜드 외교의 전략 플랫폼으로 재정립하고, 디지털 환경 속 국제 경쟁에서 지속가능한 국제방송 체제를 구축하기 위한 핵심 기반이 될 것이다.

## 화면을 다시 크게, 법·거버넌스·데이터로 재설계하기

아리랑TV는 제도와 기능의 괴리 속에서도 대한민국이 세계와 신뢰를 구축할 수 있는 대표적 국제방송으로 기능해 왔다. 글로벌 OTT의 확산, 디지털 뉴스 소비 환경의 급격한 전환, 그리고 K-콘텐츠의 세계적 확산은 한국이 자국 이미지를 통합적·전략적으로 전달할 수 있는 고유 매체의 필요성을 더욱 높이고 있으며, 그 중심에 바로 아리랑TV가 있다.

아리랑TV는 단순한 정부 홍보 채널이 아니라, 한국의 정치·문화·사회적 정체성을 종합적으로 해석하고 전달하는 국제방송이다. 특히 'K-브랜드'가 국가 이미지의 핵심 담론으로 부상한 현시점에서, 아리랑TV는 K-콘텐츠의 문화적 외연을 확장함과 동시에 한국형 민주주의, 시민 가치, 정책 방향성을 세계와 공유하는 국가전략형 국제방송으로 발전해야 한다. 이를 위해 '한국 문화의 확산'과 '정책 콘텐츠 전달'이라는 이중 역할을 명확히 설정하고, 문화적 감수성과 정책 메시지를 전략적으로 융합하는 체계를 제도화할 필요가 있다.

국제방송은 본질적으로 자국의 문화·정치적 가치, 생활양식을 세계 시민에게 전달하는 국가 커뮤니케이션 플랫폼이다. 아리랑TV는 기존 국제방송의 시사·보도 중심 모델을 넘어, 문화 중심성과 정책 전략성을 융합한 '한국형 국제방송 모델'을 구축해야 한다. 이를 위해 비정치적 문화콘텐츠의 국제화와 K-브랜드 가치 확산 전략이 유기적으로 결합되어야 한다.

이러한 비전 실현을 위한 미래 과제는 다음과 같다.

첫째, 정부·재단·콘텐츠 제작자 간 삼자 협치 구조를 제도화해야 한다. 정책 수요와 제작 현장이 단절되지 않도록 상설 협의체를 제도화하고, 정책기획-콘텐츠 제작-국제배급이 연계되는 통합형 거버넌스 체계를 구축해야 한다.

둘째, 법적 지위를 확립해 국제방송으로서의 위상과 운영 안정성을 확보해야 한다.

셋째, 정책 콘텐츠와 문화 콘텐츠의 병행 편성 전략을 확립해야 한다. 단순한 문화 홍보를 넘어, 한국의 정책 방향과 사회적 가치가 담긴 스토리텔링형 콘텐츠를 체계적으로 제작·편성하여 문화적 매력과 정책 메시지를 동시에 전달해야 한다.

넷째, 시청자 데이터 기반 글로벌 편성체계를 구축해야 한다. 글로벌 수용자 데이터를 활용한 맞춤형 편성·제작 시스템을 도입하고, AI 기반 분석과 추천 알고리즘을 통해 시청자 반응과 문화권별 선호를 실시간으로 반영해야 한다. 이는 단순한 기술 도입이 아니라, 공공성과 신뢰성을 유지하면서 글로벌 시청자 접점을 확대하는 핵심 수단이 될 것이다.

다섯째, 아리랑TV는 제도·조직의 경계를 넘어, K-브랜드 플랫폼으로서의 역할을 명확히 해야 한다. 이는 단순한 방송 운영 개선이 아니라, 법·제도 기반과 디지털·AI 전략을 통합한 지속 가능한 국제방송 생태계 구축 과제이자, 대한민국의 국가 브랜드를 장기적으로 설계·전달하는 국가 인프라 전략이다.

아리랑TV의 전략적 전환은 결국 '방송의 혁신'이 아니라, '국가 소통 구조의 혁신'이다. 즉, 콘텐츠 중심의 문화외교를 넘어, 정책과 가치, 기술이 결합된 K-브랜드 시대의 대표적 글로벌 커뮤니케이션 플랫폼으로 도약하는 것이 아리랑TV가 지향해야 할 궁극적 미래 비전이다.

| 제6장 |

# 세계를 무대로,
# 한국의 목소리를 새로 짓다

## 전파로 펼친 외교전: BBC에서 CGTN까지, 세계의 전략 지도

21세기 들어 국제방송은 단순한 정보 전달 매체를 넘어, 국가 외교전략·문화 확산·글로벌 담론 형성을 아우르는 복합적 공공외교 플랫폼으로 진화하고 있다. 디지털 플랫폼의 부상과 미디어 경쟁의 격화는 각국 국제방송이 과거의 '국가 대변인' 역할에서 벗어나, 세계 시민을 설득하고 공감시키는 전략형 콘텐츠 미디어로 변화하도록 이끌었다. 이러한 흐름 속에서 세계 대표적 국제방송들은 제도적 자율성·다언어 전략·디지털 전환을 핵심 축으로 삼아, 국가 이미지를 글로벌 가치 담론 속에 효과적으로 재구성하고 있다.

가장 전통적인 국제방송인 BBC World는 1932년 개국 이후 왕립헌장(Royal Charter)에 의해 편성 독립성이 법적으로 보장된다. 영국 외무부와 전략적으로 협력하되, '독립성 기반의 신뢰도'를 핵심 자산으로 유지하며 42개 언어로 방송한다. 분쟁지역 보도, 인권·민주주의 이슈, 문화 다큐멘터리 등에서 세계 최고 수준의 신뢰도를 유지하며 글로벌 공공미디어의 표준 모델로 자리 잡았다. NHK World는 일본 「방송법」에 근거해 수신료 기반의 안정적 재정 구조를 확보하고 있으며, 본사와 통합된 전략 기획 체계를 통해 뉴스·전통문화·첨단기술 등 일본의 다층적 이미지를 전달한다. 'Cool Japan' 전략과 연계해 문화·기술·관광을 유기적으로 통합하며, 공공성과 독립성의 균형을 유지하고 있다. DW는 독일 연방정부 예산으로 운영되지만, 독립 이사회 구조를 통해 정치적 중립성과 자율성을 보장받는다. '인권·민주주의·유럽적 가치'를 핵심 메시지로 삼아, 비서구 지역(동유럽·아프리카·중동권)을 중심으로 가치 기반 국제방송 모델을 구축했다. VOA는 미국 글로벌미디어청(USAGM) 산하 방송으로, 냉전 시기 반공 선전에서 출발했으나 현재는 자유민주주의와 언론의 자유를 주제로 한 콘텐츠로 전환하였다. 연방정부 예산에 기반하되 편집 독립 장치를 갖추고 있으며, 시민 자유·토론문화·미국 생활양식을 간접적으로 전달하는 이미지 전략을 구사한다.

최근에는 France 24, RT, Al Jazeera English, TRT World, CNA(Channel News Asia) 등 신흥 국제방송들이 급부상하고 있다. 이들 채널은 자국의 외교 전략이나 지정학적 시각을 반영한 편성 전략을 구사하며, 다국어 방송을 운영 전략의 핵심으로 삼고 있다. France 24는 프랑스 정부 산하 국영미디어그룹 France Médias Monde가 운영하며, 프랑스의 글로벌 언론 영향력 확대를 목표로 다언어 방송을 강화하고 있다. RT는 러시아 정부의 지정학적 시각을 반영한 정치적 뉴스 중심 편성으로, 국가 담론 주도에 초점을 둔다. Al Jazeera English는 '글로벌 사우스(Global South, 아시아·아프리카·중남미 등 비서구권 국가들)'의 관점에서 국제 이슈를 조명하며, 서구 중심 보도의 대안적 담론을 구축한다. TRT World는 튀르키예 정부의 외교 전략과 연계된 '터키의 목소리'를 전달하는 창구 역할을 수행한다. CNA는 싱가포르 정부 주도의 아시아 뉴스 허브를 지향하며, 동남아 중심 시각의 국제 뉴스 네트워크를 구축하고 있다.

이처럼 국제방송은 더 이상 단순한 '정부 지원 언론'이 아니라, 자국의 가치와 이미지를 세계에 효과적으로 전달하는 전략 미디어로 자리 잡고 있다. 영향력 있는 국제방송 대부분은 ▲정부 재정 지원, ▲제도적 자율성 보장, ▲전략적 콘텐츠 기획이라는 세 가지 축의 결합을 통해 영향력을 극대화한다.

최근에는 AI 번역·추천 기술이 국제방송 경쟁력의 핵심 인프라로 부상하고 있다. 자동 번역·다언어 음성합성·맞춤형 추천 기술은 국제방송의 글로벌 접근성과 신뢰성을 동시에 높이는 주요 수단이 되고 있다.

그러나 아리랑TV는 세계 주요 국제방송에 비해 글로벌 생태계 속 전략적 포지셔닝이

상대적으로 불안정하다. 이는 ▲법·제도의 불일치 ▲재정의 불안정성 ▲콘텐츠 경쟁력의 약화라는 삼중 구조적 요인에서 비롯된 결과다. 이러한 구조적 제약 속에서 아리랑TV는 국제방송으로서의 정체성을 명확히 확립하고, 국가 공공외교를 수행하는 전략형 국제방송으로 도약하기 위한 제도적·전략적 전환이 요구된다.

## 지도 위의 한국: 아리랑TV의 현재 좌표

아리랑TV는 해외위성방송 개국(1999) 이후 한국의 이미지 제고와 문화외교 수행을 핵심 목표로 운영되어 왔으나, 법적 위상의 모호성·재정 변동성·디지털 경쟁 환경의 심화 속에서 그 포지셔닝은 여전히 불안정하다. 앞서 살펴본 주요 국제방송 사례와의 비교를 통해, 아리랑TV의 제도적 기반–콘텐츠 전략–수용자 도달력–정책 연계성 측면에서 현 위치를 진단할 필요가 있다.

첫째, 법적 지위와 정책 연계성 측면에서 아리랑TV는 현재 '기타공공기관'으로 지정되어 있지만, 여전히 민법상 재단법인이라는 틀 안에 머물러 있다. 방송통신위원회·외교부·문화체육관광부 등 유관 부처 간의 책임 체계 또한 불명확하다. 이러한 제도적 불일치는 장기 전략 수립의 일관성을 저해하며, 세계 주요 국제방송처럼 법률과 헌장을 통해 독립성과 정책 연계성을 동시에 확보한 모델과 뚜렷이 대비된다.

둘째, 편성 전략과 콘텐츠 다양성 측면에서 아리랑TV는 문화 중심 편성의 비중이 높고, 정치·외교·시사 콘텐츠는 상대적으로 축소되어 있다. 이러한 편성 구조는 '비정치성'이라는 설립 철학과 함께, 후발 국제방송으로서의 시장 진입 전략에서 비롯된 결과로 볼 수 있다. 그러나 선진 국제방송과 비교할 때 정책형 콘텐츠의 전략적 기획력과 실행력 부족이 지속적으로 지적된다. BBC World와 DW는 시사·보도 중심의 국제방송이지만, 정치·경제 뉴스에 국한되지 않고 문화·인권·민주주의 등 보편적 가치 이슈를 심층 탐구함으로써 단순한 국가 홍보를 넘어 글로벌 공공담론 형성에 기여하고 있다. 반면 아리랑TV는 예산과 전문 인력의 제약으로 시사·보도 부문의 심화가 어려운 실정이다. 최근에는 한류 확산과 정부의 '문화강국' 기조에 맞춰 K-콘텐츠 기반의 교양·다큐·라이프 포맷 확대, 문화 스토리텔링형 프로그램 강화 등 변화를 시도하고 있으나, 이러한 변화가 한국의 정책 가치나 사회적 메시지와 긴밀히 연결되지 못하고 있다. 따라서 단순한 문화 홍보를 넘어, 정책 메시지를 세계의 공감 코드와 결합할 수 있는 체계적 편성 전략이 여전히 필요하다.

셋째, 디지털 플랫폼 대응력과 글로벌 수용자 확장력에서 아리랑TV는 유튜브·SNS·OTT 채널 운영을 강화하고 있으나, BBC World·NHK World·France 24처럼 다국어 채널 분화와 데이터 기반 맞춤형 편성까지 발전한 단계에는 이르지 못했다. 영어 중심 단일 채널 구조는 글로벌 도달률과 영향력의 확장에 한계를 드러낸다.

넷째, 정책 브랜드 연계성과 대외 커뮤니케이션 전략에서도 아리랑TV는 K-콘텐츠 확산의 문화적 기반으로 기능하고 있지만, 국가 브랜드 전략 및 정부 공식 외교 메시지와의 체계적 결합은 여전히 미흡하다. VOA·DW·Al Jazeera English가 국가전략과 콘텐츠 메시지를 긴밀히 연계해 운영하는 것과 비교할 때, 아리랑TV는 공공외교 채널로서의 일관된 메시지 체계를 확립하지 못한 상태이다.

다섯째, 재정 기반의 불안정성은 여전히 구조적 제약으로 작용하고 있다. 정부 지원 구조에 대한 높은 의존과 자체 수익 창출의 한계는 중장기 프로젝트 추진력과 글로벌 경쟁력 확보를 약화시키며, 결과적으로 브랜드 신뢰도와 영향력의 지속 가능성을 저해한다.

결론적으로 아리랑TV가 글로벌 국제방송 경쟁 속에서 영향력을 확대하려면 네 가지 과제가 시급하다. 첫째, 법·제도 위상 확립, 둘째, 문화·정책 이원 편성의 전략화, 셋째, 디지털 다채널·다언어 확대, 넷째, K-브랜드 담론과 연계된 정책형 콘텐츠 기획의 정착이다. 이 네 축이 실현되지 않으면 아리랑TV의 영향력과 존재감은 점차 약화되고, 국가 브랜드 확산과 공공외교를 매개하는 전략적 채널로서의 기능이 저하될 수 있다.

특히 이러한 전환 과제는 AI 기반 시청자 데이터 분석 및 맞춤형 편성 역량 확보와 병행될 때 효과를 극대화할 수 있다. 글로벌 국제방송 경쟁 구도에서 데이터·AI 기반 전략 운영(DX·AX)은 이제 선택이 아니라 지속 가능한 국제방송의 필수 인프라가 되고 있기 때문이다.

## 두 개의 국제방송, 하나의 나라: KBS World와 아리랑TV의 교차로

국제방송은 전통적으로 BBC World, NHK World, DW와 같이 각국의 공영방송 체계 내에서 출발한 사례가 대부분이었다. 그러나 한국의 경우, 1990년대 중반 당시 공보처가 직접 영어 국제방송 설립을 추진하고, 민법상 독립 법인인 국제방송교류재단을 통해 아리랑TV를 개국한 것은 매우 이례적인 경로였다. 흥미로운 점은, 이러한 방식이 결과적으로 국제방송의 보편적 모델에서 벗어난 특수한 시도로 평가되지만, 결코 잘못된 접근은 아니었다는 것이다. 이후 프랑스의 France 24(2006), 러시아의 RT(2005), 튀르키예의 TRT World(2015), 싱가포르의 CNA(1999) 등도 자국 정부의 재정 지원을 기반으로 한 국제방송 모델을 구축하며, 아리랑TV와 유사한 구조적 특성을 부분적으로 공유하게 되었다.

이는 아리랑TV의 설립 방식이 국제방송 발전사에서 결코 예외적 사례가 아니라, 이후 등장한 다수의 정부 주도형 국제방송에 선행한 '전형적 하이브리드 모델(정부 지원 + 독립 운영)'로 평가될 수 있음을 보여준다.

다만, 한국의 국제방송 체계는 이러한 선도적 출발에도 불구하고, 이후 KBS가 자사 영향력 확대를 위해 별도의 국제방송(KBS World)을 개국하면서 이원화(dual system) 구조로 고착되었다. 동시에 아리랑TV 역시 법적 지위와 제도적 기반을 확립하지 못한 채 운영이 지속되면서, 통합적 국가 전략 체계를 구축할 기회를 상실하였다. 그 결과, 국가 브랜드 전략이 하나의 통합 플랫폼으로 수렴되지 못하고, 오늘날까지도 역할 중복과 정체성 논란이 지속되고 있다.

이는 아리랑TV 출범 당시 KBS가 국제방송 운영에 소극적이었거나 정책 우선순위에서 배제했을 가능성이 크다. KBS는 무궁화위성을 활용한 국내 위성방송 시험방송과 디지털 다채널 환경 대응, 국내 뉴스 강화 전략에 집중하고 있었기 때문에 영어 위성 국제방송 병행은 조직적 부담으로 인식되었을 수 있다. 반면, 공보처는 방송정책과 대외홍보 기능을 함께 관할하며 정부 직속의 전략 커뮤니케이션 수단을 직접 설계하려 했다. 이로써 아리랑TV는 공공외교 전략에 특화된 독립 채널로 출발하였고, 이는 훗날 KBS World와의 역할 중복 및 정책적 긴장 구조의 출발점이 되었다.

2000년대 초반 김대중 정부 시기, 방송개혁위원회는 사회교육방송·KBS 국제방송을

KBS에서, 아리랑TV를 국제방송교류재단에서 각각 분리해 세 방송을 「국책방송」으로 통합·신설하고 국고 지원을 받도록 하는 방안을 최종 결정하였다.[19] 그러나 재단 보유기금(704억 원)의 방송진흥원 이관, 연간 600억 원 이상으로 추산된 운영재원 조달의 현실성, KBS 직원 신분 변동 문제, 사회교육방송·국제방송의 잠정 KBS 위탁 운영 조항 등으로 인해 당시에도 실현 가능성에 의문이 제기되었다. 재단은 외국어 방송 제작·송출 인프라와 노하우를 갖춘 자신들이 국책방송 기능을 맡는 것이 효율적이라고 주장하며 기금 이관에도 반대를 분명히 하였고, KBS도 방송 분리에 반대 입장을 견지하였다. 결국 국책방송 설립은 무산되었고, 아리랑TV는 정부(문화부) 산하 국제방송으로, KBS World는 공영방송 산하 국제방송으로 병존하는 현재의 구조가 정착하였다.

최근에도 통합 논의는 완전히 사라지지 않았다. 2022년 한국방송학회 세미나에서 권오훈 KBS 국제방송국장은 "한국의 국제방송 모델을 통합형으로 전제했을 때, KBS 국제방송과 현존하고 있는 아리랑TV를 통합하되 별도의 법인으로 'KBS 국제방송원'을 설립하자"는 제안을 내놓았다(미디어오늘, 2022.10.27). 이어 2023년 10월에는 KTV 내부 연구보고서를 통해 KTV·KBS World·아리랑TV 통합 구상이 드러나 국회 문화체육관광위원회 국정감사에서 논의되었다(미디어오늘, 2023.10.20). 또한 같은 해 일부 학계와 언론에서도 공영방송 구조개혁의 일환으로 KBS1·EBS·아리랑TV를 포함한 통합론이 제기되었다(뉴데일리, 2023.9.1).

이러한 논의는 이미 과거에도 제기된 바 있는데, 심영섭(2018)은 문화체육관광부 산하 아리랑국제방송과 방송통신위원회 소관 KBS World를 통합해 'KBS국제방송'을 설립하는 방안이 2014년 연구를 통해 검토된 사실을 지적하였다. 이는 거버넌스 정비와 국제방송 이원화 해소가 여전히 미해결 정책 과제로 남아 있음을 보여준다.

이와 같은 이원적 구조는 편성전략, 정책 목표, 글로벌 유통 대상국 선정 등에서 비효율을 초래했다. 아리랑TV는 공공외교 기능에, KBS World는 국내 KBS 프로그램의 국제

---

19) 당시 방송개혁위원회 실행위원회에서는 ▲국제방송교류재단 목적사업 중 방송 기능(아리랑TV, 해외위성방송)은 KBS 사회교육방송·국제방송과 함께 「국책방송」으로 분류하여 국고로 지원하고 KBS에 위탁 운영 ▲국제방송교류재단의 나머지 기능(국제 방송교류, 수출지원 및 시설장비 임대·지원사업)은 기금과 함께 「한국방송진흥원」에 통합하는 것으로 결정하였으나, 방송개혁위원회에서는 해외방송 기능을 「국책방송」으로 통합·신설하는 것으로 최종 이결 하였다.

재송신을 통한 한류 콘텐츠 유통에 각각 초점을 맞추지만, 그 과정에서 정책 자원이 분산될 수밖에 없다. KBS World는 뉴스·시사 프로그램을 포함하되 드라마·예능·음악 등 대중 콘텐츠를 중심으로 편성하며, 이는 국내 KBS 채널의 프로그램을 글로벌로 재전송하는 유통 전략에 기반한다. 반면 아리랑TV는 정책·문화·외교 중심의 영어 콘텐츠를 자체 제작하여, 외국인을 주요 시청 대상으로 하는 정책형 국제방송 성격이 강하다. 이는 국제방송 권역 내에서 두 채널 간 콘텐츠 성격과 정책적 정체성의 명확한 분화 필요성이 더욱 부각되고 있다.

또한 아리랑TV는 독일의 DW 모델을 참고하여, 정부 재정 지원을 받으면서도 운영상 독립성을 유지하는 민법상 재단법인 형태로 출발했다. 그러나 독일 DW, 영국 BBC World, 일본 NHK World 등이 각각 법적 근거와 안정적인 재정 구조를 제도적으로 확보한 것과 달리, 아리랑TV는 정부 예산에 의존하면서도 법적 지위가 불명확한 구조 속에서 독립성과 책임성 사이의 긴장을 지속해왔다. 더불어 방송통신발전기금 지원 비율의 축소는 편성·제작·송출 등 전반적 운영의 지속가능성을 위협하는 요인으로 작용하고 있다.

무엇보다 KBS World와 아리랑TV의 병존 문제는 단순한 기능 중복이 아니라, 외교·문화·방송이라는 3대 축에서 기능 분화를 실현하지 못한 구조적 한계에 있다. 해외 사례처럼 독일은 ZDF(국내 공영방송)와 DW(국가 전략형 국제방송), 중국은 CCTV(국내 방송)와 CGTN(국제방송), 러시아는 VGTRK(국내 방송)와 RT(국제전략방송) 등 공영방송과 국제전략방송을 명확히 구분해 서로 다른 지향성과 정책 목표를 부여하고 있다. 한국 역시 이와 같이 국내 공영방송과 국제 전략방송을 분리·특화하는 방향이 필요하며, 단순 통합보다는 기능 분업과 정책 조정 체계의 마련이 시급하다.

아리랑TV와 KBS World는 공공외교와 한류 유통이라는 서로 다른 전략을 기반으로 역할을 수행해왔으며, 이러한 구조 아래에는 과거 KBS World24(한국어 뉴스·다큐 채널, 현재는 KBS KOREA로 통합)가 있었으나, 현재는 KBS KOREA로 리 브랜딩되어 운영 중이다. 이처럼 기능 분화를 위한 시도가 있었음에도 불구하고, 여전히 전략적 정합성과 역할 정체성의 혼선이 해소되지 않고 있다 이 과정에서 정책 자원이 분산되고, 국제방송 생태계 내에서 역할 정립이 지연되는 문제점이 드러나고 있다.

## 〈표 6-1〉 아리랑TV와 KBS World 편성 비교[20]

<table>
<tr><th>구분</th><th>아리랑TV</th><th>KBS World</th><th>KBS World24</th></tr>
<tr><td>목적</td><td>• 한국에 대한 국제사회의 올바른 이해와 국제적 우호친선의 증진(정관 제2조)<br>• 주한 외국인의 한국이해 증진 및 내국인의 세계화 의식 제고(정관 제4조)</td><td colspan="2">• 국제친선 및 이해증진과 문화·경제교류 등(방송법 제54조)<br>• 재외 한국인의 한민족네트워크를 구성, 한민족 단일문화권을 실현(방송법 제44조)</td></tr>
<tr><td>사업 성격</td><td>• 비영리 무료 국가홍보방송 채널</td><td>• 유료 한류 엔터테인먼트 채널</td><td>• 해외동포대상의 뉴스 교양 채널</td></tr>
<tr><td>사업 근거</td><td>• 민법 제32조(비영리법인의 설립과 허가) 및 정관</td><td colspan="2">• 방송법 제44조(공사의 공적책임), 제54조(업무)</td></tr>
<tr><td>운영 재원</td><td>• 방송통신발전기금, 자체수익 등</td><td colspan="2">• 국내 TV수신료, 해외 위성수신카드 판매 수입 등</td></tr>
<tr><td>방송 채널</td><td>• 24시간 / 3개채널(코리아, 월드, UN)</td><td colspan="2">• 24시간 / 3개채널(월드, 월드24, 라티노)</td></tr>
<tr><td>편성 비율</td><td>• World 채널<br>- 보도 33.4% 교양 38.3%, 오락 28.3%<br>• Korea 채널<br>- 보도 31.3% 교양 44.9%, 오락 23.8%<br>• UN 채널<br>- 보도 41.5% 교양 58.5%</td><td>• KBS World<br>- 보도 5%, 교양 5%, 오락 90%<br>• KBS World: 라티노<br>- 보도 4%, 오락 96%(평일기준)</td><td>• KBS World 24<br>- 보도 63%, 교양 37%(평일기준)</td></tr>
<tr><td>방송 언어</td><td>• 영어 98%, 한국어/영어자막 등 2%</td><td>• 한국어(영어 1% 이내)</td><td>• 한국어</td></tr>
<tr><td>자막</td><td>• 총 8개 언어: 영어, 한국어, 중국어, 스페인어, 베트남어, 아랍어, 러시아어, 인도네시아어</td><td>• 총 8개 언어: 영어, 한국어, 중국어, 스페인어, 베트남어, 일본어, 말레이어, 태국어</td><td>• 없음</td></tr>
<tr><td>대상</td><td>• 해외 외국인(해외 채널)<br>• 국내거주 및 체류외국인(국내채널)</td><td>• 한류에 관심있는 해외 외국인</td><td>• 700만 해외동포</td></tr>
<tr><td>주요 방송 내용</td><td>• 국세여론 내용 및 한국이해 증진을 위한 문화·정치·경제·외교·산업·관광 등 시사 및 한국 문화 콘텐츠</td><td>• 한류문화 콘텐츠 제공</td><td>• 국내 뉴스 및 교양 프로그램 재전송</td></tr>
<tr><td>정책 연계성</td><td>• 외교부·문체부 등 협력 콘텐츠 다수</td><td colspan="2">• 정책 연계성 낮음 / 한민족 네트워크 강화</td></tr>
<tr><td>전략적 성격</td><td>• 문화·정책·외교 중심의 전략형 방송</td><td colspan="2">• KBS 프로그램 유통 채널 / 동포·한국어 전용 채널</td></tr>
<tr><td>송출</td><td>• 9기 위성임차, 103개국 1억 4,200만 가구 송출</td><td>• 6기 위성임차, 100개국 5,617만 가구 송출</td><td>• 미국, 일본, 뉴질랜드 등</td></tr>
</table>

* 출처: 최성배(2019), 『국제방송 채널 브랜드의 진정성이 채널 충성도와 국가브랜드 제고에 미치는 효과 연구』, 경기대학교 박사학위논문, 35쪽(일부 내용 저자 재구성).

20) 본 표는 2019년 기준 KBS World24 편성 구조를 포함하고 있으며, 현재는 KBS KOREA로 리 브랜딩되어 운영 중임.

아리랑TV와 KBS World가 국제방송 생태계에서 상호 보완적 역할을 수행하기 위해서는 다음과 같은 방향 전환이 필요하다.

첫째, 기능 분업을 명문화해야 한다. KBS World는 한류 중심의 글로벌 유통 채널로, 아리랑TV는 문화·정책·외교 중심의 전략형 국제방송으로 특화하는 방식이다.

둘째, 편성 중복을 최소화해야 한다. 장르와 시간대 조율, 해외 송출 일정의 공동 캘린더 운영을 통해 중복 편성을 줄일 수 있다.

셋째, 공동 아젠다 기획을 추진해야 한다. 기후변화, 평화, 첨단산업 등 주요 글로벌 의제를 공동 프로젝트로 개발하고 브랜드화하는 것이다.

넷째, 글로벌 데이터 공유 체계를 마련해야 한다. 해외 시청자 데이터를 공동 분석하고, 권역별 맞춤 전략을 분담·실행하는 방식이다.

다섯째, 법·재정 기반을 강화해야 한다. 아리랑TV 특별법 제정이나 방송법상 국제방송 지위 명시, KBS World 국제방송 전용 재원 신설 등을 통해 제도적·재정적 안정성을 확보할 필요가 있다.

결론적으로, 한국의 국제방송 체제는 현재 '병존과 중복'이 공존하는 구조적 한계에 놓여 있다. 아리랑TV와 KBS World는 각각 법적 지위와 운영 체계가 구분된 병존형 모델로 존재하지만, 국가 차원의 통합 전략 부재로 인해 중복성 논란이 지속되고 있다.

따라서 향후 한국의 국제방송 전략은 '병존의 체계화'와 '중복의 해소'라는 두 축을 중심으로 재설계되어야 한다.

즉, 아리랑TV는 문화·정책 중심의 국가 브랜드 전략 채널로서, '문화강국'과 '소프트파워 국가'라는 국가 비전을 직접 지원하는 전략형 국제방송으로, 한국의 정책·가치·문화를 융합적으로 전달해야 한다. 반면, KBS World는 KBS 프로그램의 글로벌 재송신을 기반으로 한류 확산과 재외 동포 커뮤니티를 연결하는 문화·교류형 방송으로 그 기능을 명확히 분리·특화해야 한다.

이러한 역할 구분이 제도적으로 명확해질 때, 두 채널은 상호 보완적 관계 속에서 한국의 '정책–문화–외교'를 아우르는 통합형 국제방송 체제를 구축하고, 아리랑TV는 국가 브랜드 외교의 전략 플랫폼이자 국가 비전 실현의 실행 채널로 자리매김할 수 있을 것이다.

〈자료〉 대한민국 해외방송 통합 논의의 주요 경과 및 정책 쟁점

■ 방송개혁위원회 결정 요지(1999년)

- 사회교육방송과 국제방송을 KBS로부터 분리하고, 아리랑TV를 국제방송교류재단에서 분리한 후, 이들 3개 방송을 「국책방송」으로 통합·설립. 경비는 국고 지원
- 아리랑 TV는 「국책방송」에서 운영하고, 사회교육방송과 국제방송은 완전통합 될 때까지 잠정적으로 KBS에 위탁방송
- 아리랑TV방송을 제외한 국제방송교류재단의 업무(기금 포함)는 방송진흥원에 통합

⇒ 국책방송 설립은 예산문제 및 KBS의 반대 등으로 결국 설립하지 못하고 라디오 부문은 KBS가 위성TV방송은 재단이 계획대로 추진하는 것으로 봉합됨.

■ 방송위원회, 방송정책기획위원회(2001년)

- 〈제1안〉 KBS로부터 국제방송과 사회교육방송을 분리하여 국제방송교류재단에서 아리랑TV와 통합 운영
- 〈제2안〉 KBS로부터 국제방송과 사회교육방송을 분리하고 국제방송교류재단에서 아리랑TV를 분리, 국책방송 법인을 신설해 이들 3개 방송을 통합 운영
- 〈제3안〉 현행 유지(일원화 불필요)

⇒ 위성방송을 중심으로 대외 홍보방송의 활성화 및 위상 재정립 제시

■ 방송위원회, 중장기 방송발전 연구위원회(2005년)

- **'해외방송 운영자 협의체'** 구성: 현재 해외방송채널(KBS, YTN, 아리랑TV 등)들이 상호 유기적인 관련 없이 난맥상을 보이고 있으므로, 방송위원회 주관으로 '해외방송 운영자 협의체' 구성(각 방송사 및 해외동포들의 입장을 존중하되 국가적 차원에서 협력이 가능한 부분을 협의)
- **'해외방송공사' 설립 등 해외방송 창구 일원화 검토** : KBS의 해외방송 기능과 아리랑TV를 통합, 해외방송공사는 국가홍보기능, 한국방송의 세계화 지원, 해외동포들에 대한 방송서비스 등 모든 대외방송업무를 총괄
- **해외방송의 제도적·재정적 안정화 대책 마련을 위하여 관련 법령 개정 추진** : 방송법에 해외방송공사의 설립 등을 규정하고, 재원 출처 등을 법에 명시

■ 방송통신융합추진위원회의 해외방송에 대한 제안(2006년)

- 단기: 아리랑TV, KBS World 두 방송사의 기능을 명백히 하여 역할 조정
- 장기: 두 방송사 기능을 통합, 별도의 공사 설립

KBS – 아리랑TV 해외방송 통합 논의 상징 이미지: 대한민국 해외방송의 역할과 기능 분담을 둘러싼 지속적 정책 논의의 흐름을 보여줌.

'교육방송과 국제방송의 미래지향적 발전방향 모색' 세미나(2022.10.26): 권오훈 KBS 국제방송국장이 KBS월드와 아리랑TV를 통합, KBS 본사와 분리된 별도 법인형태의 'KBS 국제방송원' 설립 제안

## 시청자가 본 한국: 아리랑TV에 대한 세계의 시선

국제방송의 영향력은 채널 운영 국가의 정책 의지나 콘텐츠 품질에만 좌우되지 않는다. 궁극적으로는 해외 시청자가 해당 채널을 어떻게 인식하고, 어떤 경험적 신뢰를 형성하느냐에 따라 그 전략적 가치가 규정된다.

아리랑TV는 '한국을 대표하는 국제방송'이라는 공식적 위상을 지니고 있으나, 시청 동기·채널 충성도·정보 신뢰도 측면에서 복합적 평가를 받고 있다. 다수의 해외 시청자는 아리랑TV를 한국문화와 관광 정보를 제공하는 채널로 인식하며, 정치·사회 현안 분석이나 시사성 면에서는 다소 제한적이라고 평가한다. 이는 뉴스·시사 콘텐츠의 질적 확장과 제작 역량 강화 필요성을 뒷받침하는 동시에, 아리랑TV의 정체성이 어디에 있어야 하는가에 대한 근본적 질문을 던진다.

그러나 아리랑TV의 경영 및 방송 환경을 고려할 때, 일반적인 국제방송의 보도 중심 운영 방식을 그대로 적용하기는 어렵다. 단순한 시사 강화의 필요성에는 공감하더라도, 그것이 곧 아리랑TV의 정체성을 강화하는 방향인지는 재검토가 필요하다. 이러한 문제의식은 시청자 조사 결과에서도 드러난다.

채널 충성도와 인지도 조사 결과, 해외 시청자들은 대체로 아리랑TV에 대해 긍정적인 브랜드 이미지를 갖고 있었으나, 콘텐츠 구성의 반복성과 차별성 부족, 다국어 자막 서비스의 미흡 등이 장기적 시청 충성도 형성의 걸림돌로 지적되었다(국제방송교류재단, 2017). 이러한 결과는 아리랑TV가 정보 전달 중심의 방송 모델을 넘어, 수용자와의 상호 소통을 강화하는 플랫폼형 국제방송으로 전환해야 함을 보여준다.

또한, 최성배(2019)는 아리랑TV의 브랜드 진정성이 시청자의 신뢰와 긍정적 이미지 형성에 유의한 영향을 미치며, 이를 통해 채널 충성도와 국가브랜드 제고가 강화된다고 실증하였다. 이는 아리랑TV가 단순한 정보 채널을 넘어, 한국에 대한 신뢰와 공감의 매개체로 작동할 수 있음을 시사한다.

그러나 시청자 조사와 연구 결과를 종합해 보면, 아리랑TV는 신뢰성과 진정성 측면에서 분명한 강점을 지니고 있음에도 불구하고, 콘텐츠의 시의성·혁신성·다양성 측면에서는 여전히 보완이 필요하다. 이는 단순히 프로그램 품질의 문제가 아니라, 국제방송으로서의 전략적 정체성과 운영 철학을 다시 설계해야 하는 구조적 과제이기도 하다. 향후 정책 과제는 네 가지로 요약된다.

첫째, 수용자 맞춤형 콘텐츠 기획 강화이다. 지역별 문화 감수성과 시청 패턴에 기반한 차별화 전략 필요하다.

둘째, 지역 특화 채널 및 콘텐츠 운영이 필요하다. 권역별 언어와 문화권에 대응하는 다언어 또는 지역별 채널 운영이 이상적이지만, 현실적 제약으로 실현 가능성이 낮다. 따라서 디지털·AI 전환(DX·AX)을 기반으로 세그먼트 편성 체계를 활용해 권역별 언어·문화권·수용자 데이터를 분석하고, 지역별 맞춤형 콘텐츠를 제공하는 플랫폼형 지역화 전략이 필요하다

셋째, 정책 메시지 전달 체계 강화이다. 문화콘텐츠에 정책적 가치와 사회적 서사를 융합하는 전략 필요하다

넷째, 문화·정책 콘텐츠의 균형성 확보가 핵심 과제로 제시된다. '문화 매력성'과 '국가 정책 방향성'이 조화되는 통합적 콘텐츠 구조 정립이 필요하다.

그리고 무엇보다 신뢰 형성과 지속적 소통을 가능하게 하는 콘텐츠 전략이 병행되어야 하며, 단편적 정보 제공을 넘어 스토리텔링 기반 국가 커뮤니케이션으로의 전환이 요구된다.

결국 아리랑TV는 '한국을 소개하는 창'을 넘어 '세계와 소통하는 장'으로 기능을 확장해야 한다. 이를 위해서는 ▲법적 지위의 명확화, ▲정부–재단–제작자 간 협치 모델 구축, ▲문화·정책 이원 편성 전략 확립, ▲글로벌 수용자 데이터 기반 편성 체계 도입이 필수적이다. 아리랑TV가 더 이상 정체성 논쟁의 대상이 아니라 국가 전략의 핵심 매개체로 자리매김하기 위해서는 제도·정책적 기반의 전면적인 재설계가 요구된다.

이러한 기반 위에서 아리랑TV는 더 이상 정체성 논쟁의 대상이 아니라, 국가 비전(문화강국·소프트파워 국가) 실현을 직접 지원하는 전략형 국제방송으로 자리매김할 수 있을 것이다.

나아가 AI 기반 데이터 분석과 추천 알고리즘을 활용해 시청자 반응·이용 행태를 정밀하게 파악하고 맞춤형 콘텐츠를 설계함으로써, 글로벌 수용자의 신뢰와 공감을 확대하는 국가 브랜드 커뮤니케이션 플랫폼으로 진화해야 한다.

| 제7장 |

# 한국을 설계하는 콘텐츠: 아리랑TV의 전략 지도

## 방송이 아닌 '언어'를 편성하다: 아리랑TV의 철학과 변화

아리랑TV의 콘텐츠 편성 철학은 설립 초기부터 '비정치적·비상업적 국제방송'이라는 원칙을 기반으로 형성되었다. 이는 정부나 특정 정치 세력의 메시지를 전달하는 도구가 아니라, 문화적 감수성과 공공성을 중시하는 국제 커뮤니케이션 채널로서의 정체성을 자임한 것이었다. 특히 "Korea's Essence Channel"이라는 슬로건은 한국 사회의 전통성과 현대성을 통합해, 세계 시청자에게 한국의 다면적 이미지를 전달하겠다는 방향성을 담고 있었다.

아울러 1999년 해외 위성방송 개국 준비 과정에서 김홍규 외(1999)가 수행한 「해외 위성방송의 편성 경향」 연구는 아리랑TV 편성 철학 수립에 중요한 참고자료로 활용되었다. 당시 연구는 BBC World, TV5, RAI, CCTV, STAR TV 등 주요 국제방송의 편성을 비교·분석하였으며, 그 결과 DW와 CCTV는 자국 프로그램 중심의 보도·시사 편성을 통해 국가 홍보 성격을 강화한 반면, TV5와 RAI는 뉴스, 다큐, 교양·예술을 조화시켜 종합형 채널의 모델을 제시하였다. 이러한 비교·분석은 아리랑TV가 정치적 중립성과 문화·공공성 중심의 편성 원칙을 정립하는 데 기초 자료로 활용되었다.

설립 초기 아리랑TV는 정치색을 배제하고 문화 중심 콘텐츠를 전면에 배치함으로써 외국인 시청자의 심리적 장벽을 낮추고, 한국에 대한 친숙한 이해를 유도할 수 있었다. 전통문화, 대중예술, 산업기술, 한국어 교육 등 일상적 주제를 중심으로 콘텐츠를 구성하면서, 아리랑TV는 외국인들이 한국을 접하는 '첫 관문'으로 기능해왔다.

편성전략 측면에서 아리랑TV는 권역별 시차를 고려한 반복 편성, 장르별 띠 편성, 프라임 타임 집중 배치 등 국제방송의 전형적 모델을 충실히 적용해왔다. 그러나 BBC World, VOA, DW 등 주요 국제방송이 뉴스·시사 중심으로 글로벌 여론 형성을 주도한 반면, 아리랑TV는 문화·예술·교육 중심의 정체성을 고수하며 차별성을 유지했다. 이처럼 국제방송사마다 편성 철학과 전략적 지향점은 서로 다르게 나타나며, 구체적인 특징은 〈표 7-1〉 세계 주요 국제방송 편성 경향에서 확인할 수 있다.

아리랑TV는 이들 방송과 달리 문화·예술 중심의 정체성을 유지해 차별성을 확보했다. 그러나 이러한 전략은 시간이 지나면서 구조적 고착화로 이어졌고, 디지털 플랫폼의 부상과 글로벌 수용자 이용 행태 변화에 충분히 대응하지 못했다. 특히 1999년 초창기에는 시청자를 지식층과 일반 대중으로 이원화해 띠 편성을 구성했으나, 2010년대 이후에는 장르 구성 변화 없이 동일 포맷이 반복되면서 전략적 진화가 정체되었다.

〈표 7-1〉 세계의 주요 국제방송 편성 경향

| 채널명 | 편성 주요내용 |
|---|---|
| BBC World NEWS (영국) | • BBC World News는 국제 뉴스 및 정보 방송 채널로 전 세계 200개 이상의 국가를 대상으로 하루 24시간 영어방송 중<br>• 편성비율 : 보도 86.9%, 교양 16.1%, 오락 0%<br>• 1시간 간격으로 뉴스 편성, 뉴스는 평일 15분/30분, 주말 10분/15분 단위로 방송, 글로벌 이슈 및 비즈니스 뉴스 중심<br>• 뉴스 이외에는 '라이프 스타일, 시사, 다큐멘터리, 비즈니스, 스포츠, 월드 이슈'의 6개 밴드로 편성 |
| VOA (미국) | • 국가별 현지 언어(총 44개)로 위성별로 각기 다른 프로그램 편성<br>• 편성비율 : 보도 55.5%, 교양 38.0%, 오락 6.5%<br>• 미국 케이블TV 네트워크인 C-SPAN 프로그램이 전체편성의 약 1/3을 차지하고 있으며, 그 외 위성 권역별로 해당 국가 뉴스 편성<br>• 과거에 비해 보도의 비율 높아지는 추세(16년 24.7%, 18년 55.5%) |

| | |
|---|---|
| DW<br>(독일) | • DW는 대륙별로 총 6개 채널을 운영하고 있으며, 영어·독어·스페인어·아랍어 등 총 4개 언어로 하루 24시간 방송 중<br>• 편성비율 : 보도 49.5%, 교양 45.0%, 오락 5.5%<br>• 매 정시마다 메인 뉴스인 DW News를 방송 중. 시간대별로 뉴스를 특화 편성(새벽시간대는 2분, 주요 프라임시간대는 30~60분)<br>• 특이사항으로는 종교(교회) 프로그램 정규 편성하고 있으며, 오락은 주로 주말(토/일)에 편성 |
| NHK World<br>(일본) | • NHK World는 1일 24시간 영어 방송 중 (6시간 4방 체제)<br>• 편성비율 : 보도 42.0%, 교양 52.3%, 오락 5.7%<br>• 메인뉴스 프로그램 "NEWS LINE"은 1시간에 한 번씩 방송(평일은 매시간 30분 뉴스, 주말에는 매시간 10분 뉴스로 방송)<br>• 국제적 뉴스보다는 주로 자국 문화에 초점을 맞춘 프로그램 제작<br>• 교양 역시 주로 일본 및 일본 문화에 대한 내용으로 구성됨 |
| CGTN<br>(중국) | • CGTN은1일 24시간 영어로 방송하고 있음. 또한 6개의 다언어 채널(스페인, 프랑스, 아랍, 러시아, 아프리카, 미국) 운영 중<br>• 편성비율 : 보도 65.6%, 교양 34.4%, 오락 0%<br>• 정시마다 뉴스, 시사정보가 방송되며, 글로벌 및 비즈니스 뉴스중심, 방송센터가 있는 미국·아프리카·아시아 지역에 특화된 뉴스를 방영<br>• "Mobile first" 전략(다양한 플랫폼 접근 강화) 추구 |
| France 24<br>(프랑스) | • FRANCE 24는 전세계 177개 국가에서 1일 24시간 영어로 방송 중, 프랑스, 아랍 채널도 운영 중<br>• 편성비율 : 보도 90.7%, 교양 9.3%, 오락 0%<br>• 보도채널 표방, 글로벌 뉴스인 France 24 International News는 하루 10회 45/50분씩 방영, 그 외 30분 단위로 일반 뉴스 10/15분씩 방영<br>• 지역별(프랑스, 아프리카, 중동, 아시아, 미국, 유럽) 특화된 시사프로그램 을 제작·방영 |
| Russia Today<br>(러시아) | • Russia Today는 3개의 다언어 채널(영어/스페인어/아랍어)운영<br>• 편성비율 : 보도 58.8%, 교양 40.6%, 오락 0.6%<br>• 1시간마다 정시에 뉴스편성. 모든 프로그램 30분 길이로 제작·방영<br>• 미국 및 영국 시청자 대상의 지역 특화 프로그램 편성<br>• '18년부터 코미디 프로그램이 신규 편성되어 1주 2회 방영 |

* 출처: 최성배(2019), 『국제방송 채널 브랜드의 진정성이 채널 충성도와 국가브랜드 제고에 미치는 효과 연구: 국제방송 아리랑TV를 중심으로』, 경기대학교 박사학위논문, 26-27쪽.

이 같은 구조적 고착화는 아리랑TV 연도별 편성계획서 분석을 통해서도 확인된다. 아리랑TV 연도별 편성계획서 분석(본 책 부록 "아리랑TV 해외방송 편성 계획 및 개편 요약" 참조)에 따르면, 개국 초기에는 띠 편성과 반복편성을 중심으로 한 전형적 국제방송 모델이 큰 틀에서는 장기간 유지되었다. 다만 권역별 현지화, 해외 공영방송 협력, 한류 패키지 편성 등 세부 전략은 시대별 요구에 따라 조정·발전하였다.

2001년부터는 권역별 시청 패턴을 고려한 현지화(Localization) 편성으로 전환하였고, 2002년에는 BBC·DW 등 해외 공영방송 프로그램을 블록으로 도입하여 국제 정보 채널의 성격을 강화하였다. 2003, 2004년에는 산업·경제 홍보 프로그램과 한국어 교육·뉴스 심화 편성을 통해 공공성과 교육 기능을 보강하였으며, 2005년에는 뉴스·시사·다큐를 강화하고 드라마·K-pop을 집중 편성함으로써 '한류 패키지 편성'을 본격화하며 국가브랜드 채널로의 전환을 시도하였다. 2010년대에는 뉴스·정책·경제 콘텐츠의 심화와 디지털 플랫폼 연계를 본격화하였다. 2014년에는 재난방송 체계와 방송 언어 표준화를 도입하며 글로벌 공공미디어로서의 신뢰성을 강화하였고, 2016년 이후에는 K-Culture 콘텐츠와 참여형 포맷을 확대해 멀티플랫폼 기반으로 진화하였다. 2018년에는 정시뉴스 체제를 확립하고 북한·외교·국제정세 특화 프로그램을 신설하는 한편, K-pop과 문화 예능을 병행하여 융합형 채널로 자리매김하였다. 2019년 이후에는 '평화·신한류·혁신경제·공공외교'라는 전략 축을 본격화하며 정책·경제 다큐와 국제뉴스의 심층성을 강화하였다. 2020년대 들어서는 디지털·멀티플랫폼 확산과 연계하여 한국의 정책 아젠다와 글로벌 담론을 반영하는 방향으로 편성을 재편하였으며, 2025년 현재는 K-브랜드 국가전략과 맞물려 공공미디어 플랫폼으로의 정체성 전환을 모색하고 있다.

아리랑TV의 편성 전략은 〈표 7-2〉에서 보듯, 큰 틀에서의 방향성은 유지한 채 시대별 환경과 정책적 요구에 대응하며 세부 전략을 유연하게 변화시켜 왔다.

〈표 7-2〉 아리랑TV 편성 전략의 큰 틀 vs 세부 변화(1999~2025)

| 구분 | 큰 틀(구조적 지속성) | 세부 변화(시대별 조정) |
| --- | --- | --- |
| 방송 체제 | 1999년 개국과 동시에 24시간 방송 체제 확립 기본적으로 본방 30%~40% 재방 60~70% 구조 유지 | • 2000년대: 1일 3방 체제, 권역별 송출 시간대 차별화<br>• 2010년대: 글로벌 정시 뉴스 체계, 디지털·멀티플랫폼 연계 |
| 편성 방식 | 띠 편성(band programming)과 반복(re-run) 편성 중심 | • 2001년: 권역별 현지화(Localization) 도입<br>• 2014년: 재난방송·표준화 체계 도입<br>• 2016년 이후: SNS·참여형 포맷 결합 |

| 콘텐츠 장르 비중 | 오락·드라마·음악 중심, 뉴스·시사 비중은 제한적 | •2002년: BBC·DW 등 해외 공영방송 블록 편성<br>•2003~2004년: 산업·경제 홍보, 한국어 교육·뉴스 강화<br>•2005년: K-드라마·K-pop 결합 '한류 패키지 편성'<br>•2010년대: 정책·경제·국제 시사 심화. |
|---|---|---|
| 전략 방향 | 한국 문화 알리기 중심의 문화홍보 채널 정체성 유지 | •2010년대: 정책·경제·재난·다문화까지 확대<br>•2018년: 북한·외교·국제정세 특화 프로그램 신설<br>•2019년 이후: 평화·신한류·혁신경제·공공외교 4대 축 본격화 |
| 플랫폼 전략 | 기본적으로 TV 중심 글로벌 위성 송출 | •2010년대 이후: 디지털·멀티플랫폼 대응 강화<br>•2020년대: K-브랜드 국가전략과 연계한 공공미디어 플랫폼으로 전환 모색 |

* 출처: 아리랑TV 『연도별 편성계획서(1999-2005)』 등을 참고하여 저자가 분석·정리함.

그러나 뉴스와 정책 관련 콘텐츠의 비중은 여전히 제한적이다. 채널은 문화홍보 중심의 성격을 유지하면서, 글로벌 방송사들이 확장하고 있는 라이프스타일·산업·지역문화 등 융합 영역과는 일정한 격차를 보인다. 또한 편성 구조의 다양성과 장르 간 균형 측면에서도 한계가 존재하는 것으로 파악된다.

한편, 문화체육관광부 『2022 한류백서』와 KOCCA 『2023 해외 한류 실태조사』는 한류 콘텐츠 수요가 음악·드라마 중심에서 뷰티, 패션, 음식, 여행, 게임 등으로 다변화되고 있음을 보여준다. 이러한 변화에도 불구하고 아리랑TV는 여전히 K-POP 및 문화·예술 중심 편성 비중이 높아, 최근의 한류 소비 구조 변화에 비해 편성 전략의 다변화가 충분히 진전되지 못한 것으로 나타난다.

결국 아리랑TV의 편성 철학은 '한국의 진정한 모습을 세상과 나누는 창'이라는 초심에서 출발했지만, 오늘날 그 창은 훨씬 더 넓고, 더 빠르게 변하는 세계를 향해 열려 있어야 한다. 디지털 기술과 글로벌 플랫폼의 융합, 그리고 수용자의 다변화된 관심사는 기존의 안정된 틀을 넘어서는 과감한 변화를 요구한다. 이제 아리랑TV는 단순히 프로그램을 배열하는 '편성'의 개념을 넘어, 한국을 이해하고 경험하게 하는 '전략적 이야기 설계자'로 거듭나야 한다.

특히 글로벌 미디어 환경에서는 〈K-pop Demon Hunters〉와 같이 K-팝을 단순한 음악 장르가 아닌 판타지·애니메이션·게임과 결합된 융합형 내러티브 자원으로 확장하는 사례가 등장하고 있다. 이는 K-팝이 전 세계 청년 세대에게 단순 소비 대상이 아니라, 상상력과 스토리텔링을 통해 새로운 문화를 창조하는 플랫폼으로 기능할 수 있음을 보여준다. 아리랑TV 역시 K-팝을 단순 중계와 공연 소개에 머물지 않고, 한국적 문화 정체성과 세계적 상상력을 결합하는 '문화 내러티브 편성 전략'으로 재정의할 필요가 있다. 이러한 변화를 통해서만 아리랑TV는 '문화 소개 채널'을 넘어 '글로벌 담론의 참여자'로 자리매김할 수 있을 것이다.

요컨대, 아리랑TV의 편성 철학은 '한국의 진정한 모습을 세상과 나누는 창'이라는 초심에서 출발했지만, 디지털 기술과 글로벌 플랫폼의 융합, 수용자 관심의 다변화에 대응해 '전략적 이야기 설계자'로 진화해야 한다. 이를 통해 한국의 문화정체성과 세계적 상상력을 결합하는 문화 내러티브 편성 전략으로 확장될 필요가 있다.

## 뉴스보다 깊은 이야기: 해설형 저널리즘의 필요성

세계 각국의 국제방송사들은 대체로 뉴스와 시사 프로그램을 중심으로 편성하며, 자국 중심의 시각에서 외국 사건·사고를 인식시키고 국제적 이미지를 형성한다. 국제방송은 단순 정보 전달을 넘어 국가의 정치·경제적 이해관계와 직결되며, 글로벌화가 심화될수록 그 영향력은 더욱 커지고 있다(Galtung & Ruge, 1965; Schwanebeck, 2003; 심영섭, 2015). 이러한 맥락에서 대부분의 국제방송은 뉴스·시사 전문편성 혹은 중심 편성을 채택하고 있으며, 아리랑TV 역시 뉴스와 시사 콘텐츠를 핵심 축으로 삼아왔다.

그러나 아리랑TV의 뉴스·시사 콘텐츠는 국제방송으로서의 공공성과 시의성을 구현하는 데 일정한 역할을 해왔음에도 불구하고, 포맷 제약·확산력 부족·디지털 경쟁력 미비 등 구조적 한계가 지속적으로 지적되어 왔다. 이 점에서 아리랑TV 뉴스 전략은 기존의 반복적 뉴스 포맷을 유지하는 데 머물 것이 아니라, 변화된 국제 환경 속에서 새로운 경쟁력 확보 방안을 모색해야 하는 과제를 안고 있다.

아리랑TV 뉴스·시사의 대표 프로그램으로는 〈Arirang News〉, 〈The Point〉, 〈Foreign Correspondents〉 등이 있으며, 대부분 일일 뉴스 혹은 정례 시사 인터뷰 중심의 고정 포맷을 따른다. 이러한 구성은 채널의 신뢰성과 정통성을 확보하는 데 일정한 기여를 했으나, 동시에 전달형 보도에 치중해 글로벌 시청자와의 상호작용이나 심층 분석 측면에서는 한계가 지적되어 왔다. 한편 진민정 외(2018)는 아리랑TV가 2010년대 중반 이후 'The World On' 슬로건을 내외부 공모를 통해 도입하며 뉴스의 심층성과 시사 보도 콘텐츠를 강화했다고 분석하였다. 특히 2017년에는 헤드라인 5분 뉴스(9회)와 데일리 뉴스(8회)를 신설하여 총 17회 뉴스 편성 체계를 구축하였으며, 이는 국제방송으로서 실시간 정보 제공 기능을 강화하기 위한 조치로 평가된다.

그러나 심영섭(2015)은 BBC, NHK, France 24 등 주요 국제방송이 법적·재정적 기반을 토대로 자국의 문화와 정책을 국제사회에 전파하며 여론 형성에 영향을 미치고 있음을 지적하고, 국제방송이 신뢰받기 위해서는 제작 자율성과 제도적 안정성이 중요하다고 강조하였다. 이러한 점에서 아리랑TV는 제도적·재정적 제약으로 인해 뉴스와 시사 프로그램의 다양화 및 심층화에 한계를 보여 온 것으로 분석된다

결국 아리랑TV의 뉴스와 시사 콘텐츠는 국제방송으로서의 공공성과 시의성을 구현하는 핵심 축이지만, 전반적으로 전달형 포맷에 머물러 있다는 평가를 받아왔다. BBC World의 〈HARDtalk〉이나 France 24의 〈The Debate〉와 같이 글로벌 시청자와 직접 토론하고 심층 분석을 제공하는 프로그램에 비해, 아리랑TV는 해설형 저널리즘과 현장 기반 보도의 비중이 상대적으로 낮아 차별성과 확산력 측면에서 한계가 지적된다.

특히 Al Jazeera English는 비서구적 시각의 심층 보도를 통해 국제 뉴스 담론의 다양성을 확대하고 있으며, RT는 논란에도 불구하고 강한 내러티브 전략으로 메시지 전달력을 강화했다.

국제방송 경쟁의 핵심은 단순한 사건 전달이 아닌 맥락 설명과 해설 중심의 저널리즘으로 이동하고 있다. 글로벌 시청자들은 사건의 의미와 파급효과를 이해할 수 있는 '해설형 콘텐츠'를 선호한다. 최근 국내에서도 JTBC의 「다큐플러스」와 같은 '퀵 다큐' 포맷[21]이

21) 퀵 다큐(Quick Documentary)'는 짧은 형식(5~20분)으로 시사·교양 이슈를 간결하게 전달하는 디지털 친화형 포맷으로, 최근 방송사들이 온라인 전용 콘텐츠로 활용하고 있다. 뉴스에서 퀵다큐 적용은 특정 사건이나 사회적 이슈에 대해 배경 설명과 해설을 간결하게 제시하며, 최근에는 방송사들이 뉴스 특집이나 온라인 전용 콘텐츠로 활용하면서, 시청자 참여와 공감 형성을 강화하는 수단으로 주목받고 있다

뉴스·교양 이슈를 5~20분 단위로 간결하게 전달하며 시청자 공감을 이끌어내고 있다. 이러한 사례는 아리랑TV가 지향해야 할 설명형 뉴스·다큐 체계 강화의 방향을 보여준다.

그러나 아리랑TV 뉴스 콘텐츠는 정치·외교·경제 등 국가 정책 중심의 보도에 집중되어 왔다. 이는 국가 브랜드 이미지 관리 측면에서는 일정한 성과를 거두었으나, 다양한 문화권 수용자의 감성적·비판적 수용을 유도하는 서사적 스토리텔링 역량은 상대적으로 부족하다. 그 결과 글로벌 확산성과 공유성, 시청자 충성도 측면에서 지속 가능성을 확보하는 데 한계가 드러나고 있다.

아리랑TV는 유튜브 채널을 통해 〈Arirang News〉를 정기적으로 업로드하며, 일부 숏폼(Shorts) 콘텐츠도 제공하고 있다. 그러나 전체적으로는 전통적인 뉴스 포맷에 기반한 전달 방식이 여전히 중심을 이루고 있으며, 카드뉴스·인터랙티브 리포트·현장 중심 영상 등 디지털 친화적 포맷의 비중은 제한적인 수준에 머물러 있다. 이는 뉴스 소비의 디지털 전환이라는 환경 변화에 충분히 대응하지 못하게 하며, 콘텐츠 활용도와 유통 확장성에도 제약을 초래한다.

이러한 한계는 아리랑TV가 국제 뉴스 영역에서 선진 국제방송과 대등하게 경쟁하기 어렵게 만드는 제도적·재정적 제약과 직결된다. 창사 이래 지속된 예산 제약, 전문인력 부족 등은 고품질 보도 콘텐츠의 기획·제작·유통을 장기적으로 유지하기 어렵게 하는 구조적 요인으로 작용해 왔으며, 그 결과 아리랑TV 뉴스는 국제 이슈를 심층적으로 분석하기보다 스트레이트 형 보도에 치중해 사실 전달 위주의 단조로운 포맷에서 벗어나지 못했다. 이는 국제방송으로서 차별화된 경쟁력을 확보하기 어렵게 했고, 탐사보도나 현장 중심의 취재가 뿌리내리지 못한 구조적 한계로 이어졌다

따라서 아리랑TV의 뉴스 전략은 전체 확장보다 '선택과 집중'을 기조로 해야 한다. 정통 뉴스 전달 기능은 최소화하고, 정부 정책·글로벌 현안·외교 메시지를 중심으로 한 시사형 콘텐츠로 전환하는 동시에 문화 중심 채널로서의 정체성을 강화하는 방향으로 전환이 필요하다.

이를 위해 뉴스·정책·문화 콘텐츠의 경계를 넘나드는 하이브리드 포맷 개발이 요구된다. 외교적 내러티브, 국제 정책 브리핑, 글로벌 전문가 대담, 국제문화 이슈 토론 등은 아리랑TV의 정체성과 글로벌 전략성을 동시에 강화할 수 있는 콘텐츠 모델이 될 수 있다.

결국 이러한 방향 전환은 아리랑TV의 현실 여건을 반영하면서도 국제방송으로서의 존재감과 경쟁력을 확보하기 위한 전략적 선택이다. 동시에 이는 변화하는 시대적 담론과 국가 전략의 흐름 속에서 자연스럽게 연계될 수밖에 없는 과제이기도 하다.

아리랑TV는 한국형 국제방송으로서 독자적 정체성을 구축하는 동시에, 국가가 지향하는 글로벌 비전과 보조를 맞추는 역할을 수행해야 한다. 특히 아리랑TV는 한국문화의 글로벌 확산을 기반으로, 동북아 대표 채널로서의 위상을 확보하는 것을 장기적 목표로 삼아야 한다.

저자의 고민은 바로 여기에 있다. 스트레이트 뉴스에 과도한 자원을 투입하는 대신, KBS 등 국내 공영방송과의 제휴·공동 제작·더빙을 통한 효율화, 문화·정책 중심 뉴스로의 전환은 장기적으로 검토할 만한 과제다. 이러한 논의는 정부·방송계·학계가 함께 허심탄회하게 논의해야 할 숙제이며, 결국 아리랑TV가 한국형 국제방송으로서 독자적 정체성을 구축하면서도, 변화하는 시대적 담론과 국가전략의 흐름과 보조를 맞추는 길을 찾기 위한 진정성 있는 탐색이다.

이를 실행으로 옮기기 위해서는 뉴스·정책·문화의 경계를 넘나드는 하이브리드 포맷 개발과, 디지털 전환(DX) 기반 제작 체계의 단계적 도입이 필요하다.

아리랑TV는 기존 제작 방식을 점진적으로 효율화하면서, 자동화 기술과 데이터 분석을 통해 콘텐츠의 정확성·확장성·재활용성을 높이는 방향으로 나아가야 한다. 이는 단순한 제작 혁신이 아니라, 한국의 공공외교 메시지를 세계 수용자에게 보다 정교하고 지속적으로 전달하기 위한 필수 전략이라 할 수 있다. 즉, 아리랑TV의 뉴스는 더 이상 단순 보도 채널이 아니라, 한국의 가치와 세계적 담론을 연결하는 해설형 공공저널리즘으로 발전해 나갈 필요가 있다.

〈표 7-3〉은 세계 주요 국제방송과 아리랑TV 뉴스·시사 보도를 비교하여 현황과 한계를 정리한 것이며, 동시에 향후 아리랑TV가 지향해야 할 전략 방향성을 요약한 것이다.

〈표 7-3〉 세계 주요 국제방송과 아리랑TV 뉴스·시사 보도의 비교 및 방향성

| 구분 | 세계 주요 국제방송 | 아리랑TV | 향후 방향성 |
|---|---|---|---|
| 포맷 | 심층 인터뷰, 토론, 해설형 저널리즘 중심 | 전달형·스트레이트 보도 위주 | 데이터 기반 해설형·스토리텔링 포맷 강화 |
| 의제 설정 | 글로벌 현안·다원적 담론 반영 | 정부 정책·외교 메시지 집중 | 국제·문화·정책 교차 의제 확대 |
| 디지털 대응 | 숏폼·인터랙티브·SNS 반응형 적극 활용 | 유튜브 업로드 중심, 디지털 포맷 제한적 | DX 기반 자동화 제작·요약·클립화 체계 구축 |
| 경쟁력 요인 | 차별성·몰입도·확산성 확보 | 차별성·브랜드 충성도 한계 | 선택과 집중, 하이브리드 포맷 개발 |
| 전략 목표 | 국제여론 주도·글로벌 담론 참여 | 국가 브랜드 이미지 관리 | 국제 담론 참여를 통한 K-브랜드 가치 확산과 국가 이미지 제고 |

* 출처: 심영섭(2015), 진민정 외(2018), 최성배(2019) 등의 연구와 세계 주요 국제방송 공식 홈페이지를 바탕으로 저자가 재구성함.

## 콘텐츠도 브랜드가 된다: 세계가 기억하는 포맷의 힘

아리랑TV는 설립 초기부터 '한국의 본질을 전달하는 채널'이라는 정체성을 바탕으로, 다양한 장르의 콘텐츠를 기획·제작해 왔다. 특히 문화, 예술, 음악, 전통, 산업 등 정치적 부담이 적은 소재를 중심으로 구성된 오리지널 콘텐츠는 외국인 시청자들이 한국을 이해하는 중요한 입문 경로로 기능해 왔다. 시간이 흐르면서 이러한 콘텐츠는 고유 포맷의 브랜드화로 발전하지 못하고 개별 프로그램 차원에 머무르는 한계를 드러냈다.

일반적으로 방송은 단순한 송출에만 의존할 경우 콘텐츠의 차별성과 경쟁력을 확보하기 어렵다. 특히 해외 현지 외국인을 대상으로 하는 국제방송은 차별화된 콘텐츠 전략과 장기적 브랜드화 노력이 결여될 경우, 글로벌 시장에서 지속적인 영향력을 발휘하기 어렵다.

이러한 맥락에서 현재 아리랑TV의 대표 프로그램으로 평가받는 〈Simply K-Pop〉, 〈Heart to Heart〉, 〈After School Club〉, 〈The Innerview〉, 〈The Korea Herald's

This Week〉, 〈Cultural Heritage〉, 〈Arirang Prime〉 등은 각 장르별 기능적 목적은 충실히 수행하고 있다. 그러나 콘텐츠 자체가 하나의 '글로벌 브랜드'로 각인되기에는 기획력, 포맷 지속성, 확장성 측면에서 전략적 성과가 부족하다. 이는 콘텐츠의 정체성과 가치 제안이 시청자에게 명확히 전달되지 못하고 있으며, 동일 장르 내 유사 콘텐츠와의 차별성 확보에도 어려움을 겪고 있음을 의미한다.

〈After School Club〉은 SNS 기반 참여 포맷을 통해 글로벌 시청자 참여를 활성화하였으며, 이는 아리랑TV 온라인 서비스 이용 증가와 함께 채널 충성도 강화에도 기여한 것으로 해석된다(김형곤, 2015). 그러나 이러한 성과는 어디까지나 개별 프로그램 차원의 결과로 제시되었을 뿐, 채널 전체의 장기적 브랜드 전략과는 직접적으로 연결되지 않았다. 따라서 아리랑TV 차원의 오리지널 콘텐츠 전략은 여전히 보완 과제가 된다.

오리지널 콘텐츠 전략 부재의 핵심 원인 중 하나는 반복 편성 중심의 구조다. 주간 편성표에 따른 반복 편성은 채널 운영 안정성에는 기여하지만, 특정 프로그램을 장기적으로 브랜드화하기 위한 집중 투자나 전략적 마케팅에는 제약이 된다. 특히 제작 예산의 제약으로 인해 신규 기획보다는 기존 콘텐츠 재편성과 재방송에 의존하는 비중이 높아지면서, 결과적으로는 '방송시간 채우기식 편성'이 구조화되었다. 그 결과 시청자는 개별 프로그램의 고유 매력보다는 채널 전체 이미지 속에서 콘텐츠를 소비하게 되고, 이는 콘텐츠 개별 인지도 약화로 이어진다. 포맷 측면에서도 아리랑TV는 인터뷰, 다큐멘터리, 공연 실황 등 전통적이고 익숙한 형식에 주로 의존해 왔다.

반면 NHK World의 〈Begin Japanology〉, France 24의 〈The Interview〉, Al Jazeera English의 〈Studio B: Unscripted〉 등은 명확한 타깃 설정, 고유한 진행 방식, 반복 가능한 포맷을 기반으로 장기적으로 글로벌 브랜드로 자리 잡았다.

특히 〈Begin Japanology〉는 일본의 역사·생활·문화를 현대적으로 재해석하며 세계적 인지도를 확보한 대표 사례로, 아리랑TV가 오리지널 콘텐츠를 통해 추구해야 할 장기 전략의 모델이 될 수 있다. 아리랑TV가 글로벌 국제방송으로서 경쟁력을 제고하기 위해서는 무엇보다 오리지널 콘텐츠의 브랜드화와 차별성 확보가 핵심 과제다.

아리랑TV의 초기 다큐멘터리·교양 프로그램 가운데, 〈만행〉, 〈최승희〉, 〈언어의 경계를 넘어〉, 〈단기출가〉 등은 단순한 문화 홍보를 넘어 불교·무용·다문화 등 보편적 가치를 한국적 서사로 풀어낸 대표적 국제방송 콘텐츠로 평가된다. 이들 작품의 수상 사례는 아리랑TV가 초기부터 문화의 내면성과 서사적 완성도를 통해 국제적 공감을 이끌어낸 전략적 자산임을 보여준다.

따라서 이러한 경험을 토대로 향후 아리랑TV의 경쟁력 강화는 ▲콘셉트가 명확한 오리지널 포맷 개발, ▲장기적 브랜드화 전략, ▲글로벌 플랫폼 연계 강화, ▲문화·정책 균형형 콘텐츠 설계 등으로 구체화되어야 한다. 이러한 전략적 전환 없이는 국제방송 시장에서 영향력을 확장하기 어렵다.

## 한 화면, 여러 세계: 지역 맞춤형 편성의 미래

아리랑TV의 편성 전략은 개국 초기부터 전통적 위성 기반 국제방송 모델을 토대로 설계되었다. 권역별 시차를 고려한 반복 편성, 장르별 균형 배치, 프라임 타임 집중 운영이라는 기본 틀 속에서 해외 시청자와의 접점을 확보하고자 한 것이다. 당시 편성은 뉴스·정보, 문화·예술, 오락, 교육 등으로 장르별 비율을 일정하게 유지했으며, 국내 주요 방송사와 자체 제작물을 결합해 '국가 이미지 홍보'를 중심에 두었다. 대표 프로그램으로는 「Arirang News」, 「Quiz Champion」, 「Explore Korea」, 「In Style」 개국 특집 다큐멘터리 「Snipe Bird's Adventure of 10,000Km」, 드라마 「Ahn, Joong-Keun」 등이 있었다.

이러한 구조는 안정성과 전달 효율성 측면에서는 성과를 거두었으나, 글로벌 콘텐츠 소비 환경이 디지털 중심으로 재편된 오늘날에는 뚜렷한 한계를 드러낸다. 가장 큰 약점은 권역별 특성을 충분히 반영하지 못한다는 점이다. 동일한 콘텐츠를 전 세계에 반복 배치하다 보니, 지역별 문화적 수용성과 현지 이슈를 반영한 차별화가 부족하다. 그 결과 현지 시청자와의 공감 형성이 제한적이며, 시청 습관이나 정보 소비 성향과의 접점도 충분하지 않다.

언어 서비스 역시 구조적 제약을 안고 있다. 현재 아리랑TV는 영어 단일 채널 중심으로 운영되며, 자막 서비스는 하루 2시간 내외·7개 언어에 그친다. 이는 비영어권 시청자의 접근성을 떨어뜨리고, 콘텐츠 확산과 문화적 수용성 모두에서 한계를 만든다.

반면 〈표 7-4〉에서 보듯이 세계 주요 국제방송은 다언어 서비스와 권역별 독립 채널을 운영하며 언어 장벽을 해소하고 있다. 아리랑TV는 단일 영어 채널에 의존하는 구조적 한계로 인해 글로벌 수용자 다변화에 효과적으로 대응하지 못하고 있다.

〈표 7-4〉 주요 국제방송의 언어 및 권역 전략 비교

| 방송사(국가) | 언어 전략 | 권역 전략 | 주요 사례 |
|---|---|---|---|
| BBC World (영국) | 40개 언어 서비스 (TV, 라디오, 온라인) | BBC Africa, BBC Arabic 등 권역별 채널 설립 | BBC Africa, BBC Persian |
| NHK WORLD (일본) | 영어 중심 + 일본어 자막/더빙 병행 | 전 세계 위성망(AsiaSat, Intelsat 등)을 통한 글로벌 송출, 일본 내 외국인 대상 확산 | NHK World Specials |
| France 24 (프랑스) | 프랑스어·영어·아랍어·스페인어 4개 언어 방송 (2017 스페인어 채널 추가) | 언어별 피드 및 권역별 편성 차별화 전략 | France 24 en Español, France 24 Arabic |
| Al Jazeera English(카타르) | 아랍어 기반 영어 채널 운영 | Al Jazeera English Balkans, AJ+ 등 지역 특화 디지털 채널 운영 | Al Jazeera English English, AJ+ |
| CGTN (중국) | 중국어 중심 + 영어, 프랑스어, 아랍어 등 5개 언어 | CGTN America, CGTN Europe 등 권역 채널 체제 | CGTN America, CGTN Français |
| DW (독일) | 32개 언어 서비스 (TV·라디오·온라인) | 유럽·아시아·중남미 등 주요 권역별 맞춤형 콘텐츠 제공 | DW Español, Focus on Europe |

* 출처: 세계 주요 국제방송 공식 홈페이지 및 연례보고서 등을 종합하여 저자가 재구성함

이러한 언어·권역 전략은 실제로 메인 채널뿐만 아니라 지역·장르별 전문 채널 운영으로 구체화되고 있다. 세계 주요 국제방송사들은 단일 채널 운영을 넘어 권역별 특화 채널과 장르별 전문 채널을 병행함으로써, 글로벌 시청자의 다양한 수요에 대응하고 있다. 실제로 선진국들은 글로벌 시대의 무한경쟁에 대응하기 위해 국가이미지 제고를 목표로 대외방송 전략을 수립하고, 국제위성과 뉴미디어를 활용한 국제방송을 전 세계적으로 실시하고 있다. 궈와 챈올름스테드(Guo & Chan-Olmsted, 2015)가 지적했듯, 미디어 영향력 강화를 위해 권역별·장르별 채널을 신설하고, 국가 또는 대륙별 수용자의 선호에 맞춘 차별화된 콘텐츠를 편성·제작·방송하고 있는 것이다. 앞선 〈표 7-4〉에서 살펴본 언어·권역 전략은 이러한 운영 속에서 실질적으로 구현된다. 〈표 7-5〉는 이를 메인·지역·장르별 채널 차원에서 보여주는 구체적 사례다.

〈표 7-5〉 세계의 주요 국제방송 TV채널 운영현황

| 구분 | VOA (미국) | DW (독일) | NHK WORLD (일본) | CGTN (중국) | France 24 (프랑스) | RT (러시아) | Al Jazeera (카타르) | 아리랑TV (한국) |
|---|---|---|---|---|---|---|---|---|
| 메인 채널 | VOA TV Global | DW English | NHK World | CGTN | France 24 English | RT English | Al Jazeera English | Arirang World |
| 지역 채널 | VOA TV Africa | DW Spa-nish | | CGTN Arabic | France 24 Arabic | RT UK | Al Jazeera English Arabic | |
| | VOA TV Asia | DW Arabia | | CGTN Français | France 24 Français | RT America | Al Jazeera English Mubasher | |
| | VOA TV China | | | CGTN Russkij | France 24 Spanish | RT Arabic | Al Jazeera English Balkans | |
| | VOA TV Europe | | | CGTN Espanol | | RT Spanish | | |
| | VOA TV Indian Ocean | | | CGTN America | | RT France | | |
| | VOA TV Latin America | | | | | | | |
| | VOA TV Persian | | | | | | | |
| 장르별 채널 | VOA TV Africa 24 | | | CCTV Enter | | RT Docu | Al Jazeera English Docu | |
| | | | | CCTV Docu | | | | |
| 교민 채널 | | DW Deut-sch | NHK World Premium | CCTV 4 (Europe / Asia) | | - | - | |
| 운영 채널수 | 9 | 4 | 2 | 10 | 4 | 7 | 5 | 1 |

* 출처: 최성배(2019). 『국제방송 채널 브랜드의 진정성이 채널 충성도와 국가브랜드 제고에 미치는 효과 연구: 국제방송 아리랑TV를 중심으로』, 경기대학교 박사학위논문, 22쪽.

〈표 7-5〉에서 확인되듯 아리랑TV는 메인 채널 중심 구조로 권역별 맞춤 전략이 부족하다. 그러나 디지털 플랫폼은 이러한 한계를 보완할 수 있는 핵심 대안으로 작용할 수 있다. OTT·유튜브·SNS를 통한 다채널 운영, 자막·더빙의 유연한 확장, 데이터 기반의 권역별 반응 분석은 맞춤형 편성으로 이어질 수 있다. 특히 AI 기반 시청자 데이터 분석과 추천 알고리즘은 단순한 시청 지표를 넘어, 권역별 이용 행태와 선호도를 정밀하게

파악하고 이를 실시간 편성 전략으로 환류시키는 도구로 활용될 수 있다. 이를 통해 아리랑TV는 전통적 위성 기반 모델을 유지하면서도, 디지털 환경과 결합된 새로운 권역별 편성 전략을 구축할 수 있다.

권역별 채널 신설이 어려운 현실을 감안해, AI 기반 세그먼트 편성 체계를 통해 지역 피드를 운영해야 한다. 언어·문화권·기기·시간대별 데이터를 반영한 맞춤형 큐레이션과 다국어 자막·더빙 자동화를 결합해, 플랫폼형 지역화 전략을 구현한다.

따라서 아리랑TV의 향후 편성 전략은 '글로벌 다변화·디지털 통합·지역 협업'이라는 세 가지 원칙 아래, 전통적 위성과 디지털 플랫폼을 결합하는 방향으로 나아가야 한다. 이를 위해 ▲권역별 시청자 데이터 기반 분석과 프로그램 조정, ▲다언어 자막·음성 서비스 확대, ▲현지 공동 제작 파트너십 구축을 통한 콘텐츠 현지화, ▲장르별 대표 콘텐츠의 권역별 커스터마이징, ▲디지털 플랫폼 기반 동시 다채널 운영이 필수적이다.

이러한 전략 전환을 통해 아리랑TV는 글로벌 수용자의 요구를 반영하면서도, 한국형 국제방송으로서의 정체성과 차별성을 공고히 할 수 있을 것이다.

## 누가 한국을 만드는가, 제작의 중심을 되찾다

아리랑TV는 뉴스를 제외한 일반 장르에서 외부 제작사 의존도가 높은 편성 구조를 유지해왔다. 민간 제작 역량을 활용한 이러한 방식은 콘텐츠 다양성과 제작 효율성을 일정 수준 확보하는 데 기여해 왔으며, 외부 전문 제작사가 참여한 다큐멘터리·문화예술 프로그램·시사 대담 등은 제한된 예산 여건 속에서도 일정 수준 이상의 완성도를 유지하는 데 기여했다.

그러나 인력과 예산의 구조적 부족으로 외주 제작 의존이 확대되면서, 내부 제작 역량의 축적과 성장은 제약을 받았다. 외주 제작은 현실적으로 불가피한 선택이었으나, 글로벌 시청자를 대상으로 한 전략적 기획력과 채널 정체성을 충분히 반영하기에는 한계가 있었다. 특히 외부 제작사는 국내 시청자 대상 제작 경험에 익숙한 경우가 많아 해외 시청자의 문화적 맥락과 수용성을 충분히 반영하지 못한다는 지적도 제기된다.

심영섭(2018)은 국제방송이 법적·재정적 운영기반이 취약하고, 기능과 역할의 정체성이 명확하지 않아 운영상 혼선을 겪고 있다고 지적하였다. 또한 낮은 제작비와 외주제작 단가로 인해 심층 시사·보도 프로그램이나 차별성 있는 프로그램 제작에 한계가 있다고 분석하였다. 이러한 구조적 한계는 국제방송으로서의 경쟁력과 프로그램 차별성 확보를 제약하는 요인으로 지적된다.

이와 같은 편성·제작 방식은 단기적으로는 제작비 절감과 콘텐츠 다양성 확보에는 기여했지만, 장기적인 브랜드 전략과 글로벌 경쟁력 확보라는 측면에서는 구조적 한계를 고착화시켰다는 평가를 받는다.

글로벌 주요 국제방송은 프로그램 기획과 제작 방식에서 아리랑TV와는 다른 접근을 보여준다. BBC World의 「Focus on Africa」와 「India Business Report」는 특정 권역을 겨냥한 맞춤형 뉴스·경제 프로그램으로 현지 시각을 반영하고, NHK World의 「NHK World Specials」는 다문화 공존, 기술 혁신, 재난 대응 등 국제적으로 공감 가능한 주제를 심층적으로 다룬다. DW의 「Eco India」와 「Focus on Europe」은 현지 매체와 협업해 지역 문제를 조명하며, Al Jazeera English의 「The Stream」은 SNS 기반 실시간 인터랙션을 통해 젊은 세대 및 비서구권 시청자와 적극적으로 소통한다. TRT World의 「The Newsmakers」는 글로벌 이슈를 터키 시각으로 재해석하며, 자국 중심의 메시지를 글로벌 담론과 연결하는 전략을 구사한다.

이러한 사례는 국제방송의 경쟁력이 단순한 송출 능력이 아니라, 내부 기획력과 제작 주체의 전략적 일관성에서 비롯됨을 보여준다. 실제로 BBC World, NHK World, DW, CGTN 등 주요 국제방송은 내부 제작 조직을 중심으로 채널 철학과 국가 커뮤니케이션 전략을 일관되게 반영하는 콘텐츠를 생산하고 있다. NHK World는 다큐멘터리와 다문화 기획 프로그램의 상당 부분을 사내 인력이 직접 제작하며 일본의 문화외교 전략을 구현하고 있고, BBC World 역시 별도의 국제 뉴스룸을 운영해 글로벌 시청자를 전제로 한 전용 포맷을 지속적으로 개발·제작하고 있다. 이러한 운영 방식은 국제방송의 경쟁력이 외주나 재편성 중심 구조가 아니라, 내부 기획 역량과 제작 체계의 축적에서 형성됨을 시사한다.

연구 결과도 이를 뒷받침한다. 최성배 외(2020)는 아리랑TV 채널 브랜드의 진정성이 채널 충성도와 국가브랜드 태도에 유의미한 영향을 미친다고 분석하며, 특히 채널 고유의 정체성과 메시지 일관성이 시청자 몰입의 핵심 요인임을 지적하였다. 이러한 분석은 내부 기획력 강화와 자체 제작 비중 확대의 필요성을 시사한다.

현재 아리랑TV는 외주 제작물의 품질을 일정 수준 유지하고 있지만, 주 시청자가 외국인임에도 국내 제작사가 국내 시청자 대상 제작 방식에 익숙한 점은 한계로 지적된다. 단순 번역이나 더빙이 아닌 글로벌 시청자의 수요와 문화적 맥락을 반영하려면, 기획 단계부터 아리랑TV 내부 인력이 적극적으로 참여하는 협업 체제가 필요하다.

이러한 맥락에서 최근 구축된 디지털 기반 제작 인프라는 중요한 보완 대안이 될 수 있다. 스마트 라이브 스튜디오, 4K 송출망, AI 아바타·버추얼 휴먼 활용, 온라인 공동 제작 플랫폼 등은 내부 인력이 기획·제작 과정에 직접 개입할 수 있는 여지를 넓히며, 외주 제작 의존의 부작용을 줄일 수 있다. 이를 통해 아리랑TV는 한정된 자원 속에서도 콘텐츠 정체성과 품질을 유지하고 글로벌 수용자의 다양한 수요에 보다 유연하게 대응할 수 있다.

따라서 아리랑TV는 외부 제작 의존도를 단계적으로 줄이는 한편, 내부 인력을 중심으로 한 '전략형 자체 제작 콘텐츠' 역량을 강화해야 한다. 동시에 디지털 제작 인프라를 적극 활용해 효율성과 정체성을 동시에 확보하는 체계를 구축하는 것이 필요하다. 궁극적으로는 외부 제작의 효율성과 내부 제작의 전략성을 균형 있게 결합한 혼합형 제작 체계로의 전환이 바람직하며, 이를 뒷받침하기 위해서는 ▲내부 인력 기획 역량 강화 프로그램 운영, ▲편성 전략과 연계된 중장기 제작 로드맵 수립, ▲전략 콘텐츠의 사내 우선 제작 원칙 설정, ▲외부 제작 시에도 전략 기획 기준 적용 등의 제도적 개선이 병행되어야 한다.

나아가 외주·내부 제작을 불문하고 메타데이터·저작권·국제판 납품 규격을 일원화한 디지털 제작 표준 체계를 확립해, 모든 콘텐츠가 멀티플랫폼 유통에 적합하도록 사전 설계되는 제작 구조로 전환해야 한다.

## 협력의 지도 다시 그리기: 세계와 함께 만드는 방송

아리랑TV는 과거 국제방송사 간 콘텐츠 교환, 해외 프로그램 수급 등을 통해 글로벌 편성 전략을 다변화하려 했다. 그러나 2010년대 중반 이후 정책적 판단에 따라 이러한 국제 협력은 대부분 중단되었고, 현재는 외부 수급 프로그램이 사실상 편성표에서 사라진 상태다. 이로 인해 아리랑TV는 글로벌 확장성에 제약을 받고 있으며, 다양한 문화권 수용자에게 도달하기 위한 내러티브의 다양성과 지역성 확보에도 한계를 드러내고 있다. 특히 글로벌 이슈나 권역별 특성을 반영한 외부 콘텐츠 확보가 어려운 구조는 국제 방송으로서의 정체성과 영향력을 약화시키는 요인으로 작용한다.

글로벌 콘텐츠 수급 전략은 단순한 편성 보완을 넘어, 문화외교적 메시지의 확장과 브랜드 신뢰도 형성의 핵심 요소다. BBC World, NHK World, France 24 등은 자국의 내러티브를 전달하는 동시에 외국 문화를 다루는 콘텐츠를 교환·공동 제작하여 채널의 공공성과 글로벌 신뢰를 강화하고 있다. 다자간 방송 협약과 문화 교류 협정을 기반으로 한 이러한 협력은 단기적 확보 차원을 넘어, 글로벌 편성 구조의 다양성과 공공적 정당성을 뒷받침하는 전략적 축으로 작동한다.

과거 아리랑TV는 KBS, MBC, SBS, EBS 등 주요 방송사로부터 드라마·예능·다큐멘터리 등을 공급받아 편성의 다양성과 신선도를 유지할 수 있었다. 그러나 2000년대 중반 이후 상황은 급격히 달라졌다. KBS는 KBS World 출범에 따른 기능·권한 갈등과 정책 우선순위 변화로 공급을 중단했고, 다른 지상파 방송사들 역시 한류 프로그램을 해외 시장에 직접 판매하기 시작하면서 아리랑TV에 제공하던 프로그램을 급격히 줄였다. 제공되는 프로그램마저 구작 위주로 한정되었으며, 현재는 사실상 완전 중단된 상태다. 이로 인해 최신 인기 콘텐츠 확보가 불가능해졌고, 채널의 매력도와 시청자 확장성에도 뚜렷한 제약이 발생했다.

이 문제 해결을 위해 법·제도적 기반 마련이 요구된다. 독일의 DW는 법률에 근거해 자국 공영방송사 프로그램을 안정적으로 수급받으며, 이를 통해 콘텐츠 공급망을 유지하고 있다. 아리랑TV 역시 문화체육관광부와 방송통신위원회의 정책 조정을 통해 국내 방송사의 일정 비율 프로그램 제공을 의무화하는 '국가브랜드 협력 프로그램' 제도를 도입할 필요가 있다. 이는 제한된 예산·인력 여건 속에서도 경쟁력 있는 편성을 유지하고, 국내 콘텐츠의 국가 이미지 제고 효과를 극대화할 수 있는 실질적 방안이다.

향후 아리랑TV는 단기적 외주 수급에 의존하기보다 장기적 협력 생태계를 재정립해야 한다. 중남미·동남아·아프리카 등 미개척 권역과의 방송 교류 확대, 글로벌 공동기획 체계 구축, 국제 포맷 공동 개발을 통해 전략적 협력 모델을 확립할 필요가 있다.

나아가 글로벌 수급·공동제작 체계를 콘텐츠 허브형 관리 시스템으로 통합하여, 파트너 방송사와의 성과 데이터 및 콘텐츠 활용 정보 교환을 정례화하고, 수급 콘텐츠에는 메타데이터 표준 태깅 체계를 적용해 검색·추천·활용의 효율을 높여야 한다.

이러한 구조적 전환은 단순한 외부 콘텐츠 확보를 넘어, 한국적 정체성과 글로벌 커뮤니케이션 전략을 결합한 협력형 국제방송 모델로 아리랑TV가 재도약하는 기반이 될 것이다.

## 데이터로 말하는 콘텐츠: 플랫폼 시대의 전략 혁신

아리랑TV의 콘텐츠 전략은 더 이상 단순한 편성 기술이나 프로그램 확보 차원이 아니라, 채널의 정체성과 글로벌 위상을 좌우하는 전략적 과제로 자리 잡았다. 지금까지 살펴본 바와 같이, 아리랑TV는 ▲설립 초창기 안정적이지만 고착화된 편성 구조 ▲심층성과 경쟁력이 부족한 뉴스·시사 콘텐츠 ▲브랜드화에 성공하지 못한 오리지널 포맷 ▲권역별 차별성이 미흡한 글로벌 편성 구조 ▲외부 의존과 내부 역량 간의 제작 딜레마 ▲국내외 콘텐츠 수급 생태계의 붕괴와 협력 전략 부재라는 연속적 한계에 직면해 왔다.

이러한 한계를 극복하기 위해, 아리랑TV가 중장기적으로 추진해야 할 핵심 전략과 디지털 기반 혁신 방향은 다음과 같다.

뉴스와 시사는 국제방송의 공공성과 신뢰성을 대표하는 핵심 장르다. 그러나 아리랑TV의 현재 제작 여건과 글로벌 경쟁 환경을 감안할 때, 전면 확대보다는 선택적 강화가 바람직하다. 스트레이트 뉴스에 과도한 자원을 투입하기보다는, 글로벌 현안·외교 메시지·정책 해설 등 해설형 저널리즘 중심 포맷으로 전환함으로써 콘텐츠의 심층성과 차별적 경쟁력을 확보해야 한다. 아리랑TV가 대한민국 대표 국제방송으로서 뉴스·시사 부문에서 국제 경쟁력을 확보하기 위해서는, 제작 효율성과 품질 제고를 동시에 달성할 수 있는 협력 구조가 필요하다. 이를 위해 정부 차원에서 KBS 등 국내 공영방송과의 공동제작·더빙·자료 공유 등 상시 협력 체계 구축을 추진할 필요가 있다. 이러한 협력은 국내 방송 자원의 공공적 활용을 강화하고, 결과적으로 국제방송 콘텐츠의 품질 경쟁력과 신뢰도 제고로 이어질 것이다.

둘째, 오리지널 콘텐츠의 전략적 브랜드화가 필수다. 아리랑TV는 장기적으로 글로벌 인지도를 가진 대표 브랜드 프로그램이 부재하다는 점에서 채널 상징성 형성과 충성도 구축의 한계를 안고 있다. 이에 따라 반복성과 확산성이 높은 포맷, 시리즈화가 가능한 구조, 다양한 문화권 수용자가 몰입할 수 있는 내러티브 설계를 기반으로 '채널 대표 브랜드 프로그램'을 육성해야 한다. 특히 DX 기반 데이터 분석을 통해 시청자의 반응·재시청 패턴·댓글 반응 등을 통합 분석하여, 오리지널 포맷의 브랜드화 성과를 정량적으로 관리할 필요가 있다.

셋째, 권역별 맞춤형 편성과 다언어 서비스 강화가 필요하다. 단일 영어 채널 중심 편성은 글로벌 경쟁 환경에서 한계가 뚜렷하다. 권역별·언어별 차별화 전략으로 전환해 시청자 접근성·문화 수용성·정책 메시지의 효과성을 높여야 한다. 특히 AI 자동 번역·더빙 기술을 적극 활용하고, 참여형 번역·교정 플랫폼을 통해 재외동포·현지 협력자·시청자가 직접 번역 및 자막 교정에 참여할 수 있도록 해야 한다. AI 기반 시청자 데이터 분석을 활용해 권역별 선호도·시청 패턴을 실시간 반영하고, 이를 편성에 환류시키는 메타데이터 기반 세그먼트 편성 체계를 구축해야 한다.

넷째, 내부 기획 역량 강화와 제작 표준화 체계 혁신이 필요하다. 기획 단계부터 내부 PD가 참여하여 모든 콘텐츠에 아리랑TV의 전략 목표를 반영하고, 외주 제작물 역시 전략 기준(가칭, Arirang Format Guideline) 을 적용해 채널 철학과 일관성을 유지해야 한다. 또한 외주·내부 제작을 불문하고 메타데이터, 저작권·권리 정보, 국제 유통용 납품 규격을 표준화하고, 버전 관리·패키징 자동화 시스템을 구축해 멀티플랫폼 동시 배포(DX 기반 제작 체계) 를 기본 운영 원칙으로 정립할 필요가 있다.

다섯째, 글로벌 공동제작 협력 생태계 확장이 필요하다. 단기 MOU 수준의 형식적 협력에서 벗어나, 공동 기획·제작·인력 교류·편성 교차 등 실질적 협력 구조를 제도화해야 한다. 이를 통해 콘텐츠의 다문화성·확장성·현지성을 강화하고, 나아가 한국의 문화외교 전략과 직접 연결될 수 있다. 특히 글로벌 수급·공동제작 체계를 콘텐츠 허브형 관리 시스템으로 통합하여, 파트너 방송사와의 성과 데이터·콘텐츠 활용 정보 교환을 정례화해야 한다. 또한 수급 콘텐츠에는 표준 메타데이터 태깅 체계를 적용해 검색·추천·활용의 효율성을 높이고, 글로벌 협력의 실질적 효과를 극대화할 수 있을 것이다.

여섯째, 아리랑TV의 콘텐츠 경쟁력 강화를 위해, 국내 방송사(특히 KBS 등 공영방송)의 국제방송 적합 프로그램 제공을 법적으로 제도화할 필요가 있다. 독일의 Deutsche Welle Act §8("Cooperation with third parties") 조항에 따르면, DW는 임무 수행 및 목표 달성을 위해 독일 내외의 공영방송 기관들과 긴밀히 협력해야 하며, 이러한 협력은 국내 공영방송기관(Länder public broadcasting institutions) 제작 프로그램을 DW 편성에 활용하거나, 반대로 DW 프로그램을 이들 기관에 제공하는 방식으로 이루어질 수 있다. 또한 협력이 DW의 편집 독립성(editorial independence)을 침해하지 않는 한 허용되며, 다른 방송사와의 제작 및 상업적 활용을 위한 협력 및 출자(shareholding) 가능성도 포함된다(Deutsche Welle Act, §8). 이러한 제도는 공영방송 콘텐츠의 교류와 공급을 안정화함으로써 국제방송의 공공성과 경쟁력을 제도적으로 보장하는 장치로 작용한다. 아리랑TV도 유사한 법률적 틀을 통해, 예산 및 재원 제약 속에서도 국내 양질 콘텐츠 확보 및 국제경쟁력 강화를 꾀할 수 있을 것이다. 아울러 AI 기반 메타데이터 분석을 통해 국내 방송사 제공 프로그램의 국제 적합성을 사전에 진단하고, 아리랑TV 편성 철학과의 정합성을 검증하는 체계도 병행해야 한다.

결론적으로 아리랑TV의 콘텐츠 전략에도 이제 편성·제작·협력·제도 전 영역을 아우르는 디지털 기반의 총체적 혁신 과제로 전환되어야 한다. 이는 단순한 채널 운영의 효율화를 넘어, 국가 이미지와 문화외교를 뒷받침하는 전략 플랫폼으로서의 위상을 공고히 하는 핵심 조건이다.

향후 아리랑TV는 정부 지원 의존을 넘어, 디지털 플랫폼과 문화·정책 콘텐츠를 결합한 하이브리드형 글로벌 콘텐츠 네트워크로 도약해야 한다. 송출 중심의 전통적 국제방송 모델을 넘어, 데이터·메타데이터·AI 기반의 콘텐츠 경쟁력을 중심으로 국가브랜드 담론을 주도하는 글로벌 전략 채널로 재구성되어야 한다.

따라서 아리랑TV는 콘텐츠 혁신을 통해 국가브랜드 제고의 실질적 성과를 창출해야 하며, 이러한 전환이 실현될 때 단순히 '한국을 소개하는 채널'을 넘어 '세계와 소통하는 문화·정책 플랫폼'으로 자리매김할 수 있을 것이다.

실제로 국제방송의 존재감은 단순한 해외 송출만으로는 확보되기 어렵고, 프로그램의 질적 경쟁력이 핵심 요인이라는 점이 강조되어 왔다(김명중 외, 2014). 이러한 인식은 이후 디지털 미디어 환경 속에서 '프로그램 경쟁력'의 의미가 기술적·데이터적 요소로 확장되는 계기가 되었으며, 오늘날 국제방송의 경쟁력은 단순한 정보 전달력보다 '데이터 기반 신뢰와 확산력'으로 이동하고 있다.

결국 아리랑TV의 콘텐츠 혁신 과제는 플랫폼 전환 시대의 전략 재구성과 직결되며, 그 변화는 국제방송 전략 전반에 새로운 기준을 제시하게 될 것이다.

| 제8장 |

# 디지털과 AI, DX·AX가 이끄는 플랫폼 전환 시대

## 전파에서 플랫폼으로: 시청자가 방송을 움직이다

디지털 전환은 모든 미디어가 직면한 과제이자, 국제방송의 전략 체계를 근본적으로 재구성하도록 요구하는 변화이다. 국제방송이 글로벌 수용자와의 접점을 확장하고 공공 담론을 주도하기 위해서는, 플랫폼 전환을 정책적 기반·재정적 안정성·조직 운영의 유연성이라는 세 축과 결합시켜야 한다. 즉 정책적 기반은 디지털 전환을 공적 책무로 제도화하고, 외교·문화 정책과 연계하는 법적·정책적 지원을 의미한다. 재정적 안정성은 일회성 사업비가 아닌 장기 지속 가능한 재원 구조를 마련하는 것이다. 조직 운영의 유연성은 AI·디지털 기술 도입에 따라 조직 구조와 인력 체계를 신속히 조정할 수 있는 능력을 뜻한다.

이러한 구조적 기반 위에서 AI·데이터 기반 전략은 전환의 핵심 도구로 기능한다. AI 분석과 자동화 기술은 콘텐츠 제작·편성·유통의 전 과정을 효율화하며, 맞춤형 시청자 경험을 통해 글로벌 영향력을 확장할 수 있는 수단이 된다. 아리랑TV는 이를 통해 단순한 송출 중심 채널을 넘어, 문화·정책·외교를 통합한 K-브랜드 플랫폼으로 전환을 모색해야 한다.

국제방송 연구에서도 이러한 흐름은 이미 2000년대 중반부터 명확히 제시되어 왔다. 심영섭(2015)은 국제방송의 중심이 단파라디오나 위성방송을 넘어서 인터넷·디지털 미디어로 이동하고 있으며, 인터넷·모바일·OTT 등 다양한 플랫폼으로의 확산이 국제방송에 새로운 도전을 제기하고 있음을 지적하였다. 이러한 변화에 따라 주요 국제방송들은 2000년대 초부터 단계적 디지털 전환을 추진해 왔으며, 최근에는 이러한 흐름이 AI 기술을 중심으로 진화하고 있다.

유럽 공영방송사들을 대상으로 한 연구에 따르면, AI는 맞춤 추천·자동 기사 작성·대화형 서비스·메타데이터 관리 등으로 활용되고 있으며, 초기 비용과 인력 부담, 윤리적 규범 문제도 함께 제기되고 있다(Fieiras-Ceide et al., 2022). 또한 로스타미안과 모라디 카므레(Rostamian & Moradi Kamreh, 2024)는 방송 경영 측면에서 AI가 제작 효율과 시청자 참여, 데이터 기반 의사결정의 기회를 제공하지만, 기술 복잡성과 규제 대응이 병행되어야 함을 강조하였다.

이러한 변화의 본질은 단순한 매체 전환이 아니라, '시청자 주도성(viewer agency)' 이라는 구조적 변화에 있다. 시청자는 더 이상 수동적인 수용자가 아니라, 알고리즘·피드백·데이터를 통해 콘텐츠의 생산과 유통 전 과정에 능동적으로 개입하는 공동 주체로 부상하였다. 즉, 시청자는 단순히 콘텐츠를 소비하는 존재가 아니라 정보의 생산자이자 확산자로 기능하며, 스마트 기기의 보급과 언제 어디서든 시청 가능한 온디맨드(on-demand) 소비 확산은 이러한 경향을 더욱 가속화하고 있다. 결국 콘텐츠의 선택·평가·공유 과정에 시청자가 실질적으로 참여함으로써, 플랫폼 중심의 새로운 방송 질서와 이용자 참여형 미디어 생태계가 형성되고 있는 것이다.

이에 따라 세계 주요 국제방송들은 디지털 우선(Digital-First) 전략으로 전환하고 있다. BBC는 2022년 "Digital First" 전략을 발표하여, iPlayer·Sounds·News·Sport 등 핵심 플랫폼에 자원을 집중하며, 이를 단순 기술 혁신이 아닌 "공영방송의 존재 이유를 디지털 이용자 경험 중심으로 재정의하는 철학적 전환"으로 규정했다(National Audit Office, 2022; Johnson, 2020).

NHK World은 방송과 웹을 통합한 17개 언어 서비스 체계를 운영하며, 단순 번역을 넘어 지역별 문화 맥락을 반영한 다언어 전략을 구사하고 있다(NHK World, 2024). 이를 통해 일본의 글로벌 이미지를 제고하는 전략적 디지털 공공외교 사례로 평가된다(Suda, 2021).

CGTN은 'CGTN Digital'을 별도로 운영하며 영어·아랍어·프랑스어·러시아어 등 다언어 채널과 권역별 센터(CGTN America, CGTN Africa 등)를 통해 현지화 전략을 병행한다. 특히 미국·아프리카 대상 프로그램은 중국의 국가 전략 메시지를 적극적으로 반영한다(CGNT, 2024).

France 24는 영어·불어·아랍어·스페인어 4개 언어를 기반으로 다국어 디지털 뉴스룸을 운영하며, 스트리밍과 인터랙티브 콘텐츠를 병행한다(France 24, 2024).

이들의 공통점은 ▲디지털 전담조직 운영, ▲플랫폼별 독립 제작 체계, ▲데이터 기반 피드백 시스템을 통한 참여형 방송 운영이다. 즉, 디지털 전환은 단순한 기술 혁신이 아니라, 제작-유통-소비 전 과정을 '참여 중심'으로 재설계하는 철학적 변화라 할 수 있다.

반면 아리랑TV는 디지털 전략을 표방하면서도 여전히 채널 편성 중심 체제에 머물러 있으며, 글로벌 이용자와의 상호작용 강화 측면에서는 뚜렷한 가시적 성과가 충분히 확인되지 않고 있다. 전담 부서가 존재하나 위상과 권한이 제한적이고, 글로벌 OTT 협상 경험 및 데이터·AI 활용 역량이 충분히 축적되지 않았다. 또한 영어 단일 채널 구조는 다언어 기반 확장과 맞춤형 서비스 구현을 제약한다

따라서 아리랑TV는 단순한 '수동적 송신자'에서 '참여형 플랫폼'으로의 전환을 준비해야 한다. 이는 기술 대응을 넘어, 국제방송의 존재 이유와 콘텐츠 철학을 디지털 이용자 중심으로 재정립하는 구조적 과제다.

〈표 8-1〉은 주요 국제방송의 디지털 전략·조직·운영 특징을 비교한 것으로, 아리랑TV가 향후 플랫폼 전환 방향을 설계하는 데 중요한 참고 지표가 될 것이다.

〈표 8-1〉 세계 주요 국제방송의 디지털 전략·조직 구조·콘텐츠 운영 특징 비교표

| 구분 | BBC World (영국) | NHK World (일본) | CGTN (중국) | France 24 (프랑스) |
|---|---|---|---|---|
| 운영 주체 | 영국 공영방송 BBC | 일본 공영방송 NHK | 중국 중앙라디오TV총국 (CMG) 산하 | 프랑스 국영 국제방송 France Médias Monde |
| 디지털 전담 조직 | BBC Digital, BBC News Digital | NHK World Digital 부문 (DX Promotion 추진 조직 포함) | CGTN Digital, CGTN America, CGTN Africa | France 24 디지털 뉴스룸 |
| 디지털 우선 전략 (Digital-first) | **'Digital First Strategy'** 추진(2021~), 전체 콘텐츠의 70% 이상 디지털 전환 목표 | 방송과 온라인의 통합 편성체계(DX Promotion) 구축, 영어 중심 디지털 콘텐츠 강화 | 언어권·지역별 **디지털 허브 운영** 및 다중 플랫폼 전략 | 전 언어권 대상 **Full Streaming 체제** 구축, 뉴스 중심 플랫폼 전략 |
| 다언어 서비스 | **약 40개 언어 서비스** (TV·라디오·온라인) | TV는 영어 단일채널, 라디오는 17개 언어 서비스 운영, 온라인은 영어 중심 + 다국어 자막 병행 | **5개 언어 채널**(영어·불어·스페인어·아랍어·러시아어) + SNS 다언어 확장 | **4개 언어 채널** (프랑스어·영어·아랍어·스페인어) |
| 대표 디지털 플랫폼 | BBC iPlayer, BBC Sounds, BBC News App | NHK World 홈페이지, YouTube 채널, NHK World App | CGTN Digital, CGTN YouTube, Weibo, Twitter(X) | France 24 홈페이지, YouTube, Facebook Live |
| 콘텐츠 특징 | 뉴스·시사·다큐 중심, 데이터저널리즘·인터랙티브 뉴스 강화 | 문화·재난·정보 프로그램 중심, 'Cool Japan' 등 문화외교형 콘텐츠 확대 | 정책·국가전략 중심, 멀티미디어 스토리텔링 강화 | 국제현안 중심, 심층 해설형 뉴스·토크 포맷 확대 |
| 글로벌 확산 전략 | 권역별 채널 운영 (*BBC Africa, BBC Arabic, BBC Persian*) 및 현지 협력 제작 확대 | 전 세계 위성망(AsiaSat, Intelsat 등) 기반 송출, 외무성 협력 네트워크 활용 | **권역별 채널 체제**(CGTN America, CGTN Europe 등) 운영 | **언어권별 피드 및 SNS 통합 운영**으로 글로벌 확산 |
| 특이사항 | '디지털 퍼스트(Digital First)' 체제 가속, 뉴스 소비 행태 변화 대응 | 영어 중심의 방송·디지털 통합편성 강화, 문화외교형 콘텐츠 확대 | CMG 산하 권역별 복합 편성 체제 운영, AI 기반 제작 실험 | 전면 스트리밍 체제 전환, 뉴스·디지털 융합 편성 |
| 아리랑TV 시사점 | *디지털 우선 전략 강화 및* ***글로벌 플랫폼화 필요*** | *다언어 서비스 확장과* ***문화콘텐츠 융합 편성*** | *권역별 디지털 네트워크 구축 및* ***현지화 강화*** | ***통합 플랫폼 운영체계 전환*** *및 글로벌 뉴스 신뢰성 강화* |

* 출처: National Audit Office(2022); NHK World(2024); CGTN(2024); France 24(2024) 공식자료를 종합하여 저자가 재구성·정리함.

# TRT World · JTBC "Digital First" 사례로 본 아리랑TV 디지털 전환 시사점

## 사례 1 TRT World, 후발주자의 디지털 전략 실험

TRT World는 2015년 튀르키예 공영방송 TRT 산하의 영어 국제방송 채널로 출범하였다. 이미 BBC World, CNN International, France 24, RT, CGTN 등 다수의 국제방송 채널이 자리 잡은 상황에서 뒤늦게 진입했기 때문에, 단순한 위성 중심 확산 전략만으로는 차별성을 확보하기 어려웠다. 이에 TRT World는 출범 초기부터 소셜미디어와 디지털 플랫폼을 핵심 배포망으로 삼는 전략적 선택을 했다. 공식 프레젠테이션에서도 "digital transformation"과 "digital resources such as live-streaming and social media"라는 표현을 통해 이러한 방향성을 명시한 바 있다(TRT World, 2020).

슬로건 "Where News Inspires Change"가 보여주듯, TRT World는 단순한 외교 홍보 채널을 넘어 국제 담론에 적극적으로 개입하고자 했다(TRT World, n.d.). 이 목표 아래 YouTube, Twitter, Facebook, OTT를 주요 채널로 활용하며, 전통적 위성 송출 의존도를 낮추고 글로벌 디지털 접점을 빠르게 확대하였다.

그 결과, TRT World는 2023년 기준 YouTube 구독자 약 500만 명, 누적 조회수 20억 회 이상을 기록하였으며, SimilarWeb(2023) 추정치에 따르면 공식 웹사이트 월간 방문자 수도 약 1,200만 명 수준에 달했다. 이는 국제방송 시장의 후발주자임에도 단기간에 성과를 거둔 사례라 할 수 있다. 같은 해 아리랑TV(1999년 국제방송 개시)는 공식 보고서 기준 YouTube 구독자 약 620만 명을 확보하여 규모 면에서는 TRT World를 상회하였으나(국제방송교류재단, 2023), TRT World는 2015년이라는 늦은 출발에도 불구하고 디지털 플랫폼 중심 전략을 통해 단기간에 수백만 구독자와 수십억 조회를 달성한 점에서 주목할 만한 성과를 보여주었다.

학문적 평가도 이를 뒷받침한다. 엘스와와 하워드(Elswah & Howard, 2022)는 TRT World를 집권당 친화적 성향이 강한 "party broadcaster"로 규정하며 편집 독립성 문제를 지적했지만, 동시에 디지털 기반 확산 전략이 국제 뉴스 생태계에서 새로운 변화를 촉발할 수 있다고 평가했다. 또 다른 연구(Mertoğlu, 2022)는 TRT World의 트위터 계정 운영을 분석하며, 소셜미디어가 튀르키예 공공외교(public diplomacy)의 실험 공간으로 기능했음을 확인하였다. 다만 외부 평가에서는 MediaBiasFactCheck(2023)가 TRT World를 "Mixed 신뢰성" 및 "정부 영향력 강함(Government influence: Strong)"으로 분류한 바 있어, 국제적 신뢰성 측면에서는 여전히 한계가 지적된다(MBFC, 2023).

TRT World의 경험은 아리랑TV에 몇 가지 시사점을 제공한다.

첫째, 후발주자라 하더라도 디지털 친화적 운영 전략을 통해 글로벌 확산력을 확보할 수 있다는 점이다. 둘째, 국제방송의 성공은 단순히 절대적 규모가 아니라 전략적 성장 속도와 플랫폼 최적화에 달려 있음을 보여준다. 셋째, 아리랑TV는 단순한 뉴스·시사 채널이 아니라, 문화·정책 중심의 국제 커뮤니케이션 채널로서 정체성을 명확히 해야 한다. TRT World가 강한 뉴스 중심 편성으로 글로벌 인지도를 확보했지만, 동시에 정치적 편향과 편집 논란을 초래했다는 점은 아리랑TV가 지양해야 할 사례다.

반면, 아리랑TV는 정책·문화 콘텐츠의 신뢰성과 중립성을 바탕으로, 디지털·AI 기반 K-브랜드 플랫폼으로 발전할 방향을 모색해야 한다.

이런 측면에서 TRT World의 사례는 디지털 국제방송으로의 전환 과정에서, 기술 혁신과 조직·플랫폼 전략을 통합적으로 설계한 사례로서 중요한 시사점을 제공한다.

## 사례 2 JTBC의 디지털 전환과 플랫폼 전략

JTBC는 2011년 종합편성채널로 출범하였다. 기존 지상파 방송사들이 독점해 온 시장에 늦게 진입했지만, 차별화된 콘텐츠와 공격적인 뉴스 전략을 통해 빠르게 주목을 받았다. 그러나 JTBC의 진정한 차별성은 단순한 채널 확산이 아니라, 출범 초기부터 디지털 플랫폼을 중심축으로 삼은 운영 전략에 있었다.

뉴스 부문에서 JTBC는 〈뉴스룸〉을 중심으로 "소셜라이브"와 같은 실시간 온라인 소통 프로그램을 도입하여, 전통적인 뉴스 전달 방식을 혁신하였다. 유튜브와 SNS를 적극 활용하면서, JTBC News 유튜브 채널은 2020년대 들어 구독자 300만 명 이상을 확보하며 국내 방송 뉴스 채널 중 선도적 위치를 차지하였다. 이는 지상파 중심의 뉴스 소비 패턴을 넘어, 포털과 SNS 환경에서 경쟁력 있는 디지털 저널리즘 모델을 제시한 사례였다.

드라마와 예능 분야에서도 JTBC는 국내 방송사 중 가장 일찍 글로벌 OTT와의 협업을 추진했다. 《SKY 캐슬》, 《이태원 클라쓰》, 《설강화》 등은 넷플릭스, 디즈니+ 등 해외 OTT와 동시 방영·유통되며 글로벌 시청자에게 도달했다. 이를 통해 JTBC는 국내 콘텐츠의 해외 확산 경로를 직접 개척했고, 방송사 차원에서 드라마 IP의 글로벌 수익화 모델을 정착시켰다.

자체 플랫폼 전략도 병행되었다. JTBC는 JTBC NOW 앱을 운영하며 실시간 방송과 VOD를 제공했고, 2021년에는 CJ ENM과 손잡고 티빙(TVING) 합작에 참여하여 콘텐츠 라이브러리를 공유하였다. 이로써 자체 플랫폼 운영과 외부 OTT 협력이라는 이중 전략을 동시에 추진하며 방송–플랫폼 간 경계를 허물었다.

이러한 전략은 예능 프로그램에서도 효과를 발휘했다. 〈아는 형님〉, 〈팬텀싱어〉 등의 프로그램은 방송 본편뿐 아니라, 유튜브와 SNS 클립을 통해 폭발적인 확산력을 얻었다. 짧은 클립이 수백만 조회 수를 기록하면서, Z세대와 밀레니얼 세대가 TV가 아닌 온라인에서 JTBC 콘텐츠를 접하는 현상이 확산되었다. 이는 "디지털 네이티브 세대와 가장 가까운 방송사"라는 브랜드 이미지를 강화했다.

특히 2024년 10월 단행된 JTBC 뉴스 디지털 플랫폼 리빌딩은 성과가 수치로 확인되었다. 개편 100일 만에 트래픽은 60% 이상 상승했고, 앱 다운로드 수는 3배 이상 증가했다. 사용자당 평균 페이지뷰(PV)는 2.90에서 3.26으로 늘었으며, 평균 체류 시간도 1분 51초에서 2분 19초로 늘어났다. 댓글 작성 수는 3배 이상 증가했고, 다채널 라이브 송출 시스템을 구축하여 탄핵·계엄령 등 대형 이슈에서 현장 동시 보도를 실현했다(JTBC, 2025.2.6). 이는 JTBC가 뉴스 디지털 경쟁력에서 한 발 앞서 있음을 보여주는 지표였다. 이러한 성과를 미루어 볼 때 JTBC는 종합편성채널 중에서 뉴스·드라마·예능의 세 영역을 모두 성공적으로 디지털화했으며, 글로벌 OTT와의 협업을 통해 해외 진출 성과까지 확보한 것으로 해석된다.

다만, 한계도 존재했다. JTBC NOW의 독자적 브랜드 파워는 넷플릭스·티빙과 같은 거대 플랫폼에 비해 약했고, 티빙 합류 이후 JTBC의 플랫폼 독자성은 일부 약화되었다는 지적이 있다.

JTBC 사례는 아리랑TV에도 중요한 시사점을 제공한다.

첫째, 디지털 우선(Digital First) 전략은 더 이상 선택이 아닌 필수 조건임을 보여준다. 둘째, 글로벌 OTT와의 협력은 국제적 확산을 위한 핵심 경로임을 입증한다. 셋째, 짧고 참여형인 SNS 콘텐츠는 젊은 세대와의 소통에 효과적이며, 이는 문화·정책 콘텐츠를 서사적으로 풀어내야 하는 아리랑TV에도 직접 적용 가능한 전략이다.

결국 JTBC는 종합편성채널 가운데 디지털 전환과 플랫폼 전략을 비교적 선제적으로 실행함으로써, 지상파 및 타 종편과 차별화된 경쟁력을 확보하였다. 무엇보다 이 과정은 단순한 기술 혁신이 아니라, 조직 구조와 문화의 혁신이 병행될 때 비로소 디지털 전환이 실질화된다는 사실을 입증한 사례다.

이 경험은 아리랑TV가 국제방송의 미래 전략을 구상할 때, 규모 경쟁보다 전략적 속도·조직 문화의 유연성·플랫폼 최적화가 핵심 경쟁력임을 분명히 보여준다.

## DX · AX 기반 디지털 플랫폼 전략: 아리랑의 디지털 혁신 지도

아리랑TV의 디지털 전략은 오랫동안 완성본 재업로드 중심(클립 · 아카이브형) 운영에 머물러, 플랫폼 최적화 · 알고리즘 대응 · 참여 설계 측면에서 한계를 드러내왔다. 유튜브를 중심으로 방송 프로그램을 클립화하거나 전체 방송을 아카이브로 제공하는 방식은, 플랫폼의 알고리즘이나 이용자 참여 구조를 적극적으로 활용한 전략이라기보다 보조적 유통 단계에 머문 형태였다.

BTS 등 한류 스타를 중심으로 과거 방송을 재구성한 특별 기획 프로그램이 단기적으로 주목을 받았으나, 이러한 시도가 장기적 플랫폼 전략으로 확장되지는 못했다. 결과적으로 플랫폼별 포맷 최적화 부족, 데이터 기반 기획 미흡, 참여형 제작 부재라는 구조적 한계가 지속되고 있다.

현재 아리랑TV는 유튜브, 페이스북, 인스타그램, X(구 트위터), 틱톡 등 다채로운 SNS 채널을 운영하고 있으며, 일부 프로그램은 네이버TV 같은 국내 OTT에도 공급된다. 최근 북미 지역 FAST 플랫폼(LG Channels) 진출은 의미 있는 성과지만, 여전히 방송 콘텐츠의 연장선에 머물러 있다. 플랫폼별 특성에 맞는 기획, 썸네일 · 메타데이터 · 피드백 관리, A/B 테스트 등 알고리즘 기반 운영체계는 아직 표준화되지 않았다. 이는 '디지털 운영'을 기술이 아닌 전략으로 인식하지 못한 결과라 할 수 있다.

글로벌 OTT 플랫폼과의 협력은 사실상 전무하다. 이는 단순히 기회 부족의 문제가 아니라, 콘텐츠 경쟁력 · 다언어 자막 · 디빙 · 브랜드 인지도 등 글로벌 진입 요건을 충족하지 못한 데 따른 결과다. 아리랑TV는 대부분 자체 제작 중심으로 저작권은 비교적 명확하지만, 국제 표준화된 판권 관리 체계와 다언어 지원 시스템은 미흡하다. 또한 조직 차원에서도 글로벌 OTT 협상을 전문적으로 수행할 전담 역량이 제한적이다. 특히 넷플릭스나 아마존 프라임 등 주요 OTT가 요구하는 드라마 · 예능 중심의 시리즈 포맷 기획 능력, 권리 관리, 다언어 지원, 글로벌 흥행 가능성 등을 충족하지 못한 것이 협력 부재의 구조적 원인으로 작용하고 있다. 따라서 아리랑TV는 정책 · 문화 중심 프로그램의 정체성을 유지하면서도, 다큐 · 국제토론 · 문화교양 등 공공외교형 콘텐츠를 글로벌 포맷으로 재가공하고, AI 기반 다언어화 · 데이터 마케팅을 결합한 협력 모델 구축이 필수적이다.

아리랑TV의 자체 온디맨드(VOD) 서비스는 경쟁 채널에 비해 접근성과 서비스 측면에서 개선 여지가 크다. NHK World 앱은 실시간 스트리밍과 VOD 서비스를 통합 운영하고, France 24는 다언어 스트리밍 뉴스룸과 다언어 뉴스 콘텐츠 제공을 병행한다. 이에 비해 아리랑TV VOD는 콘텐츠 보관 중심 기능이 중심이며, 글로벌 확장성과 이용자 친화적 UI, 다양한 자막 언어 지원 등에서 경쟁사들과 비교해 상대적으로 미흡하다.

조직 구조의 한계는 명확하다. 아리랑TV는 디지털 콘텐츠팀 등 관련 부서를 운영해왔으나, 권한과 전략 기능이 불분명해 실질적 영향력을 발휘하지 못했다. 따라서 디지털 전담 조직의 위상을 전사 차원의 CoE(Center of Excellence)로 격상하고, 데이터·알고리즘·글로벌 협상 전문인력을 확보하여 권한을 강화하고, 디지털 전략 관련 예산을 전용 항목으로 지정하며, 나아가 독립 계정으로 관리할 수 있는 체계를 마련하는 것이 필요하다. 현재 인력 규모도 제한적이고, 경험이 부족한 인력 중심으로 구성돼 있어, 중장기전략 기획이나 글로벌 협상과 같은 핵심 과제 수행에는 한계가 있다.

더 나아가, AI 기반 데이터 분석·자동 번역·추천 시스템 활용은 아리랑TV 디지털 전략의 핵심 축이 되어야 한다. 글로벌 시청자의 시청 패턴과 지역별 선호도를 실시간 분석해 맞춤형 편성에 반영하고, AI 자동 자막·더빙을 도입하여 다언어 서비스 확장성을 확보해야 한다. 이는 단순 효율화를 넘어 글로벌 시청자 맞춤형 편성 체계를 완성할 수 있다. 이에 따라 다음의 실행 전략이 필요하다.

첫째, 디지털 전담 조직을 전략·기술·데이터 기능을 통합한 독립 조직(CoE, Center of Excellence)으로 격상하여, 전사적 디지털 혁신의 컨트롤타워로 강화해야 한다

둘째, AI·데이터 분석 전문가 및 글로벌 협상 인력을 확보해 플랫폼 기획·운영·협력 역량을 동시에 강화해야 한다.

셋째, 유튜브·SNS·OTT 등 플랫폼별 특화 포맷과 알고리즘 기반 기획을 통해, 참여형·쌍방향 콘텐츠 제작 체계를 확립해야 한다.

넷째, 글로벌 이용자 중심의 UI/UX, 다언어 자막, 스트리밍 통합 서비스를 기반으로 자체 VOD 서비스를 재설계하여, 접근성과 이용자 경험을 획기적으로 개선해야 한다.

다섯째, 국제 포맷 기준의 기획·공동제작·판권 관리 시스템을 표준화해 글로벌 협력 기반을 체계적으로 구축해야 한다.

무엇보다 중요한 것은 디지털을 방송의 보조 채널이 아닌, 전 세계 시청자와 직접 연결되는 핵심 플랫폼으로 재정의하는 것이다. 아리랑TV가 이러한 구조적 혁신을 실현할 때, 비로소 K-브랜드 국가전략을 선도하는 글로벌 플랫폼으로서의 독자적 위상과 영향력을 확보할 수 있을 것이다.

즉, 아리랑TV의 디지털 전략은 단순한 기술 적용을 넘어 디지털·AI 융합 기반의 전사적 플랫폼 혁신 체계로 발전해야 하며, 글로벌 수용자와 데이터를 매개로 한 참여형 K-브랜드 플랫폼으로 전환될 때 비로소 국제경쟁력을 확보할 수 있을 것이다.

〈표 8-2〉는 아리랑TV의 디지털 플랫폼 전략을 현황·한계·시사점으로 구분해 정리한 것으로, 단순한 채널 확장에 머문 현실과 플랫폼 최적화 부족, 글로벌 협력 부재, 전문인력 한계 등 구조적 문제를 보여준다. 동시에 향후 플랫폼 전환을 위한 시사점을 제시한다.

〈표 8-2〉 아리랑TV DX·AX 기반 디지털 플랫폼 전략의 현황·한계·시사점 비교

| 구분 | 현황 | 주요 한계 | 시사점 |
|---|---|---|---|
| 플랫폼 운영 | 유튜브·SNS·LG Channels 등 다채널 운영, 방송과 온라인 병행 | 플랫폼별 최적화 포맷 부족, 알고리즘·참여형 기획 미흡 | 채널 특성과 알고리즘 기반 맞춤형 포맷·참여형 서비스 확대 필요 |
| 글로벌 OTT 협력 | 국내 일부 OTT(네이버TV 등) 공급, 북미 FAST 플랫폼(LG Channels) 진출 | 넷플릭스·아마존 프라임 등 글로벌 OTT 협력 전무, 시리즈 포맷·다언어 자막 등 국제 기준 충족 부족, 협상 경험·전담 인력 부재 | 글로벌 OTT 기준 충족을 위한 제작 포맷 전환, 다언어 서비스 및 판권 관리 체계 강화 필요 |
| 자체 VOD 서비스 | 아리랑TV 웹 기반 VOD 제공 | 단순 보관 기능 중심, 다언어 자막·UI·이용자 친화성·글로벌 확장성 모두 제한 | CGTN·NHK World·France 24 수준의 통합 스트리밍·다언어 서비스 확충 필요 |
| 조직 인력 | 디지털 콘텐츠팀 운영 | 조직 위상·권한 한계, 데이터 분석·국제 유통 전문성 부족, 인력 규모 제한 | 전담조직을 CoE(Center of Excellence)로 격상해 전략·데이터·기술 기능을 통합하고, 전문 인력 확보와 독립 예산 편성 병행 필요 |
| 전략 관점 | 디지털을 방송 보조 창구로 인식 | 플랫폼 중심 사고·장기 전략 기획 역량 부족 | 디지털을 핵심 전략 축으로 전환, 전사적 구조 혁신 필요 |

* 출처: 아리랑TV 내부자료 및 공식 홈페이지 기반으로 저자가 재구성·정리함.

## 위성의 시대를 넘어 플랫폼으로

아리랑TV는 1999년 해외위성방송 개국 이후 위성방송을 기반으로 한 전 세계 송출 체계를 구축해왔다. 초기에는 위성방송만이 갖는 범지구적 도달력, 안정적인 화질, 송출 신뢰성이 강점으로 작용했으며, 실제로 아리랑TV는 Intelsat, Eutelsat, Hotbird 등 주요 위성을 통해 전 세계로 콘텐츠를 전송해왔다. 국제방송의 상징적 기반으로서 위성은 한때 절대적 의미를 지녔으나, 2020년대 디지털 중심의 미디어 환경 속에서는 점차 구조적 한계가 드러나고 있다.

특히 최근 미디어 환경 변화 속에서 위성 중심 전략은 다음과 같은 한계를 노출하고 있다.

첫째, 비용 대비 효율성 저하이다. 위성 중계에는 연간 수십억 원대의 고정비가 투입되지만, 시청자 도달 효과나 신규 유입률 측면에서 투자 대비 효율성이 낮다. 송출 규모는 유지되더라도 실질적 성과 측정은 불투명하다.

둘째, 도달력의 불균형이다.국제방송의 실제 수신은 단순 커버리지 문제가 아니라, ▲현지 방송사와의 재송신 계약, ▲현지 위성(Ku-Band) 임차 여부, ▲방송 허가제 등 제도적 요건에 따라 결정된다. 여기서 '도달력'은 단순 기술적 커버리지가 아니라, 잠재적 시청 가능성과 언어·문화적 수용성을 포함한 복합적 개념이다. 결과적으로 위성 송출의 도달 범위는 기술보다 계약·정책·전략 요인에 의해 좌우된다.

셋째, 시청자 피드백의 부재와 고비용 구조이다. 위성방송은 일방향 송출 구조로 인해 실시간 반응 수집이나 데이터 기반 피드백 분석이 불가능하며, 설령 이를 보완하기 위한 시청자 조사나 해외 시청률 데이터 수집을 시도하더라도 조사 인프라 부족과 과도한 비용으로 인해 현실적으로 지속적 운영이 어렵다. 이로 인해 공공외교적 효과나 콘텐츠 반응성을 실증적으로 평가하기가 사실상 제한된다.

넷째, 기술·지리적 변수 대응의 취약성이다. 기후 변화, 지정학적 갈등, 정부의 송출 제한 등 외부 변수에 취약하나, 위성 중심 구조에서는 즉각적인 복원이나 유연한 대응에 한계가 있다.

이러한 한계 속에서 아리랑TV의 위성 중심 송출 전략은 디지털 병행 구조로의 전환이 불가피하다. 북미와 유럽처럼 국제방송 수신 환경이 안정적인 지역에서는 기존 위성 송출을 유지하되, 수신이 상대적으로 어려운 지역은 유튜브·OTT 등 디지털 플랫폼 유통을 강화하는 권역별 맞춤 전략이 요구된다.

특히 AI 기반 메타데이터 분석과 시청 패턴 데이터를 활용하면 권역별 선호도·언어적 요구·기기 환경 등을 정밀하게 반영할 수 있어, 효율적인 지역별 유통 전략 설계가 가능하다.

예컨대 동남아시아에는 저사양 네트워크 환경에 적합한 숏폼 콘텐츠를 유튜브 Shorts·틱톡 등 모바일 플랫폼으로 확산하고, 북미 지역에는 고품질 다큐멘터리·시사 콘텐츠를 OTT와 FAST 채널을 중심으로 제공하는 방식이다. 실제로 독일 DW는 아프리카·중남미를 타깃으로 모바일 숏폼 시리즈 〈DW Stories〉를 유튜브·왓츠앱 등 메신저 플랫폼에 특화해 배포함으로써, 저대역폭 환경에서도 접근성을 확보한 대표적 사례를 보여주고 있다. 이는 권역별·플랫폼별 최적화 전략이 도달력 불균형 해소에 실질적 효과를 가져올 수 있음을 보여준다.

결국, 아리랑TV의 위성 중심 전략은 여전히 국제방송의 기반이지만, 디지털 병행 없이는 지속 가능하지 않다. 따라서 위성과 디지털의 '이원적 병존'을 전제로, 권역·플랫폼별 최적화 유통체계와 AI 기반 번역·자막·추천 시스템을 통합한 하이브리드 송출 전략이 아리랑TV의 핵심 과제가 되어야 한다.

〈표 8-3〉 위성 중심 전략과 디지털 병행 전략 비교표

| 구분 | 위성 중심 전략 | 디지털 병행 전략 |
| --- | --- | --- |
| 도달 범위 | 전 세계 기술적 커버리지는 확보하나, 실제 시청 스케일이나 이용률은 낮음 | 글로벌 확산성과 동시에 지역별 플랫폼 최적화 가능, 세분화된 타깃 전략 실행 가능 |
| 비용 구조 | 연간 고정비(위성 임대) 중심, 효율성 한계 | 상대적으로 저비용 구조, 성과 기반 투자 및 광고·마케팅 재투자 가능 |
| 시청자 특성 | 고정 수신 장비 이용자 중심, 연령·지역 편중 | 모바일·OTT 이용사 중심, 젊은 세대 및 다양한 지역 시청자 확보 용이 |
| 피드백·데이터 | 일방향 송출로 실시간 데이터 피드백 제한, 시청자 반응 확인 비용이 과다 | 플랫폼 통계·댓글·조회수 등 실시간 피드백 반영 가능, AI 기반 데이터 분석·편성 최적화 가능 |
| 지역별 한계 대응 | 위성 수신 장비 보급률·인프라 수준에 따라 수신 제한 발생 | 다언어 자막·더빙, 현지화 콘텐츠 제작 및 AI 자동 번역으로 언어·문화 장벽 해소 |
| 콘텐츠 포맷 | 선형(Linear) 방송 중심, 장편 고정 포맷 위주 | 숏폼·인터랙티브·맞춤형 등 유연한 포맷 전환 가능 |
| 대표 사례 | 아리랑TV, 일부 공영방송의 해외 위성 송출 중심 | DW Stories, BBC iPlayer, NHK World 앱, France 24 Live 등 |

* 출처: BBC, NHK World, France 24, CGTN, DW 공식자료 및 아리랑TV 내부자료를 기반으로 저자가 재구성·정리함.

## DX · AX 플랫폼 시대: 디지털 문화외교의 새로운 설계도

지금까지 살펴본 디지털 전환 조건, 위성 중심 전략의 구조적 한계, 그리고 주요 국제방송의 성공 사례들은 하나의 공통된 방향을 제시한다.

"글로벌 국제방송의 중심축은 이제 '방송'이 아니라 '디지털 플랫폼'이다."

이는 단순한 기술적 변화가 아니라 국제방송의 기획 철학과 운영 구조 전반을 새롭게 재편하는 전환을 의미한다. 위성 송출 중심의 일방향 모델을 넘어, 글로벌 이용자가 직접 참여하고 상호작용하는 플랫폼 생태계로의 진화가 요구되고 있는 것이다. 따라서 한국형 국제방송 전략 역시 단순한 방송 채널 운영을 넘어, 디지털 플랫폼을 기반으로 한 콘텐츠 유통, 다언어 서비스, 참여형 네트워크 구축으로 재설계되어야 한다.

최근 글로벌 OTT 및 상업적 OTT 플랫폼의 확산은 한국 영상산업의 제작 · 유통 구조를 빠르게 재편시키며, 콘텐츠 다양성과 공공성의 균형에 대한 논의를 다시 불러오고 있다. 특히 넷플릭스를 비롯한 글로벌 OTT의 대규모 투자로 일부 대형 제작사는 호황을 누리지만, 다수의 중소 제작사와 독립 프로덕션은 유통망을 확보하지 못한 채 산업의 주변부로 밀려나는 '빈익빈 부익부' 현상이 심화되고 있다(삼일PwC경영연구원, 2024). 이러한 불균형 구조는 시장 자율에만 의존한 산업 생태계의 한계를 드러내며, 정부의 정책적 지원과 공공 플랫폼의 역할 재정립 필요성을 제기한다. 이는 아리랑TV가 단순 방송 채널을 넘어 공공적 균형 플랫폼으로 전환해야 하는 정책적 배경이기도 하다.

물론 아리랑TV가 이러한 구조적 문제를 직접 해결할 역량을 가진 것은 아니지만, 공공성과 문화적 대표성을 기반으로 한 보완적 균형 플랫폼으로서의 역할은 수행할 수 있다. 특히 글로벌 OTT 및 상업적 OTT가 간과하기 쉬운 비상업적 · 전통문화 콘텐츠, 문화 다양성, 국가브랜드, 공공외교 콘텐츠 영역을 중심으로, 중소 프로덕션과 독립 제작사들이 생산한 가치 있는 콘텐츠가 세계로 향할 수 있는 공공적 유통 창구로 기능할 잠재력을 지닌다.

아리랑TV는 이미 2022년 NDI 기반의 스마트 라이브 스튜디오를 구축하고, 메타버스 · AI · XR을 아우르는 'MAX 프로젝트'를 추진하는 등 디지털 방송 환경 전환을 위한 실질적 시도를 시작하였다(방송과기술, 2022.8.3). 그러나 이러한 기술적 기반이 조직 차원의 전략적 체계와 결합되지 못하면 단발적 혁신에 그칠 위험이 크다. 따라서 단순한 기술 도입을 넘어, 전사적 구조 개편과 데이터 기반 기획 시스템 정착이 병행되어야 한다.

결국 아리랑TV의 미래 경쟁력은 '채널 보유 여부'가 아니라, '디지털 플랫폼을 통해 글로벌 시청자와 어떻게 연결되고 지속적 관계를 형성하느냐'에 달려 있다.

이를 위해 아리랑TV는 다음과 같은 핵심 과제를 중심으로 DX · AX 기반 한국형 국제방송 전략을 재설계해야 한다.

첫째, 디지털 전략 전담조직을 본부급으로 격상하고 독립적 운영 체계를 확립해야 한다. 현재 아리랑TV의 디지털 콘텐츠팀은 기존 방송 체제의 하위 부서로 편제되어 있어 전략적 영향력이 제한적이다. 플랫폼 전략 수립과 창의적 실험이 구조적으로 제약된 현실을 극복하기 위해, BBC의 'BBC Digital', CGTN의 'CGTN Digital'과 같이 디지털을 보조 기능이 아닌 조직의 중추(Core Function) 로 삼아야 한다. 기획-제작-유통-데이터 분석을 통합 관리하는 본부급 조직(CoE, Center of Excellence) 으로 격상해 전사적 디지털 전환의 컨트롤타워로 기능해야 한다.

둘째, 디지털 오리지널 콘텐츠에 대한 과감한 투자와 실험이 요구된다. 현재 아리랑TV의 디지털 콘텐츠는 여전히 방송 프로그램의 2차 편집본 또는 클립 재활용 수준에 머물러 있다. 그러나 디지털 플랫폼은 짧고 명료한 서사, 즉각적 메시지, 참여 유도 설계가 핵심이다. 따라서 숏폼 뉴스, 인터랙티브 다큐멘터리, SNS 특화 브랜디드 시리즈 등 플랫폼 네이티브 콘텐츠를 중심으로 과감한 투자와 실험을 확대해야 한다.

셋째, 글로벌 플랫폼 및 지역 기반 미디어와의 협력 체계를 강화해야 한다. 넷플릭스 · 아마존 프라임 등 대형 OTT 진입이 현실적으로 이렵다면, ASEAN 공영방송 · Euronews 지역 네트워크 등 공공미디어와의 공동제작 체계 구축이 필요하다. 현지 사회 이슈와 한국의 정책 · 문화 콘텐츠를 결합한 협력 모델은 국가 간 메시지 교환 및 문화 이해 증진이라는 국제방송의 공공성에도 부합한다.

넷째, 데이터 기반 전략 체계를 확립해야 한다. 유튜브 · SNS 알고리즘은 클릭률 · 시청지속률 · 이탈률에 따라 작동한다. 따라서 데이터 분석 전담 인력을 확보하고, 시청자 반응을 기획 단계에 반영하는 데이터 피드백 루프(Data Feedback Loop)[22]를 제도화해야 한다.

---

22) 이 책에서 말하는 '데이터 피드백 루프(Data Feedback Loop)'란, 시청자 반응 등 서비스 결과 데이터를 다시 기획 단계의 입력값으로 환원하여, 프로그램 · 정책 · 운영 전반을 지속적으로 개선하는 순환적 데이터 관리 구조를 뜻

또한 AI 기반 추천 시스템, 시청 패턴 분석, 자동 자막·더빙 시스템을 적극 도입하여 다언어 확산성과 지역별 맞춤 전략을 동시에 달성해야 한다.

다섯째, 플랫폼별 맞춤형 유통 전략과 메타데이터 기반 분산 구조를 정립해야 한다. 장르·포맷·언어별로 차별화된 다층 유통 체계를 구축하고, AI 메타데이터 자동 분류·분산 기술을 적용해 지역·언어·관심사별 맞춤 전송을 가능하게 해야 한다. BBC, NHK, CGTN, France 24 등 주요 국제방송들은 이미 이러한 메타데이터 기반의 분산형 플랫폼 전략을 통해 글로벌 확산력을 강화하고 있다.

아리랑TV의 미래상은 단순히 '대한민국을 소개하는 채널'을 넘어, K-브랜드 확산·문화강국 구현·K-이니셔티브 전략을 지원하는 국가전략 플랫폼으로의 전환이다. 이를 위해 아리랑TV는 세계 시민과 실시간으로 소통하는 K-브랜드 기반 디지털 문화외교 허브로 진화해야 하며, 기획·제작·유통·조직·협업 전반을 디지털 문법에 맞게 재설계하는 전사적 리셋이 요구된다.

이러한 변화가 실현될 때, 아리랑TV는 위성 중심 → 플랫폼 중심, '방송의 디지털화' → '디지털 중심 운영' 전환을 통해 글로벌 디지털 문화외교 허브로 진화할 수 있을 것이다. 특히 정부의 공공 디지털 플랫폼들과의 협력 체계를 구축하게 된다면, 이는 아리랑TV의 플랫폼 경쟁력을 강화하고, 이러한 전환이 제도적으로 뒷받침될 수 있는 중요한 추진 동력이 될 것이다. 이는 단순한 기술 대응을 넘어,

아리랑TV가 세계 속에서 대한민국의 이야기를 전하는 디지털 문화외교 플랫폼으로서 위상을 더욱 강화하기 위한 제도적 기반 구축의 출발점이 될 것이다

〈표 8-4〉는 아리랑TV의 디지털 문화외교 전략은 단순한 기술 도입이 아니라, 조직·콘텐츠·협력·데이터·유통의 다섯 축이 유기적으로 결합된 플랫폼 전환 전략이다. 아래 표는 이를 통합적으로 요약한 것이다.

---

한다. 즉, 실제 이용자 데이터에 기반해 기획-운영-평가가 반복되는 체계로, 공공미디어의 데이터 기반 의사결정(Data-Driven Decision Making)을 제도화하는 장치를 의미한다.

〈표 8-4〉 아리랑TV DX · AX 기반 플랫폼 전략 통합 방향(디지털 문화외교 모델)

| 전략 영역 | 핵심 내용 | 기대 효과 |
|---|---|---|
| 조직 · 운영 혁신 체계 구축 | 디지털 전략본부(CoE) 신설, 데이터 기반 의사결정 체계 제도화, AI · R&D 기반 제작·유통 시스템 통합 | 디지털 전략 추진력 강화 및 전사적 컨트롤타워 구축 |
| 디지털 오리지널 콘텐츠 확대 | 플랫폼 네이티브 콘텐츠(숏폼 뉴스, 인터랙티브 다큐, SNS 시리즈 등) 강화, 공공미디어형 브랜드 콘텐츠 개발 | 글로벌 시청자와의 상호작용 강화, 콘텐츠 경쟁력 제고 |
| 글로벌 협력 플랫폼 생태계 조성 | 공공미디어 · 국제방송 · 코리아넷 등과 상시 협력체계 구축, 민관 공동제작 · 유통 확대 | K-브랜드 확산 및 국제 문화외교 네트워크 강화 |
| 데이터·AI 기반 통합 전략 체계 | 데이터 피드백 루프 제도화, AI 추천 · 번역 · 자막 시스템 고도화, 시청자 분석 기반 편성 구조 혁신 | 데이터 기반 맞춤형 콘텐츠 확산 및 서비스 효율성 제고 |
| 플랫폼 유통 및 글로벌 연계 전략 | 다언어 · 다플랫폼 유통 체계 구축, 메타데이터 기반 분산 유통 구조 정립, 국제기구 · 지역 미디어 파트너십 확대 | 글로벌 접근성 확대 및 K-브랜드 정책 메시지 강화 |

〈자료〉 아리랑TV DX · AI 방송시설 구축 및 기술 인프라 고도화 추진(2022년)

■ 구축개요

- 아리랑TV는 2022년 5월, IP · AI · XR 융합 기술을 접목한 'MAX 프로젝트'의 일환으로 NDI 5 기반 4K 스마트 라이브 스튜디오 구축
- 본 사업은 단순한 장비 교체가 아닌, 방송 제작 – 송출 전 과정의 디지털 기반 전환(DX)을 실현하기 위한 전략적 전환 사업으로, 아리랑TV가 DX·AI 기반 국제방송 체제로 이행한 첫 사례로 평가
- 기존 HD-SDI 중심의 하드웨어 제작 환경을 IP 기반 소프트웨어형 제작 환경으로 전환하여, 향후 방송–IT–플랫폼 융합 생태계 구현을 위한 핵심 인프라 마련

■ 주요 구축내용

- NDI 기반 4K 스마트 라이브 스튜디오 구축 (TriCaster 2 Elite 시스템): IP 네트워크 상에서 실시간 4K 제작 · 송출이 가능하며, 사옥 내 어디서나 간편 연결·제작이 가능한 환경 실현
- 방송전산실 및 통합 ERP 시스템: 방송 · IT 인프라 · 정보보안 · 온라인미디어 통합 운영체계 구축
- 방송 · IT · 보안 통합 인프라 확립: ERP - 클라우드 연동형 데이터 관리체계 및 방송 - 보안 - 플랫폼 통합 운영체계 마련
- 멀티플랫폼 제작 · 송출 확장: 유튜브 · SNS · OTT 등 다중 플랫폼 기반의 실시간 스트리밍 및 자동화 제작 환경 구현

■ 기술적 의의와 시사점

- DX · AI 기반 제작 환경의 실질적 구현: 전면적 IP · NDI 5 기반 제작체계 실현으로 하드웨어 중심에서 소프트웨어 중심 제작 생태계로 전환
- 고효율 · 저비용 제작 모델 확립: 기존 대비 약 1/10 수준의 비용으로 4K 제작이 가능하며, 소규모 인력으로도 고품질 방송이 가능한 스마트 프로덕션 체계 완성
- PD 중심의 수평적 제작문화 정착: 'Creative Tech Director' 체계 도입으로 엔지니어 중심 제작 방식에서 PD·연출자 중심의 창의적 자율 제작 환경으로 전환
- DX 전환의 실증 모델로서 정책적 의미: 단순한 장비 개선이 아닌 디지털 국제방송 체제 이행의 파일럿 사례로, 향후 아리랑TV DX 전략 및 공공 디지털 플랫폼 협력 기반 정책 추진에 기여

■ 향후 과제

- DX 통합 관리체계 고도화: ERP - 클라우드 - 보안 - 플랫폼 연동 강화 및 전사 통합형 관리시스템 완성
- AI · XR 콘텐츠 제작 확대: AI 휴먼 · 가상앵커 · XR 포맷을 활용한 정규 프로그램 제작 추진
- 클라우드 주조정(Cloud MCR) 도입: 방송 – 송출 – 유통을 통합하는 클라우드형 주조정 시스템 구축
- 다언어 AI 송출및데이터 자동화: AI기반 자동 더빙·자막 시스템을 도입하여 다언어 제작 효율화 실현
- 국가브랜드 및 K-이니셔티브 전략 연계: DX 기반 콘텐츠 제작 확대 및 글로벌 네트워크 협력 추진

아리랑TV ‘MAX 프로젝트’ AI 앵커 시연 장면
- 아리랑TV NDI 5 기반 스마트 라이브 스튜디오 전경

아리랑TV NDI 5 기반 스마트 라이브 스튜디오 전경
- IP 네트워크 환경에서 4K 제작 · 송출이 가능한 NDI 기반 디지털 방송 스튜디오

| 제9장 |

# 대한민국의 플랫폼이 되다: 아리랑TV 10년 전략 청사진

## 방송을 다시 정의하다: 법과 제도의 새 틀

디지털 전환은 국제방송의 형식뿐 아니라, 존재 이유와 운영 체계 전반을 재정의하고 있다. 아리랑TV 역시 단순히 새로운 플랫폼으로의 이전하는 수준을 넘어, 디지털 중심 운영 체계를 법·제도·조직·예산·거버넌스 전반에 걸쳐 재설계해야 한다.

아리랑TV는 법적으로 민법상 재단법인 형태로 설립되어 운영되지만, 실질적으로는 문화체육관광부 산하 기타공공기관의 기능을 수행하고 있다. 이러한 제도적 지위는 '공공성과 자율성의 균형'을 전제로 하지만, 현실에서는 다음과 같은 구조적 한계를 노출하고 있다.

첫째, 아리랑TV는 민법상 재단법인으로만 규정되어 있어, 국제방송의 역할과 기능을 체계적으로 보장할 수 있는 별도의 법적 기반이 부재하다. 아리랑TV는 단순한 방송기관이 아니라, 대한민국의 가치와 문화를 전 세계에 전달하는 특수목적방송(Special Purpose Broadcasting) 으로서의 위상을 지닌다. 그러나 현행 제도하에서는 이러한 국가 전략적 기능이 법적으로 명확히 규정되어 있지 않아, 정책 연계성과 재정 안정성, 그리고 정부 내 전략적 위상 확보에 한계가 발생하고 있다. 따라서 아리랑TV가 K-브랜드 국가전략의 실행 플랫폼으로서 기능하기 위해서는, 특수목적방송으로서의 법적 근거를 명확히 하고, 국제방송의 공공적 책무와 자율적 운영을 동시에 보장할 수 있는 제도적 틀을 마련해야 한다.

둘째, 운영 자율성의 제약이 따른다. 아리랑TV는 민법상 재단법인임에도 불구하고 기타 공공기관으로 관리·감독을 받기 때문에, 예산 전용이나 신규 사업 투자, 조직 개편 시 모두 문화체육관광부의 승인 절차를 거쳐야 한다. 이는 다른 공공기관과 동일한 구조적 제약이지만, 국제방송이라는 특수성과 디지털 환경의 신속 대응 필요성에 비추어볼 때, 전략적 유연성을 더욱 제한하는 요인으로 작용한다.

셋째, 국제방송으로서의 기능적 정체성이 국내 방송 법체계 내에서는 명문화되어 있지 않다. 아리랑TV는 방송법상 방송채널사용사업자(PP)로 등록되어 법적 적용을 받지만, 실제 수행하는 국제방송 기능과 공공적 역할은 해당 법체계 어디에도 명시적으로 규정되어 있지 않다. 이로 인해 제작 규정·인사 기준·심의 체계 등에서 국제방송의 특수성을 반영한 독립적 기준과 정합성을 확보하지 못하고 있다.

넷째, 재정 기반의 취약성과 불안정성이 크다. 국고와 방송통신발전기금은 매년 정부와 국회의 승인 절차를 거쳐야 하므로, 매년 국가 예산 상황에 좌우되는 구조여서 장기 전략의 지속 가능성을 담보하기 어렵다. 또한 전체 예산의 절반 가까이를 임대·광고·협찬 등 자체 수입에 의존하는 구조로, 이는 국제방송으로서의 설립 목적과 장기 전략 수행보다 단기적 수익 확보에 집중하게 만드는 구조적 제약으로 작용하고 있다.

참고로 독일의 DW는 연방정부가 4년 단위로 재정계획을 수립하고, 이를 토대로 매년 연방의회의 승인을 받는 구조를 갖고 있다. 이로 인해 완전한 장기 보장은 어렵지만, 일정 수준의 중기적 안정성은 제도적으로 확보된다(Deutsche Welle Act, §45).[23] BBC 역시 2022년 '디지털 퍼스트(Digital First)' 전략을 발표하며 디지털 콘텐츠 중심 전환을 가속화하였고, 조직 구조·자원 배치 등을 디지털 중심으로 재구성한 사례로 평가된다. 이러한

---

23) Der Bund trägt die für die Erfüllung der Aufgaben der Deutschen Welle notwendigen Ausgaben. Die Mittel werden im Haushaltsplan des Bundes veranschlagt. Die Finanzplanung erstreckt sich über vier Jahre. Die Mittel bedürfen der jährlichen Bewilligung durch den Bundestag. (연방정부는 도이체 벨레(Deutsche Welle)의 임무 수행에 필요한 경비를 부담한다. 필요한 재원은 연방정부의 예산안에 계상된다. 재정계획은 4년을 주기로 수립된다. 해당 재원은 매년 연방의회의 승인을 받아야 한다.)

사례들은 국제방송이 법·제도적 틀 속에서 기술 혁신과 공공적 책무를 병행하는 모델을 보여준다는 점에서 시사점을 갖는다.

이와 같은 국제적 흐름 속에서, 2024년 5월 발표된 「디지털 대전환 시대, 해외홍보 추진계획(2024~2027)」은 정부가 처음으로 '국제방송 기능 재정립'을 명시적으로 선언한 공식 문서다. 이 계획은 아리랑TV를 *"대한민국 대표 국제방송이자 해외홍보 플랫폼"*으로 규정하고, ① 재정지원 근거 마련, ② 정체성 확립, ③ 범부처 연계 강화, ④ 문화 기반 홍보 확대 등을 구체적으로 제시하였다.

이는 아리랑TV 설립 이후 수차례 논의된 제도개편 방향을 정부 차원에서 처음으로 종합·공식화한 문서로, 국제방송의 공공적 위상과 법적 역할을 '국가홍보 체계' 속에 명시했다는 점에서 제도사적 의미가 크다. 발표된 지 1년이 지난 지금까지 법제화나 예산제도 개편 등 구체적 성과는 보이지 않지만, 이 계획이 제시한 방향성—즉, 아리랑TV를 중심으로 한 국가 홍보 기능의 전략적 재정립과 문화기반 공공홍보 체계의 구축—은 여전히 유효하다. 특히 새 정부가 추진 중인 '국가브랜드 전략 및 K-브랜드 국가비전'과의 연계를 고려할 때, 이 계획은 디지털 시대 한국형 국제방송의 제도적 재편 방향을 미리 제시한 정책적 이정표로 평가할 수 있다. 따라서 향후 과제는, 이 정책 방향을 선언적 수준에 머물게 하지 않고 제도적·법적 틀로 구체화하는 일이다.

아리랑TV가 국가 전략방송으로서의 기능을 실질적으로 수행하기 위해서는, 이러한 구조적 한계를 해소하기 위한 제도 개편과 법제 개선이 필요하다.

첫째, 국제방송에 대한 독립 법률 제정이 필요하다. (가칭)'아리랑국제방송원법' 또는 '국제문화방송진흥법'과 같은 독립 법률을 제정하여 국제방송의 법적 지위를 명확히 규정하고, 예산·인사·조직 운영의 법적 보호 장치를 마련해야 한다. 특히 재정적 안정성을 보장할 수 있는 독립 회계와 중장기 재원 조달 근거를 명시함으로써, 매년 국가 예산 변동에 따라 좌우되는 구조적 한계를 극복할 필요가 있다.

둘째, 공공외교 전략과 연계된 법체계 정비가 필요하다. 외교부·문체부 등 유관 부처와의 정책 연계성을 법제화하여 국제방송이 국가 전략과 유기적으로 작동하도록 해야 한다. 특히 문화강국 비전 실현을 위해, 「문화산업진흥법」·「한류산업진흥기본법」 등 문화산업 관련 법제와 아리랑TV의 기능을 연계하여, 국제방송이 문화산업과 국가브랜드 전략을 지원하는 제도적 기반으로 자리매김하도록 할 필요가 있다.

셋째, 디지털·AI 시대 융합형 정책 기반 구축이 필요하다. 전통 방송 규제 틀을 넘어 AI 자동 번역·추천 시스템, 데이터 기반 글로벌 편성 전략 등 신기술을 반영할 수 있는 유연한 제도 환경을 마련해야 한다.

넷째, 다언어·다문화 커뮤니케이션 전략의 제도적으로 반영할 필요가 있다. 국제방송의 경쟁력은 단순 번역을 넘어, 현지 문화 코드와 시각을 반영한 맞춤형 메시지 설계에 달려 있다. 이를 보장하기 위해 ▲다언어 제작 의무, ▲현지 문화 전문가 자문제도, ▲지역별 커뮤니케이션 가이드라인 등을 관련 법률이나 시행령에 반영해야 한다.

다섯째, 아리랑TV 사장의 국가 전략적 리더십을 제도화해야 한다. 아리랑TV 사장이 공공외교 및 문화산업 관련 주요 국가위원회(한류협력위원회, 공공외교위원회 등)에 공식 참여할 수 있도록 제도적 근거를 마련해야 한다. 이를 통해 국제방송을 국가브랜드 전략의 일관된 추진 주체로 제도화할 수 있다. 이를 통해 아리랑TV는 국가브랜드 정책의 일관된 추진 주체로 자리매김할 수 있으며, 공공외교와 문화강국 비전 실현 과정에서 국제방송의 전략적 역할을 제도적으로 강화할 수 있다.

실례로, 한국교육방송공사(EBS)는 1990년대 이후 독립 공영방송 전환을 추진하며, 1997년 「교육방송원법」, 2000년 「한국교육방송공사법」을 제정해 법적 지위를 확보하였다. 이를 통해 예산 자율성·정책 독립성·조직 유연성을 보장받았고, 이후 'EBSi', 'EBS 온라인 클래스' 등 디지털 교육 플랫폼을 구축하며 공영 교육 미디어로 성장할 수 있었다. 이 사례는 교육방송이라는 특수목적 공영방송이 독립적 법적 근거를 마련함으로써, 정책 일관성과 조직 자율성을 동시에 확보할 수 있음을 보여준다. 이는 아리랑TV 또한 국제방송으로서의 법적 정체성과 제도적 기반을 강화해야 함을 시사한다.

즉, ▲독립 법률 제정, ▲공공외교 법제 연계, ▲디지털·AI 융합형 정책 기반, ▲다언어·다문화 제도화, ▲전략적 리더십 제도화라는 다섯 축이 아리랑TV 법·제도 개편의 핵심 방향이라 할 수 있다. 아리랑TV가 법적 기반을 명확히 하고 국가 책무 방송으로서 지위를 확보할 때, 디지털 시대의 전략 실행력·재정 안정성·콘텐츠 지속성을 동시에 강화할 수 있을 것이다. 이는 공공성과 전략성을 균형 있게 갖춘 한국형 국제방송으로 도약하기 위한 필수 조건이 될 것이다.

〈자료〉 문체부, 디지털 대전환 시대, 해외홍보 추진계획(2024~2027) 중
국가홍보 기능 강화를 위한 국제방송 기능 재정립 필요

■ 주요 내용 요약

- 문화체육관광부는 2024년 5월 발표한 「디지털 대전환 시대, 해외홍보 추진계획(2024~2027)」에서 글로벌 미디어 환경 변화와 K-컬처 확산에 대응하기 위해 국가홍보 기능의 전략적 재정립을 강조
- 특히 국제방송(아리랑TV) 을 '대한민국 대표 해외홍보 플랫폼'으로 명확히 규정하고, 그 기능을 다음과 같이 강화할 필요가 있다고 제시함

■ 국제방송을 통한 국가홍보 역할 강화

| 구분 | 추진 방향 | 세부 내용 |
|---|---|---|
| 국제방송<br>기능 재정립 | 국제방송교류재단(아리랑TV)을<br>중심으로 한 제도적 지원 근거 마련 | 민법 제32조에 따라 설립된 국제방송교류재단의 법적·재정적 안정성 강화 |
| 정체성<br>재확립 | 글로벌 수요 및 K-컬처 확산 기반<br>국가홍보 매체로서의 위상 강화 | 단순 방송을 넘어, 문화 기반의 공공홍보 매체로 전환 |
| 중장기<br>경영전략<br>수립 | 한국홍보 콘텐츠 제작 강화<br>글로벌 K-콘텐츠 도약 지원 강화<br>생상성 제고를 위한 경영효율화 | •(문화 기반의 연성홍보) 한식, 한국어, 한국 여행 등 과 연계된 수요자의 일상 친화적 콘텐츠를 확대·조명<br>•(국가이미지 홍보 강화) 외신의 한국 관련 뉴스 심층 해설, 오류 정정, 한국 문화관광 뉴스 등 국가이미지 제고를 위한 보도 확대<br>•(범부처 홍보 강화) 소비재·식품·뷰티 등 콘텐츠 연관 산업뿐만 아니라 농산물·과학 기술 등 범 부처 정책 및 사업 홍보 추진 |

■ 정책적 제언 및 당부

- 정권 변화와 관계없이 아리랑TV의 국제방송 기능 재정립 방향은 국가 브랜드 전략의 일관된 축으로 지속되어야 함.
- 해외홍보는 단기 성과가 아닌 신뢰 구축의 장기 과제인 만큼, 정치적 중립성과 공공성을 유지하는 체계적 지원이 필요함.
- 문체부의 「해외홍보 추진계획(2024~2027)」이 선언에 그치지 않고, 범부처 협력과 실행 기반 강화로 이어지길 기대함.

아리랑TV 노사공동 법제화추진위원회 토론회(2005.3.10): 아리랑TV 법적 위상 확보와 제도적 기반 마련을 위해 노사공동 법제화추진위원회가 C-스튜디오에서 사내 토론회를 개최한 모습

「아리랑국제방송의 법적 위상 어떻게 할 것인가?」 세미나 현장(2005.8.18): 윤원호 의원 주최로 열린 '국제방송공사법' 제정 추진 세미나 모습

## 유연한 조직, 강한 전략: 아리랑TV의 운영 혁신

아리랑TV의 현재 운영 체계는 방송 중심 기능 조직과 기획·경영 기능 조직이 병렬적으로 구성된 이원 구조를 기반으로 한다. 이러한 구조는 전통적 방송 제작 환경에는 적합했지만, 디지털 콘텐츠 기획·실시간 데이터 분석·글로벌 플랫폼 전략을 요구하는 시대적 변화에는 대응력이 제한적이다.

특히 디지털 전략 부서는 방송본부 산하 1개 팀 수준으로 편제되어 있어 조직 위상이 낮고, 디지털 전략을 독립적·우선적 정책 영역으로 확립하지 못한 점이 근본적 한계로 지적된다. 이로 인해 디지털 기획과 집행의 일관성·지속성이 확보되지 못하고, 전략 실행력 역시 구조적으로 제약되어 왔다.

재정 구조 또한 주요 제약 요인이다. 전체 예산 중 약 60~70억 원이 위성 송출비로 고정 지출(아리랑TV 결산자료, 2023 기준)되고 있어, 디지털 제작·AI 기반 전략·글로벌 유통 등 미래지향적 투자 여력이 크게 제한된다. 동시에 전체 예산의 약 40%를 광고·협찬·외부사업 등 자체 수입에 의존하는 구조가 고착되어 있어, 수익 변동 시 누적 적자가 발생하고 콘텐츠 투자 여력이 약화되는 악순환이 지속된다. 이는 방송 본래 목적보다 단기적 재원 확보에 집중할 수밖에 없는 구조적 문제를 낳고 있다. 따라서 단순한 수익 확대보다, 기존 사업 구조의 전면적 재검토와 비효율 축소·신사업 중심 재편이 필수적이다.

거버넌스 체계 역시 전략 수립과 외부 협업을 견인하기에는 미흡하다. 이사회 운영은 형식적이고 외부 자문은 일회성에 머물며, 디지털 전환이나 공공외교 전략을 주도할 전문성 기반 협의 구조가 부재하다. 내부 조직문화 또한 송출 중심 사고에 머물러, 외부 트렌드나 플랫폼 흐름을 민첩하게 반영하지 못하고 있다. 디지털 환경이 요구하는 실험성과 유연성이 충분히 제도화되지 못한 점도 구조적 한계로 작용한다.

이러한 문제를 근본적으로 해소하기 위해서는 조직·예산·거버넌스 전반에 걸친 체계적 재설계가 필요하다. 구체적 개편 방향은 다음과 같다

첫째, 디지털 전략 전담 조직을 본부급 조직으로 격상하여 콘텐츠·데이터·기술 기능을 융합한 통합 체계로 전환해야 한다. 플랫폼 분석, 알고리즘 기반 기획, 시청자 피드백 반영 등을 일원화하여 독립적이고 선제적인 디지털 전략 수립이 가능해야 한다. 이 조직은

'Digital Transformation Center(가칭)' 형태로 운영되어야 하며, 전사적 DX·AX 혁신의 컨트롤타워 역할을 수행해야 한다.

둘째, 실시간 데이터 기반 전략회의와 편성 조정 체계를 도입해야 한다. 유튜브·SNS·OTT 등 플랫폼별 반응 데이터와 시청자 피드백을 실시간 분석하여 편성 전략에 즉각 반영하는 시스템을 구축해야 한다. AI 기반 자동 번역·자막·더빙·추천 시스템과 메타데이터 분석을 적극 도입하여, 지역·언어별 맞춤형 글로벌 편성 체계를 정착시켜야 한다.

셋째, 다언어·다문화 전략 기능을 강화해야 한다. 문화권별 전문인력을 확보하고, 현지 자문 네트워크를 제도화해 지역별 문화 감수성과 시청자 특성을 반영해야 한다. AI 기반 언어 데이터 분석과 결합하면 문화·언어권별 맞춤형 메시지 설계의 정밀성을 높일 수 있다.

넷째, 핵심 전문인력을 확보하고 역량을 내재화해야 한다. 디지털 플랫폼 기획, 글로벌 협상, 데이터·AI 분석 등 핵심 분야의 인력을 확보하고, 단기 외부 의존이 아닌 내부 역량 축적형 전문성 체계를 구축해야 한다. 이를 위해 중장기적으로 ▲직무 재설계(Job Redesign), ▲리더십-실무 연계형 재교육(Upskilling & Reskilling), ▲AI·디지털 융합 역량 강화 프로그램을 체계화하여 '인재밀도(Talent Density)'[24] 중심의 인력 육성·평가·성과 연계 시스템을 마련해야 한다. 즉, 아리랑TV의 인력운영은 인력 수의 문제가 아니라, 기존 인력이 디지털·AI 시대의 핵심 기술과 전략적 사고를 내면화하여 조직 전체의 역량 밀도와 인재밀도를 함께 높이는 공생형 성장 모델을 지향해야 한다.

다섯째, 위성 임차비 감축과 재투자 구조 전환이 필요하다. 단계적으로 위성 임차비를 최소 30% 이상 감축하고, 절감 재원을 디지털 제작·AI 메타데이터 시스템·글로벌 유통·유료 플랫폼 마케팅 등 미래 투자 분야에 재배분해야 한다. 다만 일반적으로 정부 예산 구조상 감축된 예산이 타 항목으로 전용되지 못하고 불용 처리되는 경우가 많다는 점

24) 인재밀도(Talent Density)'는 조직의 경쟁력이 인원 수가 아니라 핵심 인재의 역량과 집중도에 의해 결정된다는 개념으로, 넷플릭스 인사전략(맥코드, Powerful, 2018)에서 주목받았다. 본서에서는 이를 공공기관 현실에 맞게, 인력 교체가 아닌 기존 인력의 성장과 내재화를 통한 집단 역량 강화 과정으로 재정의하였다. 즉, 아리랑TV의 인재밀도는 구성원 전체의 디지털·AI 융합 역량이 축적되는 정도를 의미한다.

에서, 이에 대한 정부의 정책적 관심과 제도적 지원이 필요하다. 즉, 단순한 예산 감축이 아니라 감축분을 디지털 분야로 전환할 수 있는 구조적 개선이 병행될 때, 아리랑TV의 송출 중심 예산 체계는 비로소 디지털 투자 중심 구조로 실질적으로 전환될 수 있을 것이다.

여섯째, 전략적 거버넌스 체계를 재설계해야 한다. 디지털 전략·공공외교·다문화 분야 전문가로 구성된 상설 자문단을 설치하고, 문화체육관광부·외교부 등 관계부처와의 상시 협의체를 제도화해야 한다. 자문단은 연 2회 이상 전략 평가 보고서를 제출하고, 협의체는 예산 및 정책 논의에 참여함으로써 정책 연계성과 공공성의 균형을 강화해야 한다.

일곱째, 사업 포트폴리오를 재편하고 자회사와 연계한 협력형 사업모델 구축이 시급하다. 비효율 사업은 축소·정리하거나 자회사로 이관하고, 국제방송 기능을 중심에 두면서 국제 행사 연계 콘텐츠·한류 브랜드 협력 등 성장 잠재력이 높은 신사업에 자원을 집중해야 한다. 동시에 공공외교·문화홍보 연계 사업을 강화해 지속가능한 성장 기반을 마련해야 한다. 자회사는 본사와의 협력체계를 강화하여 ▲콘텐츠 유통, ▲보유 자원(방송장비·전문인력 등) 활용 신규 사업, ▲번역·재제작 역량의 AI 시스템 연계 등을 통해 다국어 콘텐츠 제작 거점으로 육성·고도화할 필요가 있다. 다만 구체적 사업 모델과 실행 방안은 사업환경과 경영 여건을 종합적으로 고려해 검토해야 한다.

결국 이러한 개편은 단순한 조직 조정이 아니라, 아리랑TV를 디지털 기반 글로벌 전략 미디어로 전환하기 위한 전사적 생태계 재설계 과정이다.

조직·예산·거버넌스·사업 구조의 통합 혁신을 통해 아리랑TV는 공공성과 수익성을 균형 있게 확보하고, 대한민국의 전략적 메시지를 세계와 연결하는 플랫폼형 국제방송으로 도약할 수 있을 것이다.

## 데이터를 중심에 두다: 기술이 만드는 효율의 언어

아리랑TV가 디지털 기반 글로벌 전략 미디어로 전환하기 위해서는, 법·제도 및 조직 개편에 더해 이를 실질적으로 뒷받침할 기술·데이터 인프라 고도화와 성과 환류 체계 확립, 그리고 전문 자문 구조의 제도화가 병행되어야 한다.

이는 단순한 장비나 시스템의 확충이 아니라, 기획-제작-유통-분석-환류 전 과정이 데이터와 기술로 유기적으로 연결되는 지속 가능한 디지털 운영 생태계를 구축하는 것을 의미한다.

첫째, 통합 디지털 제작·유통 플랫폼을 구축해야 한다. 방송·온라인·모바일·SNS·OTT를 단일 워크플로우로 통합 관리할 수 있는 클라우드 기반 콘텐츠 허브를 마련해야 한다. 이를 통해 기획에서 송출까지 전 과정의 효율성을 극대화하고, AI 기반 자동 편집·자막·번역 시스템을 결합함으로써 다언어 대응력과 제작 효율을 동시에 강화한다.

둘째, 데이터 기반 의사결정 체계를 확립해야 한다. 플랫폼별 시청 데이터, 글로벌 이용자 패턴, 댓글·공유·체류시간 등 반응 데이터를 실시간으로 수집·분석하는 데이터 허브 시스템을 구축해야 한다. 이 데이터를 편성·제작·마케팅 부서와 공유함으로써 즉각적인 전략 수정과 콘텐츠 최적화가 가능해져야 한다. 또한 표준화된 메타데이터 체계를 구축하고, DRM(Digital Rights Management) 시스템[25]과 연동하여 콘텐츠의 안전성과 확장성을 확보해야 한다.

셋째, 성과 측정 및 환류 체계를 정교화해야 한다. 현재의 '수신가구 수', 'K-콘텐츠 조회 수', '해외 시청자 평가 지수' 등 노출량 중심의 계량지표에서 벗어나, ▲정책 메시지 도달률, ▲다언어 콘텐츠 소비 비중, ▲지역별 참여도, ▲브랜드 신뢰도(설문·재인용 건수) 등 복합 성과지표(KPI)를 개발·도입할 필요가 있다. 이러한 성과지표를 내부 성과관리

25) DRM(Digital Rights Management, 디지털 권한 관리) 시스템은 디지털 콘텐츠의 저작권과 이용 권한을 보호하기 위해 접근·복제·배포를 기술적으로 통제하는 권리관리 체계를 뜻한다. 암호화와 라이선스 인증 등을 통해 콘텐츠의 무단 복제나 불법 유통을 방지하며, 이용 조건(재생 기기·기간·지역 등)을 설정·관리한다. 특히 공공미디어나 국제방송 분야에서는 단순한 저작권 보호를 넘어, 글로벌 유통 과정에서 공공성·접근성·수익 보호 간 균형을 조정하는 정책적 장치로 활용된다.

체계(부서별 인센티브·성과급 등)와 연계하고, 동시에 공공기관 경영평가(KPI) 일부 항목에 반영함으로써, 디지털 전환의 성과가 제도적으로 평가되고 지속 가능하게 관리될 수 있을 것이다.

넷째, 자문단 운영 및 피드백 환류 체계를 마련해야 한다. 공공외교, 문화콘텐츠, 디지털·AI, 데이터 전략 등 다양한 분야의 전문가로 구성된 자문단을 설치하고, 분기별 정례 회의를 제도화하여 정책·기술·콘텐츠 전략을 종합적으로 검토해야 한다. 자문 결과는 단순 보고에 그치지 않고 이사회 및 경영진의 주요 의사결정 과정에 직접 반영되며, 그 반영 결과는 다시 자문단에 피드백되어 정책-전략-성과가 순환적으로 개선되는 구조를 정립해야 한다. 또한 해외 자문위원의 참여를 제도화하여 국내 회의 시 화상회의를 병행함으로써 국제적 시각과 최신 글로벌 트렌드가 실시간으로 반영될 수 있도록 해야 한다. 이러한 체계적 자문단 운영은 조직의 전문성·현장성·국제성을 동시에 강화하는 전략적 거버넌스 모델로 기능할 것이다.

이와 같은 기술·데이터 인프라 고도화, 성과 환류 체계, 전문 자문단 운영은 아리랑TV가 디지털 환경에서 신속성과 전략성을 겸비한 글로벌 국제방송으로 도약하기 위한 핵심 추진 엔진이다. 이는 단순한 장비나 인력 확충을 넘어, 기술-조직-협업-성과관리 전반을 재설계하는 전사적 혁신 과제라 할 수 있다. 구체적으로는 ▲클라우드 기반 제작·유통 플랫폼과 AI 자동화 시스템을 포함한 기술·데이터 인프라, ▲정량·정성 지표를 아우르는 성과 환류 체계, ▲전문가 집단의 정례 자문을 통한 상설 자문단 운영이 실행 기반의 세 축(core pillars)을 이룬다. 이 세 축은 아리랑TV의 디지털 전환을 뒷받침하는 핵심 전략 토대이자 실행 인프라로 기능할 것이다.

## 코리아넷 등 공공 디지털 플랫폼과의 협력: 아리랑TV K-브랜드 플랫폼 전략의 확장

코리아넷 등 공공 디지털 플랫폼과의 협력은, 아리랑TV가 지향해온 'K-브랜드 플랫폼 전략'을 한층 강화할 수 있는 실질적 확장 경로로 평가된다. 이는 방송과 디지털 홍보의 분절 구조를 넘어, 아리랑TV가 디지털과 AI 기반의 글로벌 문화·정책 허브로 도약할 수 있는 공공협력형 미디어 모델의 가능성을 보여준다. 단순한 기능 연계가 아니라, 대한민국의 K-브랜드 전략을 통합적으로 구현하기 위한 공공미디어 간 파트너십으로서 정책적 의미가 크다.

특히 아리랑TV의 방송 콘텐츠가 문화체육관광부 산하의 다양한 공공 디지털 플랫폼(예: 코리아넷, KOCIS, KOFICE, 국립박물관 디지털 허브 등)과 연계된다면, 해외 이용자는 한국의 정책·문화·산업을 통합적으로 경험하는 '원스톱 한국문화 플랫폼(One-stop Korean Culture Platform)' 환경을 누릴 수 있을 것이다.

이는 '정책–문화–콘텐츠–데이터'가 유기적으로 연결된 K-브랜드 내러티브 생태계를 구축한다는 점에서 정책적 시사점을 지닌다. 아리랑TV는 디지털 전환(DX)과 인공지능 전환(AX)을 축으로, 방송–플랫폼–데이터를 하나의 생태계로 통합하는 개방형·참여형 플랫폼(Open & Participatory Platform)으로의 전환을 비전으로 삼고 있다.

공공 디지털 플랫폼과의 협력은 이러한 플랫폼 전환의 실행력과 확산력을 높이는 상호보완적 촉진 요인으로 작용할 것이다.

즉, 아리랑TV는 DX·AX 기반의 순환형 플랫폼 구조를 중심으로 이용자 참여와 데이터 피드백 체계를 확립해가고 있으며, 공공 플랫폼과의 협력은 이를 다언어 정책정보 및 글로벌 문화 네트워크와 연계함으로써 공공성의 폭을 확장하는 역할을 수행할 수 있다.

개방형·참여형 플랫폼 구상은 국내외 크리에이터, 문화기관, 학계, 연구자, 중소 프로덕션 등이 함께 참여할 수 있는 구조로, 단방향 홍보를 넘어 글로벌 문화 커뮤니티 허브로 발전할 가능성을 제시한다.

『2022 한류백서』에 따르면, 해외 한류 수요는 음악·드라마 중심에서 뷰티·음식·여행·게임 등으로 확산되고 있으며, 세계 시장이 온라인 플랫폼 중심으로 재편되고 있다.

이러한 변화는 아리랑TV가 추진하는 개방형 플랫폼 전략의 타당성을 뒷받침하며, 공공 디지털 플랫폼과의 협력은 그 실행 범위를 확장하는 실질적 수단이 될 수 있다.

이를 위해 다음과 같은 협력 구상 방향을 제시할 수 있다.

첫째, 기능적 연계 강화이다. 방송 제작, 데이터 관리, AI 번역 및 다언어 서비스 역량을 상호 공유한다.

둘째, 예산 구조의 혁신이 필요하다. 홍보 중심의 예산 집행에서 벗어나, AI 번역·데이터 관리·UX 고도화 등 디지털 R&D 중심 투자 구조로 전환한다.

셋째, 개방형 협력 생태계를 조성하여야 한다. 국내외 창작자, 공공기관(KOFICE·국립박물관·문화재청 등), 학계·중소 제작사와 협업 가능한 콘텐츠 입점 시스템을 마련해 글로벌 K-컬처 커뮤니티 허브로 발전할 기반을 마련한다.

넷째, 상호 콘텐츠 교류 체계를 구축해야 한다. 아리랑TV의 영상·뉴스·다큐멘터리 콘텐츠는 코리아넷, KOCIS, KOFICE 등 공공 디지털 플랫폼과 연동되어 해외 이용자에게 확산되고, 동시에 각 기관이 생산하는 정책·문화·관광 관련 콘텐츠가 아리랑TV 플랫폼 내 'K-브랜드 허브존'을 통해 재가공·공유되는 구조를 마련해야 한다. 이러한 순환형 콘텐츠 교류 체계는 단순한 연계 수준을 넘어, 공공미디어 간 공동 콘텐츠 풀(Content Pool) 구축으로 이어지며, 한국 문화·정책·브랜드를 통합적으로 전달하는 K-브랜드 디지털 생태계의 실질적 완성으로 이어질 것이다.

## 10년 후, 대한민국의 플랫폼: 아리랑TV 비전 2036

아리랑TV는 향후 10년을 대한민국 공공미디어의 새로운 패러다임을 여는 시간으로 삼아야 한다. 단순히 방송 채널로서의 기능을 유지하는 것이 아니라, 디지털과 AI 혁신을 기반으로 한 플랫폼으로 진화하여 'K-브랜드 국가전략'을 실행하는 핵심 허브가 되어야 한다.

지난 30년간 아리랑TV는 '한국을 세계에 알린다'는 사명 아래 위성 중심의 국제방송 체계를 구축해왔다. 그러나 글로벌 미디어 환경은 송출 중심 경쟁에서 소통·데이터·참여를 중심으로 한 플랫폼 생태계로 전환되었다. 따라서 향후 10년은 기술의 문제를 넘어 조직·제도·예산·협력 체계 전반을 디지털 문법으로 재편하는 구조적 전환기가 되어야 한다.

아리랑TV의 DX·AI 기반 10년 전략은 이를 기반 확립기 → 구조 전환기 → 성숙 및 도약기의 3단계로 구분해 추진하는 것을 목표로 한다. 이는 단기적 혁신이 아닌 중장기적 체계 개편과 글로벌 경쟁력 강화 로드맵으로, 대한민국 대표 국제방송로서의 정체성과 글로벌 플랫폼으로서의 확장성을 동시에 확보하기 위한 전략이다.

〈표 9-1〉 아리랑TV 10년 비전과 운영전략 로드맵 (DX·AI 기반 3단계 전환모델)

| 단계 | 핵심 목표 | 주요 실행 과제 | 기대 효과 |
| --- | --- | --- | --- |
| 1단계<br>기반 확립기<br>(1~3년) | 디지털 전략<br>토대 마련 및<br>조직 체계 정비 | • 디지털 전략 전담본부 신설<br>• 클라우드 기반 콘텐츠 허브 및 AI 번역·메타데이터 체계 구축<br>• 플랫폼 인프라(홈페이지 확장·허브존 구축) 고도화<br>• 데이터 기반 기획·성과 시스템 도입 | • 디지털 전략 추진 체계 확립<br>• 방송 - 온라인 융합 구조 조성<br>• 플랫폼 전환 기반 마련<br>• 정부 협업형 운영기반 마련 |
| 2단계<br>구조 전환기<br>(4~6년) | 플랫폼 중심<br>운영의 제도화<br>및 확산 | • 정책형·다언어 콘텐츠 편성 확대<br>• AI 기반 유통·분석 시스템 정착<br>• 순환형 데이터 피드백 체계 제도화<br>• 외부 전문가·자문단 협업 정례화<br>• K-브랜드 통합 플랫폼 구축 및 운영 고도화 | • K-브랜드 플랫폼의 본격 가동 및 서비스 확립<br>• 플랫폼 중심 운영문화 정착<br>• 자원 효율성·성과 관리 강화<br>• 데이터 기반 기획체계 고도화 |
| 3단계<br>성숙 및 도약기<br>(7~10년) | 글로벌 문화·정책<br>플랫폼으로의<br>확장 | • 외교부·문체부 등 관계 부처와 공동기획 정례화<br>• 글로벌 OTT·공공미디어 협력 확대<br>• 법·제도·예산의 안정적 구조 확립<br>• SDGs·기후·인권 등 글로벌 의제 연계 콘텐츠 강화 | • K-브랜드 글로벌 확산 본격화<br>• 공공미디어 국제 협력 플랫폼 정착<br>• 디지털 기반 문화외교 생태계 완성 |

이 로드맵은 아리랑TV가 '한국형 국제방송 3.0' 시대로 도약하기 위한 실행 청사진이다.

1단계에서는 디지털 인프라 구축과 조직 혁신을 통한 기반 확립, 2단계에서는 제도화와 데이터 기반 운영체계의 정착, 3단계에서는 글로벌 확장과 협력 생태계 완성으로 이어진다. 이는 기술·조직·법·재정이 유기적으로 결합된 실행 중심형 비전 로드맵으로, 아리랑TV가 공공성과 혁신성을 동시에 강화하는 방향으로 설계되어야 한다.

앞서 살펴본 바와 같이, 코리아넷과의 협력은 아리랑TV가 국가전략 플랫폼으로서 위상을 강화하고 K-브랜드 내러티브의 외연을 확장하는 데 중요한 전략적 기반이 될 수 있다. 이러한 협력은 단발적 연계가 아니라, 기획·제작·유통·데이터 운영 전 과정에서 공공미디어 간 지속 가능한 확장축으로 발전해야 한다.

즉, 아리랑TV의 DX·AI 기반 플랫폼이 콘텐츠 중심의 허브로 성장할수록, 코리아넷과의 연계는 공공데이터·정책정보·글로벌 네트워크 자원을 결합하여 K-브랜드 국가전략의 실행력을 강화하게 될 것이다. 이를 통해 아리랑TV는 디지털 전환의 속도와 범위를 한층 높이며, 대한민국의 문화·정책·브랜드 메시지를 세계 시민과 연결하는 "K-브랜드 국가전략의 핵심 거점으로 발전할 것이다.

결과적으로 "아리랑TV 비전 2036"은 자율적 혁신과 공공 협력성을 동시에 내재한 이중 구조의 비전이다. 아리랑TV는 디지털 혁신을 통해 플랫폼 전환의 기반을 확립함과 동시에, 코리아넷 등 공공 플랫폼과의 협력을 통해 대한민국의 문화·정책·브랜드 메시지를 세계 시민과 연결하는 글로벌 공공 플랫폼 생태계의 핵심 축으로 성장해야 한다.

이러한 10년 비전은 단순한 구조 개편이 아니라, 법·제도 개혁, 인력·조직 혁신, 예산 구조 재편, 글로벌 협력 강화, 기술·데이터 기반 인프라 고도화가 유기적으로 결합되어야 실현될 수 있다.

지난 30년간 아리랑TV의 국제방송 전략은 세 단계의 진화를 거쳐왔다.

1.0 단계는 1990년대 후반부터 2010년대 초반까지 위성 송출 중심의 '해외 홍보형 방송 시대'로, 한국을 세계에 알리는 공공외교 채널로서 기반을 다진 시기였다.

2.0 단계는 2010년대 중반 이후 디지털 전환과 다언어 서비스를 병행한 '복합 미디어 시대'로, 위성 중심에서 온라인으로의 전환을 시도해 일정 부분 성과를 거두었으나, 기술·조직·전략·재원 측면에서 구조적 한계가 분명했다. 이러한 제약은 오히려 '3.0 단계', 즉 DX·AI 기반의 플랫폼 중심 운영체계로의 전환 필요성을 더욱 명확히 드러냈다.

3.0 단계는 단순한 기술변화가 아니라, DX·AI 혁신을 통해 조직·제도·콘텐츠·데이터·협력 전반을 통합적으로 재구성하는 국제방송의 새로운 패러다임이다. AI 자동화·

데이터 기반 운영·공공 플랫폼 협력 등 기술 중심의 효율 혁신은 재정 제약을 넘어서는 현실적 추진 동력이자, 아리랑TV가 'K-브랜드 국가전략'을 실질적으로 실행하는 핵심 기반이 된다. 결국 아리랑TV의 3.0 비전은 디지털과 AI 혁신을 바탕으로, 조직과 콘텐츠, 그리고 협력의 전 영역을 새롭게 재구성하는 국가브랜드 미디어의 도약이다.

이는 대한민국을 대표하는 K-브랜드 플랫폼으로 성장하기 위한 전략적 전환점이며, 곧 "대한민국의 이야기를 다시 쓰는" 글로벌 가치 미디어로 나아가는 출발점이라 할 수 있다.

# 3부

# 대한민국의 이야기를 다시 쓰다

## 글로벌 가치 미디어의 새로운 선언

제10장 '한국 플랫폼'으로 재배치하다: DX · AX 시대의 새 좌표

제11장 아리랑TV, 글로벌 가치 플랫폼으로의 도약

제12장 우리의 이야기를 다시 쓰다: 아리랑TV, 대한민국의 플랫폼 선언

## 대한민국이 다시 쓰는 미래의 언어

30년 전, 한국은 전파로 세계에 말을 걸었다. 그리고 지금, 한국은 이야기로 세계와 대화하고 있다. 전파가 도달하는 거리는 기술이 결정하지만, 이야기가 닿는 깊이는 공감이 결정한다. 3부는 바로 그 공감의 언어로, 대한민국이 어떻게 다시 자신을 말하기 시작했는지를 보여준다.

21세기 국제방송의 경쟁은 더 이상 '송출 거리'의 문제가 아니다. 누가 더 많이 말하는가가 아니라, 누가 더 깊이 들을 수 있는가의 문제다. BTS의 노래, 오징어 게임의 서사, K-푸드의 철학, 한글의 정체성, 이 모든 것은 이제 단순한 문화가 아니라, 한국이라는 국가의 언어이자 철학이 되었다. 그 한가운데, 아리랑TV가 있다. 그것은 더 이상 '국가의 홍보 채널'이 아니라, 한국이 세상과 함께 새로운 이야기를 쓰는 플랫폼이다.

### 3부는 이러한 전환을 세 개의 장으로 그려낸다.

- **10장 '한국 플랫폼'으로 재배치하다는 묻는다.**

  "한국은 왜 여전히 아리랑TV가 필요한가?"

  이 장은 DX(디지털 전환)과 AX(AI 전환)이라는 거대한 흐름 속에서 방송이 플랫폼으로, 송출이 관계로 바뀌는 구조적 변화를 탐구한다. 일방적인 콘텐츠 제공자가 아니라, 데이터를 기반으로 공감을 설계하는 '참여형 K-브랜드 플랫폼'으로의 재정의가 시작된다.

- **11장 아리랑TV, 글로벌 가치 플랫폼으로의 도약은 그 철학을 구체화한다.**

  "방송은 기술이 아니라 관계다."

  이 장은 K-Culture, K-Tech, K-Democracy라는 세 축을 중심으로 대한민국이 세계와 공유해야 할 '세 단어'를 제시한다. 그것은 한국의 문화·기술·민주주의가 그저 자랑거리가 아니라, 세계 시민이 함께 쓰는 보편적 가치의 언어임을 보여준다. 공감과 데이터, 진정성과 협력의 시대. 이 장은 아리랑TV가 미디어를 넘어 가치의 플랫폼이 되는 길을 펼쳐 보인다.

- **12장 우리의 이야기를 다시 쓰다는 이 책 전체의 종결이자 시작이다.**
  아리랑TV가 '방송'의 정의를 넘어 대한민국의 철학을 구현하는 플랫폼으로 거듭나는 선언의 장이다. 이 장은 정책이 이야기로 바뀌는 순간, 콘텐츠가 외교가 되는 순간, 기술이 감정을 번역하는 순간을 보여준다.
  "우리는 정책을 설명하는 기관이 아니라, 세계와 감정을 나누는 플랫폼이다."
  이 한 문장이 곧 아리랑TV의 미래 선언이다.

3부는 기술의 이야기를 하는 듯 보이지만, 실은 인간의 이야기, 그리고 국가의 정체성에 관한 장이다. 한국은 더 이상 '설명하는 나라'가 아니라 '공감받는 나라'로 변화하고 있다. 이 변화의 본질은 단지 미디어 혁신이 아니다. 국가의 비전이 하나의 이야기로, 정책이 감정의 언어로, 그리고 문화가 관계의 철학으로 번역되는 과정이다.

우리는 이 지점에서 한 가지 확실한 진실을 만나게 된다.

"국가의 힘은 기술에서 나오지 않는다. 진심과 신뢰, 그리고 공감에서 비롯된다."

전파의 시대를 지나, 이제 우리는 플랫폼의 시대에 서 있다. 그리고 이 책의 마지막 장에서, 한국은 또 한 번 질문을 던진다.

"우리는 어떤 이야기로 세계와 공명할 것인가?"

그 질문의 답을 찾아가는 과정이 바로 3부의 이야기다.

| 제10장 |

# '한국 플랫폼'으로 재배치하다: DX · AX 시대의 새 좌표

## 방송을 넘어 플랫폼으로: 왜 지금 디지털과 AI인가

앞서 살펴본 법 · 제도적 한계, 위성 중심 전략의 제약, 디지털 전환 과제는 결국 두 가지 질문으로 귀결된다. "아리랑TV는 왜 필요한가?" "한국은 어떤 언어로 세계와 대화해야 하는가?" 이 물음은 단순히 아리랑TV의 필요성과 언어 선택 차원을 넘어, 한국의 존재 방식과 국가 정체성에 관한 문제다. 오늘날 국제사회에서 한국이 어떤 가치와 이야기를 중심으로 세계와 소통할지는 외교문서나 정책 홍보만으로 설명될 수 없다. 이야기와 감정, 문화와 목소리가 결합될 때 비로소 '국가'라는 존재가 살아 움직인다. 바로 그 접점에서 아리랑TV가 역할을 수행해 왔으며, 이제 그 존재 방식은 디지털 전환(DX)과 AI 전환(AX)이라는 구조적 변화 속에서 새로운 전환기를 맞고 있다.

이제 아리랑TV는 존재 이유와 전환 방향을 함께 제시해야 한다. 단순한 '한국 소개'가 아니라, 한국이 공유하려는 가치 · 비전을 구현하는 데이터 기반 · 참여형 플랫폼인지가 향후 10년의 위상을 좌우한다. DX는 OTT · 멀티플랫폼 유통, 데이터 기반 시청자 분석, 클라우드 · IP 중심 송출과 아카이브 고도화를 포함하고, AX는 AI 번역 · 자막 · 추천, 버추얼 휴먼 앵커, 생성형 AI 스토리메이킹 등으로 제작 · 유통 · 참여 구조를 재편한다. DX와 AX의 결합은 기술 도입을 넘어 K-브랜드 플랫폼으로서의 정체성을 재정의하는 과정이다.

1999년 8월 12일, 아리랑TV는 국내 방송사 가운데 최초로 해외를 향한 전파 송출을 시작하며 국제사회에 모습을 드러냈다. 당시 아리랑TV의 존재 이유는 비교적 명확했다. 세계 속에서 상대적으로 낯선 존재였던 한국을 영어로 설명할 수 있는 해외홍보방송이 필요했고, 아리랑TV는 그 창구였다. 그러나 오늘날 환경은 전혀 다르다. 전 세계 시청자들은 유튜브로 K-POP을 보고, 글로벌 OTT로 한국 드라마를 즐기며, 한국의 정치·사회 문제에 실시간으로 반응한다. '한국을 알리는 창구' 자체는 과잉이며, 단순 소개형 콘텐츠로는 영향력 확보가 어렵다. 따라서 아리랑TV의 존재 이유는 '정보 제공'에서 '가치 공유'로 전환되어야 한다. 단방향의 국가홍보 방송을 넘어, 한국 사회가 지향하는 철학과 미래 비전을 세계 시민과 감정적·가치적으로 연결하는 공공외교 플랫폼으로 거듭나야 한다. 아리랑TV는 문화를 보여주는 매체를 넘어, 한국이라는 나라가 무엇을 중요하게 여기고 어떤 사회를 만들고자 하는가를 설명하는 국가 담론을 세계에 전달하는 채널이 되어야 한다.

2025년 3월 14일, 트럼프 대통령은 행정부의 비필수 부처 축소를 목표로 하는 행정명령 "Continuing the Reduction of the Federal Bureaucracy"을 발표했다. 이 명령에는 미국국제방송기구(USAGM)에 대해 비법정 기능을 제거하고 법정 기능 위주로 운영하라는 지시가 포함되어 있다. 이후 USAGM과 산하 조직은 일부 기능을 축소하였고, VOA 직원 상당수가 유급 행정휴직(administrative leave) 조치되었다는 보도가 나왔다. (White House, 2025.3.14; USAGM, 2025.3.15; Reuters, 2025.3.15; 관련 보도들). 이는 단순한 조직 재편을 넘어, 국제방송의 존재 이유와 정치적 독립성, 신뢰성에 대해 다시 묻는 계기가 되었다. 이 맥락에서, 민법상 재단법인 형태의 아리랑TV 또한 정치적·정책적 환경 변화 속에서 어떻게 독립성과 신뢰성을 제도적으로 확보할 것인가, 그리고 설립 당시의 목적을 오늘날 어떻게 구현하고 있는가를 자문해야 한다. 즉, 아리랑TV는 단순한 생존을 넘어, '국가를 대표하는 국가전략 국제방송으로서 왜 존재해야 하는가'를 다시 설명해야 할 시점에 서 있다.

아리랑TV가 맞이한 전환의 시점은 단지 조직의 디지털화나 프로그램 개편을 넘어, 국제 미디어 생태계 속에서의 전략적 정체성 재정의를 의미한다. 지금까지 아리랑TV는 대한민국의 문화와 정책을 국제사회에 소개하는 비정치적 해외홍보방송으로 기능해왔다.

그러나 디지털 플랫폼과 글로벌 콘텐츠 시장의 급격한 변화 속에서 송출 중심 채널만으로는 영향력을 확보하기 어렵다. 데이터 기반 편성·AI 추천·다언어 실시간 접근성이 결합된 플랫폼으로의 구조 전환이 필수적이다.

따라서 '어떤 채널인가'를 보여주는 것을 넘어, '왜 필요한가', '어떤 가치와 의미를 담는가'를 설득력 있게 제시해야 한다. 문화강국·기술선도국·민주국가라는 비전을 담은 국가 전략(예: K-브랜드/이니셔티브)은 정권과 무관하게 지속 가능한 국가 차원의 프레임이며, 아리랑TV를 DX-AX 기반 한국형 국제방송의 전략 플랫폼으로 재규정하는 좌표가 될 수 있다.

아리랑TV는 대한민국의 '스토리텔링 채널'을 넘어, 국가가 지향하는 가치와 비전을 설계하고 실천하는 전략 플랫폼으로 재 포지셔닝되어야 한다. 이 전환이야말로 지금 아리랑TV가 마주한 가장 중요한 과제이며, 미래 10년을 결정짓는 출발점이다. 이러한 문제의식 속에서, 일반 상업 플랫폼과 아리랑TV형 국가전략 플랫폼을 비교·분석하는 작업이 전략 전환의 기초가 된다. 오늘날 플랫폼은 콘텐츠·네트워크·참여 구조가 결합된 복합 생태계로 자리 잡았고, 글로벌 OTT와 SNS는 이용자 참여와 알고리즘 기반 확산을 통해 지배력을 강화하고 있다. 반면 아리랑TV는 국가가 운영하는 국제방송이라는 성격을 기반으로, 문화외교·정책 커뮤니케이션·국가브랜드 제고라는 공공적 책무를 수행한다. 따라서 상업적 수익 극대화를 1차 목적으로 하는 민간 플랫폼과는 다른 전략적 포지셔닝과 실행방안이 요구된다. 즉, 아리랑TV는 국가 전략 차원의 글로벌 플랫폼으로서 문화적 정체성을 유지하면서도 DX-AX 기반의 데이터·참여형 구조를 수용해야 한다.

다음 〈표 10-1〉은 일반 플랫폼과 아리랑TV형 플랫폼의 구조와 기능을 비교하여, 향후 전략적 차별성과 정책적 시사점을 도출한 것이다. 결론적으로, 아리랑TV는 단순한 미디어 채널이 아닌 대한민국의 가치와 미래 비전을 구현하는 DX-AX 전략 플랫폼으로 재정의되어야 하며, 이는 곧 "누구에게, 어떤 방식으로 다가갈 것인가"라는 글로벌 수용자 전략으로 이어진다.

## 〈표 10-1〉 아리랑TV 플랫폼 개념과 전략적 지향

<table>
<tr><th colspan="2">항목</th><th>일반적 플랫폼</th><th>아리랑TV 플랫폼 모델</th><th>시사점</th></tr>
<tr><td colspan="2">플랫폼 정의</td><td>경계 없는 열린 공간의 다층적 가치 교환(OTT·SNS 중심)</td><td>위성방송 + AI 융합형 DX·AX 기반 K-브랜드 글로벌 플랫폼(공공·SNS 연계형)</td><td>방송 중심이 아닌 데이터·AI 기반 공공 커뮤니케이션 플랫폼</td></tr>
<tr><td colspan="2">핵심 기능</td><td>콘텐츠 확보, 네트워크 효과, 사용자 참여·데이터 기반 서비스</td><td>콘텐츠 큐레이션 & 정책적 메시지 확산 + AI 기반 번역·자막·추천 + 참여형 서비스</td><td>단순 홍보 채널이 아닌 데이터·AI 결합 국가 전략 플랫폼</td></tr>
<tr><td colspan="2">전략적 포지셔닝</td><td>구독·참여형 글로벌 미디어(Netflix/YouTube 등)</td><td>정책·문화·외교 융합 발신 + 글로벌 담론 참여형 AI 미디어 (BBC/NHK와 차별화)</td><td>상업 경쟁이 아닌 정책 + 브랜드 전략 모델로 차별화 필요</td></tr>
<tr><td colspan="2">DX 요소</td><td>CDP/클라우드 미디어, OTT 확장</td><td>CDP 구축 + 클라우드 방송 + 다언어 OTT + 데이터 기반 시청자 세분화·맞춤 서비스</td><td>디지털 인프라 강화 + 데이터 기반 공공 플랫폼화</td></tr>
<tr><td colspan="2">AX 요소</td><td>개인화 추천, 자동 자막·음성</td><td>AI 번역·자막, 버추얼 앵커, 생성형 AI 콘텐츠 제작·요약, AI 기반 뉴스 큐레이션</td><td>기술 자동화 수준을 넘어, 정책·문화 커뮤니케이션을 확장하는 수단으로 발전"</td></tr>
<tr><td rowspan="4">실행 방안</td><td>TV·방송</td><td>드라마·예능 중심 시청률 확보형 콘텐츠 편성</td><td>정책+문화 결합형 콘텐츠 + AI 자막·다국어 동시 송출</td><td>정책·문화 확산과 글로벌 접근성 강화</td></tr>
<tr><td>디지털 (OTT·온라인)</td><td>OTT 확장, 데이터 기반 추천·구독자 확보, 광고·수익 극대화</td><td>정책·문화형 디지털 플랫폼 + 데이터 기반 추천·확산 체계</td><td>수익 중심이 아닌 국가 브랜드 플랫폼 모델로 전환</td></tr>
<tr><td>SNS·참여형 서비스</td><td>이용자 참여 콘텐츠, 인플루언서 중심 확산</td><td>청년 참여형 SNS 콘텐츠 + AI 기반 참여·분석 도구 + 오픈 API 연계</td><td>글로벌 청년 세대와 상호작용·참여 생태계 확보</td></tr>
<tr><td>글로벌 네트워크·협업</td><td>글로벌 OTT와 제휴, 데이터 기반 광고시장 진입</td><td>국제방송·문화외교 네트워크 강화 + AI·디지털 협업 플랫폼(UN, 국제기구 연계)</td><td>단순 기업 제휴 아닌 공공외교 네트워크 모델</td></tr>
<tr><td colspan="2">성과 지표</td><td>가입자·체류시간·매출</td><td>글로벌 시청자 확대+정책 도달률 + AI 번역 정확도, 사용자 참여율, 맞춤 추천 활용률 + 브랜드 영향력 지표 (Soft Power 30, Nation Brands Index 등)</td><td>질적 성과지표 + DX-AX 기반 정량지표 병행 필요</td></tr>
<tr><td colspan="2">차별적 포인트</td><td>시장 경쟁력·수익 극대화</td><td>국가 브랜드·문화외교 공공성 + DX-AX 혁신(데이터·AI 활용 정책 커뮤니케이션)</td><td>국가대표 플랫폼 + 차세대 국제방송 모델로 자리매김 가능</td></tr>
</table>

* 출처 : 세계 주요 국제방송 홈페이지 및 공식자료(BBC World, NHK World 등)를 기반으로 저자가 재구성·정리함.

상기 표에서 보듯, 아리랑TV 플랫폼은 상업 OTT나 민간 SNS와 달리 '공공성·정책성·글로벌 연계성'을 핵심 축으로 한다. 즉, 방송 채널을 넘어 정책·문화·브랜드 메시지를 통합적으로 전달하는 디지털 문화외교형 플랫폼으로서의 위상을 강화해야 하며, 이는 곧 DX·AX 기반 국가브랜드 전략의 실질적 구현 단계로 이어질 것이다.

## 지도 위의 시청자: 권역·세대·동기별 맞춤 전략

세계를 향한 한국의 목소리는 더 이상 단일한 메시지로 작동하지 않는다. 21세기 국제방송 시청자의 수용 양상은 아리랑TV가 단순한 홍보 채널을 넘어, 디지털과 AI 기반의 맞춤 전략 플랫폼으로 전환해야 할 필요성을 분명히 보여준다. 아리랑TV는 '한국문화 소개 채널'로 긍정적 이미지를 보유하고 있지만, 콘텐츠 반복성과 시사성 부족은 충성도 약화로 이어졌다. 이는 데이터 기반 세분화 전략과 AI 맞춤형 접근이 시급하다는 점을 분명히 드러낸다.

글로벌 수용자 전략의 핵심은 시청자를 단순 정보 수용자가 아니라 데이터와 알고리즘에 의해 능동적으로 참여하는 주체로 이해하는 데 있다. 국제방송 시청자는 각자의 필요와 목적에 따라 미디어를 선택·집중·활용하며, 이러한 능동성은 콘텐츠 기획과 타깃 전략의 출발점이 된다(Levy & Windahl, 1984; 김은미 외, 2012). 특히 문화적 근접성(cultural proximity)은 국제방송 수용 행태를 설명하는 중요한 요인으로, 언어·문화·지리적 친밀성이 클수록 특정 콘텐츠에 대한 선호가 강화된다(Straubhaar, 1991). 또한 지각된 상호작용성(perceived interactivity) 은 이용자의 신뢰도와 몰입도를 증진시키며, 시청 경험을 감정적·참여적 관계로 전환시키는 요인으로 작용한다(Chung, 2009; Li et al., 2025). 따라서 아리랑TV의 글로벌 전략은 세분화(segmentation)와 타깃팅(targeting)을 중심으로, 디지털과 AI 기술을 활용해 이용자 경험을 혁신하는 정밀 맞춤형 참여 전략으로 전환해야 한다.

예컨대 북미·유럽 시청자는 정책·외교 현안과 심층 뉴스 분석에 대한 관심이 높은 반면, 동남아시아·중남미 시청자는 한류 콘텐츠와 생활문화 중심의 접근을 선호한다.

중동과 아프리카는 모바일 시청이 일반화되어 있으므로, 저 사양 환경에 적합한 숏폼·SNS 기반 콘텐츠가 효과적이다. 이러한 차이는 AI 기반 시청자 데이터 분석·추천 시스템을 결합해야만 정확히 대응할 수 있다.

세대별로도 전략적 차별화가 필요하다. Z세대는 짧고 직관적인 메시지와 상호작용성을 중시하는 반면, 중장년층은 신뢰할 수 있는 뉴스와 정책 해설에 높은 가치를 둔다. 따라서 다언어 자막·더빙, 플랫폼별 최적화 포맷, AI 추천 시스템을 결합한 세대별 맞춤 전략이 요구된다.

이용과 충족 연구(Palmgreen & Rayburn, 1984, 1985)는 국제방송 시청 동기가 정보습득, 문화경험, 정체성 확인 등으로 다양하다는 점을 보여주며, 이는 타깃별 맞춤형 접근의 필요성을 뒷받침한다. 실증 연구에 따르면 국제방송 시청자는 명확한 시청 동기를 가질수록 능동적으로 채널을 이용하며, 이러한 능동성은 충성도로 이어진다(최성배 외, 2020). 한편 방송 시청 빈도가 높을수록 시청 만족도와 채널 충성도가 강화된다는 연구 결과들도 보고되고 있으며, 이는 국제방송의 지속적 이용을 유도하는 핵심 요인으로 작용한다. 따라서 아리랑TV는 시청자 능동성에 기반한 세분화 전략을 수립하고, AI 분석을 통해 사회적·심리적 욕구를 정밀하게 파악해야 한다.

앞서 '왜 아리랑TV인가?'라는 질문에 대한 해답이 '가치 공유'라면, 이제는 그 가치를 누구에게, 어떤 방식으로 전달할 것인가가 과제다. 아리랑TV는 대한민국을 대표하는 글로벌 플랫폼으로 전략적 리포지셔닝 되어야 하며, 세분화 전략은 크게 세 가지 축으로 정리될 수 있다.

첫째, 권역별 세분화이다. 아시아, 미주, 유럽, 중동·아프리카 등 권역마다 시청자 요구와 환경이 다르므로, 데이터 기반 시간대·관심사 분석을 통해 차별적 편성이 필요하다.

둘째, 문화권 기반 세분화이다. 언어·종교·역사적 문화적 근접성(cultural proximity)에 따라 수용성이 달라지므로, 한류 강세 지역은 K-라이프스타일(뷰티·음식·게임 등) 확장형 콘텐츠로 '문화적 심화'를 유도하고, 상대적으로 한류 약세 지역은 보편적 가치·정책·사회 다큐·전통문화 중심으로 신뢰를 선행 형성한 뒤 한국문화 콘텐츠를 점진적으로 보완 제시한다.

셋째, 욕구·동기 기반 세분화이다. 국제방송 시청 동기는 정보습득, 문화경험, 정체성 확인 등으로 다양하므로, AI 분석으로 욕구를 실시간 파악하여 맞춤 포맷을 제공할 수 있어야 한다.

이러한 다층적 세분화 전략은 아리랑TV가 '누구에게·어떻게' 가치를 전달할 것인가에 대한 해답을 제시하며, 글로벌 수용자와의 지속적 관계 형성을 위한 전략적 토대가 된다.

오늘날 전 세계 한류 팬들은 유튜브와 글로벌 OTT를 통해 K-POP·드라마·예능을 손쉽게 소비한다. 그러나 한국이라는 국가 전체에 대한 이해·공감·신뢰는 전혀 다른 차원의 경험이다. 아리랑TV는 이 간극을 메울 수 있는 대표적 미디어다. 문제는 '어떻게' 이야기할 것인가이다. 단순 문화 정보 제공을 넘어, K-브랜드의 가치를 구조화하여 설명하고, 한국 사회의 다양성과 역동성을 세계가 이해할 수 있는 방식으로 전달하는 브랜드 내러티브의 중심축이 되어야 한다.

이를 위해 가장 핵심적인 과제는 수용자 중심의 전략적 타깃팅이다. 그동안 아리랑TV는 '해외 일반 시청자'를 포괄적 대상으로 삼아왔으나, 이러한 접근은 지나치게 추상적이고 전략 효과가 제한적이었다. 이제는 관성을 넘어, 다음과 같이 수용자군을 세분화하고, 집단별 맞춤 포맷·유통 경로를 차별화해야 한다.

▲ 한류 팬덤 기반의 글로벌 MZ세대: : K-POP·드라마 소비를 넘어 한국의 가치·미래 비전에 관심. → 숏폼·웹다큐·SNS 인터랙션 중심.

▲ 영어권 정책 커뮤니티 및 국제기구 관계자: 외교·기후·기술·문화외교 등 글로벌 아젠다 이해와 비교사례 수요. → 정책 브리핑·토론·해설형 다큐.

▲ 개발도상국의 차세대 엘리트층: 한국의 발전모델·디지털 전환 경험 학습. → 교육형 다큐·케이스 스터디·캡스톤 연계.

▲ 보완 타깃(글로벌 오피니언 리더, 국제 저널리스트, NGO 활동가 등) 한국 가치와 글로벌 담론의 연결·확산. → 라운드테이블·인터뷰·포럼 연계 콘텐츠.

또한 디아스포라 그룹(재외동포·글로벌 유학생)은 별도 타깃이 아니라 콘텐츠 공동제작 파트너로 재포지셔닝한다. 이들은 문화적 유대와 다언어 역량을 기반으로 확산 네트워크의 핵심 노드가 될 수 있다.

세분화 전략을 실현하려면 아리랑TV의 단일 채널 구조 한계를 넘어야 한다. 따라서

'채널 중심'에서 '플랫폼 중심'으로 전환하고, 위성방송 기반의 신뢰 채널과 공공 디지털 플랫폼을 연계한 개방형 구조로 재편할 필요가 있다. 위성 채널은 국가 브랜드의 안정적 전파를 담당하고, 디지털 플랫폼은 MZ세대·국제 커뮤니티·전문가 집단과의 참여·협력 공간으로 기능해야 한다. 이는 곧 글로벌 K-컬처 커뮤니티 허브로 확장되는 초석이 된다.

궁극적으로 아리랑TV의 글로벌 수용자 전략은 단순한 동일 메시지 일괄 송출에서 벗어나야 한다. AI 기반 맞춤 소통과 데이터 기반 참여 확대로 진화할 때, 채널 충성도를 높이고 한국의 가치·정책 메시지를 지속적으로 확산할 수 있다. 다시 말해, 아리랑TV는 "모든 것을 다루는 하나의 방송사"에서 "DX-AX 시대, 가치를 중심으로 글로벌 수용자와 연결되는 한국형 국제방송 플랫폼"으로 전환해야 한다.

〈표 10-2〉는 타깃별 니즈 – 포맷 – 아젠다 – 유통 – 기대효과를 일관된 구조로 정리해, 수용자 맞춤 전략의 정책적 방향성을 제시한다.

〈표 10-2〉 글로벌 타깃 세분화 전략(안)

| 전략 타깃 집단 | 주요 니즈/관심사 | 맞춤형 콘텐츠 포맷 | 글로벌 아젠다 연계 | 유통 채널 | 기대효과 |
|---|---|---|---|---|---|
| 한류 팬덤 기반 글로벌 MZ세대 | K-POP, 드라마, 예능을 넘어 한국 가치·비전 이해 | 숏폼·웹다큐·참여형 SNS 콘텐츠 | 문화 다양성 (UNESCO), 창의산업 | 유튜브·인스타그램·틱톡 등 디지털 채널 | 한국 문화 확산 + 지속가능 이미지 강화 |
| 영어권 정책 커뮤니티 및 국제기구 관계자 | 정책·기술·기후·문화외교 어젠다 | 정책 브리핑·전문 토론·정책 다큐 | 디지털 전환·AI 윤리·기후위기 | 본방송(위성/IPTV) + 유튜브 정책 채널 | 정책 리더십·기술 선도 이미지 제고 |
| 개발도상국 차세대 엘리트층 | 한국 발전모델·디지털 혁신 경험 | 교육형 다큐·케이스 스터디 다큐 | SDGs, 보건·팬데믹 대응 | 본방송 + 지역 특화 디지털 채널 | 한국 모델에 대한 신뢰·우호 확대 |
| 보완 타깃 – 글로벌 오피니언 리더·국제 저널리스트·NGO 활동가 | 한국 가치와 글로벌 담론 연결, 국제 여론 형성 | 심층 인터뷰·라운드테이블·정책 브리핑 | SDGs, 글로벌 거버넌스 | 국제포럼 연계 방송 + 팟캐스트·온라인 포럼 | 한국 가치 확산 + 글로벌 담론 주도 |

문화 소프트파워 경쟁이 심화되는 오늘날, 언어·문화적 감수성을 반영한 맞춤 전략은 선택이 아니라 필수다. 이는 단순 기술적 보완을 넘어 수용자의 삶과 문화를 존중하는 전

략적 공공성의 실천이며 동시에 K-브랜드 철학의 외교적 구현이다. 따라서 아리랑TV는 단순한 방송사가 아니라, DX · AX 시대의 개방형 K-컬처 커뮤니티 허브로 이행해야 한다.

## 한국적 가치 × 글로벌 이슈: 무엇을, 어떻게 이야기할까

아리랑TV가 만들어야 할 콘텐츠는 단순히 흥미롭고 보기 좋은 영상물이 아니다. 그것은 곧 대한민국이 지향하는 한국적 가치와 문화를 세계에 어떻게 전달할 것인가라는 전략적 기획의 산물이다. 콘텐츠는 단순한 스토리텔링이 아니라, 국가 정체성과 미래 비전을 담아내는 스토리메이킹의 관점에서 설계되어야 한다.

무엇보다 아리랑TV는 문화 그 자체를 글로벌 콘텐츠로 전환해야 한다. 전통과 현대가 조화를 이루는 문화유산, 생활양식, 창의산업, 그리고 K-팝과 드라마 · 예능으로 대표되는 한류는 아리랑TV를 통해 세계와 공유되는 서사로 확장될 수 있다. 특히 디지털과 AI 기술을 결합해, AI 자막 · 버추얼 휴먼 쇼케이스 · XR 기반 공연 중계 등으로 기존 문화 콘텐츠를 새로운 글로벌 경험으로 재구성할 수 있다. 이러한 문화 콘텐츠는 단순한 전시물이 아니라, 한국 사회의 가치 · 철학 · 정책과 결합해 문화산업 강국 구현의 전략적 매개가 되어야 한다.

예컨대 Netflix 애니메이션 영화 〈K-Pop Demon Hunters〉는 "가장 한국적인 것이 가장 글로벌하다"는 명제를 실현한 사례다. 신화적 서사와 K-팝을 결합해 정체성 · 자기수용 · 젠더 이슈라는 보편적 가치를 공유함으로써, 한국적 서사가 곧 글로벌 아젠다로 번역될 수 있음을 보여준다. 김조셉과 권승호(Kim & Kwon, 2022)의 연구는 K-팝의 세계적 성공이 일시적 대중문화 유행이 아니라, 체계적 훈련 시스템과 혁신적 제작 구조, 그리고 한국적 문화 정체성의 독창성에서 비롯되었다는 점을 실증적으로 확인하였다. 다시 말해, "가장 한국적인 것이 가장 글로벌하다"는 명제는 K-팝의 글로벌 차트 성과와 수출 지표, 그리고 학술적 분석을 통해 뒷받침되고 있는 것이다.

동시에 오늘날 국제사회는 기후위기, 디지털 전환, 인공지능, 지속가능발전목표

(SDGs), 난민·젠더, 팬데믹 등 복합적 글로벌 아젠다를 중심으로 재편되고 있다. 아리랑TV는 이러한 글로벌 이슈를 단순 보도나 해설에 그치지 않고, 한국의 시선과 실행 가능한 해법을 결합해 재구성해야 한다. 여기서 '실행 가능한 해법'이란 이상적 비전에 머무는 것이 아니라, 아리랑TV의 경영상황·재원 여건·정책 환경을 고려해 우선순위를 설정하고, 선택과 집중을 통해 완성도를 높이는 전략적 접근을 뜻한다. 핵심은 '정책'과 '문화'의 유기적 통합이며, 그 중심에는 한국이 추구하는 가치와 사회철학이 있어야 한다.

예를 들어, 「기후위기 대응과 한국의 그린뉴딜」을 주제로 한 다큐 시리즈는 단순한 정책 소개를 넘어, 자연과 조화를 중시하는 한국적 세계관과 공동체 정신을 문화적 맥락 속에 담아낼 수 있다. 「AI와 민주주의」를 주제로 한 글로벌 대담 프로그램에서는 스타트업, 시민단체, 학계가 함께 참여해 기술의 윤리와 참여 민주주의라는 한국적 실험을 세계와 공유하는 공론장을 만들 수 있다.

이처럼 아리랑TV는 개별 사례를 통해 한국적 시각을 글로벌 담론과 연결할 수 있다. 그러나 모든 이슈를 무차별적으로 다루기보다는, 기후위기·AI 윤리·청년세대 교류 등 정책 우선순위와 아리랑TV의 강점을 연계해 집중하는 단계적 접근이 필요하다. 따라서 아리랑TV의 콘텐츠 전략은 우선순위 영역을 명확히 설정하고, 이를 실행 가능한 전략축으로 구조화해야 한다. 이를 세 가지 방향으로 정리할 수 있다.

첫째, 한국적 문화와 가치를 세계화하는 전략적 플랫폼으로 기능해야 한다. 한류 콘텐츠(K-팝·드라마·예능)는 물론 한국의 전통·생활양식·철학을 포괄적으로 담아내고, 이를 글로벌 담론과 보편적 가치 속에서 재해석·확산함으로써 한국적 가치의 보편화를 이끌어야 한다.

둘째, 글로벌 아젠다를 한국적 시선에서 재해석해야 한다. 기후위기, 디지털 전환, 인권·젠더·난민 문제 등 국제 현안을 한국의 정책 경험과 문화적 맥락을 결합해 풀어냄으로써, 글로벌 담론에 '한국의 목소리'를 각인시켜야 한다.

셋째, 정책과 문화를 통합한 서사 구조 속에서 공공성과 브랜드 정체성을 동시에 확보해야 한다. 단순 홍보성 정보 전달을 넘어, 수용자가 공감할 수 있는 스토리텔링 기반 정책·문화 콘텐츠를 기획·제작함으로써 아리랑TV만의 차별성과 신뢰성을 구축해야 한다.

다만 아리랑TV의 한정된 재원과 조직 여건을 고려할 때, 이러한 전략 콘텐츠를 전면적으로 실행하는 데는 현실적 제약이 따른다. 따라서 모든 영역에서 동시에 성과를 추구하기보다는, 우선순위를 설정해 '선택과 집중'하는 단계적 접근이 필요하다. 이는 아리랑TV가 콘텐츠 전략을 실현 가능성과 지속 가능성 위에 구축하도록 만드는 핵심 조건으로, 디지털과 AI를 활용한 데이터 분석과 알고리즘 추천을 통해, 어떤 의제가 어느 지역·세대에서 가장 효과적으로 확산될 수 있는지 정밀하게 판단할 수 있다.

결국 아리랑TV는 단순히 정부 정책을 소개하거나 국가 이슈를 해설하는 방송이 아니라, 대한민국이 문화와 철학을 바탕으로 세계와 미래를 공유하는 주도적 플랫폼이어야 한다. 이러한 전환은 아리랑TV를 '홍보 매체'가 아닌 '문화강국 전략 채널'이자 K-브랜드 국가 플랫폼으로 자리매김하게 할 것이다. 다시 말해, 아리랑TV의 콘텐츠 전략은 글로벌 아젠다를 해석하는 데 그치지 않고, 대한민국이 문화 세계화를 주도하는 국가 전략 플랫폼으로 도약하기 위한 핵심 경로다

〈표 10-3〉은 이러한 방향성을 실행 가능한 모델로 구조화하였다. 한국적 가치와 글로벌 아젠다를 콘텐츠 유형–전달 방식–기대 효과로 매핑하여, 아리랑TV가 '문화강국 대한민국'의 전략적 비전을 프로그램 단위로 구현할 수 있는 경로를 제시한다.

〈표 10-3〉 전략 콘텐츠 유형 – 글로벌 아젠다 매핑표

| 글로벌 아젠다 | 한국적 가치·정책 연계 | 콘텐츠 유형 | 주요 전달 방식 | 기대 효과 |
|---|---|---|---|---|
| 한류·차세대 한류 | 창의성·혁신, 청년문화 교류 | XR·AI 기반 K-팝·드라마·버추얼휴먼 쇼케이스 | 본방송 특집 + 유튜브·OTT·SNS 확산 + 공공플랫폼 협력 확산 | K-문화 글로벌 영향력 확대, 청년세대와의 교류 강화 |
| 문화유산·창의산업 | 전통과 현대의 조화, 창조성 | 다큐·예능 「K-컬처 로드」 | 본방송 시리즈 + 숏폼·SNS 이벤트 | 문화강국 이미지 강화 |
| 디지털 전환·AI 윤리 | 참여 민주주의, 기술과 인권 조화 | 글로벌 대담 시리즈 「AI와 민주주의」 | 본방송·심층대담 + 팟캐스트·전문가 칼럼 + 공공 디지털 플랫폼 연계 확산 | 한국형 디지털 거버넌스 및 AI 윤리 모델 확산 |
| 기후위기·에너지 전환 | 공동체 정신, 지속가능성 | 다큐 「그린뉴딜과 한국의 미래」 + 캠페인 영상 + AI 분석 기반 보건정보 전달 | 본방송 다큐 + 유튜브 인포그래픽 + SNS 챌린지 + 공공플랫폼 연계 확산 | 친환경 정책·문화 확산 |

| 보건·<br>팬데믹 대응 | 연대, 신속 대응,<br>기술혁신 | 정책 다큐 「K-방역,<br>그 이후」 | 본방송 심층기획·다큐+ 유튜브 클립 + 공공플랫폼 연계 확산 | 한국 방역·보건 역량<br>홍보 |
|---|---|---|---|---|
| 지속가능발전<br>목표(SDGs) | 포용성, 국제협력 | 기획 프로그램<br>「Korea for SDGs」 | 본방송 시리즈 + 유튜브 클립+ 공공플랫폼 연계 확산 | 개발도상국 협력<br>이미지 강화 |
| 난민·젠더·<br>인권 | 다양성, 인권 존중,<br>사회 통합 | 인터뷰·다큐 「다름과<br>함께 사는 한국」 | 본방송 인물 다큐 + SNS 릴레이 + 공공플랫폼 연계 확산 | 포용적 사회 이미지 확립 |

## 'K-브랜드'의 엔진: 국가비전을 움직이는 미디어

아리랑TV가 추진해야 할 전략적 리포지셔닝의 본질은, 국가비전이 제시하는 가치와 방향을 직접 구현하는 것이 아니라 그것을 콘텐츠와 플랫폼을 통해 지원하고 확산하는 데 있다. 이 역할은 단순한 정책 홍보의 차원을 넘어선다. 대한민국이 세계와 소통하는 방식을 총체적으로 뒷받침하는 전략적 지원 체계로서 기능하는 것이며, 앞서 언급한 K-이니셔티브, 즉 문화·기술·민주주의라는 국가적 비전과 긴밀히 맞닿아 있다. 아리랑TV는 이를 통해 편성·제작·플랫폼 전략의 철학적 기반을 마련하고, 국가비전을 글로벌 차원으로 확장하는 매개체로서 자신을 재정립해야 한다.

문화강국, 기술선도국, 민주국가라는 비전은 아리랑TV가 직접 달성해야 할 목표라기보다는, 국제사회 속에서 전달하고 확산해야 할 메시지이다. 그렇기에 아리랑TV는 단순히 정부의 정책을 홍보하는 채널에 머물러서는 안 된다. 오히려 이 비전에 담긴 가치와 철학을 콘텐츠의 기획, 형식의 설계, 전달 방식 전반에서 구현하고 지원하는 미디어로 발전해야 한다. 다만 한정된 재원과 인력, 제작 여건을 고려할 때 모든 의제를 균등하게 다루는 것은 현실적이지 않다. 따라서 선택과 집중, 곧 현실적 여건 속에서 가장 효과를 극대화할 수 있는 분야를 중심으로 한 전략적 집중이 필수적이다.

DX-AX 시대의 기술적 기반은 이 전략적 선택을 가능하게 하는 도구다. 데이터 기반 분석과 AI 활용을 통해, 아리랑TV는 글로벌 시청자 집단이 어떤 가치와 의제에 더 민감하게 반응하는지 파악할 수 있고, 이를 토대로 정책적 우선순위와 맞닿은 콘텐츠 기획을 구체화할 수 있다.

따라서 아리랑TV는 이상적 비전의 전면 구현이 아니라, 현실적 여건 속에서 최대 효과를 낼 수 있는 전략 분야를 선별해 역량을 집중해야 한다. 이를 위해 다음과 같이 세 가지 우선 영역을 중심으로 한 전략형 콘텐츠 기획이 요구된다.

첫째, K-Culture는 한류 콘텐츠의 세계화와 지속 확산을 중심에 두고, 단순한 한류 콘텐츠 소개 차원을 넘어 웹툰·한식·패션·뷰티·한글 등 신한류 콘텐츠와 전통문화 자산, 그리고 공동체 철학을 아우르는 K-가치 스토리텔링을 확산한다. 예컨대 ▲한옥·한복을 조명한 글로벌 다큐, ▲웹툰·뷰티 창작자 인터뷰, ▲'정(情)'과 공동체 정신을 현대적으로 해석한 대담 프로그램은 단순한 문화 소개를 넘어 K-브랜드 가치를 내포한 전략형 콘텐츠로, "문화가 국가 이미지를 만든다"는 메시지를 세계 시민과의 감정적·가치적 접점을 확대해야 한다.

둘째, K-Tech는 대한민국의 기술적 성취를 단순 홍보가 아닌 철학과 사회적 가치의 관점에서 풀어내야 한다. 재생에너지 전환을 다룬 다큐멘터리, AI 기반 공공서비스와 시민 참여 사례, 스마트시티를 경험할 수 있는 VR 콘텐츠는 "기술로 미래를 설계하는 국가"라는 이미지를 확산하는 효과적인 장치가 된다. 반도체, 배터리, 바이오헬스 등 세계를 선도하는 산업 분야 또한 K-Tech 서사의 중요한 축이며, 이를 통해 한국 기술이 지닌 전략성과 사회적 기여를 함께 보여줄 수 있다.

셋째, K-Democracy는 한국 민주주의의 성취를 설명하는 것을 넘어, 참여형 글로벌 담론으로 전환해야 한다. 청년들이 참여하는 국제 토론, 지방자치와 디지털 거버넌스를 다루는 다큐멘터리, 직접민주주의 제도를 비교하는 프로그램 등은 한국 민주주의의 특수성과 보편성을 동시에 드러내며, 국제사회와 공유할 수 있는 경험으로 확장된다.

이 세 축은 각각 독립된 홍보 주제가 아니라, "왜 이 주제를 다루는가, 대한민국은 무엇을 전하려 하는가"라는 질문에 답하는 서사적 구조다. 아리랑TV는 이를 통해 국가비전이 국내 정책에 머무르지 않고 국제사회 속에서 공감과 신뢰를 획득하는 글로벌 전략 플랫폼으로 자리 잡을 수 있다.

앞으로 국가비전이 구체적인 정책으로 전개되는 과정에서 아리랑TV는 문화체육관광부, 외교부, 과학기술정보통신부 등 관계 부처의 정책을 통합적으로 연계·전달하는 국가 전략 지원 허브로 기능해야 한다. 이를 위해서는 정부 지원 환경과 조직역량에 맞춘 단계적 선택과 집중이 필요하며, 장기적으로는 아리랑TV가 '글로벌 전략 플랫폼 미디어'로 자리매김할 수 있도록 제도적 기반을 마련하는 것이 핵심 과제다.

〈표 10-4〉 아리랑TV 전략 콘텐츠·플랫폼 매핑: 문화·기술·민주주의 3대 축

| 구분 | 핵심 전략 방향 | 콘텐츠 유형(예시) | 플랫폼·전달 방식 | 실행 우선 순위 |
|---|---|---|---|---|
| K-Culture | 한류·신한류·전통·현대·차세대 문화를 아우르는 통합 스토리텔링 | •한류·신한류 K-콘텐츠 특집 (K-팝·드라마·예능·게임 등)<br>•한국 전통문화 다큐 시리즈<br>•글로벌 청년 세대와의 차세대 한류 창작자 스토리 | •글로벌 TV 특집 다큐·인터뷰<br>•코리아넷 등 공공 디지털 플랫폼 협력 확산<br>•OTT·SNS 확산형 콘텐츠<br>•한류 팬덤 연계 인터랙티브 프로그램 | 상<br>(문화 세계화 및 K-브랜드 가치 확산의 최우선 과제) |
| K-Tech | 기술혁신과 지속가능발전을 연결하는 정책형 콘텐츠 | •탄소중립·재생에너지 다큐<br>•AI 기반 시민정책 사례<br>•스마트시티·디지털 전환 체험형 VR 콘텐츠 | •본방송 다큐·정책토론 특집<br>•코리아넷 등 공공플랫폼 과의 공동캠페인 전개 추진<br>•유튜브·AI 플랫폼·SNS 확산 | 중<br>(정책 협력과 기술외교의 확산 과제) |
| K-Democracy | 민주주의의 경험과 시민참여를 세계와 공유하는 프로그램 | •글로벌 청년·시민참여 토론<br>•지방자치·생활 민주주의 사례 분석<br>•한국형 민주주의 제도 비교 프로그램 | •본방송 토론·심층기획<br>•온라인 참여 콘텐츠·SNS 라운드 테이블<br>•글로벌 공공미디어·국제기구 연계 확산 | 중·하<br>(중장기적으로 확신할 가치 의제) |

* 출처: 이재명(2025) 대선 출마 선언(「문화·기술·민주주의 3대 축」) 발언 내용을 토대로 저자가 재구성·정리함.

## 다음 10년의 한 문장: "데이터로 연결되고 가치로 공감한다"

플랫폼은 단순한 기술적 구조가 아니라, 가치를 전달하는 방식이자 철학이다. 글로벌 플랫폼 시대의 미디어에서 중요한 것은 '어디에서 송출하는가'가 아니라 '무엇을 이야기하고, 누구와 어떻게 연결되는가'이다. 유튜브, SNS, OTT, 오디오 플랫폼까지 아리랑TV가 확장해야 할 경로는 이미 다변화되고 있으며, 그 모든 접점에서 던져야 할 가장 본질적인 질문은 이것이다.

"아리랑TV는 어떤 이야기로 세상과 관계를 맺을 것인가?"

아리랑TV의 전략적 리포지셔닝은 단순한 '방송사'에서 '공공외교 플랫폼'으로의 전환을 넘어선다. 앞서 제시된 K-이니셔티브(문화·기술·민주주의)를 글로벌 서사로 지원·확산하는 국가전략형 디지털 콘텐츠 플랫폼으로 도약하는 것이 그 본질이다. 이는 조직과 구조의 개편을 넘어, 서사의 중심을 '정보'에서 '공감'으로, '홍보'에서 '브랜드 가치'로 이동시키는 작업이다. 다시 말해, 대한민국이 지향하는 문화·정책·비전을 세계 시민과 나누는 새로운 관계 맺기의 선언이다.

이러한 전환은 다음 네 가지 전략 방향에서 구체화될 수 있다.

첫째, 글로벌 수용자 맞춤형 콘텐츠 기획이다. 단일 채널 기반을 넘어 디지털 플랫폼을 통해 지역·세대·관심사별 세분화된 수요에 대응해야 한다. 청년, 디아스포라, 정책 커뮤니티 등 주요 집단뿐 아니라, 지역별 언어·문화적 맥락을 고려한 정밀한 포맷과 메시지 설계가 필요하다.

둘째, 디지털 플랫폼 기반의 유통·운영 전략으로 전환해야 한다. 유튜브, OTT, 오디오 플랫폼 등 멀티 유통 경로 확장은 기본이며, 최근 급성장하는 FAST 채널과 AVOD 시장 진출도 병행해야 한다. 동시에 코리아넷 등 공공 디지털 플랫폼과의 협력 체계를 강화하여 개방성과 상호작용을 높임으로써, 아리랑TV를 단순한 송출 채널이 아닌 국가비전을 확산하는 글로벌 전략 플랫폼으로 재포지셔닝해야 한다.

셋째, K-이니셔티브 가치와 정책 내러티브의 통합이다. 단순한 문화 소개가 아니라, 대한민국이 지향하는 문화강국·기술선도국·민주국가의 철학을 콘텐츠로 재현해야 한다. 이를 통해 아리랑TV는 정부 정책과 국가 비전을 세계 담론 속에서 지원하고 확산하는 전략적 미디어 허브로 기능할 수 있다.

넷째, 브랜드 진정성과 공공성의 균형 유지이다. 국제사회와의 감정적 공감과 신뢰 확보를 위해서는 과도한 정책 홍보를 경계하고, 콘텐츠의 질과 스토리, 그리고 공공미디어로서의 철학을 강화해야 한다. 이는 아리랑TV가 장기적으로 신뢰성과 브랜드 가치를 제고하는 핵심 기반이 된다.

이 네 가지 전략이 유기적으로 작동할 때, 아리랑TV는 단순한 국제방송 채널을 넘어 K-브랜드 국가 실현을 뒷받침하는 지원 플랫폼, 그리고 대한민국의 가치와 비전을 전 세계 시민과 공유하는 국가전략형 글로벌 플랫폼으로 도약할 수 있을 것이다.

무엇보다 이러한 과정은 아리랑TV 콘텐츠의 진정성과 신뢰를 강화하는 것과 직결된다. 선행연구(최성배, 2019)가 보여주듯, 진정성과 신뢰는 시청자 충성도를 높이고, 나아가 대한민국 국가브랜드를 세계에 각인시키는 전략적 자산으로 작동한다.

그 지점에서, 아리랑TV의 다음 이야기가 시작된다. 대한민국과 세계 시민이 함께 써 내려가는 공동의 미래 서사, 그것이 바로 아리랑TV가 존재해야 하는 이유다.

| 제11장 |

# 아리랑TV, 글로벌 가치 플랫폼으로의 도약

## 방송이 아니라 관계다: 아리랑TV의 존재 방식

아리랑TV는 지금 새로운 질문 앞에 서 있다. 더 이상 '어디에서 송출할 것인가'가 아니라, '어떻게 존재할 것인가'라는 물음이다. 존재의 방식은 단순한 기능의 문제가 아니라, 정체성과 철학의 문제다. 방송은 과거 전파의 방향과 기술의 크기를 의미했지만, 오늘날 플랫폼은 훨씬 더 깊은 의미를 지닌다. 그것은 단순한 장치나 유통망이 아니라, 세계와 세계가 만나는 통로이자, 공동체가 스스로를 성찰하는 무대이며, 인간이 서로의 삶과 가치를 확인하는 장(場)이다.

이 지점에서 우리는 질문을 던져야 한다. "아리랑TV는 세상과 어떤 이야기를 나누려 하는가?" 이 질문은 단순한 프로그램 기획 차원을 넘어선다. 그것은 국가가 자신을 설명하는 언어이자, 사회가 자신을 비추는 거울이며, 시대가 자신을 기록하는 목소리를 묻는 것이다. 결국 아리랑TV가 다루는 이야기는 대한민국 공동체의 자화상이자, 미래를 향한 자기 서사의 선언이다.

한때 방송은 '보내는 것'이었다. 일방향 송출에 의존하던 미디어는 전달과 송출의 구조에 머물렀다. 그러나 플랫폼 시대의 미디어는 전혀 다른 원리로 작동한다. 사람들은 콘텐츠 안에서 대화하고 경험을 공유하며, 관계 속에서 의미를 재구성한다. 이제 미디어는 송신자가 아니라 관계를 설계하는 존재로 변모하고 있다.

아리랑TV 역시 이 전환의 중심에 서 있다. 단일 채널을 넘어 다층적 접점을 가진 글로벌 플랫폼으로서, 한국의 가치와 철학을 수용자의 삶과 연결 짓는 '글로벌 공감 설계자(Global Empathy Architect)'로 자리매김해야 한다. 필요한 것은 단순 송출이 아니라 관계의 구축이며, 단순 홍보가 아니라 가치의 공유다.

이러한 철학적 전환은 추상적 구호로 머물 수 없다. 플랫폼적 존재 방식을 실질적으로 구현하기 위해서는 구체적 전략이 필요하다. 아리랑TV가 '방송사'에서 '플랫폼'으로, '정보 매체'에서 '가치 공유체'로 전환하기 위해 따라야 할 네 가지 원칙은 다음과 같다.

첫째, 플랫폼은 관계 중심이 되어야 한다. 수용자는 더 이상 일방적 수신자가 아니라, 콘텐츠를 해석하고 재생산하는 능동적 주체이자 공존적 행위자(co-actor)다. 따라서 단순한 수신가구 확보라는 양적 지표를 넘어서, 팬덤·디아스포라·글로벌 청년층·크리에이터 등과의 질적 관계 설계를 출발점으로 삼아야 한다.

둘째, 디지털 전환은 존재방식의 재설계이다. 위성 채널에서 디지털 플랫폼으로의 확장은 기술 변화에 그치지 않는다. 아리랑TV가 세계와 맺는 관계 구조 자체를 새롭게 쓰는 과정이며, 송출 방식의 혁신을 넘어 연결과 참여 방식을 재편하는 존재론적 전환이다.

셋째, 참여와 개방은 정당성의 조건이다. 외부 창작자, 청년 세대, 국제 공동체의 참여는 단순 협력 모델이 아니라, 아리랑TV 존재의 정당성과 지속 가능성을 뒷받침하는 토대다. 플랫폼의 공공성은 권한 위임이 아니라, 공동 생산과 공유 속에서 완성된다.

넷째, 조직은 철학을 구현하는 무대다. 아리랑TV의 조직은 단순 집행 기구가 아니라, 플랫폼 철학을 구현하는 무대가 되어야 한다. 기능적 효율성만이 아니라, 수평적 협업과 네트워크적 사고를 가능하게 하는 구조로 재편해야 한다. 그래야만 플랫폼 가치가 실제 운영 속에서 구현된다.

결국 아리랑TV의 존재 방식은 단순한 매체가 아니라, 관계와 의미가 교차하는 무대로 재정의되어야 한다. 이 무대 위에서 국가는 언어를 잃지 않고, 시민은 세계와 대화하며, 정책은 감정과 공명한다. 아리랑TV가 이러한 무대를 설계하고 운영할 때, 단순한 국제 방송을 넘어선 글로벌 가치 미디어 플랫폼으로 도약할 수 있을 것이다. 그리고 이것이야말로 대한민국이 미래를 향해 자신을 증명하는 가장 설득력 있는 방식이다.

## 이야기를 만드는 나라: 공감과 데이터의 시대

세계는 이미 한국을 알고 있다. BTS, 오징어 게임, K-푸드, 웹툰, 한글은 글로벌 문화와 일상 속 깊숙이 자리 잡았다. 그러나 여전히 이 인식은 개별 현상 중심에 머무르는 경우가 많다. 즉, 특정 콘텐츠나 장르로는 주목을 받지만, 그것이 한국이라는 국가의 가치·비전과 연결된 통합적 이야기로 확장되지 못하는 한계가 있다. 이제 필요한 것은 흩어진 조각을 하나로 엮어내는 작업이다. 아리랑TV는 단순한 스토리텔러가 아니라, 정책과 문화를 연결하고 개인의 경험을 국가 비전과 이어주는 스토리메이커로 자리매김해야 한다.

전통적 국제방송이 정보를 일방적으로 전달했다면, 오늘날의 국제방송은 정서적 연결과 데이터 기반 참여를 전제로 한 이야기, 곧 '공감의 언어'를 요구받는다. 글로벌 수용자는 설명이나 데이터만으로 움직이지 않는다. 그들은 "이 이야기가 어떤 가치와 비전을 담고 있는가?", "내 삶과 어떻게 만나는가?"를 묻는다. 따라서 아리랑TV의 콘텐츠 전략은 단순한 스토리텔링을 넘어, 감정과 경험을 중심으로 이야기를 함께 만들어가는 스토리메이킹 전략으로 전환되어야 한다.

스토리메이킹은 콘텐츠의 집합이 아니라, 대한민국이라는 공동체의 가치와 정체성을 담아내는 과정이다. 문화, 정책, 일상, 시민의 목소리를 연결하여 다층적 공감의 이야기로 발전시켜야 한다. 예컨대 ▲K-팝 팬덤의 연대와 참여, ▲한식의 지속가능성, ▲전통문화의 현대적 재해석은 단순 문화 소개가 아니라 정책과 브랜드가 만나는 공감의 무대가 된다. 웹툰·게임·메타버스 같은 차세대 콘텐츠를 한국 사회의 가치와 생활양식과 결합하면 글로벌 청년세대와의 감정적 교감도 강화된다.

민주주의는 단순 제도 설명이 아니라 ▲청년 정치 참여, ▲지역 토론회, ▲시민 캠페인을 통해 '살아 있는 민주주의'로 서사화되어야 한다. 기술 분야 역시 ▲AI 스타트업의 실제 도전, ▲기술 윤리에 대한 사회적 토론, ▲디지털 포용성 사례를 보여줄 때 신뢰를 얻는다. 기후위기도 ▲시민사회의 실천, ▲지방정부의 녹색 전략, ▲청년 주도의 친환경 프로젝트와 함께 이야기해야 미래지향적 서사로 공감을 얻는다.

이러한 기획은 단순 정보 전달이 아니라 감정과 공감, 그리고 데이터 기반 정밀 분석이 결합된 서사 구조를 요구한다. KBS 〈다큐멘터리 3일〉이 일상의 밀착 취재를 통해 사람들의 삶과 경험을 공공적 이야기로 전환하며 연대를 강화한 것처럼, NHK World의 〈72

Hours〉, BBC World의 〈Our World〉 역시 '공감 스토리 설계'가 국제방송 경쟁력의 핵심임을 보여준다. 아리랑TV도 이를 확장해 〈Arirang Documentary: 3 Days in…〉과 같은 글로벌 포맷을 개발한다면, 한국적 서사를 세계적 공감 구조 속에서 구현할 수 있다.

특히 〈K-Pop Demon Hunters〉의 성공은 한국 콘텐츠가 트랜스미디어 전략을 통해 세계적 문화 현상으로 확산될 수 있음을 보여준다. 애니메이션과 OST, 글로벌 이벤트의 결합은 단순 창작물을 넘어 문화적 현상으로 자리 잡는 배경을 설명해준다. 이는 아리랑TV가 지향해야 할 스토리메이킹 기반 전략과도 맞닿아 있다. 음악 · 애니메이션 · 게임 · 이벤트로 확장되는 K-콘텐츠 허브로서, 국제방송은 비로소 글로벌 감정 소통 플랫폼으로 기능할 수 있다.

이러한 콘텐츠 전략은 다음과 같은 세 가지 축으로 정리할 수 있다:

첫째, 문화형 콘텐츠는 한국적 가치와 신한류를 교차시키는 스토리로 전개되어야 한다.

둘째, 정책형 콘텐츠는 글로벌 아젠다를 감정적 코드로 재구성한 스토리로 발전해야한다.

셋째, 참여형 콘텐츠는 청년 · 시민이 공동 주체가 되는 인터랙티브 스토리로 완성되어야 한다.

이처럼 아리랑TV의 스토리메이킹 전략은 감정적 공감과 기술적 뒷받침이 함께 작동할 때 실현된다. 구체적으로는 어떤 의제를 어떤 방식으로 풀어낼 것인지가 중요한데, 이를 정리한 것이 바로 〈표 11-1〉이다. 이 표는 문화 · 정책 · 참여형 콘텐츠 전략을 구조화해, 아리랑TV가 앞으로 집중해야 할 스토리메이킹의 실제 방향을 보여준다."

〈표 11-1〉 아리랑TV 스토리메이킹 전략: 주요 의제별 콘텐츠 구성 방식

| 전략 유형 | 핵심 내용 | 콘텐츠 예시 |
|---|---|---|
| 문화형 콘텐츠 | 한류·신한류에서 전통문화와 차세대 콘텐츠까지 아우르며, 한국적 가치와 라이프스타일을 세계적 이야기로 확장 | K-팝 팬덤의 연대와 사회적 참여, 한식의 지속가능성 이야기, 전통문화의 현대적 재해석, 트랜스미디어 확산 사례(예: K-Pop Demon Hunters) |
| 정책형 콘텐츠 | 정책 아젠다를 사람들의 삶과 감정 경험 속에서 풀어내는 스토리 | 디지털 전환 다큐, AI와 윤리 토론, 청년이 직접 참여하는 정책 체험 프로그램, 기후위기 대응 시민사례 |
| 참여형 콘텐츠 | 청년·유학생·디아스포라가 이야기의 공동 주체가 되어 직접 참여하고 만들어가는 인터랙티브 포맷 | 지역 청년 제작 콘텐츠, 글로벌 유학생 토론, 시민 캠페인 연계 대담, 온라인 크리에이터 협업 프로젝트 |

이러한 콘텐츠 전략은 DX-AX 기반의 데이터 분석과 참여형 플랫폼 기술로 뒷받침될 때 더욱 정밀해진다. 시청자의 반응 데이터를 분석해 어떤 의제가 더 공감을 얻는지 파악하고, AI 기반 자막·번역·추천 기능을 통해 감정적 연결을 확대하는 방식이다. 기술은 이야기의 본질을 대체하는 것이 아니라, 공감을 세계로 확장하는 도구가 된다.

궁극적으로 아리랑TV의 콘텐츠 전략은 '무엇을 설명할 것인가'가 아니라, '누구와 어떤 이야기를 함께 만들어갈 것인가'를 묻는 방식으로 전환되어야 한다. 그 과정에서 탄생하는 이야기는 단순한 방송물이 아니라, 대한민국의 가치와 미래상을 공유하는 문화외교의 언어로 기능할 것이다. 이는 아리랑TV가 정책적 공공성과 문화적 국제성을 동시에 구현하는 글로벌 가치 플랫폼으로 도약하는 핵심 경로가 된다.

## K-Culture · K-Tech · K-Democracy: 한국이 세계에 내놓은 세 단어

아리랑TV는 단순한 정보 전달 채널이나 국가 홍보 매체를 넘어, 대한민국의 철학과 비전을 세계와 공유하는 '가치의 플랫폼'으로 자리매김해야 한다. 이는 "대한민국이 세계와 무엇을 이야기할 것인가"라는 질문에 대한 실행적 응답이며, 문화·기술·민주주의라는 세 가지 국가 비전을 담아내는 전략 언어다. 단순한 정책 슬로건이 아니라, 한국이 세계와의 관계를 새롭게 설계하기 위한 철학적 선언이며, 아리랑TV는 이를 구현하는 대표 플랫폼이 되어야 한다.

첫째, K-Culture(문화의 브랜드화이다). K-Culture는 콘텐츠 확산을 넘어 한국의 문화 자산을 산업적·철학적 가치로 재해석하고, 이를 문화산업과 국가 브랜드 전략으로 연결해야 한다. 드라마·K-팝과 같은 대중 콘텐츠를 넘어, 한국의 정체성·철학·창의 산업의 비전을 담아내는 '가치 콘텐츠(Value Content)'를 확산시키는 안내자 역할을 아리랑TV가 수행해야 한다.

둘째, K-Tech(기술 철학의 확산이다). K-Tech는 단순 혁신 담론이 아니라 '인간 중심 기술', '디지털 윤리', '지속가능성'을 강조하는 한국형 기술철학으로 접근해야 한다. 한국은 ▲디지털 격차 해소, ▲기술과 민주주의의 균형, ▲시민 참여 기반 거버넌스 경험을 보유하고 있다. 아리랑TV는 이를 스타트업 인터뷰, 디지털 아트 다큐, 시민사회 기반 기술 실험 등으로 구체화해 세계와 공유해야 한다. 나아가 스마트시티, 그린에너지, AI 혁신 산업 등 국가 신성장 전략을 문화적 서사로 풀어내어, '기술과 산업을 잇는 K-브랜드 내러티브'를 구축해야 한다.

셋째, K-Democracy(한국형 참여 민주주의 경험이다). K-Democracy는 제도적 성취보다 참여와 공론화 과정을 통해 진화해온 한국형 민주주의 경험을 강조해야 한다. 산업화와 민주화를 압축적으로 경험한 한국은 갈등을 제도화하고 사회적 대화로 전환해온 역동적 모델을 보유하고 있으며, 이는 아시아와 개발도상국에 실질적 참고가 된다. 아리랑TV는 청년 참여, 지역 거버넌스, 시민 캠페인 등을 콘텐츠로 확장해 한국 민주주의의 진정성과 공공성을 전달해야 한다.

K-Culture, K-Tech, K-Democracy라는 세 축은 단순한 정책 담론을 넘어, 세계와의 문화 교차(Cross-Culture) 과정을 통해 재해석·확장되어야 한다. 아리랑TV는 이 교차점을 매개로 한국적 가치와 세계 보편 담론을 연결하는 전략적 플랫폼으로 자리매김해야 한다. 이는 메시지 전달에 그치지 않고, 수용자와 함께 질문하고 토론하는 '공감의 공간'으로 구현될 때 의미가 완성된다.

이를 실행하기 위한 전략은 다음과 같다.

첫째, 정책 내러티브의 통합과 재구성이다. 부처별 정책을 분절적으로 전달하는 것이 아니라, 아리랑TV를 통해 하나의 서사로 재편해야 한다. 이는 단순한 정보 전달이 아니라 '정책의 서사화(Policy Narrativization)'를 통한 글로벌 설득력 강화 전략이다.

둘째, 공공가치 중심 포맷 개발이다. 기후위기, 디지털 윤리, 젠더, 평화 등 글로벌 아젠다를 기반으로 한 '정책형 콘텐츠'를 강화해야 하며, UN 등 국제기구 및 해외 공영방송과의 공동제작으로 파급력을 확장해야 한다.

셋째, 수용자 공간 구조의 재설계이다. 팬덤 커뮤니티, 청년 앰배서더, 인터랙티브 포맷 등을 활용하여 일방향 송출을 넘어 참여·대화·공동제작형 플랫폼으로 전환해야 한다.

넷째, '문화산업 진흥형 콘텐츠 허브'로서의 위상 정립이다. 아리랑TV는 공공정책 홍보를 넘어 한류 콘텐츠 확산을 주도하는 국제방송 플랫폼으로 성장해야 한다. 음악·예능뿐 아니라 게임, 웹툰, 메타버스, 디지털 아트 등 신한류 산업을 맥락화하고, KOFICE·KOCCA 및 민간 콘텐츠 기업과 협력해 국제적 파급력을 배가해야 한다.

이러한 전략을 통해 아리랑TV는 단순한 문화 소개 채널을 넘어, 대한민국의 국가 철학과 산업 전략을 결합한 글로벌 가치 플랫폼으로 도약할 수 있다. 이는 한국을 문화강국이자 가치 공유 국가, 나아가 산업 혁신 국가로 자리매김하게 하는 핵심 기반이며, 아리랑TV가 국가 비전의 실행 파트너이자 글로벌 정책 담론의 주요 플랫폼으로 발전해야 함을 의미한다.

## 진정성이 신뢰를 만든다: '브랜드'에서 '가치'로

오늘날 글로벌 미디어 환경에서 가장 중요한 화두 중 하나는 '브랜드 진정성(authenticity)'이다. 이는 단순히 공공미디어의 과제가 아니라, 정책과 문화를 매개하는 모든 전략 플랫폼에 요구되는 핵심 가치다. 콘텐츠가 단순한 정보 전달을 넘어 수용자의 삶과 감정에 공감할 수 있도록 기획될 때, 플랫폼은 지속 가능한 신뢰 자산으로 발전한다.

아리랑TV 역시 단순 방송 채널을 넘어 대한민국의 철학과 가치를 전달하는 글로벌 가치 플랫폼으로 리 포지셔닝되어야 하며, 그 중심에 브랜드 진정성이 자리해야 한다. 이는 단순한 국가홍보나 한류 소개가 아니라, 철학·공감·참여·지속성의 가치를 콘텐츠 전반에 구현하는 과정이다. 진정성은 꾸며낸 이미지가 아니라, 메시지의 구조와 설계 단계에서 비롯되며, 초기 기획부터 수용자의 삶과 감정을 어떻게 연결할 것인가를 고민하는 데서 출발한다.

예컨대 청년 노동, 지역 불균형, 기후위기 같은 아젠다는 단순 정책 소개가 아니라, 청년 창작자·지역 주민·현장 전문가가 직접 참여하는 다큐멘터리 형식으로 제작될 때 진정성이 확보된다. 이러한 참여 기반 콘텐츠는 정보 전달을 넘어 공감과 행동 변화를 이끌어내며, 이는 곧 브랜드 진정성의 핵심이다.

문화 콘텐츠 역시 K-팝, 한식, 관광 소개를 넘어 대한민국의 삶의 방식과 철학—공동체, 상생, 민주적 정체성—을 반영하는 내러티브로 확장되어야 한다. 중요한 것은 '무엇을 보여주는가'보다 '왜 그것을 보여주는가'라는 맥락을 제시하는 일이며, 이는 곧 K-브랜드 전략의 실행 기반이 된다.

학술적 연구 또한 이를 뒷받침한다. 김원석(2017)은 지상파 방송 채널을 대상으로 한 연구에서 브랜드의 지속성·차별성이 시청자의 진정성 인식을 강화하고, 이는 다시 채널 태도와 충성도를 높이는 매개 요인으로 작용함을 실증적으로 확인했다. 최성배(2019) 역시 브랜드 진정성의 세 요소—일관성, 지속성, 차별성—이 시청자 충성도와 국가 이미지 형성에 결정적 영향을 미친다고 분석하였다. 아리랑TV는 이러한 연구 성과를 정책화·실행화하여, 진정성을 구체적으로 구현하는 전략 미디어가 되어야 한다.

글로벌 국제방송의 사례도 시사점을 준다. BBC World는 공정성, NHK World은 문화 정체성, France 24는 민주적 다양성을 통해 신뢰를 구축해왔다. 그러나 아리랑TV는 단순 모방이 아닌, 공감·참여·지속성이라는 대한민국 고유의 국가 비전을 반영한 한국형 진정성 모델을 정립해야 한다.

또한 브랜드 진정성은 아리랑TV 단독으로 완성될 수 없다. 문화체육관광부, 외교부, 청년정책 기관과의 정책 연계, 지역사회 및 민간 플랫폼과의 협력 속에서 '정책-콘텐츠-수용자'의 순환 구조가 작동해야 한다. 디지털과 AI 기반의 데이터 분석과 피드백 시스템이 이 순환 구조를 정밀하게 뒷받침한다면, 진정성은 단순한 이상이 아니라 실행 가능한 가치로 자리 잡을 수 있다.

앞으로 아리랑TV는 브랜드 진정성을 기반으로 콘텐츠 신뢰 자산을 축적하고, 수용자의 충성도를 높이며, 대한민국 국가브랜드의 글로벌 경쟁력 강화에 기여해야 한다. 신뢰는 콘텐츠의 수명이 다한 뒤에도 남는 가장 오래된 자산이다. 바로 그 지점에서 아리랑TV는 단순한 국제방송을 넘어, 대한민국의 철학과 가치를 세계와 공유하는 전략적 글로벌 플랫폼으로 자리매김할 수 있을 것이다.

## 혼자 말하지 않는 방송: 함께 만드는 협력 생태계

아리랑TV의 미래를 논의할 때 우리는 더 이상 단순한 방송 채널의 차원에 머물 수 없다. 그것은 한국이 세계와 맺는 관계의 방식이자, 인류와 공유하는 가치의 지형을 새롭게 설계하는 일이다. 오늘날 아리랑TV가 직면한 핵심 과제는 콘텐츠 혁신을 넘어, 협력 기반의 실행 구조와 공감 중심의 플랫폼 생태계를 구축하는 데 있다.

이 과제는 방송 기술이나 채널 운영의 문제가 아니라, "누구와 함께, 어떤 가치를 창출할 것인가"라는 근본적 질문으로 귀결된다. 따라서 아리랑TV는 단순한 국제방송이 아니라, 대한민국이 지향하는 국가 비전의 실천 플랫폼으로 도약해야 하며, 이를 위해 다음과 같은 협력적이고 지속 가능한 구조가 반드시 병행되어야 한다.

첫째, 국제 공공 파트너십 기반 협력 강화이다. 글로벌 미디어 환경은 단독 제작에서 다자 협업 모델로 빠르게 이동하고 있다. 아리랑TV 역시 ▲국제기구(UN, UNESCO 등), ▲해외 국제방송(BBC World, NHK World, DW, CGTN 등), ▲글로벌 NGO, ▲한류 거점국 교육·문화 기관과의 전략적 연대를 단계적으로 확대해야 한다.

현실적으로 당장은 대등한 공동제작이 어렵더라도, 기획 공유·자료 교환·이슈 공동 대응·포맷 리서치 같은 실행 가능한 협력 단계부터 시작하는 것이 효과적이다. BBC World와 유네스코의 인권 다큐, NHK World와 JICA의 개발협력 프로그램, DW의 민주주의 캠페인처럼 국제 이슈와 연계된 협업 사례는 아리랑TV에도 중요한 벤치마킹 모델이 된다.

둘째, 플랫폼 기반 다층 유통 구조를 설계해야 한다. 아리랑TV 디지털 플랫폼을 중심에 두고, 이를 ▲OTT, ▲다국어 유튜브, ▲글로벌 SNS, ▲FAST, ▲오디오 콘텐츠와 유기적으로 연결해야 한다. 동시에 KBS·EBS 등 국내 방송사, 케이블·IPTV와의 협력 유통을 강화해 국내와 해외를 동시에 아우르는 복합 확산 구조를 마련해야 한다.

국제 파트너십과 국내 네트워크를 병행하는 공동제작·공동유통은 도달성과 공공성을 동시에 강화하는 전략 경로가 된다.

셋째, 참여 기반 글로벌 커뮤니티와의 연결이다. 단순히 외연을 확장하는 것만으로는 부족하다. 수용자와 파트너가 콘텐츠 설계 과정에 직접 참여하는 구조가 필요하다. 청년 앰배서더 프로그램, 글로벌 팬덤 공동기획, 디아스포라 인플루언서의 참여는 아리랑TV를

"함께 만드는 플랫폼"으로 자리매김하게 한다. 이는 브랜드 진정성과 연결되며, 정책과 문화가 시민의 목소리로 살아나는 순간을 창출한다.

넷째, 조직과 전략의 리디자인이 필요하다. 조직 역시 철저히 플랫폼 기반으로 재편되어야 한다. 디지털·방송·오디오가 융합형 편성 체계 안에서 유기적으로 연결되고, MZ세대와 공감할 수 있는 제작·운영 방식으로 변화해야 한다. 데이터 기반 기획, 국제협업 전담, 정책형 콘텐츠 전담 조직은 필수다. 이는 단순한 인력 재배치가 아니라, 디지털 전환 시대에 맞는 조직 DNA 혁신이다.

이러한 전환은 곧 대한민국이 지향하는 공감·참여·지속성의 철학을 실제의 구조로 구현하는 과정이며, 아리랑TV가 반드시 걸어가야 할 길이다.

〈표 11-2〉 아리랑TV 미래 플랫폼 전략 4대 분야

| 전략 영역 | 핵심 방향 | 주요 내용 |
|---|---|---|
| 구조 혁신 | 디지털·방송·오디오 통합 편성체계 및 MZ세대 기반 소통 체계 구축 | • 디지털플랫폼전략본부(가칭) 중심 체제로 전환, 아리랑TV 플랫폼 전략 허브 기능 수행<br>• 디지털·방송 기능을 통합한 플랫폼 중심 조직으로 개편, 콘텐츠 기획-제작-유통의 전 과정을 연결하는 전략 체계 구축<br>• 오디오(팟캐스트 등) 강화 및 종합 채널 확대<br>• 청년 창작자 참여형 제작 랩·수용자 분석팀 내재화 |
| 콘텐츠 전략 | K-이니셔티브 기반 K-Culture/K-Tech/K-Democracy 콘텐츠 체계 정립 | • K-이니셔티브 축 기반 기획 시리즈<br>• 웹툰·게임·메타버스 등 신한류 산업연계 프로그램 개발, 확대<br>• 한국 전통문화의 현대적 재해석 및 브랜드화 콘텐츠 확대<br>• 글로벌 이슈 기반 다큐·공감형 스토리텔링 콘텐츠 강화<br>• 정책 내러티브 통합 및 스토리메이킹 기반 콘텐츠 확대<br>• 참여형·현장형 정책 콘텐츠 기획 (기후·청년·지역 등) |
| 운영 방식 | 시청자 참여 확대와 데이터 기반 운영 체계 강화 | • 팬덤 커뮤니티·청년 앰배시디·디아스포라 공동 제작 참여<br>• 글로벌 피드백 포맷 및 인터랙티브 프로그램 강화<br>• 데이터 기반 편성 시스템 강화 |
| 국내·국제 협력 전략 | 공공가치 기반 글로벌 협력 생태계 및 국내 방송 연계 강화 | • 국내 협력: KBS·EBS 등 국내 방송사와 협력체계 구축, 문체부, 외교부, KOCCA·KOFICE 등 정책지원기관과 교류 강화, 지자체·지역문화재단과의 전통문화·로컬 브랜드 연계 콘텐츠 공동 기획 확대<br>• 국제 협력: UNESCO·JICA 등 국제기구와 협업, BBC World·NHK World·DW 등 해외 국제방송과 공동제작, 글로벌 시민사회·학술 네트워크 기반 공동 캠페인 추진 |

결론적으로 플랫폼은 단순한 기술 구조가 아니라, 정책적 · 철학적 실행 전략이다. 이는 곧 "아리랑TV가 누구와 어떤 미래를 함께 설계할 것인가"라는 질문에 대한 실천적 응답이다. 플랫폼이 곧 철학이라는 말은, 콘텐츠 유통망을 넘어 대한민국이 세계 시민과 함께 질문하고, 공감하며, 미래를 공동 설계하겠다는 선언이다.

그러나 철학은 실행이 뒷받침되지 않으면 공허하다. 아리랑TV는 실행 가능한 협력 생태계와 정책적 실행 구조를 마련해야 한다. 국제 협력형 콘텐츠를 전담하는 조직을 두고, 청년 크리에이터 · 시민사회 활동가 · 현장 전문가가 참여하는 개방형 자문위원회를 운영하여 기획 · 제작 단계에서 다양한 시각과 경험을 반영하는 체계를 구축해야 한다. 이를 뒷받침할 중장기적 성격의 '글로벌 협력 콘텐츠 펀드'를 조성하고, 투명성과 책임성을 보장하는 외부 평가 구조를 병행 구축될 때, 국가 비전 서사는 현실 정책과 제도로 연결된다.

기술보다 중요한 것은 이야기(Story)이며, 정보보다 필요한 것은 관계(Relationship)다. 아리랑TV가 플랫폼이 된다는 것은 단순한 방송사를 넘어, 이야기와 관계를 매개로 대한민국의 글로벌 가치 전략을 실행하는 주체가 된다는 뜻이다

따라서 아리랑TV의 미래는 이렇게 요약된다.

"플랫폼은 기술이 아니라 철학의 실행이며, 아리랑TV는 이 철학을 협력 생태계 속에서 구체적으로 실현해야 한다."

## 실행이 철학을 완성한다: 플랫폼의 제도화 로드맵

아리랑TV의 미래를 논의할 때, 우리는 더 이상 단순한 방송 채널의 차원에 머물 수 없다. 그것은 한국이 세계와 맺는 관계의 방식이자, 인류와 공유하는 가치의 지형을 새롭게 설계하는 일이기 때문이다. 아리랑TV는 이제 '방송사'라는 울타리를 넘어, 대한민국이 세계와 함께 쓰는 미래의 이야기를 담아내는 글로벌 전략 플랫폼으로 재정의되어야 한다.

그러나 철학은 선언만으로 지속되지 않는다. 반드시 제도와 실행을 통해 현실 속에 뿌리내려야 한다. 아리랑TV가 대한민국이 지향하는 국가 비전의 실행 플랫폼으로 도약하기 위해서는, 콘텐츠 혁신뿐 아니라 제도적 토대와 정책적 실행 구조가 함께 구축되어야 한다.

이를 위해 먼저, 조직과 인력의 재편이 요구된다. 아리랑TV는 단순한 방송 제작 기능을 넘어, 디지털 전략·정책형 콘텐츠·국제 협력을 담당할 새로운 부서와 인력이 필요하다. 내부에 '국제 협력형 콘텐츠 전담 조직'을 신설하고, 청년 크리에이터·현장 전문가를 아우르는 개방형 인력풀을 제도화해야 한다. 이는 선택이 아닌, 플랫폼으로서의 생존 조건이다.

둘째, 법적 지위와 재정 기반의 확립이 필요하다. 현행 민법상 재단 구조만으로는 전략적 유연성과 공적 책임을 동시에 담아내기 어렵다. 특별법 제정 또는 방송법 개정을 통해 국제방송의 법적 위상을 제도화하고, 재정은 민관 협력형 구조로 다변화해야 한다. 이를 위해 '글로벌 협력 콘텐츠 펀드'를 마련한다면 공공성과 지속성을 함께 담보할 수 있을 것이다.

국제사례에서도 확인할 수 있다. DW는 「독일국제방송법(Deutsche Welle Gesetz)」을 통해 법적·재정적 독립성을 명확히 보장받으며, 연방정부 예산 지원과 동시에 편성 자율성을 제도적으로 확립하였다. France 24는 라디오 프랑스 인터내셔널(RFI), MCD와 함께 「France Médias Monde」 산하에 통합되어 운영되며, 정부 보조금 기반에 광고수입을 일부 병행하는 방식으로 지속가능성을 확보하고 있다. VOA는 미 의회가 예산을 직접 배정하는 USAGM(미국국제방송기구) 산하에서 운영되며, 정부와의 연계성을 유지하면서도 편성 독립을 제도적으로 보장받고 있다. 이 세 가지 모델은 각각 다른 제도적 맥락에 있지만, 모두 국제방송의 공공성과 전략성을 제도화한 사례라는 점에서 아리랑TV가 향후 특별법 제정이나 재정 구조 설계를 논의할 때 중요한 벤치마킹 모델이 될 수 있다

셋째, 제도적 설계의 중요성이다. 최근 전 세계적으로 확산된 〈K-Pop Demon Hunters〉 사례는 민간 창의성과 글로벌 유통망, 도시 단위 마케팅, 권리 관리 체계가 결합될 때 어떤 규모의 문화 현상이 만들어질 수 있는지를 잘 보여주었다. 여기서 주목할 점은 작품의 흥행 자체가 아니라, 이를 가능하게 한 제작·배급·권리·인재 양성 시스템의 통합적

설계다. 아리랑TV는 이러한 구조적 기반을 콘텐츠 기획과 실험으로 구체화하고, 정부와 협력해 재정 안정화·제도적 지원·해외 확산 네트워크·전문 인력 양성 등 실행 조건이 정책적으로 뒷받침되도록 연계해야 한다.

네째, 협력 네트워크 강화이다. 아리랑TV는 고립된 방송사가 아니라 협력 네트워크의 중심이어야 한다. 정부 부처, 공공기관, 민간기업, 국내외 방송사와의 다층적 거버넌스는 "누구와 함께, 어떤 가치를 창출할 것인가"라는 질문에 대한 실행적 답변이다. 플랫폼은 네트워크일 때 힘을 가진다.

다섯째, 단계적 실행 로드맵 수립이 필요하다. 전환은 하루아침에 완성되지 않는다. 단기에는 조직 개편과 법·제도 개선이, 중기에는 민관 협력 기반 재정 다변화가, 장기에는 글로벌 거버넌스를 확립하고, 국가 비전 플랫폼으로 제도화하는 단계로 이어져야 한다.

다만 아리랑TV의 미래 전략은 콘텐츠를 넘어 조직·협력·제도·플랫폼 전환 전반에서 선택과 집중의 원리를 적용해야 한다. 한정된 자원 속에서도 핵심 가치와 철학을 일관되게 구현할 때, 아리랑TV는 단순한 국제방송을 넘어 대한민국의 전략 플랫폼으로 도약할 수 있다.

〈표 11-3〉은 단순한 시간 구분을 넘어, 토대 구축(단기), 확산과 안정화(중기), 제도화와 국제화(장기)라는 점진적 진화를 제시한다. 아리랑TV의 길은, 곧 대한민국의 길이자 국가 비전의 실행 경로다.

〈표 11-3〉 아리랑TV 중장기 실행 로드맵

| 추진 단계 | 주요 과제 |
|---|---|
| 단기 (2025~2026) | 조직 개편, 디지털 전략 전담 조직체계 구축, 법제도 개정 추진, 국제협력 기반 조성 및 초기 실행 착수 |
| 중기 (2027~2028) | 전략형 콘텐츠 대외 확산, 민관협력 기반 재정 다변화, 글로벌 유통 구조 정비 및 국내외 방송사 협력 강화 |
| 장기 (2029~2030) | 국가 비전 플랫폼 위상 확립, 글로벌 거버넌스 정착, 지속가능한 실행 구조 제도화 |

결국 플랫폼은 기술이 아니라 철학의 제도화이며, 철학은 실행을 통해 완성된다. 이야기가 비전을 열고, 정책이 이를 제도화하며, 실행이 그것을 현실로 만든다. 아리랑TV가 걸어가야 할 길은 단순한 방송사의 변신이 아니라, 대한민국이 세계와 함께 설계하는 미래를 담아내는 전략적 글로벌 플랫폼으로의 선언이다.

따라서 아리랑TV의 미래는 이렇게 요약된다.

"플랫폼은 철학이자 실행이다. 철학이 미래를 꿈꾸게 하고, 실행이 그 꿈을 현실로 만든다."

| 제12장 |

# 우리의 이야기를 다시 쓰다: 아리랑TV, 대한민국의 플랫폼 선언

## 방송에서 플랫폼으로: 아리랑의 사명, 다시 정의하다

오늘날 아리랑TV는 더 이상 단순한 국제방송 채널이 아니다. 그것은 세계 시민과의 공감과 대화를 실현하는 국가전략 플랫폼으로 재정의되어야 한다. 디지털 전환, 정책 환경 변화, 시민 주체성 증대는 기존의 방송 중심 구조로는 대응할 수 없는 시대가 도래했음을 보여준다. 특히 문화·기술·민주주의라는 국가 비전이 실질적 콘텐츠로 구현되기 위해서는, 아리랑TV의 내부 구조와 정체성 자체를 혁신하는 작업이 불가피하다.

플랫폼 전환의 핵심은 곧 조직 정체성의 전환이다. 지금까지 아리랑TV가 '전달자' 역할에 머물렀다면, 이제는 정책과 사회 담론을 설계하는 '내러티브 생산자'로 도약해야 한다. 이는 단순한 구조 개편을 넘어, 조직의 존재 이유와 역할을 다시 정의하는 과정이다.

이를 위해 아리랑TV는 세 가지 차원에서 전략적 전환을 추진해야 한다.

첫째, 인적 생태계의 전환이다. 기술이나 구조보다 중요한 것은 결국 사람이다. 디지털 전략가, 문화·정책형 콘텐츠 기획자, 글로벌 협력 전문가, 참여형 미디어 디자이너는 단순 보조 인력이 아니라, 아리랑TV가 K-브랜드 플랫폼으로 도약하기 위한 핵심 자산이다. 정규직 전략 인재 충원, 내부 인력 재교육, 외부 전문가 협업 제도화를 통해 인적 생태계를 새롭게 설계해야 한다.

둘째, 조직 기능의 전환이다. 기존의 편성·보도 중심 체계에서 벗어나, 디지털 콘텐츠 전략·데이터 기반 유통·국제협력 네트워크를 포괄하는 다차원 플랫폼 조직으로 재편해야 한다. 특히 디지털 전략 전담 부서를 독립적 기구(본부급)로 격상해, 콘텐츠를 단순 시청 대상이 아닌 공공가치·국가정책·세계 담론을 연결하는 의미 전달자로 기획해야 한다.

셋째, 사명과 비전의 재정의이다. 아리랑TV는 단순히 정책을 홍보하는 채널이 아니라, 세계 시민이 공감할 수 있는 언어로 대한민국의 비전을 서사화하는 플랫폼이어야 한다. 사명 선언은 다음과 같이 응축될 수 있다.

"우리는 한국을 설명하는 미디어가 아니라, 세계와 감정을 나누는 플랫폼이다. 우리는 정책을 전달하는 기관이 아니라, 미래 가치를 설계하는 이야기꾼이다."

그러나 이러한 선언은 이상적 구호에 머물러서는 안 된다. 철학적 비전은 반드시 제도와 실행으로 뒷받침될 때 지속가능성을 얻는다. 법적 지위의 재정립, 안정적인 재원 구조 마련, 국제 협력과 시민 참여의 제도화는 아리랑TV 플랫폼 전환의 필수 조건이다.

아리랑TV가 진정한 전략형 국제방송으로 자리매김하려면, 비전은 정책으로, 정책은 실행으로 이어져야 한다. 결국 플랫폼 기반의 전환은 단순한 운영 방식의 변화가 아니라, "아리랑TV는 누구를 위한 미디어인가"라는 근본적 질문에 답하는 과정이다. 이 질문에 대한 응답이 곧 사명이며, 그것이 바로 아리랑TV가 글로벌 국가전략 플랫폼으로 다시 태어나는 출발점이다.

## 정책이 이야기로 바뀌는 순간: 전략형 플랫폼의 새 역할

아리랑TV가 지향해야 할 미래는 단순한 방송 채널의 연장이 아니다. 그것은 한국을 대표하는 국제방송을 넘어, 세계와 가치를 공유하고 공감을 조직하는 전략형 플랫폼으로의 전환이다. 이 전환은 기술적 혁신이나 운영 방식의 조정이 아니라, "아리랑TV가 누구와 함께 어떤 미래를 설계할 것인가"라는 철학적 질문에서 출발한다.

무엇보다 아리랑TV는 국가 정책과 문화를 단순 홍보하는 기관이 아니라, 이를 세계 시민이 이해할 수 있는 감성과 언어로 번역하는 글로벌 내러티브 플랫폼이 되어야 한다. 한국의 정책과 가치가 단순 메시지로 소비되는 것이 아니라, 보편적 담론 속에서 공감과 토론을 촉발할 때 비로소 그 역할은 완성된다.

이를 위해 필요한 과제는 세 가지다.

첫째, 문화와 정책 내러티브의 재설계다. 아리랑TV는 한류 및 신한류 자산을 중심으로 한국의 문화적·정책적 자산을 글로벌 수용자가 이해할 수 있는 이야기로 재구성해야 한다. 드라마, K-팝, 전통문화 등 한국적 경험을 국제사회와 공유 가능한 언어로 번역하고, 정책 메시지 역시 문화적 맥락과 결합해 수용자의 일상 경험과 맞닿도록 기획해야 한다.

둘째, 공공가치의 확장이다. 기후변화, 인권, 평화, 디지털 윤리 등 인류 보편의 가치를 한국의 경험과 연결해 설명함으로써, 아리랑TV를 단순한 국가 채널이 아닌 글로벌 공론장의 매개체로 발전시켜야 한다.

셋째, 삼각 연결 구조의 구축이다. 정부, 공공영역(시민사회,학계·전문가 네트워크), 국제사회를 유기적으로 연결하는 전략형 플랫폼으로 자리매김해야 한다. 아리랑TV는 정부 정책의 단순한 대변자가 아니라, 세계 시민과의 협력적 대화를 이끌어내는 매개체로 기능해야 한다.

이러한 역할은 디지털·AI 기반의 구조 전환과 시청자 중심 혁신을 실현할 수 있는 구체적 실행 체계와 참여 플랫폼이 구축될 때 가능하다. AI 자동 번역, 데이터 기반 공감도 분석, 메타버스형 글로벌 포럼은 기술적 도구를 넘어, 문화 자산과 정책 메시지를 공감 가능한 내러티브로 전환하고 공공가치를 확산시키는 실행 축으로 작동해야 한다. 또한 청년·전문가·시민사회가 함께 참여하는 개방형 콘텐츠 기구와 국제 자문단을 제도화해, 시청자가 단순한 수용자가 아니라 공동 창작자(co-creator)로 자리 잡도록 해야 한다.

철학적 비전이 공허한 선언에 머물지 않으려면 성과 평가와 지속가능성 장치가 병행되어야 한다. 공공성 지표(접근성·참여도·공감도)와 전략적 지표(국제 협력·정책 반영도·글로벌 영향력)를 동시에 평가하는 시스템을 마련해, 아리랑TV의 역할이 비전과 실행을 유기적으로 연결하도록 해야 한다.

다음 〈표12-1〉은 이러한 성과 지표의 틀을 제시한 예시다.

〈표 12-1〉 아리랑TV 전략형 플랫폼 성과 지표(예시)

| 구분 | 세부 지표 | 주요 평가 내용 | 기대 효과 |
|---|---|---|---|
| 공공성 지표 | 접근성 | 다국어 서비스 제공, 플랫폼 접근 용이성 | 글로벌 이용자 기반 확대 |
| | 참여도 | 청년·시민 참여 프로그램 수, 공동 제작 콘텐츠 비율, 국내외 청년 · 디아스포라 참여율 | 참여형 플랫폼 이미지 강화 |
| | 공감도 | 시청자 피드백, 감정적 공명 지수(댓글 · 공유 · 참여율) | 신뢰 기반 공공외교 효과 |
| 전략적 지표 | 국제 협력 | 국제기구 · 국내외 방송사 공동제작 건수 | 글로벌 파트너십 강화 |
| | 정책 반영도 | 국내 정책(문화 · 기술 · 민주주의)의 글로벌 전달 · 확산률 | 국가 전략 메시지 확산 |
| | 글로벌 영향력 | 해외 매체 인용 건수, 국제 평가지수(Soft Power Index 등) | 국가 브랜드 경쟁력 제고 |

아리랑TV의 전환은 '한국을 대표하는 국제방송'을 넘어, 시대적 과제를 선도하는 K-브랜드 플랫폼으로서 새로운 역할을 설계하는 과정이다. 이를 통해 아리랑TV는 단순한 방송사가 아니라, 대한민국의 미래를 함께 그려가는 정책적 · 철학적 주체이자 글로벌 국가전략 플랫폼으로 자리매김하게 될 것이다. 더 나아가 아리랑TV는 방송 기능을 넘어, 문화교류를 담당하는 오프라인 네트워크와 정책 기반 미디어의 국내 · 해외 확산 기능을 연계할 때 더욱 큰 시너지를 발휘할 수 있다.

즉, 온에어(On-air)와 오프에어(Off-air), 그리고 정책형 미디어의 결합은 한국이 문화강국 · 소프트웨어 강국으로 도약하기 위한 통합형 K-브랜드 플랫폼의 지향점을 보여주는 중요한 전략 방향이다.

## 이야기로 외교하다: 문화외교 플랫폼의 길

아리랑TV는 단순한 국제방송을 넘어, 대한민국의 문화 · 정책형 콘텐츠를 글로벌 외교 전략과 연결하는 가치 플랫폼으로 도약해야 한다. 오늘날 외교는 언어와 논리를 넘어 감정과 공감의 시대에 진입했으며, 방송은 국가 비전과 철학을 정서적 내러티브로 번역하는 핵심 자원이다. 특히 K-이니셔티브의 세 축(문화 · 기술 · 민주주의)을 스토리텔링 언어로 구현할 때, 한국의 정책과 사회적 가치는 국제 현안 속에서 독자적 서사로 자리 잡을 수 있다.

이를 위해 아리랑TV는 정책, 국제협력, 청년 교류라는 세 축을 중심으로 문화외교 플랫폼으로서의 실행 과제를 추진해야 한다.

첫째, 한국의 국가 정책 아젠다를 문화 콘텐츠로 번역하는 기획력이 중요하다. 정부가 추진하는 주요 정책 과제, 예컨대 한류·문화교류 진흥, AI를 포함한 디지털 전환, 그리고 한반도 문제를 콘텐츠 언어로 풀어내는 역량이 핵심이다. 이는 단순한 홍보가 아니라, 한국 사회가 축적해온 경험과 정책적 성과를 토대로 국제사회가 공감할 수 있는 이야기로 재구성하는 과정이어야 한다. 예를 들어, '저출산 사회의 돌봄 혁신', '디지털 전환에 따른 공공서비스 개선', '산업 재편과 녹색 성장', 그리고 '문화산업 진흥과 K-콘텐츠 확산'과 같은 주제를 다큐멘터리, 토론, 글로벌 캠페인 등 다양한 포맷으로 구현할 수 있다. 즉, 국가 정책 의제를 생활·산업·문화의 이야기로 재구성해, 세계가 공감할 수 있는 콘텐츠로 전환하는 것이다

둘째, 공공외교의 플랫폼으로 기능하기 위해서는 국제 협력 기반의 공동 제작 모델을 꾸준히 확대해야 한다. BBC World Service, NHK World, DW, France 24 등 글로벌 국제방송과의 협력을 통해 비정치적 이슈 중심의 공동 제작을 확대함으로써, 국제사회 속 '공공외교 파트너십 네트워크'를 강화해야 한다. 이는 한국 정부의 직접 외교 활동을 보완하면서, 한국의 가치와 비전을 연결자(Connector) 역할을 통해 확산하는 전략이다.

셋째, 글로벌 청년세대와의 정책형 교류를 확대하여야 한다. 청년 세대는 더 이상 수동적 수용자가 아니라 능동적 기획자이자 참여자이다. 정부의 청년 정책·문화 교류 사업과 연계하여, 아리랑TV가 글로벌 청년 네트워크를 주도한다면 이는 단순한 프로그램 제작을 넘어 공공외교의 미래 자산을 형성하는 길이 될 것이다. 청년 서포터즈·국제 교류단·지역 커뮤니티와 연계한 다큐멘터리나 디지털 캠페인은 한국의 정책적 방향성과 브랜드 진정성을 동시에 강화할 수 있다.

아리랑TV는 독립적 외교 주체라기보다는, 정부의 전략적 외교 활동을 보완하는 문화적 기반이자 정서적 접촉면이다. 정부가 외교 현장에서 언어와 논리로 접근할 때, 아리랑TV는 콘텐츠를 통해 '공유된 감정의 장(場)'을 만들어내는 것이다. 바로 이 '전략적 지원형 문화외교 플랫폼'이 아리랑TV의 고유한 전략적 가치다.

그러나 단순한 지원에 머물러서는 안 된다. BTS의 UN 연설, K-웹툰·게임의 플랫폼

확산, 트랜스미디어 콘텐츠(예: 〈K-Pop Demon Hunters〉)가 보여주듯, K-팝과 한류 콘텐츠의 글로벌 파급력은 이야기와 문화가 국가 외교의 실질적 언어로 기능할 수 있음을 입증하고 있다. 아리랑TV 또한 AI 번역·데이터 기반 반응 분석·메타버스형 글로벌 교류 같은 DX-AX 기반 도구를 활용해 감정 기반 서사를 세계와 공유해야 한다.

결국 아리랑TV는 정부 외교의 단순 보조 도구가 아니라, 문화와 콘텐츠를 통해 독자적 외교 효과를 창출하는 전략적 주체로 진화해야 한다. 이는 대한민국의 외교 자산을 확장하고, 동시에 K-브랜드를 글로벌 가치 플랫폼으로 자리매김시키는 핵심 경로가 될 것이다.

## 미래를 말하다: 아리랑TV의 비전 선언

아리랑TV는 지난 30년간 국제방송의 이름으로 대한민국의 문화와 현실을 세계에 전해왔다. 그러나 이제는 단순한 전달자나 채널을 넘어, 한국이 지향하는 가치와 철학을 담아내는 국가 전략 플랫폼으로 새롭게 자리매김해야 한다.

이 선언은 단순한 기능 조정이나 사업 모델 변경이 아니다. 그것은 "무엇을 보여줄 것인가"라는 방송적 질문을 넘어, "우리는 누구인가", "무엇을 세계와 나누려 하는가"라는 근본적 사명에 대한 응답이다. 아리랑TV는 더 이상 단순한 국제방송이 아니라, 국가 정책과 사회 서사를 구체화하고 세계 시민과 연결하는 글로벌 플랫폼으로 정의되어야 한다.

이 선언의 중심에는 대한민국이 제시하는 세 축—문화·기술·민주주의—가 있다. 이는 단순한 정책 비전이 아니라, 한국 사회가 세계와 함께 공유하려는 공감과 연대의 가치 틀이다. 아리랑TV는 이를 ▲문화(문화산업과 교류 진흥), ▲기술(사람 중심 디지털 전환), ▲민주주의(참여와 설명의 정치)로 구체화하고, DX·AX의 철학을 바탕으로 한 새로운 스토리텔링과 플랫폼 전략을 통해 세계와 공유해야 한다.

무엇보다도 아리랑TV는 "대한민국의 소리를 전하는 방송사"라는 수동적 이미지를 벗어나야 한다. 콘텐츠는 단순한 정보 제공을 넘어, 세계 시민이 참여하고, 이야기하며, 감동할 수 있는 장을 제공해야 한다.

최근 K-팝, 드라마, 게임 등 한류 콘텐츠가 세계적 보편 서사로 확장된 사례는 한국 문화가 혼종성과 포용성을 통해 글로벌 공감 서사로 발전할 수 있음을 보여주었다. 아리랑TV 또한 이러한 확장성을 기반으로 신뢰할 수 있는 글로벌 내러티브 플랫폼으로 도약해야 한다. 콘텐츠는 정책을 담는 그릇이자 정서를 전달하는 언어이며, 경험을 공유하는 플랫폼이기 때문이다.

이 변화는 외형이 아니라 태도와 철학에서 출발한다. 단순 홍보 영상이나 보도자료로는 세계 시민의 신뢰를 얻을 수 없다. 정책이 지향하는 삶의 방식, 시민의 이야기, 한국 사회가 축적한 경험과 정서를 담아낼 때 비로소 그것은 외교가 되고, 브랜딩이 되며, 글로벌 커뮤니케이션이 된다.

따라서 아리랑TV는 '무엇을 보여줄 것인가'에서 '무엇을 함께 이야기할 것인가'로 질문을 바꾸어야 한다. 이 질문은 다음과 같은 사명 선언으로 응축된다.

우리는 단순한 방송사가 아니라, 세계 시민과 함께 미래를 이야기하는 한국문화 콘텐츠 플랫폼이다. 우리는 대한민국의 가치를 담아, K-이니셔티브의 실천을 전 세계와 함께 설계한다. 우리는 연결하고, 설명하며, 감동을 나눈다.

아리랑TV의 디지털 전환은 방송 채널과 디지털 플랫폼을 유기적으로 결합하고, 정책·문화·외교 콘텐츠를 통합적으로 확산할 수 있는 개방형 글로벌 플랫폼 구조로 발전시켜야 한다. 온에어(On-air) 방송은 여전히 아리랑TV의 핵심이지만, 향후에는 오프에어(Off-air) 교류·포럼·정책 협력 등과 연계된 참여형 디지털 네트워크 플랫폼으로 확장될 때 전략적 미디어 허브로 성장할 수 있다. 이러한 방향은 대한민국이 지향하는 문화강국·소프트웨어 강국 비전을 미디어를 통해 구현하는 실질적 전환점이자, 아리랑TV가 디지털 문화외교 허브로 자리매김하는 과정이 될 것이다. 이와 더불어 향후 코리아넷 등 공공 플랫폼과의 협력 체계를 강화함으로써 국가 이미지 홍보와 글로벌 콘텐츠 확산의 시너지를 창출할 수 있을 것이다

이러한 선언은 〈표 12-2〉와 같이 이해관계자별 메시지 전략으로 구체화될 수 있다

〈표 12-2〉 주요 이해관계자 대상별 아리랑TV 메시지 전략 요약

| 대상 | 메시지 핵심 내용 |
|---|---|
| 내부 이해관계자 (임직원·자회사·협력 파트너) | 아리랑TV는 단순히 방송을 만드는 기관이 아니라, 대한민국의 미래 서사를 세계와 함께 구현하는 글로벌 전략 플랫폼이다. 우리는 문화강국·소프트웨어 강국이라는 국가 비전의 실현을 뒷받침하는 주체로서, 구성원 모두가 책임과 역할을 자각해야 한다. 혁신과 공공성을 동시에 구현함으로써, 대한민국의 미래 비전을 세계 속에 각인시켜 나가야 한다. |
| 국민 | 아리랑TV는 세금으로만 운영되는 기관이 아니라, 대한민국의 가치를 세계에 전하는 '국민의 전략 플랫폼'이다 우리의 정책과 문화가 세계의 공감을 이끌고, 한국에 대한 이해를 심화시킨다. |
| 정치권 및 정부 | 아리랑TV는 K-이니셔티브 실현의 전략 파트너이다. 문화·기술·민주주의 정책을 글로벌로 확산하는 전략 콘텐츠 허브이자, 정책 메시지를 세계와 연결하는 플랫폼이다. |
| 국제사회 | 아리랑TV는 한국의 목소리를 전하는 창이자, 세계 시민과 연대하는 글로벌 공공미디어이다. 협력과 감정 공유를 통해 지속가능한 공동체를 함께 만들어간다. |

결론적으로, 아리랑TV의 미래는 방송의 연장이 아니라 대한민국이 세계와 함께 설계하는 미래를 담아내는 국가 전략 플랫폼으로의 도약에 달려 있다. 이 선언은 단순한 미래 비전이 아니라, 철학과 정책, 실행을 연결하는 약속이다.

## 그리고 다시 시작, 함께 만드는 미래를 위하여

아리랑TV의 역사는 일반적인 방송의 과거가 아니다. 그것은 대한민국이 세계에 던진 질문이있고, 동시에 세계가 한국에 요청한 납변이었다. 지난 30년간 아리랑TV는 국제방송이라는 제도적 무대 위에서, 문화와 정책, 사람과 감정을 세계와 어떻게 나눌 것인가를 끊임없이 모색해 왔다.

이제 아리랑TV는 새로운 페이지를 준비하고 있다. 그 변화는 제도 개편이나 조직 혁신만으로 설명되지 않는다. 그것은 우리가 세상과 나누고 싶은 '이야기'를 새롭게 정의하는 일이며, 세계와 어떤 가치의 언어로 소통할 것인가를 다시 묻는 과정이다. 아리랑TV는 단순한 '보여주는 미디어'를 넘어, '함께 설계하고 공유하는 플랫폼'으로 도약해야 한다.

그 이야기는 더 이상 '한국을 알리는 방송'이라는 틀에 머물지 않는다. 그것은 세계 시민과의 감정적 공명이며, 한국 사회가 지향하는 미래 가치에 대한 실천적 약속이다. 콘텐츠는 단순한 수단이 아니라 목적이며, 미디어는 공동체를 연결하는 전략적 통로다.

오늘날 우리는 시대적 전환의 지점에 서 있다. 기술은 빨라졌고, 정보는 넘쳐나지만, 신뢰는 취약해졌다. 이 시대에 아리랑TV가 선택해야 할 길은 '더 많은 콘텐츠'가 아니라 '더 깊은 이야기'이며, '더 큰 목소리'가 아니라 '더 진정성 있는 메시지'다.

바로 이 지점에서 DX(디지털 전환)·AX(AI 전환)은 단순한 기술 키워드가 아니다. 그것은 아리랑TV가 공감·참여·신뢰를 구현하기 위한 새로운 언어이며, 한국의 가치와 철학을 세계 시민과 공유하기 위한 실행 기반이다. 지난 30년이 국제방송 제도의 실험이었다면, 앞으로의 30년은 DX·AX 기반의 플랫폼 혁신을 통해 대한민국이 미래를 설계하는 서사를 함께 만들어가는 과정이 될 것이다.

아리랑TV가 만들어갈 미래는 한 방송사의 비전이 아니라, 한국 사회 전체가 세계와 공유하고자 하는 가치의 선언이다. 이것은 곧 우리가 가치의 전달자이자 공동 실천자임을 천명하는 일이다. 그렇기에 이 마지막 장은 종결이 아니라 선언이며, 끝이 아니라 새로운 시작이다.

아리랑TV의 미래 비전은 본질적으로 크로스컬처적 과정이다. 한국적 가치와 세계 보편성이 교차하는 자리에서 새로운 의미를 창출하고, 문화외교적 소통의 장을 확장해온 아리랑TV는 앞으로 더욱 선명한 정체성을 확보해야 한다. 즉, 한국과 세계가 만나는 접점에서 신뢰와 공감을 축적하는 문화외교 플랫폼으로 자리매김해야 한다.

최근 K-팝과 한류 콘텐츠가 보여준 글로벌 공감의 확산은 한국 문화가 국경을 넘어 보편적 서사로 확장될 수 있음을 분명히 보여주었다. 이는 아리랑TV가 지향해야 할 방향이 단순한 '정보 전달'을 넘어, 세계 시민과 함께 의미를 공유하고 미래의 서사를 설계하는 데 있음을 시사한다.

앞으로 아리랑TV는 방송의 영역을 넘어 디지털 플랫폼으로 전환함으로써, 정책·문화·외교를 유기적으로 연결하는 국가 커뮤니케이션 허브로 발전해야 한다. 이를 통해 대한민국의 가치와 미래 비전을 세계 시민과 함께 공유하는 K-브랜드 전략 플랫폼으로 성장할 수 있을 것이다.

결국 아리랑TV의 사명은 단순한 방송이 아니라, 한국과 세계가 교차하는 자리에서 공감을 창조하고 신뢰를 축적하는 DX·AX 기반 크로스컬처 플랫폼이 되는 것이다. 이 철학적 지향은 지난 30년의 탐색을 넘어, 앞으로의 30년을 여는 출발점이 될 것이다.

*아리랑TV는 콘텐츠를 전달하는 채널에 머무르지 않고,*
*세계 시민과 미래의 가치를 함께 이야기하는 플랫폼으로의 전환을 향해 나아가고 있다.*
*이는 대한민국의 가치를 설계하고 공유하는*
*전략적 내러티브 공동체로서의 사명을 재정의하는 과정이며,*
*이 전환의 여정은 지금, 다음 30년을 향한 출발점에서 다시 열리고 있다.*

# 이야기와 플랫폼의 시대를 향해

플랫폼, 질문에서 시작하다

"우리는 누구와, 어떤 미래를 만들고 싶은가?"

아리랑TV의 30년은 이 단 하나의 질문을 붙잡고 달려온 여정이었다. 그리고 그 질문은, 30년이 지난 지금도 여전히 유효하다.

1997년, 국내 후발 케이블 PP(Program Provider)로 첫 발을 내딛던 순간, 아리랑TV는 이미 "한국은 왜 세계와 대화하려 하는가"라는 질문을 품고 있었다.

1999년, 위성 전파를 타고 세계 무대에 목소리를 올린 그날, 우리는 단순히 한 방송사의 개국을 넘어, 자국어가 아닌 세계 표준 언어인 영어를 택한 전략적 선택으로 한국의 정체성을 국제사회에 던지는 도전을 시작했다.

그리고 2020년대에 들어서며, 디지털 기술과 인공지능이 결합한 문명적 변화의 물결이 밀려왔다. 그 변화의 파도 앞에서 아리랑TV는 다시 한 번 길목에 서 있다. 지난 30년이 한국이 세계와 소통하기 위해 어떤 언어와 형식을 선택했는지의 기록이었다면, 앞으로의 30년은 DX·AX 시대에 어떤 방식으로 신뢰와 공감을 쌓아갈 것인가를 묻는 새로운 질문이 될 것이다.

오늘날의 미디어 환경은 단순한 기술의 문제가 아니다. 콘텐츠는 넘쳐나지만 신뢰와 공감은 희소하다. 그렇기에 아리랑TV의 길은 '더 많은 프로그램'이 아니라 '더 진정성 있는 메시지', '더 큰 목소리'가 아니라 '더 깊은 이야기'다. 플랫폼은 단순 송출 장치가 아니라, 세계 시민과 함께 미래를 설계하는 국가 전략 플랫폼이 되어야 한다.

〈K-Pop Demon Hunters〉가 애니메이션과 K-팝, 신화적 상상력을 결합해 글로벌 팬덤을 사로잡고, 〈어쩌면 해피엔딩〉이 기술 시대의 외로움과 인간적 관계의 소중함을 섬세하게 노래했듯, BTS의 글로벌 프로젝트와 K-웹툰·게임의 플랫폼 확산 사례는 한국 문화가 혼종성과 포용성을 바탕으로 국경을 넘어 보편적 담론으로 확장될 수 있음을 보여준다.

이러한 흐름 속에서 아리랑TV는 직접 제작과 유통을 넘어, 다양한 문화적 이야기들이 세계와 만나는 지점을 연결하고 확산시키는 K-브랜드 플랫폼으로서 그 존재 가치를 증명해야 한다.

김구 선생이 꿈꾸었던 "문화강국"은 더 이상 이상이 아니다. 그것은 오늘날 대한민국이 국제사회에서 실현해야 할 전략이자, 미래 세대가 우리에게 요구하는 비전이다. 문화강국은 단순히 문화를 수출하는 나라가 아니라, 세상과 가치를 나누고 공존의 미래를 설계하는 나라다. 아리랑TV는 바로 그 지점을 구현하는 플랫폼으로 거듭나야 한다.

앞으로의 30년은 이러한 가치를 실천하는 시간이어야 한다. 디지털과 AI, 곧 DX·AX는 단순한 기술이 아니라, 사람과 데이터, 감정과 이야기가 만나 새로운 소통 질서를 만들어가는 실행의 언어이자 철학이다.

"누구를 대상으로, 어떤 이야기를, 어떤 방식으로 함께 만들어갈 것인가."

이 책은 아리랑TV의 여정을 하나의 전략적 분석 틀로 정리했지만, 동시에 아직 쓰이지 않은 미래의 서사에 대한 초대장이기도 하다. 아리랑TV가 세계와 나누어야 할 것은 단순한 정보가 아니라 의미이며, 콘텐츠가 담아야 할 것은 단순한 속도가 아니라 방향이다. 플랫폼은 '어디서 송출할 것인가'가 아니라, '무엇을, 누구와, 왜 이야기할 것인가'를 묻는 자리여야 한다.

결국 아리랑TV의 사명은 방송을 넘어선다. 그것은 한국과 세계가 교차하는 자리에서 공감을 창조하고 신뢰를 축적하는 크로스컬처 플랫폼이 되는 것이다. 이 철학적 지향은 지난 30년의 탐색을 넘어, 앞으로의 30년을 여는 출발점이 될 것이다.

이미 세계 곳곳에서는 이러한 변화의 징후가 현실의 장면으로 나타나고 있다. 영국 스코틀랜드의 작은 도시들에서는 넷플릭스 애니메이션 〈K-Pop Demon Hunters〉를 계기로 한 K-팝 파티와 지역 행사, 어린이를 위한 캠프와 커뮤니티 모임이 일상 문화로 자리 잡고 있다. 아이들은 캐릭터로 분장해 춤을 추고, 대학생들은 한국의 마을과 색채에서 영감을 받아 졸업 작품을 만들며, 지역 교회에서는 '한국인의 밤'이 마을 공동체의 축제로 열린다. 한국 문화는 더 이상 '소개되는 대상'이 아니라, 각자의 삶 속에서 재해석되고 공유되는 문화적 언어로 작동하고 있다. 이 장면은 K-브랜드가 콘텐츠를 넘어 플랫폼을 통해 세계 시민의 일상과 만나는 방식이 어떻게 진화하고 있는지를 상징적으로 보여준다.(제스혜영, 「스코틀랜드 작은 마을 K열풍의 수준…」, 오마이뉴스, 2025.11.27)

〈K-Pop Demon Hunters〉 삽입곡 Hunter's Mantra/Score Suite 도입부는 이렇게 노래한다.

"홀로 어둠을 밝히랴. 우리 노래 부르리라. 굳건한 이 목소리로 이 세상을 고치리라."

아리랑TV의 미래 선언은 이 맥락 위에 서 있다.

"홀로 어둠을 밝히려 하기보다, 우리는 함께 노래하리라.

굳건한 목소리로 세계 시민과 공명하며,

이야기와 플랫폼의 힘으로 세상을 바꾸리라."

이것이 곧 아리랑TV가 기술을 넘어, 이야기와 공감의 힘으로 세계와 연결되어야 하는 이유이며, 우리가 함께 써 내려가야 할 미래의 언어이다.

전파를 넘어 이야기로

아리랑TV 30년

Author's Note

# 아직 쓰이지 않은 이야기들을 위하여

이 책은 아리랑TV의 지난 30년을 돌아보고, 앞으로의 전략적 방향을 제시하기 위해 집필되었다. 그러나 집필 과정에서 몇 가지 불가피한 제약과 한계가 있었다.

첫째, 필자가 아리랑TV를 떠난 지 이미 5년이 지난 지금, 당시 내부 기록과 정책 결정의 세부 과정까지는 직접 접근·확인하기 어려웠다. 비록 정보공개 청구를 통해 일부 자료 확보는 가능했으나, 실제 집필에서는 재단의 경영실적보고서, 국회 자료, 언론 보도 등 공개 자료와 함께, 현장에서 정책과 경영관리 부문을 실무 총괄했던 필자의 경험과 기억이 중요한 근거로 작용했다.

둘째, 아리랑TV와 관련한 연구 환경 자체가 예전만 못하다. 2010년대 중반까지는 아리랑TV를 둘러싼 학술적·정책적 연구용역이 비교적 활발히 수행되었으나, 그 이후로는 관련 연구가 활발하지 않다. 특히 국제방송 연구 영역은 방송통신 기술의 급속한 발달과 플랫폼 다변화 속에서 주요 학술 의제에서 점차 밀려난 경향이 뚜렷하다. 이로 인해 아리랑TV를 둘러싼 최근 학술적 분석과 정책적 평가 자료는 매우 제한적이었다.

셋째, 본 책의 집필 과정에서 일부 정책 제안이나 설명이 여러 장에서 반복적으로 등장한다. 이는 단순한 편집상의 중복이 아니라, 각 장의 맥락에서 독립적으로 논지를 이해할 수 있도록 하기 위한 의도적 선택이었다. 아리랑TV의 법적 위상, 디지털 전환, 국제방송 전략과 같은 핵심 주제는 독자가 특정 장만 읽더라도 문제의식과 정책 방향을 분명히 이해할 수 있어야 하기 때문이다. 따라서 반복적으로 제시된 정책적 메시지는 동일 사안을 다른 맥락에서 강조하기 위한 장치로 이해해 주기를 바란다.

넷째, 따라서 이 책은 필자의 창립 멤버로서의 25년 재직 경험과 그간의 연구, 그리고 제한적으로 확보할 수 있었던 국내외 문헌을 토대로 서술되었다. 이 과정에서 일부 사실 관계나 사건의 해석은 후속 자료 발굴과 검증에 따라 보완될 수 있다.

이러한 점에서 본 책은 완전한 역사 기록이라기보다, 정책적 성찰과 전략적 제언을 목적으로 한 분석적 시도로 이해되기를 바란다. 특히 필자가 접근할 수 있었던 자료의 한계와 경험에 의존한 해석 과정에서 일부 사실 관계가 누락되거나 특정 사건의 해석이 불완전하거나 다소 편향될 가능성도 배제할 수 없다. 더 나아가 집필 과정에서 최근 아리랑TV의 구체적 운영 상황과 정책 환경을 충분히 반영하지 못한 한계 역시 있음을 인정한다. 본 책은 과거 경험과 제한된 공개 자료 및 문헌을 바탕으로 작성된 만큼, 오늘날 아리랑TV의 현실을 온전히 담아내기에는 부족할 수 있다.

다만 이러한 한계에도 불구하고, 본 책은 아리랑TV가 앞으로 나아가야 할 방향을 정책적·전략적 관점에서 제안하려는 시도로 이해되기를 바란다. 따라서 본 책의 내용은 절대적 진실이 아니라, 후속 자료 발굴과 다양한 관점의 검증 속에서 지속적으로 보완되어야 할 하나의 시론적 작업으로 읽히기를 바란다. 동시에, 앞으로 아리랑TV와 국제방송을 둘러싼 논의는 더 많은 연구자와 정책 담당자, 그리고 현업 종사자들의 참여 속에서 확장·심화되기를 기대한다.

끝으로, 이 책이 아리랑TV의 지난 역사를 돌아보고 그 미래를 설계하는 하나의 출발점으로 작동하길 바란다. 독자 여러분의 비판적 성찰과 후속 연구가 더해질 때, 아리랑TV는 진정한 K-브랜드 전략 플랫폼으로 자리매김할 수 있을 것이다.

2025년 겨울

**최성배**

# 부 록

◆ 아리랑TV 주요 연혁

◆ 아리랑TV 역대 사장

◆ 아리랑TV 해외방송 편성 계획 및 개편 요약(1999년~2025년)

## | 아리랑TV 주요 연혁

| 날 짜 | 연 혁 |
|---|---|
| 1996.02.12 | 공보처, 대통령에게 해외위성방송 '코리아채널' 개설 추진계획 최종 보고<br>국제방송교류재단 설립 재가 |
| 1996.04.10 | 국제방송교류재단 설립 (공보처 설립허가 제39호)<br>제1대 이찬용 이사장 취임 |
| 1996.11.09 | 사옥준공 및 입주(서초구 서초동 1467-80번지<br>연건평 7,249평(20,315m2 ,지상 14층, 지하 6층) / 토지 937평(3,097m2) |
| 1996.11.12 | 공공채널용 방송프로그램 제작기관 지정고시(공보처 고시 제 1986-3호) |
| 1996.11.19 | 한국케이블TV 협회 가입(채널번호 : ch 50) |
| 1996.12.10 | 방송시설장비 구축 완료(디지털 율 80%)<br>스튜디오 4실(180, 120, 80, 40평) / 부조정실 2실(뉴스, 제작) / 주조종실(송출) 1실<br>종합편집실 2실 / 복사, CG, 더빙 각 1실 / 뉴스 시스템(Tapeless System)<br>중계차 1대('97.12.15 입고) |
| 1996.12.18 | 사내 시험방송 개시(1일 2회/06:35~12:25, 18:35~23:45) |
| 1996.12.31 | 채널명 아리랑 및 CI 확정 |
| 1997.02.03 | 아리랑TV 국내 케이블방송 개국 (1일 12시간 방송)<br>인터넷 실시간 방송 병행 / 국내 최초 영어 Closed Caption 방송 실시 |
| 1997.05.01 | AFKN에 아리랑 뉴스(매일 3~4개 아이템 제공) 및 일부 프로그램 제공<br>CNN에 아리랑뉴스 매주 제공 |
| 1997.09.09 | SIS-TV(대우, 금호텔레콤, 한국일보 컨소시엄)와 아시아권역 대상 해외위성방송(Arirang Asia)<br>'프로그램 공급 가계약' 체결 ('98. 7월 IMF로 사업 포기) |
| 1997.12.31 | 인터넷 NOD(News on Demand) 서비스 개시 |
| 1998.05.21 | 제2대 황규환 사장 취임 |
| 1998.07.01 | 해외위성방송 추진 전략 수정(지역사업자 중심 → 재단 직접 해외위성방송 실시) |
| 2000.01.10 | 아리랑TV 통번역센터 설립 |
| 2000.02.22 | 중국 북경 인민대회당에서 '아리랑TV 수신기 기증행사' 개최 (당·정·언론·대학 등 14개 주요 기관) |
| 2000.05.10 | 데이콤과 미주지역 송출서비스 이용계약 체결(PanAmSat 8, 9) |
| 2000.06.05 | R.R Sat(이스라엘)과 유럽지역 송출서비스 이용계약 체결(HanBird(EutelSat) |
| 2000.08.12 | 세계방송시험방송 개시(2000.8.12.~8.27) |
| 2000.09.26 | 세계방송 개시, World1(권역확대): 기존 아·태권 → 유럽, 북동부 아프리카 /<br>World2(신설) : 미주전역 |
| 2001.03.02 | (주)아리랑TV 통번역센터 설립(현 아리랑TV 미디어) / 통번역센터 분사, 설립 /<br>자본금 2억 원(재단 35% / 코리아베이스 35% / 유니텔 19.5% / 기타 10.5%) |
| 2001.05.21 | 제3대 김충일 사장 취임 |

| | |
|---|---|
| 2001.10.17 | 미국 에코스타(Dish Network)와 아리랑TV 재전송 계약 |
| 2002.03.01 | 국내 위성방송(Sky Life)에 채널공급 개시 |
| 2002.11.15 | 영어라디오방송 운영주체로 지정(국무총리 주재 민·관 합동 국가이미지제고위원회) |
| 2002.12.13 | 아리랑FM 제주영어FM 방송국 허가 |
| 2003.09.01 | 아리랑 제주 영어FM 개국 |
| 2003.12.01 | 제4대 구삼열사장 취임 |
| 2004.08.01 | 아리랑TV 방송권역 전 세계로 확대 (아프리카 전역으로 확대) |
| 2004.08.20 | 아리랑TV 아랍어방송 개국(아랍연합 22개국 및 주변국가 대상) |
| 2004.09.26 | 이라크 자이툰부대(이라크 아르빌 소재)에 특파원 3명 파견('04.9.26~12.31)<br>김기호 기자, 신득수 차장, 노상천 부장 |
| 2004.12.01 | 프랑스 TPS와 아리랑TV 재전송 계약 체결 |
| 2005.06.27 | 아리랑TV CI 변경 |
| 2005.07.26 | 아리랑TV 공익채널 선정(한국문화(영어)」분야) / 공공채널에서 공익채널로 지위 변동 |
| 2005.09.01 | 위성 DMB 방송 개국(제주 영어FM 방송 재전송) |
| 2005.11.12 | 2005 APEC 정상회의 영어 주관방송사로 선정 |
| 2005.11.20 | 불가리아 아리랑TV 친선대사(다니엘라 키릴로바 가족) 초청 음악회 개최 |
| 2005.12.01 | 지상파DMB 개국(방송권역: 수도권, 라디오) / MBC 컨소시엄 |
| 2006.01.01 | 아리랑TV World1, 2 통합, World 채널 편성 단일화 |
| 2006.01.01 | 영상물수출지원사업 폐지, 업무 이관(한국방송영상산업진흥원(KBI)) |
| 2006.03.21 | 제5대 장명호사장 취임 |
| 2006.04.01 | 서유럽권 대상 아스트라(Astra)위성과 재전송 계약 체결 |
| 2006.09.01 | 인터넷 라디오 플레이어 'Arirang Cast'를 통한 인터넷 방송서비스 실시 |
| 2006.12.31 | BSC성과관리체계 구축(한국능률협회컨설팅) / 13개팀 총 104개 KPI 도출 |
| 2007.02.02 | 아리랑TV 개국 10주년 기념 '고객 초청 음악회' 개최 |
| 2007.08.14 | YTN 라디오 지분 참여(4.5%) |
| 2007.11.02 | 2008년도 공익채널 선정 탈락 (문화예술 진흥분야) |
| 2007.12.12 | 문화부, 『아리랑국제방송 활성화 계획』 발표 /<br>해외매체를 대상으로 한 정부광고 대행권 위임 등 총 10개 과제 발표 |
| 2007.12.30 | 다언어 자막장비 및 송출 시스템 구축 |
| 2007.12.31 | 정부 해외광고대행 사업권 획득, 한국언론진흥재단으로부터 업무이관 |
| 2008.03.03 | 다언어 자막서비스(7개 언어) 국내방송사 최초 개시 / 왕의 여자(46회)<br>7개 언어: 영어, 중국어, 스페인어, 베트남어, 러시아어, 인니어, 아랍어 |
| 2008.06.09 | 제6대 정국록 사장 취임 |
| 2008.04.24 | YTN라디오에 영어 News 블록 방송 (지분참여 4,5%, '07.8.14. 이사회 승인) |

| | |
|---|---|
| 2008.09.30 | (재)부산시영어방송재단 출연금 이사회 심의 의결(출연금 1억 원)<br>아리랑FM 방송 프로그램을 블록 전송(59.2%, 1일 12시간 26분 방송) |
| 2008.11.14 | 아리랑TV 국내방송 공익채널 선정(문화예술진흥분야) |
| 2009.02.01 | 미국 디지털지상파(D-TV) 런칭(LA 지역) |
| 2009.02.01 | 부산 e-FM을 통한 부산지역 방송 개시(아리랑 영어FM 블록 전송) |
| 2009.06.12 | 미국 디지털지상파(D-TV) 런칭(뉴욕, 애틀란타 지역) |
| 2009.10.01 | 국내 IPTV방송 개시(myLGTV, QookTV) |
| 2009.10.21 | 중국 CCTV와 방송교류협정 체결 |
| 2010.01.22 | 국내 IPTV방송 개시(SK Broad&TV) |
| 2010.07.22 | 2010 서울 G20 정상회의 해외홍보방송사로 선정 |
| 2011.05.03 | 미국 디지털지상파(D-TV) 런칭(워싱턴DC 지역) |
| 2011.07.29 | 제7대 손지애 사장 취임 |
| 2011.11.04 | 아리랑TV 케이팝 UCC콘텐스트 개최 |
| 2012.01.31 | 해외 10개국 언론인 초청행사 |
| 2012.02.26 | KTV와 업무협약 체결 |
| 2012.03.25 | 2012 핵안보정상회의 주관해외방송협력사 |
| 2012.08.31 | 위성 DMB 방송 사업 종료 |
| 2012.09.19 | 아리랑TV 전 세계 1억 수신가구 달성 |
| 2013.02.22 | 아리랑TV, 'BRIDGING THE DIVIDE' 첫 글로벌 미디어 포럼 개최 |
| 2013.05.06 | 아리랑 서포터스 발대식 |
| 2013.07.23 | 한국방송통신전파진흥원 방송진흥을 위한 양사의 협력강화 업무(MOU) 협약 체결식 |
| 2014.02.20 | 미국 DIRECTV와 채널 재전송 계약 (PIO 베이직 채널 진입) |
| 2014.02.28 | 제8대 정성근 사장 취임 |
| 2014.10.02 | 2014 ITU 전권회의 해외주관방송사 |
| 2014.12.10 | 제9대 방석호 사장 취임 |
| 2015.01.27 | 아리랑TV, 아마존 TV에 VOD 스트리밍 서비스 개설 |
| 2015.03.02 | 영국 최대 위성방송 플랫폼 SKY와 무료 디지털 위성방송 플랫폼 Freesat 진출을 통해 영국 전역 유통망 확보 |
| 2015.07.01 | 아리랑TV VOD 서비스 개시 |
| 2015.07.14 | 아리랑TV UN채널(UN In-house Network) 런칭 |
| 2015.11.11 | 외국인에 영어뉴스 문자메시지 서비스 시행 |
| 2016.01.04 | 美 필라델피아 전역서 아리랑TV 디지털 지상파방송 시작 |
| 2016.04.02 | 핵안보정상회의 특별방송 |

| 2016.06.22 | 제10대 문재완 사장 취임 |
|---|---|
| 2016.09.27 | 영국 대표 위성방송 플랫폼(SKY, Freesat) HD방송 진입 |
| 2016.11.24 | 방송 비정규직 보호 ‘표준계약서’ 도입 |
| 2017.06.28 | 한·미 정상회담 특집방송 |
| 2017.07.02 | 독일 G20 정상회의 특별방송 |
| 2017.09.01 | 미국 최대 위성라디오(Sirius-XM) 진출 (2024.03.31. 방송 종료) |
| 2018.02.05 | 제11대 이승열 사장 취임 |
| 2018.04.23 | 2018 남북정상회담 영어주관방송사로 지정 |
| 2018.06.07 | 북미정상회담 특집방송 |
| 2018.11.03 | 국제방송교류재단 인권경영 선언 |
| 2019.09.25 | '평창동계올림픽' 및 '평창 평화포럼' 해외홍보 공로 '대통령 기관 표창' 수상 |
| 2019.11.12 | 2019 한·아세안 정상회의 주관 영어방송사 |
| 2019.12.12 | 아시안 크리에이티브 어워즈 수상 |
| 2020.03.11 | 아리랑TV '코로나19' 관련 국제뉴스, 전세계 228개국 시청, 조회수 5천만 건 달성 |
| 2020.07.15 | 지역민방-KTV-아리랑TV 프로그램 교류 업무협약 |
| 2020.09.26 | 서유럽 지역 HD방송 송출 개시(2,600만 가구 대상 HD 방송) |
| 2021.03.12 | 제12대 주동원 사장 취임 |
| 2021.08.30 | 국내 최초로 메타버스 방송국 ‘아리랑타운’ 오픈 |
| 2022.01.07 | 세계 최초 ‘AI 앵커 이중언어 모델’ 딥브레인社와 공동 출품(’22.1,미국 CES 전시회) |
| 2022.03.01 | 메타버스 기반 ‘K-메타월드’ 첫 시리즈 「독도 미디어관」 개관 및 특별방송 진행. |
| 2022.05.11 | 스페인어 온라인채널 '아리랑 에스빠뇰' 론칭 |
| 2022.12.31 | 지상파 DMB 송출(서울, 수도권) 중단 |
| 2023.01.30 | 국제방송교류재단, 기타공공기관으로 지정 |
| 2023.06.26 | 미국 OTT(웨이브 아메리카스) 진출 |
| 2023.11.27 | ‘AI Headline News’ 신설 |
| 2024.05.23 | 한 · 아프리카 정상회의 주관영어방송사 선정 |
| 2024.06.05 | 제13대 김태정 사장 취임 |
| 2024.09.09 | 부산영어방송 BeFM에 공급 및 송출 개시 |
| 2024.11.14 | 2024 APEC & G20 특집방송 |
| 2024.11.21 | 프랑스 최대의 TV 플랫폼 Orange 런칭 |
| 2025.01.01 | 1억 5천 3백만 수신가구(134개 국가) 달성 |
| 2025.02.28 | 국제문화교류 진흥 업무 전담기관 지정 |

## | 아리랑TV 역대 사장

| 순번 | 성명 | 재임기간 | 주요경력 및 주요업적 |
|---|---|---|---|
| 1대 | 이찬용 (1942년) | 1996~1997 | 주 LA, 뉴욕 문화원장 \| 주 미 대사관 수석공보관 \| 해외홍보관장<br>※ 국제방송교류재단 설립 \| 아리랑TV 국내방송 개국 |
| 2대 | 황규환 (1939년) | 1998~2001 | KBS 기자 \| KBS 라디오 본부장<br>※ 아리랑TV 해외방송 개국 |
| 3대 | 김충일 (1945년) | 2001~2003 | 미주 동아일보 샌프란시스코 편집국 국장 \| 제15대 국회의원(열린우리당)<br>※ 아리랑 영어FM 개국 |
| 4대 | 구삼열 (1941년) | 2003~2006 | 미국 AP통신 편집인 \| 유엔 특별기획 본부장 \| 유니세프 한일 대표<br>※ 아리랑TV 아랍어방송 개국 |
| 5대 | 장명호 (1946년) | 2006~2008 | MBC 편성부 프로듀서 \| 방송문화진흥회 사무처장 \| MBC 감사<br>※ 다언어 자막장비 및 송출 시스템 구축 |
| 6대 | 정국록 (1947년) | 2008~2011 | MBC 기자 \| 진주 문화방송 사장<br>※ 미국 디지털지상파(D-TV) 런칭 |
| 7대 | 손지애 (1963년) | 2011~2014 | 뉴욕타임즈 서울사무소 기자 \| CNN 서울 지국장 \| 대통령실 해외홍보비서관<br>※ 미국 DIRECTV(PIO 베이직 채널 진입) |
| 8대 | 정성근 (1955년) | 2014~2014 | KBS · SBS 기자 \| SBS 보도본부 논설위원<br>※ 2014 ITU 전권회의 해외주관방송사 수행 |
| 9대 | 방석호 (1957년) | 2014~2016 | 홍익대 법과대학 법학과 교수 \| 정보통신정책연구원 원장(9대)<br>※ 아리랑TV UN채널(UN In-house Network) 런칭 |
| 10대 | 문재완 (1961년) | 2016~2017 | 매일경제 법조팀 기자 \| 한국외국어대학교 법과대학 법학과 교수<br>※ 영국 위성방송 플랫폼(SKY, Freesat) HD방송 진입 |
| 11대 | 이승열 (1958년) | 2018~2021 | MBC · SBS 기자 \| 하이트진로 부사장<br>※ 서유럽 권역 HD 방송 개시 |
| 12대 | 주동원 (1954년) | 2021~2023 | TBC · KBS · SBS 기자 \| YTN 해설위원실장<br>※ 국내 최초로 메타버스 방송국 '아리랑타운' 오픈 |
| 13대 | 김태정 (1963년) | 2024~ | 아리랑TV 영상물수출지원센터 센터장 \| (주)유나이티드미디어 대표이사<br>※ 프랑스 최대의 TV 플랫폼 Orange 런칭 |

※ 사장 직무대행 : 송종길(2014.07월~2014.12월 / 2016.02월~2016.06월) | 김상훈(2017.08월~2018.01월)

## | 아리랑TV 해외방송 편성 계획 및 개편 요약

### 1999년~2008년 해외방송 편성 요약(개국 → 현지화 → 공영협력 → 다언어 기반)

| 시기 | 전략 키워드 | 편성/콘텐츠 포커스 | 언어·권역 전략 | 플랫폼/유통 포인트 | 대표 프로그램·조치 |
|---|---|---|---|---|---|
| 1999 | 개국·<br>정체성 확립 | 엔터테인먼트 중심<br>종합편성(뉴스/다큐/드라마 균형) | 영어 중심,<br>아시아 권역 시차 반영 | 24시간 송출, 본방 30%/재방 70% 체계 | Arirang News / K-Drama / Music of Korea 등 개국특집, 채널 CI·ID 정립 |
| 2000 | 확장·다변화 | 본방 비율 확대, 가족·<br>청소년 공익형 신설 | 중국어 자막 확대,<br>아시아권 프라임 강화 | 1일 3방(8시간 단위)<br>편성 실험 | Pops in Seoul 정착,<br>스포츠·역사·어린이 강화 |
| 2001 | 현지화<br>(Localization) | 권역별 프라임 타임<br>차등 편성,<br>음악·스포츠 강화 | 중국/홍콩·인도·유럽 등<br>권역별 시간대 최적화 | 24시간 유지·<br>권역별 집중 배치 | Passport to Korea,<br>Worldcup Countdown<br>등 |
| 2002 | 공영방송<br>협력 블록 | BBC·DW·CNA 뉴스<br>블록 편성,<br>정보/교양 강화 | 영어 중심,<br>주시청시간 블록화 | 아침·저녁 뉴스 정례화,<br>연속 시청 유도 | BBC World Hour,<br>DW Journal,<br>Biz Today |
| 2003 | 효율화·균형 | 30분 순환, 뉴스·<br>경제·문화 균형 | 아시아/태평양<br>교양 강화 | 재방 주기 확대로<br>노출 극대화 | Company Closeup,<br>Winning Choice |
| 2004 | 뉴스 심화·<br>한국어 교육 | 뉴스 07·22시 확대,<br>Let's Speak Korean 신설 | 영어 + 한국어 교육<br>수요 대응 | 월드/미주 채널<br>시간대 재배치 | Korea Today,<br>Let's Speak Korean |
| 2005 | 브랜드 통합<br>(One Arirang) | 뉴스·교양·음악 균형,<br>순환물 대거 정리 | 영·중·스·아<br>다국어 자막 병행 | 채널·CI 전면 개편,<br>헤드라인 자막 도입 | Win-Win,<br>Showbiz World,<br>Sports Magazine |
| 2006 | 24h 글로벌<br>체제 고도화 | 데일리 편성, 다큐·<br>교육 강화·<br>K-pop 정보 집중 | 권역별 차별화<br>(아시아·유럽·미주) | World1·2 통합,<br>위성망 확대 | Arirang Prime 론칭,<br>Curtain Call |
| 2007<br>-08 | 중장기 전략·<br>다언어 기반 | 뉴스/시사 강화 +<br>한류 포맷 유지 | 아랍어 블록·<br>다언어 자막 확대 | 국제행사 정례 특집·<br>글로벌 단일화 | Your Window to Korea, 아랍 블록 운영 |

**2009년~2025년 해외방송 편성 요약(정체성 재정립 → 정책/문화 융합 → 디지털/AI · 플랫폼)**

| 시기 | 전략 키워드 | 편성/콘텐츠 포커스 | 언어 · 권역 전략 | 플랫폼/유통 포인트 | 대표 프로그램 · 조치 |
|---|---|---|---|---|---|
| 2009 – 10 | 국내/해외 채널 분화 · 국가브랜드화 | 뉴스 45분 확대, 정책/경제/문화 융합 | 해외 문화홍보, 국내 교류 기능 분리 | IPTV · 디지털 지상파 확대 | Arirang Today, Global Korea, Money Matters |
| 2011 – 13 | 정체성 고도화 · 다채널 연계 | 정책 · 경제 심화, 참여형 문화/교양 강화 | 글로벌 오피니언리더 · 한류 청년 동시 타깃 | On-Air Look/검수체계, 멀티플랫폼 연계 | INSIGHT, The INNERview, Simply K-POP |
| 2014 – 16 | 재난/표준 · 글로벌 신뢰성 | 재난체계 · 표준 번역 · 뉴스 심화 | 다언어 서비스 강화 | Social TV · SNS 연계, SKY HD 진입 | Newscenter, Foreign Correspon-dents, News Break |
| 2017 – 18 | 24h 영어뉴스 · 동북아 특화 | 한반도 · 외교 심층, 문화/예술 병행 | 권역 맞춤 뉴스 · 정시 뉴스 체제 | 디지털 확산 · 교류/공동제작 확대 | Peninsula 24, A Road to Peace, The Point |
| 2019 – 21 | 평화 · 신한류 · 혁신경제 · 공공외교 | 국제 이슈 · 정책 특집, K-콘텐츠/산업 교차 | 오피니언 리더 + 청년/MZ 동시 공략 | 일 10회 생방 뉴스, 멀티플랫폼 캠페인 | Global Insight, Korea Hour, SmartBiz Accelerators |
| 2022 – 23 | ESG · K-Biz · 스마트 융합 | ESG/환경 · 산업혁신 · AI/XR 테크&문화 | 다언어 클립 · 정책 브리핑 강화 | Arirang Digital+, FAST/LG Channels | Diplomat Talks, Peace & Prosperity, K-Cineflex |
| 2024 – 25 | K-컬처 중심 플랫폼화 | 관광 · 음식 · 예술 강화, 정책/과학 교양은 정선 | 문화 · 교양 비중 상승 · 베트남어 등 다언어 | SNS · OTT 재구성 · 브랜드형 OAP | Travel Diary K, I'm Live 2024, K-Scientist, The Globalists |

## | 1999년 아리랑TV 해외방송 편성 전략 요약 |

| 구분 | 주요 내용 |
|---|---|
| 방송개시일 | • 1999년 8월 12일 16:00 (한국시간 17:00)<br>※ 한국 최초 해외위성방송 개국, 아시아 지역 송출 개시 |
| 편성 목표 | • 한국 최초·유일 해외위성방송, 한국을 대표하는 Essence 채널<br>• Station Concept: "It's Your Friend, Arirang - The Window to Korea<br>• Entertainment 중심, '현재의 한국'을 보여주는 종합편성 |
| 편성 전략 | • 초기 전략: Entertainment 중심 종합편성, 화제성과 시청 접근성 확보<br>• 지역·언어 전략: 아시아 4개 권역별 시차 및 언어별 특성 반영(영어 중심)<br>• 콘텐츠 전략: 뉴스·정보·다큐·드라마 등 균형 편성으로 '한국의 다양성' 전달<br>• 단계별 전개:<br>① 초기 – SO 기반 시장 진입, 채널 인지도 확보<br>② 중기 – 오피니언 리더층 확산, Coverage 확대<br>• 한국어 뉴스 심야 배치(재외동포 고려) |
| 편성 비율 | • 방송시간(10,080분): 본방 30%(3,020분), 재방 70%(7,060분)<br>• 장르별(총방기준): 보도 11.5%(1,160분), 교양 32.3%(3,260분), 오락 56.2%(5,660분)<br>• 제작형태별(본방기준): 자체 12%(360분), 재제작 70%(2,100분), 외주 19%(560분) |
| 시청자 타깃 | • SO사업자, 30~50대 오피니언 리더층(고학력·영어이해도 높음)<br>• Secondary: 한국문화 고관여 외국인(경제·시사·문화 관심층), 현지 교민 및 유학생 |
| 방송시간 및 체계 | • 24시간 종일 방송 (주 168시간)<br>• 지역별 시차 고려해 1~4권역 편성(대만·홍콩·중국·필리핀을 기준권역)<br>• Prime Time(현지 기준): 19:00~24:00 / 한국 송출 기준 20:00~익일 01:00 |
| 프로그램 수급 | • 총 확보 프로그램 2,813편(1,781시간) 중 위성방송권 유효분 1,357편(967시간 25분)<br>• 장르별 확보: 드라마 681편(501시간), 다큐 223편(182시간), 음악 153편(61시간) 등<br>• 수급 전략: 아시아 시청자 정서에 부합하는 장르 중심 확보(드라마·다큐·음악)<br>• 제작 방향: 영어 더빙 및 중국어 자막 병행, 외주·공동제작 활성화 |
| 주요 프로그램 | • In Style, Company Close Up, Proud Originals, Hotel N, Arirang News, K-Drama, Music of Korea 등<br>• 장르: 뉴스·드라마·음악·다큐 중심 종합 구성<br>• 개국특집: Asian Pop Festival, 정명훈 아시안 오케스트라 연주회, 개국행사 생중계 등 |
| 기타 사항 (특징 등) | • Entertainment 중심 '비정치·비상업' 종합편성 기조 확립<br>• 영어 중심 해외방송 체계 확립, 중장기적으로 3개 언어(한·영·중) 병행 목표<br>• 스폰서·협찬 기반의 외부 제작 활성화 및 간판 다큐 시리즈 제작 추진<br>• 채널 ID·로고·컬러톤 통일로 글로벌 채널 정체성 구축 |

| 2000년 아리랑TV 해외방송 편성 전략 요약 |

| 항목 | 주요 내용 |
|---|---|
| 편성 개편일 | • 2000년 4월 24일(월) |
| 편성 목표 | • 아시아 · 태평양 지역 1,200만 시청가구 확보 및 매체력 강화<br>• 아시아 지역 시청자 요구에 부응하는 다양한 프로그램 개발<br>• '국가 이미지 및 경쟁력 제고'를 위한 해외방송 콘텐츠 확충 |
| 편성 방향 | • 1일 3방 체제 확립: 본방 비율 확대 및 6시간 단위 → 8시간 단위 편성 전환<br>• 언어 전략: 전 프로그램 중국어 자막 확대(드라마 · 쇼 중심)<br>• 프라임타임 강화: 주말 저녁 시간대 집중, 가족 단위 시청 유도<br>• 콘텐츠 다변화: 역사 · 스포츠 · 어린이 · 청소년 중심 공익형 프로그램 신설<br>• 이미지 전략: '한국 문화·스포츠 강국' 이미지 강화 및 글로벌 브랜드화 |
| 편성 비율 | • 방송시간: 총방100%(10,080분)_ 본방 37.7%(3,800분), 재방 62.3%(6,280분)<br>• 장르별(총방기준): 보도 24.5%(930분), 교양 26.3%(1,000분), 오락 49.2%(1,870분)<br>• 제작형태별(본방기준): 자체 10.5%(400분), 재제작 74.5%(2,830분), 외주 15.6%(570분) |
| 시청자 타깃 | • 주요 타깃: 아시아 지역 일반 시청자(중국·동남아 중심)<br>• 부가 타깃: 청소년 및 가족 단위 시청층 확대<br>• 한류 잠재층 중심으로 '음악 · 드라마 · 예능' 친화적 편성 강화 |
| 방송시간 및 체계 | • 24시간 종일 방송 (주 168시간)<br>• 1일 3방 체제(8시간 단위)로 개편, 본방 확대 중심<br>• 프라임타임(현지 기준) 강화: 19:00~24:00 / 한국 송출 기준 20:00~익일 01:00 |
| 프로그램 수급 | • 아시아 시장 중심 외주 · 공동제작 강화<br>• 교양 · 드라마 장르 중심 편성, 어린이 · 청소년물 신설<br>• 영어 · 중국어 병행 송출, 번역 · 자막 제작 역량 확대 |
| 주요 프로그램 | • 신규 프로그램: Click! Surfing Korea, Find Out Korea(가제)<br>• 지속 프로그램: Pops In Seoul, Show Music Tank, Arirang News, K-Drama 등<br>• 스포츠: 프로축구 정규리그 중계(주 2회), 민속씨름·프로당구대회 등 |
| 기타 사항 | • 1999년 개국 초기 전략은 'Essence 채널, 한국 알리기'에 집중했다면, 2000년 개편은 "확장과 다변화"로 특징지어짐<br>• 중국 · 인도 진출, 중국어 자막 확대, 가족 · 청소년 시청층 편입은 한류 초석을 마련한 중요한 흐름<br>• 1일 3방 체제'는 방송 효율성과 시청 접근성을 동시에 고려한 편성 실험<br>• 온 가족이 함께 보는 공익성 강조(어린이/청소년 프로그램 신설)<br>• '국가 이미지 및 경쟁력 제고'라는 전략목표를 구체적 프로그램으로 연결 |

## | 2001년 아리랑TV 해외방송 편성 전략 요약 |

| 항목 | 주요 내용 |
|---|---|
| 편성 개편일 | • 2001년 4월 23일(월) |
| 편성 목표 | • 주요 타깃 지역별 생활시간대에 맞춘 현지형 편성으로 시청률 극대화<br>• 전략 프로그램 집중 배치로 권역별 시청률 향상 및 브랜드 강화<br>• '2001 한국방문의 해' 및 '2002 한일월드컵'을 대비한 국제홍보 기반 강화 |
| 편성 전략 | • 타겟 국가별 프라임타임 차별화 편성<br>- 중국·홍콩: 평일 20:00–01:00 / 주말 19:00–01:00 (한국시간)<br>- 인도: 평일·주말 22:00–02:00<br>- 유럽: 평일 04:00–09:00 / 주말 03:00–09:00 (한국시간)<br>• 권역별 집중 편성: 각 지역 시청 습관에 맞춘 프라임타임별 전략 프로그램 배치<br>• 장르별 집중: 음악·스포츠 중심 오락성 강화, 정보·보도 밴드 주말 확대<br>• 공세적 편성 전략: 인도 지역 음악 프로그램, 유럽권 영화 편성 강화 |
| 편성 비율 | • 방송시간: 총방100%(10,080분)_ 본방 34.1%(3,440분), 재방 65.9%(6,640분)<br>• 장르별(본방기준): 보도 24.1%(830분), 교양 25.0%(860분), 오락 50.9%(1,750분)<br>• 제작형태별(본방기준): 자체 12.8%(440분), 재제작 67.7%(2,330분), 외주 19.5%(670분) |
| 시청자 타깃 | • 주요 타깃: 중국·홍콩·인도·유럽 등 권역별 일반 시청층<br>• 부가 타깃: 청소년·가족 단위 시청층, 글로벌 한류 관심층<br>• 한류 확산 잠재층을 고려한 음악·드라마 비중 확대 |
| 방송시간 및 체계 | • 24시간 종일 방송 (주 168시간)<br>• 지역 시차를 반영한 3권역별 송출 편성 강화<br>• 프라임타임 중심 '전략 프로그램 집중 배치' 체계 확립 |
| 프로그램 수급 | • 아시아 지역 중심 콘텐츠 수급 확대 및 외주 제작 활성화<br>• 음악·스포츠·교양 프로그램 중심 제작 비중 강화<br>• 2001 한국방문의 해 관련 기획 시리즈 제작 확대 |
| 주요 프로그램 | • 신설: Passport to Korea(60분), Worldcup Countdown(10분), Peninsula Scope(30분), Arirang Sports(축구·배드민턴), Surfing Korea(가제)<br>• 확대: Trading Post(10→30분), Kidsland WoWoW(주말2회→평일5회)<br>• 폐지: Peninsula Passport, Culture Avenue, The Rice Teacher & 7 Potatoes |
| 기타 사항 | • 1999년 'Essence 채널' 정체성 확립, 2000년이 '중국어 확대·장르다변화'였다면, 2001년 개편은 "권역별 맞춤형 편성(Localization)"으로 발전한 것이 핵심<br>• 즉, 단순히 한국을 알리는 채널에서 벗어나, 중국·인도·유럽·뉴질랜드 등 권역별 시청 패턴에 맞춘 맞춤형 전략으로 진화<br>• '생활시간대 기반' 권역별 맞춤 편성 전략 도입은 아리랑TV 편성의 중요한 전환점<br>• 국가 이미지 홍보에서 한 걸음 더 나아가 지역 시청 습관·선호도 반영한 현지화 전략 강화 |

| 2002년 아리랑TV 해외방송 편성 전략 요약 |

| 항목 | 주요 내용 |
|---|---|
| 편성 개편일 | • 2002년 4월 1일 |
| 편성 목표 | • 해외 공영방송 보도·교양 프로그램 편성 확대를 통한 세계정보채널 위상 강화<br>• 주 시청시간대(밤 10시대) 프로그램 재배치로 시청자 흡인도 극대화<br>• '아시아·세계 주요 이슈의 중심 채널'로서 브랜드 가치 제고 |
| 편성 전략 | • 뉴스·정보 집중 편성: BBC·DW·CNA 등 해외공영방송 뉴스블록 강화<br>• 프라임타임 전략: 아리랑뉴스 후속 프로그램의 연속 시청 유도, 10분물 SB 이동 최소화<br>• 정보·교양 프로그램 강화: 평일 저녁 6~8시대 교양·경제·토론물 집중 배치<br>• 주말 확대 전략: 12~13시대에 뉴스·경제·환경 프로그램 집중 편성 (Trading Post, Korea This Week, YA-TV Nature Calls)<br>• 심야 재방송 체계: 외화·음악 프로그램 중심으로 심야 재송출 운영 |
| 편성 비율 | • 방송시간: 총방100%(10,080분)_ 본방 29.6%(2,980분), 재방 70.4%(7,100분)<br>• 장르별(본방기준): 보도 26.2%(780분), 교양 28.5%(850분), 오락 45.3%(1,350분)<br>• 제작형태별(본방기준): 자체 21.1%(630분), 재제작 58.7%(1,750분), 외주 20.1%(600분) |
| 시청자 타깃 | • 주요 타깃: 아시아·태평양권 및 주한 외국인 시청층<br>• 보조 타깃: 글로벌 비즈니스층 및 교양 중심 시청자<br>• 세계 이슈 및 한국 관련 뉴스에 관심 있는 국제교류층 중심 |
| 방송시간 및 체계 | • 24시간 종일 방송 (주 168시간)<br>• BBC·DW·CNA 등 해외 뉴스블록 중심으로 24시간 체제 유지<br>• 아침 7시대: 아리랑뉴스 신설(국내 주요 뉴스 조간 브리핑 형식)<br>• 저녁 6~8시대: BBC·DW Hour 연속편성(국제뉴스 및 교양물 블록 편성 도입)<br>• 밤 10시대: 아리랑뉴스-교양·시사-드라마 순 구성으로 시청 집중 유도 |
| 프로그램 수급 | • BBC, DW, Channel NewsAsia 등 해외공영방송 프로그램 수급 확대<br>• 자체 제작 시사·경제 프로그램 (Biz Today, Korea This Week) 유지 및 강화<br>• 아시아 비즈니스·경제·환경 관련 외부 콘텐츠 도입 확대 |
| 주요 프로그램 | • 뉴스·시사: BBC World Hour, DW Journal, Asia Business Report, Asia Today<br>• 정보·교양: Biz Today, In Focus, Trading Post, Korea This Week, YA-TV Nature Calls<br>• 특집: 세계경제·환경 관련 다큐 시리즈, 문화·사회 포커스 프로그램 |
| 기타 사항 | • 1999년 개국→2000년 확장(중국어·장르다양화)→2001년 현지화(권역별 맞춤 편성)에서, 2002년 개편은 "글로벌 공영방송 협력 기반"으로의 전환이 특징.<br>• 즉, 한국 콘텐츠 중심에서 벗어나 BBC, DW, CNA 등 국제 공영방송 프로그램을 블록 편성하여 국제 정보 네트워크형 채널채널로서 위상 강화 시도<br>• "세계정보화 채널"이라는 새로운 정체성 부각<br>• 주시청시간대 프로그램의 블록화 및 연속시청 유도 체계 확립 |

### | 2003년 아리랑TV 해외방송 편성 전략 요약 |

| 항목 | 주요 내용 |
|---|---|
| 편성 개편일 | • 2003년 3월 8일 / 2003년 4월 6일<br>※ 2003년도는 정기 개편 대신 매월 소규모 조정 방식 채택 |
| 편성 목표 | • 뉴스·경제·문화·음악 등 핵심 장르를 균형 있게 구성하여 한국의 정보와 문화를 함께 전달하는 글로벌 정보문화채널 기능 강화.<br>• 24시간 순환형 편성과 재방송 효율화를 통해 시청 접근성 및 채널 노출 극대화 추진. |
| 편성 전략 | • 뉴스·정보 중심의 기본 골격 유지, 교양·음악·문화 프로그램의 비중 강화<br>• 프라임타임(19:00~23:00)대: Pops in Seoul, Company Closeup, Biz Today 등 배치 → '산업·문화·음악' 중심 소프트 정보 편성<br>• 주간대: Discovering Korea, Cultural Landscape, Documentary File 등 교양·문화 중심 구성<br>• 30분 단위 순환편성 구조로 효율화, 재방송 주기(2~3회/주) 확대<br>• 뉴스·경제·문화의 균형형 편성으로 'Korea Window' 기능 강화 |
| 편성 비율 | • 방송시간: 총방100%(10,080분)_ 본방 28.5%(2,870분), 재방 71.5%(7,210분)<br>• 장르별(본방기준): 보도 27.2%(780분), 교양 32.8%(940분), 오락 40.1%(1,150분)<br>• 제작형태별(본방기준): 자체 21.6%(620분), 재제작 55.7%(1,600분), 외주 22.6%(650분) |
| 시청자 타깃 | • 해외 거주 교양층, 글로벌 일반 시청자, 아시아·태평양권 문화 관심층 |
| 방송시간 및 체계 | • 24시간 종일 방송 (주 168시간)<br>• 목~금 낮 시간대 재방송 프로그램 편성시간 조정 – 10분 순환물 → 30분 정보물로 교체<br>• 주간 특집 편성: 4.7~5.4 Encore Special – Asia Meets Europe (1~4부) |
| 프로그램 수급 | • 자체, 외주, 구매 프로그램 수급 |
| 주요 프로그램 | • 신설 프로그램: Photo Essay  Company Closeup, Winning Choice<br>• 종영 프로그램: Modern Eastern Medicine (10분×주5회, 7회로 종료)<br>• 기타 Encore Special – Asia Meets Europe (4부작, 4월 4주 연속 방영) |
| 기타 사항 | • 2003년부터 정기 개편 대신 월별·분기별 소규모 조정<br>• 편성 효율화 및 시간대별 재편 중심의 운영<br>• 정기보고서 미작성, '월별 시행 공지문' 중심의 운영 관리<br>• 기획형 정책 대신 실행 중심(Operational Efficiency) 편성체계 운영 |

※ 정기 편성 개편 및 월별 개편 자료 부재로 3, 4월 개편 계획 자료 및 주간 편성 스케쥴을 분석 정리함

### | 2004년 아리랑TV 해외방송 편성 전략 요약 |

| 항목 | 주요 내용 |
|---|---|
| 편성 개편일 | • 2004년 1월 3일 |
| 편성 목표 | • 뉴스 및 시사 보도의 심층성 강화<br>• 한국어 교육 프로그램 신설·확대를 통한 공공성 제고 |
| 편성 전략 | • 뉴스 블록 강화: 07시 뉴스 10→15분(월~금), 22시 뉴스 20→30분(월~금)으로 확대. (월드1/미주 동일 취지)<br>• 주말 뉴스 매거진 재편: Korea This Week → Korea Today로 대체(토 초방).<br>• 한국어 교육 신설: Let's Speak Korean 다회 슬롯 운영(월~금, 채널별/시간대별 배치)<br>• 비핵심 순환물 축소: Photo Essay 재방(필러) 폐지 등 재방 블록 정비. |
| 편성 비율 | • 방송시간: 총방100%(10,080분)_ 본방 27.9%(2,810분), 재방 72.1%(7,270분)<br>• 장르별(본방기준): 보도 30.2%(850분), 교양 39.1%(1,100분), 오락 30.6%(860분)<br>• 제작형태별(본방기준): 자체 20.3%(570분), 재제작 62.6%(1,760분), 외주 17.1%(480분) |
| 시청자 타깃 | • 해외 교양·학습 수요층(특히 한국어 학습자)<br>• 주간 뉴스·정보 수요가 높은 글로벌 일반 시청자 |
| 방송시간 및 체계 | • 24시간 종일 방송 (주 168시간)<br>• 월드1: 07시 뉴스 15분화, 22시 뉴스 30분화, LSK(12:50/20:50/익일 05:20) 신설에 따른 전후 재방 블록 재조정·필러 폐지.<br>• 미주(World2): 07시 뉴스(EST 17:00) 신설, 22시 뉴스 30분화 및 재방 시간 1시간 전방 이동(13:00→12:00 EST), LSK 다회 배치(04:50/11:00/20:20/00:40 EST). |
| 프로그램 수급 | • 신규 2편 신설(Korea Today, Let's Speak Korean), 1편 폐지(Trading Post), 청와대 브리핑 폐지(국내 채널) 및 관련 시간대 재배치. |
| 주요 프로그램 | • 신설: *Korea Today* (주말 뉴스 매거진), *Let's Speak Korean* (한국어 교육)<br>• 대체: Korea This Week→Korea Today<br>• 폐지: Trading Post 종영. |
| 기타 사항 | • 2003년이 **산업·경제 홍보성 프로그램 신설을 통한 영역 확장**, 2004년은**"정리와 강화"의 해**로, 기존 중복·노후 프로그램을 폐지하고 뉴스·시사 보도 심화<br>• **한국어 교육 프로그램 (*Let's Speak Korean*) 신설**은 한류 붐과 외국인 학습 수요를 반영한 전략적 전환으로, 이후 아리랑TV의 **정체성 강화 자산이 됨**<br>• *Korea This Week*를 *Korea Today*로 대체한 것은 **국제적 시사성과 보도의 경쟁력 확보**를 위한 상징적 변화<br>• 2004년은 단순한 개편이 아니라, 효율성 제고+교육 콘텐츠 보강+뉴스 신뢰성 확보"*라는 세 축으로 요약 가능<br>• '선택과 집중' 전략: 폐지·신설 조합으로 효율적 운영 |

## | 2005년 아리랑TV 해외방송 편성 전략 요약 |

| 항목 | 주요 내용 |
|---|---|
| 편성 개편일 | • 2005년 6월 27일(월)<br>※ CI 및 채널 ID 일체를 새롭게 개편하고, 국내·해외 채널을 'One Arirang' 통합 브랜드 정책으로 전환. |
| 편성 목표 | • 가치있는 방송으로 인정받는 채널: 한국이 만든 아시아 최고 방송<br>• 신뢰받는 공익채널로서의 위상 확립<br>• 글로벌 교류방송으로서 콘텐츠 경쟁력 강화 및 다언어 서비스 확대<br>• 시청자 중심의 편성 구조 정착과 제작 효율성 제고 |
| 편성 전략 | • 'One Arirang' 브랜드 통합 전략: Korea · World · Arab 채널을 단일 브랜드 "Arirang"으로 일원화<br>• 공공방송에서 공익방송으로 전환, '국민 모두가 외교관'이라는 국제교류방송 정체성 강화<br>• 순환물 15종 전면 폐지, 신규 프로그램 (Win Win, Showbiz World, Sports Magazine 등) 편성<br>• 다국어 자막 서비스 강화: 영어 · 중국어 · 스페인어 · 아랍어 자막 동시 송출<br>• 뉴스 재방송 확대(1일 5회→8회), 헤드라인 자막방송 도입(19~23시) |
| 편성 비율 | • 방송시간: 총방100%(10,080분)_ 본방 30.2%(3,040분), 재방 69.8%(7,040분)<br>• 장르별(총방기준): 보도 15.9%(1,600분), 교양 47.2%(4,760분), 오락 36.9%(3,720분)<br>• 제작형태별(본방기준): 자체 35.9%(1,090분), 국내구매 53.6%(1,630분), 해외구매 2.0%(60분), 외주 8.5%(260분) |
| 시청자 타깃 | • 해외 일반 시청자 및 한국문화 관심층<br>• 교민 · 유학생, 주한 외국인, 각국 지식층 및 현지 언론인 등 2차 타깃 포함 |
| 방송시간 및 체계 | • 24시간 종일 방송 (주 168시간)<br>• 뉴스 · 보도 확대, 자막뉴스(Headlines) 신설<br>• World1(해외채널): 유럽 프라임타임(03~08시)에 스페인어 드라마 편성<br>• 국내채널: Cosmopolitan Hour(월~금 20:00) 신설, Host Family 캠페인 방송화 |
| 프로그램 수급 | • 자체 제작 중심 체제로 전환 (Win Win(Host Family), World Best Restaurant, Sports Magazine, Showbiz World 등)<br>• 국내 PP(Food채널 · Q채널 등)과 공동제작 확대<br>• 장기 순환물 15종 폐지, 신규물 14종 투입(교체율 20.8%) |
| 주요 프로그램 | • 신규: Win Win(Host Family), World Best Restaurant, Sports Magazine, Showbiz World, Cosmopolitan Hour<br>• 강화: Arirang News, Pops in Seoul, Heart to Heart<br>• 다언어 서비스: Drama 4 U (영어 · 중국어 · 스페인어 · 아랍어 자막) |
| 기타 사항 | • 새 CI · CH ID 전면 개편으로 'Brand-New Arirang' 이미지 구축<br>• 국내방송, 공공방송 → 공익방송 전환, 시청자 중심 편성 구조 확립<br>• 뉴스 · 교양 · 문화 · 음악 균형 편성으로 국제교류 기능 강화<br>• 글로벌 퍼블릭 서비스 채널(Global PSC)로 정체성 재정립 |

### | 2006년 아리랑TV 해외방송 편성 전략 요약 |

| 항목 | 주요 내용 |
|---|---|
| 편성 개편일 | • 상반기: 2006년 1월 2일 / 하반기: 2006년 8월 14일 |
| 편성 목표 | • 가치있는 방송(프로그램)으로 인정받는 채널(브랜드)<br>• 리더 및 킬러 콘텐츠 육성을 통한 채널 경쟁력 강화<br>• 국제교류방송으로서의 공익성·교육성·글로벌 정체성 확립<br>• 시청자 중심, 시장수요 기반의 효율적 편성체계 구축 |
| 편성 전략 | • 24시간 글로벌 방송체제 완성 - World 1·2채널 통합, 권역별 프라임타임(현지 20~24시) 기반 운영<br>• Daily 편성체제 도입: Showbiz Extra·Screen Flash를 일일30분화, 한류정보 집중 편성<br>• 선택과 집중 전략: 비효율 장르(만화·가요 등) 폐지, 핵심 콘텐츠(a plus, Arirang News, Curtain Call) 강화<br>• Infotainment 중심 글로벌 채널: 뉴스·시사·문화·다큐 중심 밴드화(10개 장르 밴드 고정편성)<br>• 권역별 차별화: 아시아(한류·e스포츠), 유럽(문화교양), 미주(스페인어 드라마·영화 중심) |
| 편성 비율 | ■ 2006.1.2. 개편<br>• 방송시간: 총방100%(10,080분)_ 본방 38.2%(3,850분), 재방 61.8%(6,230분)<br>• 장르별(총방기준): 보도 17.3%(1,740분), 교양 44.5%(4,490분), 오락 38.2%(3,850분)<br>• 제작형태별(본방기준): 자체 27.5%(1,060분), 국내구매 57.9%(2,230분), 해외구매 1.6%(60분), 외주 13.0%(500분)<br>■ 2006.8.14. 개편<br>• 방송시간: 총방100%(10,080분)_ 본방 32.9%(3,320분), 재방 67.1%(6,760분)<br>• 장르별(총방기준): 보도 13.6%(1,370분), 교양 57.8%(5,830분), 오락 28.6%(2,880분)<br>• 제작형태별(본방기준): 자체 39.5%(10분), 국내구매 43.4%(1,440분), 해외구매 0.9%(30분), 외주 13.0%(540분) |
| 시청자 타깃 | • 영어 이해층 및 한류 관심 해외 시청자(아시아·유럽·미주권)<br>• 주한 외국인·교민·유학생 등 글로벌 교류층<br>• 영어교육 및 정책정보 수요층 |
| 방송시간 및 체계 | • 24시간 종일 방송 (주 168시간)<br>• AsiaSat, Intelsat 등 위성 채널 커버리지 확대 |
| 프로그램 수급 | • 자체제작 중심 전환 (a plus, Sports Express World, Curtain Call, Showbiz Extra)<br>• 공동제작 확대 (Mystery of Asia, Cultural Trilogy, Globetrotters, A Quirky World)<br>• 어린이 영어교육 콘텐츠 신규 확보 (SESAME STREET, Caroline in the City) |
| 주요 프로그램 | • 「Arirang Prime」 (하반기 다큐 브랜드) / 「Biz Extra」 (경제 전문)<br>• 「Heart to Heart」, 「Diplomat Talks」 (토크·시사)<br>• 「Pops in Seoul」, 「Showbiz Extra」 (K-pop/연예) |
| 기타 사항 | • 2006년은 아리랑TV가 본격적으로 글로벌 24시간 체제를 안정화하고, 뉴스·시사 비중을 확대하며 공공성을 강화<br>• 드라마와 오락을 축소하고 다큐·교육 콘텐츠를 강화하여 채널의 위상을 재정립, 이는 "양적 확대"에서 "질적 정비"로 넘어간 전환점<br>• 한류 콘텐츠 편성 강화 (K-pop, 드라마, 스타 다큐 등)<br>• 시청자 참여형 프로그램 신설<br>• 국제이슈 특집(예: 국제회의, UN 관련) 다큐멘터리 강화 |

| 2007년 아리랑TV 해외방송 편성 전략 요약 |

| 항목 | 주요 내용 |
| --- | --- |
| 편성 개편일 | • 2007년 2월 5일 |
| 편성 목표 | • 대한민국 정보·오락(Infotainment) 채널: 뉴스시사 + 한류정보 중심 채널컨셉<br>• Your Window to Korea<br>• 중장기 전략(2007~2011)과 연계된 단기 실행안 도출 |
| 편성 전략 | • 뉴스·시사 프로그램 강화 – 심층보도 중심, Prime Time 집중 편성<br>• 전략 콘텐츠 집중 – Your Window to Korea, Arirang News, Arirang Today 등 간판 프로그램 강화<br>• 한류콘텐츠 다양화 – Pops in Seoul, Showbiz Extra 중심 K-pop 및 드라마 콘텐츠 확대<br>• 특집·기획물 강화 – 국제행사(G20·APEC·UN 관련 콘텐츠) 정례 편성<br>• 권역별 맞춤 편성 – 아시아·미주·유럽 시청자대상 시간대별 차별화 운영 |
| 편성 비율 | • 방송시간: 총방100%(10,080분)_ 본방 30.5(3,075분), 재방 69.5%(7,005분)<br>• 장르별(본방기준): 보도 20.0%(615분), 교양 33.2%(1,020분), 오락 46.8%(1,440분)<br>• 제작형태별(본방기준): 자체 39.5%(1,215분), 국내구매 35.1%(1,080분), 해외구매 0.0%(분), 외주 25.4%(780분) |
| 시청자 타깃 | • Main: 해외 현지 시청자 및 거주 외국인(정책·문화 관심층)<br>• Secondary: 국내 체류 외국인, 재외동포, 글로벌 시청자 |
| 방송시간 및 체계 | • 24시간 종일 방송 (주 168시간)<br>• 위성망 확장(AsiaSat, Intelsat 등) → 중동·아프리카 권역 커버리지 확대<br>• DTH·케이블 연계 채널 입점 추진 |
| 프로그램 수급 | • 자체 기획 프로그램 제작 확대<br>• 국제 행사 공동 제작 및 프로그램 배급 강화(APEC, G20 선초 사업 등)<br>• 해외 기구 협력 확대(UN, 국제포럼 등) |
| 주요 프로그램 | • 뉴스: 'Arirang News', 'Global Insight'<br>• 시사·토크: 'Heart to Heart', 'Diplomat Talks'<br>• 문화·예능: 'Pops in Seoul', 'Showbiz Extra'<br>• 다큐멘터리: 'Arirang Prime', 'Global Window' |
| 기타 사항 | • 2007년은 중장기 5개년 편성전략을 처음으로 수립한 해로, 단년도 개편에 머물지 않고 중장기 편성 청사진을 제시했다는 점에서 의미가 상당<br>• 특히 뉴스·정책·산업 콘텐츠를 삼각축으로 결합해 글로벌 허브 채널로 도약하려는 전략적 방향성을 명확히 함. |

## | 2008년 아리랑TV 해외방송 편성 전략 요약 |

| 항목 | 주요 내용 |
|---|---|
| 편성 개편일 | • 2008년 2월 18일 |
| 편성 목표 | • 아리랑TV만의 공익적 특수성 확보<br>• 기본 편성 구조내에서 연간 추진과제를 테마 기획으로 정규밴드화 |
| 편성 전략 | • 다언어 국제방송 기반 구축 - 아랍어 채널(Arirang Arab) 개국 준비 및 해외권역 재편<br>• 핵심 장르 집중화 - 뉴스·시사·교양 중심으로 재편, 오락·예능 비중 축소<br>• 대표 브랜드 유지 - Pops in Seoul, Showbiz Extra 중심 한류 콘텐츠 지속 편성<br>• 정책·글로벌 이슈 강화 - 국제협력·환경·사회 등 공공주제 다큐멘터리 확대<br>• 콘텐츠 효율화 - 재방 중심의 운영 속 프로그램 질적 고도화 추진 |
| 편성 비율 | • 방송시간: 총방100%(10,080분)_ 본방 33.5(3,375분), 재방 66.5%(6,705분)<br>• 장르별(총방기준): 보도 11.6%(1,170분), 교양 54.5%(5,490분), 오락 33.9%(3,420분)<br>• 제작원별(본방기준): 자체 37.8%(1,275분), 외주 26.7%(900분), 국내구매 35.6%(1,200분), 해외구매 0.0%( 분) |
| 시청자 타깃 | • 글로벌 시청자층 (영어권, 아랍권 중심)<br>• 한류 팬덤 및 문화 관심층<br>• 국제 뉴스·교양 수요층 |
| 방송시간 및 체계 | • 24시간 종일 방송 (주 168시간)<br>• World 채널 내 아랍어 블록 편성 (일 평균 9시간 30분)<br>• 다국어 자막 송출 (영어·아랍어 중심) |
| 프로그램 수급 | • 자체 제작 확대: 뉴스·시사·교양 중심<br>• 외부 협력 활용: 독립 PD·민간 제작사 프로그램 확보<br>• 해외 콘텐츠 도입: 수입·공동제작 추진<br>• 효율성 강화: 재방송·아카이브 재가공 |
| 주요 프로그램 | • Pops in Seoul - Showbiz Extra<br>• K-드라마 편성 블록<br>• 아랍어 뉴스·다큐·교양 프로그램 |
| 기타 사항 | • 2008년은 아리랑TV가 **다채널 지역 특화 전략에서 글로벌 단일화 전략으로 전환**한 해<br>• 기존 아랍어 전용 채널을 World 채널로 통합하면서 운영 효율성을 높이고, 다국어 자막 서비스(영어·아랍어 중심)를 통해 접근성을 강화<br>• **K-팝 같은 한류 대표 콘텐츠**를 전략적으로 집중 편성하여 글로벌 한류 팬덤을 견인하고, 동시에 **뉴스·시사 프로그램 비중 확대**를 통해 공공성과 국제뉴스 채널로서의 신뢰성을 확보 노력<br>• 2008년은 아리랑TV가 '한류 중심 글로벌 브랜드 채널'로 도약하기 위한 **전환점의 해** |

| 2009년 아리랑TV 해외방송 편성 전략 요약 |

| 항목 | 주요 내용 |
|---|---|
| 편성 개편일 | • 2009년 2월 2일 |
| 편성 목표 | • 국내·해외 채널 차별화: 국내·해외 채널의 정체성 분리 및 전문화<br>• 국제여론 대응력 강화: 국제여론 대응을 위한 자체뉴스 및 시사 강화<br>• 채널 정체성 인지도 제고: 국가 브랜드 홍보형 콘텐츠 전략적 강화 |
| 편성 전략 | • 글로벌 문화네트워크 채널로 정체성 재정립 – 국내채널은 교류 중심, 해외채널은 한국문화 홍보 중심으로 이원화<br>• 국제이슈 대응력 강화 – 뉴스 확대(30→45분), 시사·다큐 중심의 심층보도 강화<br>• 국가브랜드 이미지 제고 – 'Arirang Today', 'W 24/7' 등 정책형·국가이미지 프로그램 신설<br>• 다문화·참여형 방송 확대 – 외국인 출연, 글로벌 체험형 프로그램 개발<br>• 품격 있는 SB제작물 확대 – 글로벌 경쟁력 확보 위한 채널 브랜드 고도화 |
| 편성 비율 | • 방송시간: 총방100%(10,080분)_ 본방 30.1(3,030분), 재방 69.9%(7,050분)<br>• 장르별(총방기준): 보도 6.8%(690분), 교양 50.6%(5,100분), 오락 42.6%(4,290분)<br>• 제작원별(본방기준): 자체 48.0%(1,455분), 외주 22.3%(675분), 국내구매 29.7%(900분), 해외구매 0.0%( 분) |
| 시청자 타깃 | • 글로벌 시청자(국제뉴스·문화 관심층)<br>• 주한 외국인(다문화가정, 외국인근로자)<br>• 국제사회 및 해외 시청자층 |
| 방송시간 및 체계 | • 24시간 종일 방송 (주 168시간)<br>• 메인뉴스 45분 확대 송출<br>• 다큐·매거진 프로그램 프라임타임 배치 |
| 프로그램 수급 | • 자체 제작 확대 / 국내외 외주 제작 적극 활용<br>• 해외 프로그램 구입을 통한 보완 |
| 주요 프로그램 | • Pops in Seoul, Showbiz Extra 주말 특집(60분)<br>• Arirang Prime (자체)<br>• All Together |
| 기타 사항 | • 2009년은 아리랑TV가 **국내·해외 채널의 정체성을 명확히 분리**<br>• 외국언론의 왜곡보도에 대응하기 위해 **자체뉴스 확대**와 국제시사 기획 프로그램을 신설하며 국제적 공신력을 확보 노력 전개<br>• **다문화 사회 반영**을 위해 주한 외국인이 참여하는 방송을 신설<br>• 2009년은 아리랑TV가 국제방송 채널로서의 위상을 강화하는 동시에, 다문화 사회와 글로벌 환경 변화에 대응하는 **'정체성 재정립과 기능 확장'의 해** |

### | 2010년 아리랑TV 해외방송 편성 전략 요약 |

| 항목 | 주요 내용 |
|---|---|
| 편성 개편일 | • 2010년 1월 4일 |
| 편성 목표 | • 국내·해외 채널 차별화: 국내·해외 채널의 정체성 분리 및 전문화<br>• 국제여론 대응력 강화: 국제여론 대응을 위한 자체뉴스 및 시사 강화<br>• 채널 정체성 인지도 제고: 국가 브랜드 홍보형 콘텐츠 전략적 강화 |
| 편성 전략 | • 국제뉴스·시사 강화 – 한국발 뉴스 중심의 글로벌 이슈 보도 및 실시간 정보 전달 확대<br>• 정책형 교양 확대 – 국가 이미지 제고를 위한 Positive 뉴스와 공공정책 콘텐츠 집중<br>• 콘텐츠 다양화 – 문화·한류·경제·다큐 등 복합 장르 편성 (K-Drama, K-Pop, Arirang Today)<br>• 협력 네트워크 강화 – KBS·MBC·SBS·EBS 등 국내 주요 방송사 및 공공기관 공동 제작 확대<br>• 공공성·국가홍보 중심의 브랜드 채널화 – 외교·경제·문화 홍보를 통합한 'Global Korea' 채널 지향 |
| 편성 비율 | • 방송시간: 총방100%(10,080분)_ 본방 33.3(3,360분), 재방 66.7%(6,720분)<br>• 장르별(총방기준): 보도 18.6%(1,875분), 교양 43.0%(4,355분), 오락 38.4%(3,870분)<br>• 제작원별(본방기준): 자체 54.5%(1830분), 외주 28.6%(960분), 국내구매 17.0%(570분), 해외구매 0.0%( 분) |
| 시청자 타깃 | • 국제정세에 관심 있는 해외 시청자<br>• 한국문화 및 한류에 관심 있는 글로벌 시청자층<br>• 정책·경제 이슈에 주목하는 오피니언 리더 |
| 방송시간 및 체계 | • 24시간 종일 방송 (주 168시간)<br>• 글로벌 프라임타임 뉴스 및 시사 배치 확대<br>• 다큐·정책 특집을 주중 황금시간대 집중 편성<br>• 주요 문화·교양 프로그램 국제 재방송 강화 |
| 프로그램 수급 | • 국내 방송사 교류: KBS·MBC·SBS·EBS 등과 협력해 교양·다큐 확보<br>• 해외 구매: 글로벌 시사·다큐 프로그램 수급<br>• 자체 제작 확대: 뉴스·시사 중심 강화<br>• 한류 콘텐츠 활용: K-Drama, K-Pop 편성<br>• 공동 제작: 해외 방송사와 다큐·시사 공동제작 |
| 주요 프로그램 | • G-KOREA 신설<br>• All about Korean Food |
| 기타 사항 | • 2010년은 아리랑TV가 국제방송으로서'신뢰성 강화와 정책형 글로벌 플랫폼'으로 도약한 시기<br>• 뉴스·시사 부문에서는 국제정세와 국내정책을 심층적으로 다루며 글로벌 공신력 제고 노력<br>• 디지털 시대의 흐름에 발맞추어 온라인 및 멀티플랫폼 확산을 고려한 시도 추진<br>• 2010년은 아리랑TV가 단순한 문화채널을 넘어, 정책 홍보와 문화 외교를 결합한 공공 국제방송 플랫폼으로 재정립된 해 |

## | 2011년 아리랑TV 해외방송 편성 전략 요약 |

| 항목 | 주요 내용 |
| --- | --- |
| 편성 개편일 | • 2011년 1월 31일 |
| 편성 목표 | • 실시간 한국 정보 + 문화 채널<br>• 방송지표: 강한 대한민국, 세계로 가는 arirang |
| 편성 전략 | • 뉴스·시사 강화 - 국제이슈 중심의 심층보도 확대 및 '정책형 글로벌 보도체제' 구축<br>• 정책·경제 중심 콘텐츠 확대 - 국가 정책 및 경제·사회 이슈 중심의 기획 프로그램 강화<br>• 공공성·정체성 강화 - 국제방송으로서의 역할 명확화 및 국익 홍보 기능 내실화<br>• 한류·문화다양성 확대 - 글로벌 시청자 참여형 문화·교양 프로그램 편성<br>• 방송품질 제고 - 글로벌 위성망 기반의 전송 효율화 및 시청환경 개선 |
| 편성 비율 | • 방송시간: 총방100%(10,080분)_ 본방 36.6(3,690분), 재방 63.4%(6,390분)<br>• 장르별(총방기준): 보도 20.1%(2,025분), 교양 39.4%(3,975분), 오락 40.5%(4,080분)<br>• 제작원별(본방기준): 자체 64.2%(2,370분), 외주 20.3%(750분), 국내구매 15.4%(570분), 해외구매 0.0%( 분) |
| 시청자 타깃 | • 글로벌 오피니언 리더층 및 정책·경제 관심 시청자<br>• 한류와 한국문화에 열광하는 해외 청년층<br>• 한국 사회·정책을 이해하려는 글로벌 시청자층 |
| 방송시간 및 체계 | • 24시간 종일 방송 (주 168시간)<br>• 글로벌 프라임타임 뉴스 집중<br>• 정책·경제·사회 다큐 주중 황금시간대 배치<br>• 한류 프로그램 주말 프라임타임 및 국제 재방송 강화 |
| 프로그램 수급 | • 뉴스·시사: 자체 제작 확대 및 심층성 강화<br>• 다큐·정책: 고품질 자체 제작 및 공동제작 병행<br>• 문화·예능: 자체 제작+민간 협력 콘텐츠 도입 |
| 주요 프로그램 | • Arirang Today, Biz Korea, Survival Contenders, Kitchen Road |
| 기타 사항 | • 2011년은 아리랑TV가 '정책·문화·경제 융합형 글로벌 채널'로 도약한 시기<br>• 뉴스와 시사 부문에서는 국제 현안을 심층적으로 다루며, 국제 공영방송으로서의 위상 강화 추진<br>• 한류와 문화예능 프로그램은 해외 청년층을 적극 겨냥해 전략적으로 편성되었으며, 스마트 미디어와 온라인 플랫폼을 통한 글로벌 시청자 저변 확대도 중요한 특징<br>• 2011년은 아리랑TV가 **공공성·정책성·문화성을 아우르는 글로벌 융합 채널**로 자리매김하며, 다채널·디지털 시대에 대응하는 본격적인 전환의 해 |

| 2012년 아리랑TV 해외방송 편성 전략 요약 |

| 항목 | 주요 내용 |
| --- | --- |
| 편성 개편일 | • 2012년 3월 5일 |
| 편성 목표 | • 채널 아이덴티티(identity) 경쟁력 강화와 글로벌 경쟁력 제고<br>- Target Audence 명확화 /선택과 집중 대표 프로그램 육성 / 프로그램 수시평가 및 개편 |
| 편성 전략 | • 뉴스·시사 강화 - 실시간 뉴스 및 심층 보도를 중심으로 글로벌 이슈 전달력 제고<br>• 교양·문화 프로그램 확대 - 한류 중심의 문화·예술·생활 정보 프로그램 강화 (Musical Sensation, Rock On, Korea!)<br>• 채널 정체성 고도화 - 'Identity' 재정립을 통한 글로벌 채널 이미지 강화<br>• 기획형 제작 강화 - 국내 주요 방송사·기관 협력 프로그램 제작 (Close Up Korea)<br>• 전략적 브랜드 포지셔닝 - 국제 경쟁력 확보를 위한 다언어·다문화 프로그램 구조 개선 |
| 편성 비율 | • 방송시간: 총방100%(10,080분)_ 본방 28.9%(2,910분), 재방 71.1%(7,170분)<br>• 장르별(총방기준): 보도 27.4%(2,760분), 교양 41.4%(4,170분), 오락 31.3%(3,150분)<br>• 제작원별(총방기준): 자체 54.0%(5,445분), 외주 34.2%(3,450분), 국내구매 11.8%(1,185분), 해외구매 0.0%( 분) |
| 시청자 타깃 | • 영어방송 시청이 가능한 국내외 외국인<br>• 세계화를 지향하는 영어청취 가능한 국내외 한국인 |
| 방송시간 및 체계 | • 24시간 종일 방송 (주 168시간)<br>• 해외·국내 채널 편성 구조 단일화<br>• 멀티플랫폼 연계 강화 |
| 프로그램 수급 | • 뉴스·시사: 자체 제작 확대 및 심층 보도 강화<br>• 다큐·정책·경제: 자체 제작·공동제작 병행<br>• 문화·예능: 한류 관련 콘텐츠 집중 제작 및 외부 협력 |
| 주요 프로그램 | • 시사문화 생활정보 모닝쇼(LIVE) 신설<br>• 한국음악 다양성 탐구: Musical Sensation / Rock On, Korea!<br>• 한국 주간이슈 시층 시사 매거진 Close Up Korea |
| 기타 사항 | • 2012년은 아리랑TV가 채널 Identity 강화와 융합형 채널 정착을 이룬 해.<br>• 뉴스·시사 부문에서 정시 뉴스 체제와 심층 보도를 확립해 국제방송으로서의 신뢰도를 높임.<br>• 다큐멘터리는 정책·경제뿐만 아니라 사회·환경 주제를 포함하며 콘텐츠 스펙트럼을 확장.<br>• On Air Look 개선과 함께 스마트미디어·멀티플랫폼 연계가 본격화되며, 글로벌 시청자와의 소통을 강화.<br>• 종합적으로 아리랑TV는 정책·문화·경제·환경을 아우르는 융합형 채널로 도약하는 의미 있는 시기. |

## | 2013년 아리랑TV 해외방송 편성 전략 요약 |

| 항목 | 주요 내용 |
|---|---|
| 편성 개편일 | • 2013년 3월 4일 |
| 편성 목표 | • 타깃 시장 및 시청자 프로파일 별 프로그램 적합성 제고<br>• 영어방송 품질 제고(Editors Room 검수 체계, 통합 운영)<br>• 프로그램을 통한 Asia's Heartbeat 가치 구현 |
| 편성 전략 | • 시청자 세분화 기반 콘텐츠 전략 - 연령 · 지역 · 문화권별 맞춤형 프로그램 편성<br>• 글로벌 브랜드 정체성 강화 - 'Asia's Heartbeat' 가치 중심의 음악 · 문화 · 라이프 프로그램 집중 제작<br>• 공동제작 · 특집 기획 확대 - 정전 60주년, 국제 문화 · 스포츠 · 정책 연계 프로그램 제작<br>• 품질 · 브랜드 관리 강화 - On-Air Look, Sonic Brand, 디자인 정비를 통한 채널 일관성 확보<br>• 국제 협력 네트워크 확대 - 해외 방송사 공동제작(광동TV 등), 공공기관 협업 콘텐츠 강화 |
| 편성 비율 | • 방송시간: 총방100%(10,080분)_ 본방 33.2%(3,345분), 재방 66.8%(6,735분)<br>• 장르별(총방기준): 시사정보 60.0%(6,048분), 교양 16.6%(1,673분), 오락 23.4%(2,359분) |
| 시청자 타깃 | • 아시아/중동: 교역 · 외교 관계 중심<br>• 미주: FTA · 군사 · 경제 협력, 다문화층<br>• 유럽: 국제기구 · 정책 · 문화 영향력<br>• 청년 한류 팬층(아시아, 미주 중심)<br>• 글로벌 오피니언 리더(정치 · 경제 전문가, 학계 · 문화계 인사) |
| 방송시간 및 체계 | • 24시간 종일 방송 (주 168시간)<br>• Korea/World 채널 편성 구조 병행<br>• 멀티플랫폼 연계 및 On/Off line 영어 Text 검수 체계 구축 |
| 프로그램 수급 | • 자체 제작 프로그램 18종 (신규 4종, 유지 14종, 폐지 13종)<br>• 신규: The Arts Avenue, Asian Model Road Show, Live Music Request Show, Cooking Show<br>• 유지: Korea Today, arirang News, INSIGHT, Heart to Heart, The INNERview 등<br>• 폐지: Rock on Korea, The Sensation, Korea Top 10 등 일부 오락 · 교양 프로그램 |
| 주요 프로그램 | • 뉴스/시사: arirang News, Korea Today, INSIGHT, After 10<br>• 교양/대담: Heart to Heart, The INNERview, arirang Prime<br>• 한류/오락: Simply K-POP, Pops in Seoul, Showbiz Korea<br>• 신규: The Arts Avenue, Cooking Show, Live Music Request Show, Asian Model Road Show |
| 기타 사항 | • 2013년은 아리랑TV가 **뉴스 · 정책 · 사회와 한류 문화**를 아우르는 **융합형 채널 전략** 본격화, 아리랑TV가 단순한 방송 채널을 넘어, **글로벌 뉴스+정책+문화 융합형 공영 채널**로 자리매김하기 위한 전환 시점<br>• 뉴스시사 확대로 글로벌 현안 대응력 강화, 정전 60주년 기획, 국제 공동제작 · 글로벌 리더 대담 등 대형 프로젝트 확대등 공공외교 특집 강화<br>• 한류 연계 강화 및 멀티플랫폼 · 다언어 전략 강화 |

### | 2014년 아리랑TV 해외방송 편성 전략 요약 |

| 항목 | 주요 내용 |
| --- | --- |
| 편성 개편일 | • 2014년 9월 1일 |
| 편성 목표 | • 글로벌 신뢰성 확보를 위한 **재난방송 체계 확립**<br>• **방송영어 · 로마자 표기 표준화**로 국제 기준 충족<br>• 문화 · 정책 · 공공성을 아우르는 글로벌 공공미디어 지향 |
| 편성 전략 | • 뉴스 · 시사 강화 - 글로벌 이슈 · 정책 · 재난정보 중심의 보도 프로그램 확대<br>• 공공성 중심 편성체계 확립 - 시청자 신뢰 확보 및 국가정책 홍보체계 강화<br>• 콘텐츠 혁신 및 시청자 확대 - 한류 · 교양 프로그램을 통한 글로벌 문화 소통 확대<br>• 디지털 플랫폼 연계 강화 - 온라인 · SNS 채널을 통한 실시간 뉴스 확산 체계 구축<br>• 글로벌 언어 콘텐츠 강화 - 외국어 자막 · 다언어 서비스 확대 및 국제협력 콘텐츠 개발 |
| 편성 비율 | • 방송시간: 총방100%(10,080분)_ 본방 30.4%(3,060분), 재방 69.6%(7,020분)<br>• 장르별(총방기준): 시사보도 34.8%(3,508분), 교양 35.4%(3,568분), 오락 29.8%(3,004분)<br>• 제작원별(본방기준): 자체 27.9%(5,445분), 외주 72.1%(2,205분) |
| 시청자 타깃 | • 글로벌 시청자 전반(재난 · 정책 신뢰성 중시)<br>• 해외 교민 및 오피니언 리더<br>• 한류 팬층(문화 · 음악 콘텐츠) |
| 방송시간 및 체계 | • 24시간 종일 방송 (주 168시간)<br>• 다국어 자막 · 표준 번역 적용<br>• 재난방송 대응 시스템 본격 운영 |
| 프로그램 수급 | • 자체 제작 중심, 외부 협력 제작 병행<br>• 재난 · 공공성 특집물 신규 제작<br>• 생활문화(음식 · 관광 등) 프로그램 확대<br>• 기존 한류 음악 · 교양 프로그램 유지 |
| 주요 프로그램 | • 뉴스 · 시사: Arirang News, News Center, Foreign Correspondents<br>• 교양 · 다큐: Arirang Prime, 심층 다큐 시리즈<br>• 문화 · 예능: Simply K-POP, Pops in Seoul, 생활문화 · 음식 프로그램 |
| 기타 사항 | • 2014년은 재난방송 · 표준화 · 생활문화 세 축이 결합된 해로, 아리랑TV가 글로벌 뉴스 · 정책 · 문화 채널에서 한 단계 더 나아가, 위기 대응 · 언어 표준 · 문화 외교라는 공적 가치까지 포괄한 공영 국제방송의 다차원적 전환기<br>• 방송영어 · 로마자 표기 · 한식명 통일 등 국가브랜드 표준 준수 제도화<br>• 글로벌 공공미디어로서 신뢰성과 정체성 강화 |

## | 2015년 아리랑TV 해외방송 편성 전략 요약 |

| 항목 | 주요 내용 |
|---|---|
| 편성 개편일 | • 2015년 4월 6일 |
| 편성 목표 | • 해외시청자 타겟팅 전략 강화 & 방송콘텐츠 품질 강화<br>• 고품질 글로벌 방송콘텐츠 확보<br>• 뉴스·시사 심화 및 시청자 소통 강화 |
| 편성 전략 | • 글로벌 정보채널로의 기능 강화 - 경제·비즈니스·이슈 중심의 프로그램 확충 (Business Daily, Money Matters 등)<br>• 뉴스·시사 경쟁력 강화 - 주요 현안 중심 심층보도 및 현장 중심 뉴스체계 구축<br>• 브랜드 정체성 강화 - 글로벌 홍보형 프로그램 (JOIN US KOREA, BRING IT ON)을 통한 한류 이미지 제고<br>• 정책·문화 콘텐츠 연계 - 국제이슈, 한국경제, K-컬처 등 융합형 기획 프로그램 확대<br>• 시청자 참여형 프로그램 개발 - 외국인 출연, 글로벌 토론 등 교류형 콘텐츠 실험 |
| 편성 비율 | • 방송시간: 총방100%(10,080분)_ 본방 20.5%(2,070분), 재방 79.5%(8,010분)<br>• 장르별(총방기준): 시사보도 33.08%(3,330분), 교양 38.4%(3,870분), 오락 28.6%(2,880분)<br>• 제작원별(총방기준): 자체 58.5%(5,900분), 외주 35.7%(3,600분), 국내구매 5.8%(580분), 해외구매 0%( 분) |
| 시청자 타깃 | • 글로벌 청년층(참여·양방향 콘텐츠 선호)<br>• 정책·경제 전문가 및 해외 교민층<br>• K-팝·한류 팬덤층 |
| 방송시간 및 체계 | • 24시간 종일 방송 (주 168시간)<br>• World: 5시간 본방 5회 재방 체제<br>• Korea: 6시간 본방 체제<br>• 다언어 자막(영어, 스페인어, 중국어, 아랍어 등) 확대 |
| 프로그램 수급 | • 뉴스·시사: 자체 제작 및 특집 보도 확대<br>• 경제·비즈니스: 전문 기자·해설 기반 심화 제작<br>• 문화·예능: 한류 중심 기획 및 외부 협력 강화<br>• 다큐·정책: 국제 공동제작 확대 |
| 주요 프로그램 | • 뉴스/시사: Arirang News, Business Daily, Global Business Report, Shooters<br>• 경제/정책: Money Matters, Bizline, Newstellers<br>• 문화/한류: Simply K-POP, Pops in Seoul, JOIN US KOREA, Bring It On, After School Club<br>• 교양/다큐: The Grand Heritage, Arirang Prime, Arts Avenue |
| 기타 사항 | • 2015년은 아리랑TV가 효율적 뉴스 편성 + 심층 시사·경제 확대 + 참여형 한류 포맷 강화라는 세 축으로 전략을 전개한 해<br>• 뉴스 횟수 축소 대신 심층 시사·경제 프로그램 신설, IVOS 기반 양방향 참여형 포맷 도입은 글로벌 시청자 소통을 강화하려는 중요한 전환점<br>• 다언어 서비스 확대 및 멀티플랫폼 시청 환경 강화<br>• 스튜디오 효율적 활용 통한 임대수익 증대 |

### | 2016년 아리랑TV 해외방송 편성 전략 요약 |

| 항목 | 주요 내용 |
|---|---|
| 편성 개편일 | • 2016년 9월 26일 |
| 편성 목표 | • 영국 SKY HD 진출 계기, 영국·유럽 시청층을 위한 특화 편성밴드 추진<br>• 개국 20주년 맞이 공익·공공기관으로서 위상 재정립<br>• 글로벌 공공성·정체성 강화 |
| 편성 전략 | • 뉴스·시사 강화 및 고품질 콘텐츠 확대 - 시청자 신뢰 확보와 채널 정체성 확립<br>• K-Culture 중심 콘텐츠 강화 - 스타트업·창업·문화예술 등 트렌드형 기획물 (Biz & Bizu, Start Up Korea)<br>• 24시간 보도체계 유지 및 심층 리포트 강화 - 글로벌 현장 네트워크 활용<br>• Social TV/디지털 뉴스 포맷 확립 - SNS 및 온라인 연계 보도 강화<br>• 특화 콘텐츠 제작 확대 - 다문화·한류·정책 관련 글로벌 스토리텔링 강화 (Arirang Newsbreak, The Vantage Point) |
| 편성 비율 | • 방송시간: 총방100%(10,080분)_ 본방 26.4%(2,655분), 재방 73.6%(7,425분)<br>• 장르별(총방기준): 시사보도 34.3%(3,458분), 교양 39.2%(3,951분), 오락 26.5%(2,671분)<br>• 제작원별(총방기준): 자체 54.1%(5,450분), 외주 36.0%(3,630분), 국내구매 8.4%(850분), 해외구매 1.5%(150분) |
| 시청자 타깃 | • 유럽권 오피니언 리더층(뉴스·시사)<br>• 글로벌 K-Culture 수용층(패션, 음식, 관광)<br>• 국내 외국인 대상 로컬 정보 수요층 |
| 방송시간 및 체계 | • 24시간 종일 방송 (주 168시간)<br>• 해외: SKY HD 포함 글로벌 위성망 확장<br>• 국내: 로컬뉴스 및 한국어 자막 서비스 강화<br>• SNS·Tagboard 기반 실시간 시청자 참여 연계 |
| 프로그램 수급 | • 뉴스·시사: 자체 제작 중심, 국제 현장 취재 강화<br>• 경제·비즈니스: 전문 기자·해설 위주의 심층 제작<br>• 문화·예능: 외부 협력 및 공동제작 확대<br>• 다큐·교양: 글로벌 공동제작 및 기획특집 강화 |
| 주요 프로그램 | • 뉴스: Arirang News, Newscenter, Business Daily, News Break<br>• 시사: Upfront, The Vantage Point<br>• 경제/비즈: Bizline, Start Up Korea, Biz & Biz<br>• 문화/교양: ArTravel, Tour vs Tour 시즌2, Seoul Style 4.0, 한식의 재발견, Arirang Odysseyl |
| 기타 사항 | • 2016년은 아리랑TV가 글로벌 시장 확대(영국 SKY HD 진출) + 뉴스·시사 심화 + K-Culture 콘텐츠 혁신이라는 세 축을 기반으로, 정체성 강화와 국제 위상 제고를 동시에 추진한 해<br>• Social TV와 같은 디지털 융합 포맷을 본격 도입하며 전통적 방송을 넘어 멀티플랫폼 기반 글로벌 공공미디어로의 전환을 시도<br>• 개국 20주년 기념 “K-Culture 4만km 지구 대장정” 프로젝트 추진<br>• 전통·현대 융합 네트워크 디자인(오방색·조각보)으로 채널 이미지 쇄신 |

## | 2017년 아리랑TV 해외방송 편성 전략 요약 |

| 항목 | 주요 내용 |
|---|---|
| 편성 개편일 | • 2017년 3월 27일 |
| 편성 목표 | • 동북아 중심 국제방송 정체성 확립<br>• 대한민국 특수성 반영한 국제방송 표준 제시<br>• 국격 회복을 위한 대표 국제방송 역할 강화 |
| 편성 전략 | • 24시간 뉴스·시사 중심 체제 강화 - 실시간 뉴스 및 현장 중심 보도 확립 (Arirang News, Newsmaker, Peninsula 24)<br>• 정책·경제·문화 교차형 콘텐츠 강화 - 정책·경제·사회 이슈를 심층 분석하는 포맷 (BizSmart, Shaping the Economy, Prosumer LAB 101) 확대<br>• K-브랜드 이미지 제고 - 한국의 문화·기술·정책을 통합적으로 소개하는 글로벌 브랜드 채널 지향 (Global Families, Peace Insight)<br>• 디지털 확장 대응 - SNS 및 온라인 플랫폼과의 실시간 연계 강화, 멀티플랫폼형 뉴스 유통 |
| 편성 비율 | • 방송시간: 총방100%(10,080분)_ 본방 29.7%(2,990분), 재방 70.3%(7,090분)<br>• 장르별(총방기준): 시사보도 30.9%(3,115분), 교양 59.4%(5,988분), 오락 9.7%(977분)<br>• 제작원별(총방기준): 자체 51.4%(5,185분), 외주 27.9%(2,815분), 국내구매 15.9%(1,600분), 해외구매 4.8%(480분) |
| 시청자 타깃 | • 동북아 관련 이슈 관심 해외 시청자<br>• 국제 오피니언 리더 및 정책 전문가층<br>• 한류·문화 관심 글로벌 청년층 |
| 방송시간 및 체계 | • 24시간 종일 방송 (주 168시간)<br>• 24시간 영어뉴스(정시 30분·5분 혼합)<br>• SNS·카드뉴스·VR 기반 온라인 확산 강화<br>• 해외시청자 참여 확대(종전 4종 → 10종 이상) |
| 프로그램 수급 | • 자체 제작 확대(뉴스·시사 비중 대폭 증가)<br>• 외주: Heart to Heart, The 3s, Arirang Prime 등<br>• 수급: Global Families, Premium Collection, Shaping the Economy 등 |
| 주요 프로그램 | • 뉴스/시사: Arirang News, Newscenter, Foreign Correspondents, Peninsula 24, Upfront, 4 Angles<br>• 경제: InsideBiz, BizSmart, Prosumer LAB 101, Shaping the Economy<br>• 문화/예능: Tour Avatar, I'm Live, Showbiz Korea, Pops in Seoul, The 3s<br>• 교양/다큐: Arirang Prime, Peace Insight, Global Families, Premium Collection |
| 기타 사항 | • 2017년은 아리랑TV가 24시간 영어뉴스 체제와 시간대별 권역 맞춤 뉴스, 국격회복 프로젝트를 통해 본격적으로 동북아 중심 국제방송으로 자리매김한 해<br>• 뉴스·시사 비중을 55% 이상으로 대폭 확대한 것은 공공성 강화와 글로벌 신뢰성 확보를 위한 전략적 전환점<br>• SNS·유튜브 등 디지털 연계 강화 |

## | 2018년 아리랑TV 해외방송 편성 전략 요약 |

| 항목 | 주요 내용 |
|---|---|
| 편성 개편일 | • 2018년 6월 4일 |
| 편성 목표 | • 세계의 시선이 집중되는 동북아 정보의 중심 채널<br>• 글로벌 뉴스 신뢰도 제고(정시 영어뉴스 체제 확립)<br>• 동북아·한반도 이슈 심층 보도 강화<br>• K-컬처·4차 산업·다문화 주제의 콘텐츠 다변화 |
| 편성 전략 | • 글로벌 현안 분석 중심의 뉴스·시사체제 강화 - 국제 이슈 및 한반도 정책·평화 이슈 심층 보도 (Arirang News, Foreign Correspondents, A Road to Peace)<br>• 정책·문화 융합형 프로그램 확대 - 국제 외교·정책·문화예술 교차 콘텐츠 (The Diplomat, The Paint, Arirang Prime)<br>• K-브랜드 이미지 제고형 콘텐츠 강화 - 한국의 문화와 예술을 글로벌 스토리텔링으로 전달 (Art Avenue, Mystery Travelers, The Grand Heritage)<br>• 한류·청년층 맞춤 콘텐츠 다변화 - 음악·엔터테인먼트 프로그램 (Simply K-POP, I'm Live, After School Club) 중심 확충<br>• 디지털·다채널 연계 편성 - SNS, 유튜브 등과 실시간 정보 연동 체계 구축 |
| 편성 비율 | • 방송시간: 총방100%(10,080분)_ 본방 23.2%(2,340분), 재방 76.8%(7,740분)<br>• 장르별(총방기준): 시사보도 25.6%(2,580분), 교양 54.2%(5,464분), 오락 20.2%(2,036분)<br>• 제작원별(총방기준): 자체 51.8%(5,221분), 외주 19.3%(1,946분), 국내구매 23.5%(2,369분), 해외구매 5.4%(544분) |
| 시청자 타깃 | • 국제사회 정책·이슈에 관심 있는 해외 오피니언 리더<br>• 한류와 K-콘텐츠를 소비하는 글로벌 청년층<br>• 한국 사회·문화 자산에 관심 있는 해외 시청자 |
| 방송시간 및 체계 | • 24시간 종일 방송 (주 168시간)<br>• 정시 뉴스 체제 확립 (평일 6회, 주말 2회)<br>• 시사보도 및 다큐 고정 슬롯화<br>• 해외방송사 교류·공동제작 기반 확대 |
| 프로그램 수급 | • 신규 11종(자체제작 7, 국내구매 4)<br>• 자체 제작: 뉴스·시사 중심 (The Point, A Road to Peace, The Diplomat 등)<br>• 국내구매: Peace Insight, Globetrotters, The Grand Heritage, Seeking Korean Treasures 등<br>• 해외교류: Global Business Report(France 24, CGTN, VOA), 21st Century(UN 다큐) |
| 주요 프로그램 | • 뉴스/시사: Arirang News, Newscenter, Foreign Correspondents, A Road to Peace, The Point, The Diplomat<br>• 교양/다큐: Mystery Travelers, Money Monster, Arts Avenue, Arirang Prime, Peace Insight, Globetrotters<br>• 문화/예능: After School Club, Simply K-POP, I'm Live, Pops in Seoul, Showbiz Korea |
| 기타 사항 | • 2018년은 아리랑TV가 정시 영어뉴스 체제를 본격 구축하고, 북한·외교·국제정세 관련 전문 시사 프로그램을 신설한 해, 국제방송으로서 신뢰성 제고<br>• 4차 산업·문화유산·다문화 콘텐츠를 확장하여 뉴스/시사 + 교양/문화 + 한류 오락의 균형 있는 융합 채널로 자리매김<br>• 한류 음악·참여형 오락 프로그램 지속 유지로 균형 전략 유지<br>• 2018년은 **국제 보도 신뢰성 제고와 동시에 디지털 플랫폼 기반 확산을 본격화한 시기**로 아리랑TV가 글로벌 공영 채널로서 뉴스·시사의 국제적 권위를 확립하고, K-콘텐츠의 글로벌 플랫폼으로 자리매김하는 이중 목표를 동시에 달성하려는 방향성 제시 |

## | 2019년 아리랑TV 해외방송 편성 전략 요약 |

| 항목 | 주요 내용 |
|---|---|
| 편성 개편일 | • 2019년 3월 25일 |
| 편성 목표 | • 동북아 평화 정착을 위한 시사·정책 콘텐츠 강화<br>• 신한류 문화·산업 발굴로 국가브랜드 제고<br>• 4차 산업혁명 신성장 동력 콘텐츠 확산<br>• 글로벌 공공외교 및 신남방 정책 홍보<br>• 국제방송으로서 글로벌 공익적 가치 실현 |
| 편성 전략 | • 2뉴스·시사 중심 글로벌 보도체제 확립 - 국제이슈, 한반도 평화·경제정책 등 심층분석 (Global Insight, Arirang News)<br>• 2평화·정책 전문 콘텐츠 확대 - 남북관계 및 한반도 평화정책 중심 프로그램 (Peace & Prosperity, Arirang Issue)<br>• 2문화·다큐멘터리 강화 - 한국문화·유산 중심의 다큐 시리즈 (Korean Heritage, Arirang Prime)<br>• 2글로벌 협력보도 체계 확장 - 해외 주요 공영방송(VOA, CGTN 등)과의 콘텐츠 교류 강화<br>• 2한류·음악 프로그램 유지 - 젊은층 대상 K-POP 중심 프로그램 (Simply K-POP, I'm Live) 지속 편성 |
| 편성 비율 | • 방송시간: 총방100%(10,080분)_ 본방 26.5%(2,670분), 재방 73.5%(7,410분)<br>• 장르별(총방기준): 시사보도 26.2%(2,580분), 교양 54.8%(5,464분), 오락 19.0%(2,036분)<br>• 제작원별(본방기준): 자체 67.0%(1,790분), 외주 19.1%(510분), 국내구매 10.5%(280분), 해외구매 3.4%(90분) |
| 시청자 타깃 | • 한반도 평화·정책에 관심 있는 해외 오피니언 리더<br>• K-콘텐츠 및 신한류 문화를 소비하는 글로벌 청년층<br>• 4차 산업혁명 및 혁신기술에 관심 있는 글로벌 전문가·투자자 |
| 방송시간 및 체계 | • 24시간 종일 방송 (주 168시간)<br>• 보도·시사 확대, 프라임타임 강화<br>• 뉴스·시사·다큐 중심의 고정 슬롯 운영<br>• 모바일·SNS 연계 보도체계 도입 |
| 프로그램 수급 | • 신규 프로그램: 12종(자체제작 8, 국내구매 3, 해외교류 1)<br>• 자체제작: 뉴스·시사 및 시사토론 강화 (Global Insight, Arirang News Center, Peninsula 24 등), 문화·교양 신설 (Arirang Harmony, Arts Avenue 리뉴얼 등)<br>• 국내구매: K-컬처 및 다큐 중심 (Documentary 3부작, Korean Heritage 시리즈, 문화·예술 특집 등)<br>• 해외교류: 국제 공동제작·보도 교류 (Global Business Report, UN 다큐 협력 프로그램 등) |
| 주요 프로그램 | • Peace & Prosperity, The Chamber, promiSINGER, 한류지대를 가다<br>• Arirang News, Arirang Prime<br>• VR 기반 공연 (I'm Live), 글로벌 크리에이터(Koreator) |
| 기타 사항 | • 2019년은 'Peace Korea', '신한류', '혁신경제', '공공외교', '연중캠페인'이라는 5대 전략을 바탕으로, 한반도 평화정착과 글로벌 공공외교 채널로서의 위상 강화 중점 추진<br>• 방송·디지털·SNS 융합형 플랫폼 전략 시도<br>• 한류 중심에서 정책·경제·공공성까지 균형을 갖춘 글로벌 공영 채널로 도약 |

### | 2020년 아리랑TV 해외방송 편성 전략 요약 |

| 항목 | 주요 내용 |
|---|---|
| 편성 개편일 | • 2020년 3월 2일 |
| 편성 목표 | • "국민과 함께, 세계로 미래로 – 한국의 목소리, Arirang"<br>• 국익지킴이 역할 강화(국가 외교 · 국제방송)<br>• 사회적 가치 실현(재난 · 안전 · 생활 정보 제공)<br>• 모바일 · 실시간 시대 대응, 현장성 강화 |
| 편성 전략 | • 뉴스 · 시사 확대: 일일 10회 생방송 체제 전환, 정시 뉴스 강화 (Arirang News, News Center)<br>• 정책 · 외교 · 경제 특집 강화: 한반도 평화, P4G 정상회의 등 주요 국제이슈 특집 편성<br>• 혁신경제 · 신한류 프로그램 확대: 산업 · 기술 · 창의경제 기반 다큐 및 교양 포맷 신설 (Smartbiz Accelerators, Arirang Prime)<br>• 한류 · 체험형 콘텐츠 강화: K-POP · 엔터테인먼트 중심 신규 포맷 (Simply Flash, Rolling, I'm Live)<br>• 디지털 · SNS 연계체계 구축: 멀티플랫폼형 뉴스 · 콘텐츠 유통 강화 |
| 편성 비율 | • 방송시간: 총방100%(10,080분)_ 본방 22.0%(2,215분), 재방 78.0%(7,865분)<br>• 장르별(총방기준): 시사보도 32.5%(3,280분), 교양 45.5%(4,590분), 오락 22.0%(2,210분)<br>• 제작원별(본방기준): 자체 82.8%(1,835분), 외주 12.2%(270분), 국내구매 5.0%(110분), 해외구매 0%(0분) |
| 시청자 타깃 | • 국제뉴스 · 정책 정보 수요층 (오피니언 리더)<br>• 한류 · K-Pop 팬덤 및 글로벌 청년층<br>• 재난 · 생활정보 관심 대중, 한국 문화 관심 해외 시청자 |
| 방송시간 및 체계 | • 24시간 종일 방송 (주 168시간)<br>• 보도 · 시사 중심 고정 슬롯 운영 → 1일 10회 생방송 뉴스 체제 확립<br>• 6개 시간대 밴드 체제(사회문화, 다큐관광, K-Enter, 쇼 · 교양, 시사대담, 국제교류)<br>• 모바일 · SNS 확산형 뉴스 · 시사 포맷 확대 |
| 프로그램 수급 | • 정규 37종 운영 (신규 3종, 확대 3종, 폐지 10종)<br>• 자체제작 비중 강화(82.8%, 해외 기준) → 뉴스 · 시사 · 교양 중심<br>• 외주제작: *Better Together*, *Pops in Seoul* 등 보완적 운영<br>• 국내구매: *Grand Heritage*, *Peace Insight*, EBS 다큐 등<br>• 해외구매: '20년 3월 개편 시점 기준 편성 제외 |
| 주요 프로그램 | • 뉴스/시사: *Arirang News*, *News Center*, *Global Insight*, *News In-depth*, *Korea Hour*(신설), *The Diplomat*<br>• 교양/문화: *Catchy Korea*, *Arirang Prime*, *Money Monster*, *Smartbiz A ccelerators*<br>• 예능/한류: *Simply K-Pop*, *Simply Flash*(신설), *Rolling*(신설), *I'm Live*, *After School Club*, *promiSINGER* |
| 기타 사항 | • 2020년은 아리랑TV가 뉴스 · 시사 강화(1일 10회 뉴스), 한류 · 체험형 프로그램 신설, 국가 외교 · 정책 특집 확대를 통해 '국익지킴이 국제방송'으로 기능을 강화한 해<br>• 네트워크 디자인 전면 교체(62종 79가지) → "대한민국 대표 채널" 이미지 강화<br>• 4 · 19, 5 · 18, 6 · 25 기념 다큐 특집 및 P4G 정상회의 중계등 특집제작<br>• 연중 캠페인: 한국 문화 SB, 평화 · 재난 대응 캠페인 |

## | 2021년 아리랑TV 해외방송 편성 전략 요약 |

| 항목 | 주요 내용 |
|---|---|
| 편성 개편일 | • 2021년 4월 5일 |
| 편성 목표 | • "아리랑과 함께, 세계로 미래로 – Arirang Together"<br>• 한국대표 국제방송으로서 글로벌 미디어 리더십 강화<br>• 평화·상생·방역·환경을 아우르는 글로벌 공공미디어 역할 수행 |
| 편성 전략 | • 뉴스·정책 중심 편성 강화: 외교·정책·코로나19 등 글로벌 현안 심층보도 (Global Insight, The Diplomat)<br>• 공공성 기반 콘텐츠 확대: 방역·환경·평화 주제 캠페인 (Blue Sky, Better Together)<br>• 한류 다변화 전략: K-POP·문학·영화 등 문화 교류형 콘텐츠 확장 (Catchy Korea, K-Cineflex)<br>• 경제·산업 프로그램 보강: 기술·혁신 중심 교양 (SmartBiz Accelerators, Arirang Prime)<br>• 다언어·멀티플랫폼 확장: SNS·유튜브·모바일 동시 송출체계 강화 |
| 편성 비율 | • 방송시간: 총방100%(10,080분)_ 본방 24.3%(2,445분), 재방 75.7%(7,635분)<br>• 장르별(총방기준): 시사보도 39.9%(4,020분), 교양 45.5%(4,590분), 문화 14.6%(1,470분)<br>• 제작원별(본방기준): 자체 85.3%(2,085분), 외주 0%(0분), 국내구매 8.6%(210분), 해외구매 6.1%(150분) |
| 시청자 타깃 | • 국제 뉴스·정책·외교 현안에 관심 있는 글로벌 오피니언 리더<br>• 한국 문화·영화·K-POP 등 한류 팬덤 및 젊은 세대<br>• 코로나19, 기후환경 등 글로벌 현안에 관심 있는 국제 시청자 |
| 방송시간 및 체계 | • 24시간 종일 방송 (주 168시간)<br>• 본방 비율: 24.3% (전년 대비 3.0%p ↓)<br>• 재방 비중 확대 (재방 간격 4→3시간, 교양·시사 재방 횟수 증가)<br>• 뉴스 시간 확대(17시·22시 30분, 19시 50분으로 연장) |
| 프로그램 수급 | • 자체제작 중심(본방 기준 85.3%, 총방 기준 79.5%)<br>• 외주제작 최소화(Arirang Prime, Better Together)<br>• 국내구매 보완 (Peace Insight, Premium Collection 등 다큐)<br>• 해외교류 (Discover World 등 국제 교환 프로그램) |
| 주요 프로그램 | • 뉴스/시사: Arirang News(1일 8회), News Center+News In-depth, Global Insight, COVID-19 Pandemic, Peace & Prosperity, The Point, Foreign Correspondents, Diplomat Talks<br>• 교양/정보: K-Cineflex(신규), SmartBiz Accelerators 시즌2, Catchy Korea, BizTech Korea, K-Unboxing, Gangnam Insider's Picks 시즌3<br>• 문화/예술: Simply K-Pop, After School Club, I'm Live, Club.KOM, PerformArts Reload, Rolling in K-Pop |
| 기타 사항 | • 2021년은 코로나19 팬데믹 대응, 한반도 평화 메시지, 환경 캠페인을 핵심 축으로 한 해<br>• 제작예산 축소(-15억)로 재방 비중 확대, 외주 제작 축소<br>• Pops in Seoul 폐지, 신규 프로그램 3종 런칭<br>• 코로나19·환경 글로벌 캠페인, 문화관광 홍보 스팟 등 OAP 프로그램 강화 |

### | 2022년 아리랑TV 해외방송 편성 전략 요약 |

| 항목 | 주요 내용 |
|---|---|
| 편성 개편일 | • 2022년 5월 9일 |
| 편성 목표 | • "국민과 함께 세계로 가는 글로벌 미디어 플랫폼"<br>• 한국 중심 글로벌 공공미디어 위상 강화<br>• 한류 기반 K-Biz 마케팅 채널로 진화<br>• 디지털 융합 · ESG · 국제교류 확대 |
| 편성 전략 | • 공공외교 강화: 신정부 정책 · 외교현안 · 국제협력 보도 (The Point, Diplomat Talks)<br>• K-브랜드 및 한류 확산: 문화 · 산업 · 음악 · 생활문화 등 다층적 한류콘텐츠 강화 (Catchy Korea, K-Cineflex, Rolling in K-POP)<br>• ESG · 지속가능성: 환경 · 수소경제 등 친환경 산업 홍보 (Blue Sky, One More Step for Better Future)<br>• 중소기업 · 지자체 홍보 연계: 수출 · 문화교류 중심 프로그램 확대 (BizTech Korea, SmartBiz Accelerators)<br>• 디지털 · 뉴미디어 확장: SNS · 모바일 기반 뉴스 클립 · OAP 강화, 시청자 참여형 포맷 확대<br>• 국제 네트워크 협력: 해외 방송사 및 지자체 공동제작 (Discover World, Peace Insight) |
| 편성 비율 | • 방송시간: 총방100%(10,080분)_ 본방 24.5%(2,470분), 재방 75.5%(7,610분)<br>• 장르별(총방기준): 시사보도 32.4%(3,270분), 교양 47.0%(4,740분), 문화 20.5%(2,070분)<br>• 제작원별(총방기준): 자체 80.4%(8,100분), 외주 0%(0분), 국내구매 18.2%(1,830분), 해외구매 1.5%(150분) |
| 시청자 타깃 | • 글로벌 시사 · 외교 현안 관심층<br>• 한류 및 K-POP 팬덤 (청년 · SNS 세대)<br>• ESG · 환경 · 산업혁신에 관심 있는 해외 시청자 |
| 방송시간 및 체계 | • 24시간 종일 방송 (주 168시간)<br>• 본방 비율 축소(28.9% → 24.5%)<br>• 6개 뉴스 슬롯 운영(08시~22시, 주중 7회 · 주말 2회)<br>• K-Biz 밴드 신설(산업 · 기술 특화) |
| 프로그램 수급 | • 자체제작 중심 (본방기준 83.2%, 총방 80.4%)<br>• 외주제작 0% (축소)<br>• 국내구매: *K-Stage PAN, Grand Heritage, Peace Insight* 등<br>• 해외구매: *Discover World* (세계문화), 국제 교류 프로그램 일부 |
| 주요 프로그램 | • 뉴스/시사: *Arirang News*(1일 7회), *News Center+News In-depth, Global Insight, Diplomat Talks, Peace & Prosperity, The Point, What Is*(신설), *Ask Us*(신설)<br>• 교양/문화: *Catchy Korea, BizTech Korea, Smartbiz Accelerators, Gangnam Insider's Picks, Unboxing K-Life, Lucky Box, Arirang Prime*<br>• 예능/한류: *Simply K-Pop Con-Tour, I'm Live, After School Club* |
| 기타 사항 | • 2022년은 아리랑TV가 시사보도 비중 확대(68%대), 디지털 전용 콘텐츠 강화, ESG · 환경 캠페인 추진을 통해 글로벌 공공미디어로 정체성을 확고히 한 시기<br>• *Foreign Correspondents* 폐지 → 시사 포맷 재정비<br>• 디지털 전용 콘텐츠 (*Simply 면세점, Simply MC 비하인드, 신입PD야 뭐해*) 신설<br>• 네트워크 디자인 교체(20종 36가지)로 한국적 글로벌 채널 이미지 강화<br>• 환경캠페인 *One More Step for Better Future* 시리즈 제작 |

## | 2023년 아리랑TV 해외방송 편성 전략 요약 |

| 항목 | 주요 내용 |
|---|---|
| 편성 개편일 | • 2023년 4월 3일(월) 05시~ |
| 편성 목표 | • "세계인의 마음을 사로잡는 글로벌 미디어"<br>• 융합·혁신을 통한 고품질 K-콘텐츠 제작·확산<br>• 스마트 융합(Media+Tech) 기반 글로벌 경쟁력 강화<br>• 2030 부산세계박람회 유치 홍보 및 국제적 공공성 강화 |
| 편성 전략 | • 공공외교 콘텐츠 강화: 글로벌 이슈·외교·정책 중심 프로그램 심화 (Global Insight, Diplomat Talks, Peace & Prosperity)<br>• K-컬처 확장: 예능·한류·생활문화 콘텐츠 확대 (After School Club, Simply K-Pop Con-Tour, I'm Live)<br>• 기술·산업 융합 콘텐츠: AI·스타트업·경제·산업 혁신 주제 프로그램 강화 (BizTech Korea, Great Minds@ESG, SmartBiz Accelerators)<br>• 멀티플랫폼 전략: TV-온라인 동시 송출, SNS 중심 글로벌 홍보체계 강화 (Arirang Digital+)<br>• 특집·기획형 콘텐츠 운영: 대형 프로젝트 중심 시사·교양 특집 (Secret Tour Korea, K-Movie) |
| 편성 비율 | • 방송시간: 총방100%(10,080분)_ 본방 27.7%(2,790분), 재방 72.3%(7,290분)<br>• 장르별(총방기준): 시사보도 31.3%(3,160분), 교양 49.7%(5,010분), 문화 19.0%(1,910분)<br>• 제작원별(본방기준): 자체 79.2%(2,210분), 외주 0%(0분), 국내구매 15.4%(430분), 해외구매 5.4%(150분) |
| 시청자 타깃 | • 글로벌 시사·외교 현안 관심층<br>• K-POP·K-컬처 체험형 참여를 원하는 해외 관광객<br>• 부산엑스포 등 국제 행사 관심층 및 글로벌 청년 세대 |
| 방송시간 및 체계 | • 24시간 종일 방송 (주 168시간)<br>• 본방 비율: 27.7%(+2.6%p 상승)<br>• 시사보도 비중 하락(52.2%→47.3%), 교양 확대(33.6%→38.7%)<br>• 다언어 서비스 강화(베트남어 블록편성, 주말 집중) |
| 프로그램 수급 | • 자체제작 비중 79.2%(본방 기준), 외주 0%<br>• 국내구매: *Korea Travelogue 시즌3*(EBS), *Great Minds*(EBS), *Peace Insight*, *Grand Heritage ASMR*<br>• 해외구매: *Discover World* 등 국제 교류 프로그램 일부<br>• 무상수급: 국립극장 공연(*Perform Arts Reload*), 문화유산 ASMR, 부산엑스포 홍보 영상 |
| 주요 프로그램 | • 뉴스/시사: Diplomat Talks(개편, Nuri's Day of Diplomacy), *Peace & Prosperity*(XR 탈북자 토크, 역사코너 강화), *I.N.A.I*(가제, 신설 시사)<br>• 교양/문화: 1Day 1Korea(코너 개편: K-NOW, K-People, K-Food, K-Movie, K-Stage), *Korea Travelogue 시즌3*, *Grand Heritage ASMR*<br>• 예능/한류: *Simply K-Pop Con-Tour*(체험형 확대), *Secret Tour*(구 Secret Airlines), After *School Club* 10주년 특집, *I'm Live*(인디+해외밴드 협업) |
| 기타 사항 | • 2023년은 아리랑TV가 AI·XR 등 스마트 융합 기술을 본격적으로 편성에 도입하고, 부산엑스포 홍보 특집을 전면에 내세운 해<br>• 특히 Codename Busan 같은 AI 오디션 포맷, I.N.A.I와 같은 기술 융합 시사 신설은 글로벌 참여형·융합형 국제방송 모델로의 실험이자 확장<br>• 2030 부산엑스포 유치 홍보 특집 (*Codename Busan*)<br>• K-POP Play Ground, 방송국 투어, 한국홍보관 등 오프라인 연계 콘텐츠 강화<br>• 환경 캠페인 *The GREENers* 제작, K-sound Track·Resonating with the World 채널 ID 교체<br>• Pops in Seoul 폐지 이후 체험형 K-POP 포맷 집중 |

### | 2024년 아리랑TV 해외방송 편성 전략 요약 |

| 항목 | 주요 내용 |
|---|---|
| 편성 개편일 | • 2024년 3월 11일 |
| 편성 목표 | • "문화강국·문화매력 대한민국" 구현<br>• K-콘텐츠·문화산업 지원, 문화경쟁력 확산<br>• 계절성 편성 조정과 콘텐츠 다양성 확보 |
| 편성 전략 | • 공공외교 및 정책연계 강화: 외교·산업·기술·과학 등 국가 주요 아젠다 반영 (Extreme Job, K-Scientist)<br>• 한류·문화콘텐츠 중심 확장: 다큐·예능·교양 콘텐츠를 통한 문화교류 확대 (Travel Diary K, In Frame, Premium Collection)<br>• ESG·디지털 혁신 중심 편성: 과학기술·산업혁신·환경·AI 주제 강화 (SmartBiz Accelerators, Premium Collection)<br>• 신규 포맷 다변화: 다큐+리얼리티·뮤직·푸드·트래블 결합형 콘텐츠 (Instagram, Dashigram, Foodie on a Journey)<br>• 멀티플랫폼 전략: 글로벌 SNS·유튜브 연계 강화, OTT 중심 콘텐츠 재구성 (Discover World 등)<br>• 브랜드형 OAP 편성: 'Arirang X Series' 등 프로그램 브랜드화 추진 |
| 편성 비율 | • 방송시간: 총방100%(10,080분)_ 본방 27.5%(2,770분), 재방 72.5%(7,310분)<br>• 장르별(총방기준): 시사보도 29.3%(2,950분), 교양 38.6%(3,890분), 문화 32.1%(3,240분)<br>• 제작원별(본방기준): 자체 82.3%(2,280분), 외주 0%(0분), 국내구매 12.3%(340분), 해외구매 5.4%(150분) |
| 시청자 타깃 | • 한국 여행·관광·문화 관심 해외 시청자<br>• K-POP 및 K-컬처 팬덤 (청년·SNS 세대)<br>• 국제 이슈·정책보다는 문화·교양형 콘텐츠 선호층 |
| 방송시간 및 체계 | • 24시간 종일 방송 (주 168시간)<br>• 국내채널 본방 비율 상승 (25.3%→27.5%)<br>• 본방송 중심 장르 개편(시사 ↓, 문화예술 ↑)<br>• 국제교류 프로그램 Discover World 등 편성시간 조정 |
| 프로그램 수급 | • 자체제작 82.3% (본방 기준), 외주 0%<br>• 국내구매 12.3% (*Extreme Job, Premium Collection, K-Scientist* 등)<br>• 해외구매 5.4% (*Travel Diary*, 국제 다큐 등) |
| 주요 프로그램 | • 여행관광: *Travel Diary*(신설), *Tripstagram & Danstagram, Foodie on Motorbike*<br>• 교양/정보: *Extreme Job, Premium Collection, 1Day 1Korea: K-Food*(개편), *K-Chat2*(가제)<br>• 문화/예술: *I'm Live 2024, PerformArts Reload, Gugak the Music of Korea*<br>• 시사/교양: *Smartbiz Accelerators 2024, K-Scientist* 시즌2 |
| 기타 사항 | • 2024년은 아리랑TV가 케이컬처 특화 편성 밴드를 신설하고, 여행·관광·교양·문화 예술 프로그램을 대거 편성한 해로 K-문화매력 확산 채널로서의 위상 강화<br>• OAP 신규 제작: *K-Guardian* 채널 ID, *How to Survive in Korea* 기획 SB<br>• AI·XR 기반 '문화·산업 뉴스' 신설 검토 (AI앵커, 한영 이중 언어)<br>• 특집: 관광·한류 페스티벌 계기 편성(6월 예정) |

## | 2025년 아리랑TV 해외방송 편성 전략 요약 |

| 항목 | 주요 내용 |
|---|---|
| 편성 개편일 | • 2025년 4월 7일 |
| 편성 목표 | • 문화중심 국가홍보방송 "K-컬처로 세계와 공감하는 글로벌 미디어"<br>• 국제문화교류 진흥 전담기관 지정에 따른 공공외교·문화외교 강화<br>• 제작비 효율화(시즌제)와 콘텐츠 품질 제고 |
| 편성 전략 | • 정책·문화 융합 기반의 글로벌 콘텐츠 강화: 외교·안보·경제·문화 이슈를 아우르는 공공미디어로서 역할 확대 (The Globalists, Diplomat's Archive, Science Life)<br>• 문화·산업형 교양 프로그램 확충: 한국의 일상·예술·음식 등 K-라이프 기반 교양 콘텐츠 (Home to Table, Arirang Land)<br>• 글로벌 네트워크 및 국제행사 연계: 국가 브랜드 제고 목적의 특집 기획 (For Korea's Independence, APEC Special)<br>• 청년·한류 세대 대상 콘텐츠 강화: After School Club, I'm Live 등 음악·트렌드 프로그램 중심으로 세대 확장 |
| 편성 비율 | • 방송시간: 총방100%(10,080분)_ 본방 24.3%(2,450분), 재방 75.7%(7,630분)<br>• 장르별(총방기준): 시사보도 16.7%(1,680분), 교양 58.3%(5,880분), 문화 25.0%(2,520분)<br>• 제작원별(본방기준): 자체 72.3%(1,770분), 외주 0%(0분), 국내구매 21.7%(530분), 해외구매 6.1%(150분) |
| 시청자 타깃 | • K-컬처·관광·음식·전통문화 관심 글로벌 시청자<br>• 외교·정책·과학 교양 콘텐츠 수요층<br>• 한류 체험·참여형 콘텐츠 선호 청년층 |
| 방송시간 및 체계 | • 24시간 종일 방송 (주 168시간)<br>• 본방 비율: 24.3% (↑, 국내채널 기준)<br>• 문화·교양 강화, 시사보도 비중 축소<br>• 밴드 이동: 시사정보(19시→15시), 관광·한식·예술 오전~점심 집중 |
| 프로그램 수급 | • 자체제작: 본방 72.3% (↓), 총방 60.2%<br>• 국내구매: 본방 21.7%(↑) (*Korea Travelogue S5, Premium Collection, Exploring Korean Literature* 등)<br>• 해외구매: 본방 6.1%(↑) (Discover World, 국제 다큐 등)<br>• 외주: 최소 유지(총방 4.8%) |
| 주요 프로그램 | • 뉴스/시사: *The Globalists 시즌2, Diplomat's Archive: Hidden Stories, Science Life*<br>• 교양/문화: *1Day 1K-Culture*(개편), *Home to Table*(신규), *Arirang Land*(신규), *Korea Travelogue S5*<br>• 예능/한류: *Simply K-Pop Gateway to Korea, I'm Live, Spotlight Rookies 시즌2* |
| 기타 사항 | • 2025년은 아리랑TV가 문화중심 글로벌 채널로 정체성을 더욱 강화한 해. 시사보도 비중을 줄이고, 문화예술·교양 콘텐츠를 확대<br>• *After School Club* 시즌12 종영 후 7월 재개 검토<br>• *We are Diplomats, The GeoVista* 등 공공외교·시사 프로그램 종영<br>• OAP 신규 캠페인: *Next Artist*(청년예술가), *Get Korea Right*(반크 협력) |

## 참고문헌

References

### | 국내 문헌


- 강익희. 2000. 『아리랑TV 운영실태에 관한 연구』. 방송문화진흥회.
- 김명중. 2002. 「아리랑TV, 국가홍보방송의 위상과 발전방안」. 『국가홍보방송의 제도적 활성화를 위한 공청회』, 국회의원 정범구 의원실 공청회 자료집(2002.8.28.).
- 김명중·황성연·윤승욱. 2014. 『아리랑TV 프로그램의 국제경쟁력 강화에 관한 연구』, 문화체육관광부 연구보고서.
- 김수진·이혜은. 2022. 「K-pop 팬덤과 한국의 국가명성」. 《공공외교: 이론과 실천》, 3(1), 1~19쪽.
- 김유경·이효복·강소영. 2013. 「해외홍보방송이 국가브랜드 가치 제고에 미치는 영향에 관한 연구」. 《광고연구》, 98, 115~153쪽.
- 김원석. 2017. 「지상파 채널 브랜드의 진정성 지각이 지상파 채널 브랜드 충성도에 미치는 영향」. 《한국언론학보》, 61(6), 203~238쪽.
- 김은미·심미선·김반야. 2012. 「능동적 미디어 이용 개념에 대한 재탐색」. 《한국방송학보》, 26(6), 46~87쪽.
- 김태환. 2023. 『한류의 공공외교 효과 유형과 정책적 의미』. 국립외교원 주요국제문제분석 2023-11.
- 김형곤. 2015. 「SNS를 활용한 시청자 참여 프로그램이 방송사 온라인 서비스 이용에 미치는 영향: 아리랑TV 〈After School Club〉 프로그램을 중심으로」. 중앙대학교 신문방송대학원 석사학위논문.
- 김흥규·김우룡·최원주. 1999. 『해외위성방송의 편성 경향 연구』. 서울: 한국외국어대학교 언론정보연구소.
- 박혁태. 2024. 『AI가 이끄는 콘텐츠 산업혁명, 현재와 미래』. KOCCA Focus, No. 166. 한국콘텐츠진흥원.
- 삼일PwC경영연구원. 2024. 『K-콘텐츠에서 G-콘텐츠(Global-Contents)로』. Samil Insight 시리즈. 서울: 삼일PwC경영연구원.
- 손대권·하헌구. 2025. 「데이터에 기반한 인공지능 선도형 디지털 전환 플랫폼 구축 사례 연구」. 《물류과학기술연구》, 6(2), 81-100쪽.
- 심영섭. 2015. 「글로벌 미디어 경쟁 환경에서 국제방송의 역할과 위상」. 《문화와 정치》, 2(1), 77~103쪽.
- 심영섭. 2018. 『KBS월드, 아리랑TV 등 국제방송의 현황 및 개선방안』. 한국언론학회·국회입법조사처 연구용역보고서.
- 이에스더. 2023. 「한·미·중 국제방송 유튜브 뉴스채널의 팬데믹 비교 분석: 미디어 외교 현황을 중심으로」. 한국외국어대학교 대학원 박사학위논문.
- 이은미. 2004. 『해외방송 발전전략 연구』. 한국방송영상산업진흥원.
- 이재원. 2021. 「소셜 미디어 사회연결성의 팬덤 공동체 형성에 관한 탐색적 연구: 방탄소년단 사례를 중심으로」. 《한국콘텐츠학회논문지》, 21(7), 1-12쪽.

□ 이진로. 2014. 『국제방송의 역사와 유형』. 서울: 커뮤니케이션북스.
□ 진달용. 2021. 「한류시대의 소프트파워와 문화외교: 담론분석」. 《공공외교: 이론과 실천》, 1(1), 55-75쪽.
□ 진민정 · 심영섭 · 김세은. 2018. 『바람직한 국제방송의 프로그램 편성과 구성』. 한국언론학회 · 국회입법조사처 연구용역보고서.
□ 최성배. 2019. 「국제방송 채널 브랜드의 진정성이 채널 충성도와 국가브랜드 제고에 미치는 효과 연구: 국제방송 아리랑TV를 중심으로」. 경기대학교 대학원 박사학위논문.
□ 최성배 · 정지은 · 장석준. 2020. 「국제방송 아리랑TV의 채널 브랜드 진정성이 채널 충성도 및 국가브랜드 태도에 미치는 영향 연구」. 《한국소통학보》, 19(2), 129~179쪽.
□ 최은창. 2017. 「알고리즘 거버넌스」. 『미래연구포커스』 제7호, 한국정보화진흥원 미래전략센터, 28-31쪽.
□ 허재영. 2024. 「소셜 미디어 공공외교의 전략적 접근에 대한 분석」. 《문화와 정치》, 11(3), 113~139쪽.
□ 황갑신. 2023. 「유튜브 스튜디오 분석 플랫폼을 활용한 콘텐츠 효과 측정에 관한 연구: 아리랑TV 〈I'm LIVE〉 프로그램을 중심으로」. 《한국방송학보》, 37(1), 133~164쪽.

## | 외국 문헌

□ Anholt, S. 2007. *Competitive Identity: The New Brand Management for Nations, Cities and Regions*. London: Palgrave Macmillan.
□ Beer, D. 2009. "Power through the algorithm? Participatory web cultures and the technological unconscious." *New Media & Society*, 11(6), pp. 985-1002.
□ Boyd, D. A. 1986. *Broadcasting in the Arab World: A Survey of the Electronic Media in the Middle East*. Philadelphia: Temple University Press.
□ Chung, D. S., & Nah, S. 2009. "The effects of interactive news presentation on perceived user satisfaction of online community newspapers." *Journal of Computer-Mediated Communication*, 14(4), pp.855-874.
□ Cull, N. J. 2008. "Public diplomacy: Taxonomies and histories." *The ANNALS of the American Academy of Political and Social Science*, 616(1), pp. 31-54.
□ Cull, N. J. 2019. *Public Diplomacy: Foundations for Global Engagement in the Digital Age*. Cambridge & Medford: Polity Press.
□ Elswah, M., & Howard, P. N. 2022. "Where news could not inspire change: TRT World as a party broadcaster." *Journalism*, 23(3), pp. 820-837.

□ Fieiras-Ceide, C., Vaz-Álvarez, M., & Túñez-López, M. 2022. "Artificial intelligence strategies in European public broadcasters: Uses, forecasts and future challenges." *Profesional de la Información*, 31(5), e310518.

□ Galtung, J., & Ruge, M. H. 1965. "The structure of foreign news: The presentation of the Congo, Cuba, and Cyprus crises in four foreign newspapers." *Journal of Peace Research*, 2(1), pp. 64–90.

□ Gilboa, E. 2024. "Public diplomacy from global peace to global conflict." *Place Branding and Public Diplomacy*, 20(Suppl. 1), pp. 21–24.

□ Guo, M., & Chan-Olmsted, S. M. 2015. "Predictors of social television viewing: How perceived program, media, and audience characteristics affect social engagement with television programming." *Journal of Broadcasting & Electronic Media*, 59(2), pp. 240–258.

□ Johnson, C. 2020. "BBC's digital transformation and the reframing of public service media." *Media, Culture & Society*, 42(7–8), pp. 1210–1225.

□ Kim, J., & Kwon, S.-H. 2022. "K-pop's global success and its innovative production system." *Sustainability*, 14(17), 11101.

□ Kunczik, M. 1997. *Image of Nations and International Public Relations*. New Jersey: Sage Publications.

□ Levy, M. R., & Windahl, S. 1984. "Audience activity and gratifications: A conceptual clarification and exploration." *Communication Research*, 11, pp. 51–78.

□ Li, Y., & Sun, M. 2025. "The impact of perceived interactivity on purchase intention in interactive video: A CAB-based chain mediation model of empathy, immersion, and arousal." *Frontiers in Communication*, 10, 1615509.

□ McLuhan, M. 1964. *Understanding Media: The Extensions of Man*, The Estate of Herbert Marshall McLuhan and Gingko Press.

□ Mertoğlu, H. 2022. "The role of social media in Turkey's public diplomacy: A case study of TRT World's Twitter account." *International Journal of Communication*, 16, pp. 4532–4551.

□ Nye, J. 2004. *Soft Power: The Means to Success in World Politics*. New York: PublicAffairs.

□ Palmgreen, P., & Rayburn, J. D. 1984. "Merging uses and gratifications and expectancy-value theory." *Communication Research*, 11(4), pp. 537–562.

□ Palmgreen, P., & Rayburn, J. D. 1985. "An expectancy-value approach to media gratifications." In K. Rosengren, L. Wenner, & P. Palmgreen (eds.), *Media Gratifications Research: Current Perspectives* (pp. 61–72). Beverly Hills, CA: Sage Publications.

□ Rostamian, S., & Moradi Kamreh, M. 2024. "AI in broadcast media management: Opportunities and challenges." *AI and Tech in Behavioral and Social Sciences*, 2(3), pp. 21–28.

□ Rouvroy, A. & Berns, T. 2013. *Algorithmic Governmentality and Prospects of Emancipation: Disparateness as a Precondition for Individuation through Relationships?* Réseaux, 2013/1 (No. 177), PP. 163-196. La Découverte.

□ Schwanebeck, A. 2003. *Die Welt im Wohnzimmer: Was leisten Auslandsberichte im deutschen Fernsehen*. In C. Cippitelli & A. Schwanebeck (Hrsg.), *Nur Krisen, Kriege, Katastrophen: Auslandsberichterstattung im deutschen Fernsehen* (pp. 13–31). München: Fischer.

□ Seaver, N. (2019). Knowing algorithms. In J. Vertesi & D. Ribes (Eds.), Digital STS: A field guide for science and technology studies (pp. 412–422). Princeton University Press.

□ Smith, A. D. 1993. *National Identity. Reno and Las Vegas*: University of Nevada Press. Ajzen, I., & Fishbein, M. 1980. Understanding Attitudes and Predicting Social Behavior. Englewood Cliffs, NJ: Prentice-Hall.

□ Straubhaar, J. 1991. "Beyond media imperialism: Asymmetrical interdependence and cultural proximity." *Critical Studies in Mass Communication*, 8(1), pp. 39–59.

□ Suda, Y. 2021. "Public diplomacy through digital media: A study of NHK World's multilingual strategies." *Asian Journal of Communication*, 31(4), pp. 345–361.

□ Tan, J. 2012. "Singapore's CNA and the production of Asian news space." *Media Asia*, 39(3), pp. 129–137.

□ van Dijck, J., Poell, T., & de Waal, M. 2018. *The platform society: Public values in a connective world*. Oxford University Press.

□ Yablokov, I. 2015. "Conspiracy theories as a Russian public diplomacy tool: The case of Russia Today (RT)." *Politics*, 35(3–4), pp. 301–315.

□ Yun, S.-H. 2022. "Against the current: Back to public diplomacy as government communication." *International Journal of Communication*, 16, pp. 3047–3064.

## | 국내외 언론사

□ 권혜미. 2024. 9.23. "방발기금 30% 감소…"AWS 등 글로벌 클라우드 사업자도 검토해야." 《전자신문》.

□ 박재령. 2022.10 27. "KBS국장 "KBS국제방송과 아리랑TV 통합 제안한다." 《미디어오늘》.

□ 장슬기. 2023.10.20. "KTV · KBS월드 · 아리랑TV 통합, 윤석열 정부 계획인가."《미디어오늘》.

□ 윤성한. 1998. 4.15. "구 공보처 산하 언론유관기관의 위상과 문제점 진단- 국제방송교류재단편". 《미디어오늘》.

□ 정형모. 1997.10.16. "국회 문체공위 국정감사, 국제방송교류재단 파행운영 성토.." 《중앙일보》
□ 조광형. 2023. 9. 1. "KBS1 · EBS · 아리랑TV 통합··· 1개 공영방송 지주회사로 개편해야." 《뉴데일리》.
□ 제스혜영, 2025.11.27. "「스코틀랜드 작은 마을 K열풍의 수준... 신기한 일들의 연속.", 《오마이뉴스》.
□ 최가연. 2022.8.3. "아리랑TV, NDI로 스마트 라이브 스튜디오 구축." 《방송과 기술》.
□ JTBC. 2025. 2. 6). "JTBC 뉴스 디지털 플랫폼 리빌딩 100일 ··· 성장은 계속 진행형." JTBC.
□ Advanced Television. 2025. 8. 19. "How BBC editors generate subtitles for 500 hours daily using AI." Advanced Television.
□ Landi, M. 2024. 8. 30. "BBC Sounds launches trial of generative AI-powered subtitles." 《The Standard》
□ Reuters. 2025. 3. 15. "Trump orders USAGM cuts, puts VOA staff on administrative leave." Reuters.
□ Politico. 2025. 3. 15. "Trump executive order reshapes U.S. international broadcasting." 《Politico》.

## | 국제방송교류재단(아리랑TV) 내부자료 및 기타 공식자료

□ 국제방송교류재단. 2001. 『아리랑TV 해외위성방송 백서』. 국제방송교류재단.
□ 국제방송교류재단. 2017. 『2017 아리랑TV 채널 효과성 분석 결과 보고서』. 굿인럽미디어랩.
□ 국제방송교류재단. 2020. 『Thank You Arirang』. 국제방송교류재단.
□ 국제방송교류재단. 2014 · 2020 · 2023 · 2024. 『경영실적보고서』. 국제방송교류재단.
□ 국제방송교류재단. 2022~2024. 『국정감사 업무보고자료』. 국제방송교류재단.
□ 아리랑TV. 1999~2025. 『편성개편계획』. 아리랑TV.
□ 문화체육관광부. 2023. 『2022 한류백서』. 한국국제문화교류진흥원.
□ 한국국제문화교류진흥원. 2023. 『2022 한류백서』. 한국국제문화교류진흥원.
□ 한국콘텐츠진흥원. 2023. 『2023 해외 한류 실태조사』. 한국콘텐츠진흥원.
□ 한국콘텐츠진흥원. 2025. 『방송영상 & OTT 트렌드』 제4호. 나주: 한국콘텐츠진흥원 콘텐츠산업정책연구센터.
□ 해외문화홍보원. 2021. 『2021 국가이미지 조사보고서』. 해외문화홍보원.
□ KBS미디어연구소. 2025. BBC 사장, 신뢰 위기 극복을 위한 비전 제시: AI 시대 맞아 사회적 자본 형성 및 성장 기반 구축 기관으로. 해외방송정보 (2025년 7월호).
□ KBS World Radio. 2025. 『KBS World Radio 공식 홈페이지』. Korean Broadcasting System(KBS).
□ BBC. 2016. 『BBC Royal Charter and Framework Agreement 2017–2027』. UK Government.
□ Deutsche Welle. 2022. 『Annual Report』. Deutsche Welle.

□ Deutsche Welle. 2022. 『Deutsche Welle Statutes and Guidelines』. Deutsche Welle.

□ Deutsche Welle Act (DWG). 1997. 『Gesetz über die Rundfunkanstalt des Bundesrechts "Deutsche Welle" (§§8, 45)』. Federal Republic of Germany.

□ France Médias Monde. n.d. 『Mission and Strategy』. France Médias Monde.

□ International Telecommunication Union (ITU). 202). 『Artificial intelligence systems for broadcasting – Applications and implementation strategies (ITU Report BT.2447-1)』. Geneva: ITU.

□ International Broadcasters. n.d. 공식 웹사이트 및 채널. (BBC World Service, France 24, NHK World, Al Jazeera English, CGTN, Deutsche Welle, Russia Today, TRT World, CNA, ArirangTV 등)

□ Media Bias/Fact Check. 2023. 『TRT World』. Media Bias/Fact Check.

□ Ministry of Internal Affairs and Communications of Japan. 2023. 『Broadcasting Act (日本放送法)』. Japanese Law Translation.

□ NHK. 2023. 『NHK Annual Report 2023』. Japan Broadcasting Corporation. NHK World. 2024. 공식 웹사이트. Japan Broadcasting Corporation.

□ National Audit Office. 2022. 『A Digital BBC: Progress in Rethinking the BBC's Approach to Digital Services』. National Audit Office.

□ PBS / World Channel. 2012–. 『America ReFramed』 [Documentary Series]. American Documentary, Inc.

□ SimilarWeb. 2023. 『TRTWorld.com Traffic Analytics』. SimilarWeb.

□ TRT World. 2020. 『TRT World Presentation Materials』. Istanbul: Turkish Radio and Television Corporation (TRT).

□ UK Government. 2022. 『Mid-term Review of the BBC Charter』. Department for Digital, Culture, Media and Sport.

□ United Nations Conference on Trade and Development(UNCTAD). (2024). 『K-content goes global: How government support and copyright policy fuelled the Republic of Korea's creative economy』. United Nations.

□ U.S. Agency for Global Media. 2025. 3. 15. "U.S. Agency for Global Media Complies with Presidential Executive Order to Reduce the Federal Bureaucracy." U.S. Agency for Global Media.

□ Voice of America. 2023. 『VOA Charter and Annual Report 2023』. United States Agency for Global Media.

## 최 성 배

언론학 박사. 아리랑TV 창립 멤버로 참여해 약 25년간 재직하며 국제방송의 제도 설계와 운영 전략을 실무 차원에서 이끌어왔다. 방송 장비·시설 구축을 비롯해 국내외 채널 마케팅, 경영 및 방송 정책, 인적자원·노무관리, 기획예산과 경영평가, 감사, 아리랑TV 법제화 추진 등 핵심 영역을 총괄하며 국제방송 조직의 제도적 기반을 구축하였다.

경영혁신팀장, 혁신기획팀장, 미래전략TF팀장, 기획예산팀장, 경영지원센터장 등 주요 보직을 역임하며 조직 운영과 정책 기획 전반을 주도하였고, 국제방송의 공적 가치 정립과 제도적 기반 구축에 기여한 공로로 대통령 표창(2007)과 문화관광부 장관 표창(2000, 2004)을 수상하였다.

아리랑TV 재직 경험을 토대로 국제방송과 국가브랜드 전략을 연구해 석·박사 학위를 취득하였으며, 경기대학교에서 문화콘텐츠 산업을 강의하였다. 현재는 ICT 융합기업 부사장(COO)으로 재직 중이다. 한국매거진미디어융합학회 대외협력이사로 활동하면서 방송·콘텐츠·플랫폼을 아우르는 정책·산업·학문 간 가교 역할을 수행하고 있다. 주요 연구 분야는 디지털·AI 전환 시대의 국제커뮤니케이션과 K-브랜드 전략이다.

## 전파를 넘어 이야기로 아리랑TV 30년

디지털·AI 전환기의 K-브랜드 플랫폼 확장

초판인쇄 2026년 01월 07일
초판발행 2026년 01월 15일
저 자 최성배
발 행 인 권호순
발 행 처 시간의물레
등 록 2004년 6월 5일
주 소 경기도 파주시 숲속노을로 150, 708-701
전 화 031-945-3867
팩 스 031-945-3868
전자우편 timeofr@naver.com
블 로 그 http://blog.naver.com/mulretime
홈페이지 http://www.mulretime.com
I S B N 978-89-6511-586-1 (03070)
정 가 35,000원